GOTTESWORT

**Ein biblisches Lesebuch
mit einem Vorwort von Bischof Dr. Paul Iby**

herausgegeben von der
Arbeitsgemeinschaft der Gehörlosenseelsorger Österreichs

Mein Weg zu Gott

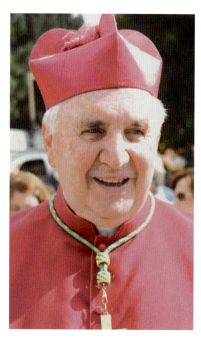

Neben dem Eingang zur Gehörlosenkapelle in Loimanns (Niederösterreich) sind auf Steintafeln die Worte eingraviert „Mein Weg zu Gott".

Wie ist mein Weg zu Gott? Wie und wo finde ich ihn? Wer zeigt mir den Weg zu Gott? Wie erkenne ich, dass mein Weg der richtige Weg ist?

Den richtigen Weg zu Gott zeigt uns die Bibel. Sie zeigt uns den Weg, den die Menschen von ihrer Erschaffung an gegangen sind. Es war nicht immer der richtige Weg. Gott hat sie wieder auf den richtigen Weg zurückgeführt. Er hat sein Volk in das gelobte Land, Israel, geführt. Er hat seinen Sohn, Jesus Christus, gesandt, der mit seinen Worten und durch sein Leben den Weg zu Gott ganz klar gezeigt hat.

Das Lesen in der Bibel hilft uns, den richtigen Weg zu finden. Um die Bibel besser zu verstehen, ist es gut, in Bibelstunden über die Texte der Bibel zu sprechen.

Ich wünsche allen Leserinnen und Lesern der Bibel, mit der Führung Gottes ihren Weg zu Gott zu gehen.

Eisenstadt, Allerheiligen 2014.

+ Paul Iby

Altbischof von Eisenstadt

PS.: Allen Mitarbeitern und Mitarbeiterinnen, die zur Neuauflage dieses Buches beigetragen haben, sei für alle ihre Mühen aufrichtig gedankt.

Mt 10,1-7 (150)

1 Kor 15,1-11 (343)

 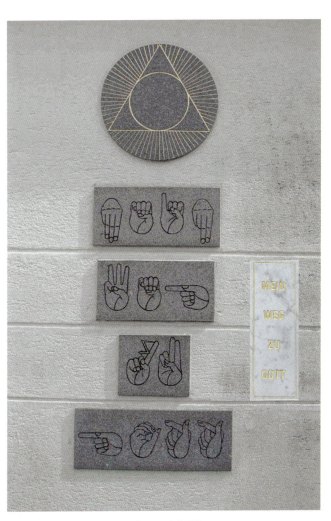

Gehörlosenkapelle in Loimanns (NÖ) mit der Tafel: MEIN WEG ZU GOTT.

GOTT LIEBT UNS

Die Bibel ist das Wort Gottes

Sie schenkt uns Begegnung mit dem unendlichen Gott.

Wir begegnen dem unendlichen, allmächtigen Gott beim Lesen der Bibel und beim Gebet.

Die Bibel ist ein Buch zum Lesen und Nachdenken. Ein Buch zum Beten.

Geschrieben von Menschen in der Kraft des Heiligen Geistes.

Die Bibel ist wahr.

Sie hilft glauben an Gott den Vater, den Allmächtigen, den Schöpfer Himmels und der Erde.

Und an Jesus Christus, Gottes Sohn, unseren Retter und Erlöser.

Und an den Heiligen Geist, der uns Gottes Liebe schenkt und uns als Kinder Gottes leben lässt.

Die Bibel sind die Bücher des Alten Testaments (Alten Bundes) und des Neuen Testaments (Neuen Bundes). Zum Alten Testament gehören die fünf Bücher des Mose, die Bücher der Geschichte des Volkes Gottes, Lehrbücher und Psalmen (Gebete) und die Bücher der Propheten.

Zum Neuen Testament gehören die Evangelien, die Apostelgeschichte, die Apostelbriefe und das Buch der Offenbarung.

Das Alte Testament beginnt mit den fünf Büchern des Mose.

Die **fünf Bücher des Mose** heißen Genesis, Exodus, Levitikus, Numeri und Deuteronomium.

Das Buch **Genesis** (= Entstehung) erzählt von der Erschaffung der Welt, von den ersten Menschen und dem Volk Israel.

Das Buch **Exodus** (= Auszug) erzählt vom Volk Israel, von der Unterdrückung in Ägypten und vom Auszug aus Ägypten (Mose führt das Volk Gottes aus Ägypten fort).

Im Buch **Levitikus** lesen wir von den Vorschriften für die Feiern des Gottesdienstes, der Opfer und die Aufgaben der Priester. Die Priester waren aus dem Stamm Levi.

Das Buch **Numeri** berichtet von der Zählung der Israeliten, der zwölf Stämme Israels. Es erzählt die Wanderung des Volkes Israel vom Berg Sinai zum Jordan.

Dass Buch **Deuteronomium** erzählt von den Lehren des Mose an das Volk und vom Tod des Mose.

DIE BÜCHER DER GESCHICHTE DES VOLKES GOTTES

Das Buch **Josua**

Josua ist der Nachfolger des Mose.

Wir lesen in dem Buch von der Eroberung des Landes, das Gott den Israeliten versprochen hat. Wir lesen von der Verteilung des Landes an die Stämme der Israeliten und vom Tod des Josua.

Das Buch der **Richter**

Die Richter sorgen für Ordnung im Land, verteidigen das Land gegen Feinde und ermahnen das Volk, Gott treu zu bleiben.

Das Buch **Rut**

Wir lesen die Geschichte von Rut, sie wird die Vorfahrin von König David.

Die Bücher **Samuels**

Samuel war Richter, aber auch Prophet.

Er salbt den ersten König für das Volk Israel.

Wir lesen vom König Saul und David.

Die Bücher der **Könige**
Die beiden Bücher erzählen die Geschichte des Volkes Israel und seiner Könige bis zur Verbannung in Babylon.
Wir lesen auch von den Propheten im Nordreich.

Die Bücher der **Chronik** berichten von den Stämmen Israels, vom König David und Salomon, vom Bau des Tempels und der Bundeslade.
Im zweiten Buch der Chronik lesen wir von der Teilung des Reiches in das Nordreich Israel und das Südreich Juda.
Wir lesen von der Geschichte Judas bis zum Untergang.

Die Bücher **Esra und Nehemia**: Rückkehr des Volkes Juda aus der Gefangenschaft in Babylon, Wiederaufbau des Landes und des Tempels.

Das Buch **Tobit**
Tobit war ein frommer Israelit. Er lebt nach dem Untergang des Nordreiches Israel in der Gefangenschaft in Assyrien. Er erlebt Gottes Hilfe.

Das Buch **Judit**
Die Israeliten sind vom Glauben abgefallen, sie werden vom heidnischen König Nebukadnezzar bedroht. Judith rettet das Volk durch eine mutige Tat und lehrt:
Gott wird helfen, wenn sich das Volk Israel bekehrt.

Das Buch **Ester**
Ester rettet durch ihre mutige Tat die Juden im Perserreich vor der Verfolgung.

Die Bücher der **Makkabäer**
Sie berichten von den Kämpfen der Juden gegen die griechischen Völker. Sie kämpfen um ihre religiöse und politische Freiheit.

LEHRBÜCHER UND PSALMEN

Das Buch **Ijob**
Ijob ist ein vorbildlicher, frommer Mann. Gott lässt zu, dass ihn der Teufel versucht.
Ijob bleibt in allen Versuchungen und Prüfungen Gott treu.

Das Buch der **Psalmen**
Psalmen sind Gebete und Lieder des Volkes Israel. Sie sind Antwort auf die Offenbarung Gottes: Lob, Dank, Bitte, Staunen, Bitte um Versöhnung und Verzeihung.

Buch der **Sprichwörter**
Mahnungen und Lehren für ein Leben in Weisheit und im Glauben.

Das Buch **Kohelet**
Kohelet zeigt in seinem Buch: Gott hat alles erschaffen, er sorgt für die Welt. Alle müssen ihn ehren.

Das Buch der **Weisheit**
Der Schreiber des Buches ist stolz auf seine jüdische Religion, er freut sich über die Schönheit der Natur als Schöpfung Gottes.
Er tröstet alle verfolgten Gläubigen, mahnt die Verfolger.

Das Buch **Jesus Sirach** berichtet über Regeln für das Leben.

Die Bücher der **Propheten**
Propheten sind von Gott gerufen, sie sollen das Volk lehren, ihm helfen, sie im Glauben führen.
Die Propheten erinnern durch ihr Leben und ihre Lehre das Volk an den Bund mit Gott.
Sie trösten und schenken Hoffnung auf das Kommen des Messias (Erlösers).

Der Alte Bund oder Das Alte Testament

Tora = Bibelrolle: Wir lesen Gottes Wort.

A Die Urgeschichte

Die Erschaffung der Welt
(Das Schöpfungslied)
Gen 1; 2,1-3

Ich lobe dich Herr. Du hast alles erschaffen.

Gott erschuf Himmel und Erde. Die Erde aber war formlos und leer. Finsternis war überall. Gottes Geist schwebte über der Schöpfung.

Gott sprach: „Es werde Licht!" Und es war Licht. Gott sah: Das Licht war gut. Er trennte Licht und Finsternis. Er nannte das Licht Tag und die Finsternis Nacht. So wurde es Abend und Morgen (Früh): ein erster Tag.

Gott sprach: „Es werde der Himmel."
Und so geschah es.
Da wurde es Abend und Morgen (Früh): ein zweiter Tag.

Gott sprach: „Das Wasser soll sich an einem Ort sammeln. Das trockene Land soll erscheinen."
So geschah es. Das trockene Land nannte Gott Erde. Das gesammelte Wasser nannte er Meer.
Gott sah: Es war gut.
Dann sprach er: „Grüne Kräuter sollen auf der Erde wachsen und Bäume, die Früchte bringen."
So geschah es.
Es wurde Abend und Morgen (Früh): ein dritter Tag.

Gott sprach: „Lichter sollen am Himmel sein. Sie sollen den Tag von der Nacht scheiden und die Dauer der Tage und Jahre bestimmen." Gott schuf die großen Lichter, die Sonne für den Tag, den Mond für die Nacht; dazu all die Sterne. Sie sollen auf die Erde leuchten.

Und Gott sah: Es war gut.

Da wurde es Abend und Morgen (Früh): ein vierter Tag.

Gott sprach: „Im Wasser sollen Lebewesen sein. Vögel sollen über die Erde fliegen." Gott schuf alle Meerestiere und alle Vögel. Gott sah, dass es gut war. Er segnete sie und sprach: „Vermehret euch im Wasser des Meeres. Auch die Vögel sollen sich auf Erden mehren."

So wurde es Abend und Morgen (Früh): ein fünfter Tag.

Gott sprach: „Auf Erden sollen lebende Wesen aller Art sein." So geschah es.

Gott sah: Es war gut.

Gott sprach: „Wir wollen den Menschen machen. Er soll uns ähnlich sein."

So schuf Gott den Menschen. Er schuf ihn als Mann und Frau. Gott segnete sie und sprach: „Vermehrt euch, bevölkert die Erde und beherrscht sie. Die Fische des Meeres, die Vögel des Himmels und die Tiere der Erde gehören euch. Ich gebe euch alle Kräuter und Früchte. Sie sollen eure Nahrung sein. Andere grüne Kräuter sollen die Nahrung der Tiere sein."

So geschah es.

Gott sah alles, was er gemacht hatte. Es war gut.

Es wurde Abend und Morgen (Früh): ein sechster Tag. So wurde die ganze Schöpfung vollendet.

Gott ruhte am siebenten Tag.

Er segnete den siebenten Tag und heiligte ihn.

Die Stammeltern – das Paradies
Gen 2,4-25

Gott, der Herr, bildete den Menschen aus Erdenstoffen und hauchte ihm das Leben (die unsterbliche Seele) ein.

So wurde der Mensch ein Lebewesen.

Gott hat auch das Paradies gemacht. Es war ein wunderschöner Garten. Gott ließ den Menschen dort glücklich sein. Der Mensch sollte auch das Paradies pflegen.

Viele Bäume gab es dort. Der Herr ließ sie wachsen. In der Mitte des Paradieses waren zwei Bäume, der Baum des Lebens und der Baum zum Erkennen von Gutem und Bösem. Gott hat verboten, von diesem Baum zu essen. Er hatte die Übertretung dieses Gebotes mit dem Tod bedroht.

Gott, der Schöpfer allen Lebens.
„Die Schöpfung" Deckengemälde von Michelangelo in der Sixtinischen Kapelle in Rom (Bildausschnitt).

Gott führte alle Tiere zum Menschen. Er sollte ihnen einen Namen geben. Der Mensch wurde so zum Herrn der Tiere.

Gott erschuf auch für den Mann eine Frau. Sie wurde ein Mensch wie er.

Die Bibel nennt den Menschen ADAM (Mensch aus Erdenstoffen) und EVA (Mutter des Lebens).

Die Ursünde
Gen 3,1-13

Gott hat verboten, vom Baum zum Erkennen von Gutem und Bösem zu essen. Die Schlange (Satan) war schlauer als die anderen Tiere.

Satan wollte die Frau zur Sünde verführen.

Die Schlange sagte zur Frau: „Hat Gott wirklich gesagt, ihr dürft von keinem Baum im Garten essen?"

Die Frau antwortete: „Wir dürfen alle Früchte essen. Nur vom Baum in der Mitte dürfen wir nicht essen. Wir dürfen ihn nicht berühren, sonst müssen wir sterben."

Die Schlange sprach zu ihr: „Ihr werdet nicht sterben, wenn ihr Gottes Gebot übertretet. Ihr werdet wie Gott sein. Was gut und böse ist, werdet ihr selber bestimmen."

Da sündigte die Frau. Der Mann aber sündigte auch. Sie hatten Gottes Gebot nicht befolgt. Sie wollten wie Gott sein.

Gott sprach zum Mann: „Warum hast du mein Gebot nicht befolgt?" Der Mann antwortete: „Die Frau hat mich zur Sünde verleitet."

Da sprach Gott zur Frau: „Warum hast du das getan?" Die Frau antwortete: „Satan hat mich betrogen."

Strafe und Rettung
Gen 3,14-24

Gott, der Herr, sprach zur Schlange: „Du sollst ewige Strafe haben, weil du das getan hast. Feindschaft wird sein zwischen dir und der Frau, zwischen dem Bösen und ihrem Nachkommen. Er wird deinen Kopf zertreten."

Die Folge der ersten Sünde waren Leid, Unglück, Not und Tod.
Gott sprach zur Frau: „Du wirst deine Kinder unter Schmerzen bekommen."
Gott sagte zum Mann (Adam): „Du wirst mit viel Plage den Ackerboden bearbeiten, mit Mühe wirst du dein Brot essen.
Du bist von Staub und wirst wieder Staub werden."
Adam nannte seine Frau Eva (Leben). Sie wurde die Mutter aller Lebenden.
Gott, der Herr, gab Adam und seiner Frau Röcke aus Fellen. Er vertrieb sie aus dem Paradies.

Die Nachkommen der Stammeltern
Gen 4 und 5

Kain und Abel waren Nachkommen der Stammeltern. Sie opferten Gott, dem Herrn.
Das Opfer Abels war Gott wohlgefällig. Das Opfer Kains gefiel Gott nicht. Da wurde Kain zornig.
Gott sprach zu ihm: „Warum bist du zornig? Dein Sinn ist nicht gut. Du darfst nicht sündigen. Du sollst dich beherrschen."
Kain erschlug den Abel. Gott strafte den Kain für den Mord an Abel.
Die Nachkommen Kains waren Gott nicht treu. Sie taten immer neue Sünden.

Set war ein anderer Nachkomme der Stammeltern. Seine Nachkommen blieben Gott noch treu.

Die Sintflut
Gen 6; 7; 8; 9 und 10

Die Bosheit der Menschen
Gott sah, dass auf der Erde die Schlechtigkeit der Menschen zunahm.
Sie taten Böses im Herzen und lebten gottlos.
Da sprach Gott: „Ich werde die Menschen auf der Erde und alle Tiere vernichten."

Gottes Sorge um Noach
Gen 6,9 – 7,16

Noach (auch: Noah) war ein frommer und gerechter Mann. Er hatte drei Söhne: Sem, Ham und Jafet.
Noach ging seinen Weg mit Gott.
Die anderen Menschen aber sündigten viel.
Gott sprach zu Noach: „Ich werde die Menschen strafen. Bau eine Arche aus Holz und mache sie bewohnbar. Ich lasse eine Wasserflut kommen, um die Menschen zu vertilgen. Alles soll mit ihnen sterben. Du aber sollst mit deinen Söhnen, deiner Frau und den Schwiegertöchtern in die Arche gehen. Du musst von den Tieren je ein Paar mitnehmen. Sorge auch für die Nahrung aller."
Noach tat, was Gott befohlen hatte.
Der Herr sprach zu Noach: „Geh mit allen in die Arche, denn du bist gottesfürchtig und gerecht. Ich lasse jetzt das Wasser kommen, um alles zu vertilgen."
Noach ging mit seinen Söhnen, seiner Frau und den Schwiegertöchtern in die Arche. Er nahm auch von den Tieren je ein Paar mit. Der Herr machte die Arche zu.

Die große Flut
Gen 7,17 – 8,22

Nun kam die Flut. Der Regen strömte vierzig Tage und vierzig Nächte lang auf die Erde. Das Wasser stieg. Alles wurde überflutet. Die Arche begann zu schwimmen.

Da starb alles, was auf dem Land war: die Menschen und die Tiere. Nur Noach und die Bewohner der Arche blieben übrig.

Das Wasser stand 150 Tage lang über der Erde. Gott ließ einen Wind wehen und das Wasser sank. Es regnete nicht mehr und das Wasser fiel.

Die Arche blieb auf einem Berg stehen. Noach öffnete nach vierzig Tagen das Fenster. Er ließ einen Raben aus, um die Höhe des Wassers zu erfahren. Der Rabe flog hin und her. Er fand kein trockenes Land. Noach ließ später eine Taube aus. Sie kam auch wieder zurück. Später ließ er sie wieder fliegen. Sie kam mit einem frischen Olivenzweig zurück. Nun wusste Noach, dass das Wasser gesunken war. Er wartete noch und ließ die Taube wieder fliegen. Sie kam nicht mehr zurück. Da öffnete Noach das Dach und schaute hinaus. Er sah, dass die Erde schon

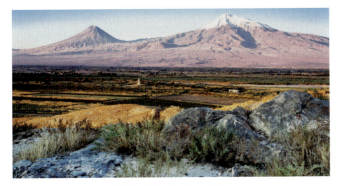

Berg Ararat, hier blieb die Arche stehen.

trocken war. Gott sprach zu Noach: „Geh aus der Arche, nimm deine Frau, deine Söhne und Schwiegertöchter mit heraus. Auch alle Tiere sollen herauskommen."

Noach befolgte den Befehl Gottes. Alle kamen aus der Arche.

Gottes Bund mit Noach
Gen 9,1-17

Noach baute einen Altar für Gott. Er nahm einige Tiere und opferte sie. Da sprach Gott: „Ich will eine solche Strafe nicht mehr schicken."

Gott segnete Noach und seine Söhne und sprach: „Vermehrt euch und bewohnt die Erde. Alle Tiere und Pflanzen gehören euch. Sie sollen eure Nahrung sein. Blutiges Fleisch dürft ihr nicht essen. Menschenblut dürft ihr nie vergießen. Der Mensch ist nämlich Gottes Bild. Beherrscht die Erde."

Dann sprach Gott zu Noach und seinen Söhnen: „Eine gleiche Flut wird niemals mehr kommen. Ich mache mit euch und euren Nachkommen einen Bund. Dieser Regenbogen soll das Bundeszeichen sein."

Noach und seine Söhne arbeiteten, um zu leben. Ham ehrte seinen Vater Noach nicht.

Sem und Jafet aber ehrten ihn. Deshalb blieb der Segen Gottes auf ihnen. Ham empfing Gottes Segen nicht.

Sem, Ham und Jafet hatten zahlreiche Nachkommen. Von ihnen stammen viele Völker.

Der babylonische Turm
Gen 11,1-9

Alle Menschen verstanden sich gut. Sie sprachen zueinander: „Wir wollen Ziegel machen, um eine Stadt zu bauen. Die Spitze des Turmes soll in den Himmel ragen. Wir wollen uns berühmt machen."

Der Herr aber sah die Stadt und den Turm. Der Hochmut der Menschen gefiel Gott nicht. Er verwirrte deshalb ihre Sprache. Sie verstanden einander nicht mehr. Da zerstreuten sich die Menschen über das ganze Land. Sie konnten nicht mehr weiterbauen.

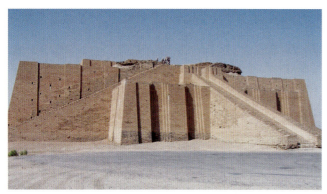

Ein babylonischer Turm.

Die Geschichte der Patriarchen

Abraham
Gen 11,10-32 und 12

Viele Menschen lebten irrgläubig und gottlos. Manche aber glaubten an den allein wahren Gott.

Abram, ein Nachkomme Sems, zog mit seinem Vater, seiner Frau Sarai und seinem Neffen Lot aus Ur nach Haran. Dort wohnten sie. Abrams Vater Terach starb dort.

Gott, der Herr, sprach zu Abram: „Geh aus deinem Land weg. Verlass deine Verwandtschaft und das Haus deines Vaters. Komm in das Land, das ich dir

zeigen werde. Deine Nachkommen werden ein großes Volk sein. Ich segne dich und mache deinen Namen berühmt. Mein Segen soll durch dich auf alle Völker der Erde kommen."

Abram befolgte das Wort Gottes und kam mit seiner Frau Sarai, seinem Neffen Lot, den Knechten, Mägden und Herden nach Kanaan.

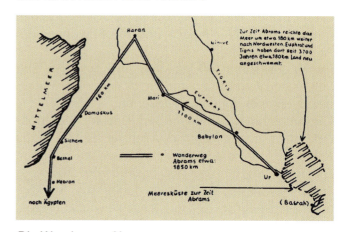

Die Wanderung Abrams.

Abram zog weiter nach Süden. Im Land war nämlich Hungersnot. Abram ging deshalb nach Ägypten. Abram ließ seine Frau Sarai im Haus des Pharao wohnen. Man hielt sie dort für Abrams Schwester. Abram wurde sehr reich. Der Herr aber strafte Pharao, weil er die fremde Frau im Haus hatte. Da ließ Pharao den Abram rufen und schickte ihn mit Frau und Herden aus dem Land.

Abraham und Lot
Gen 13

Abram kam wieder nach Bet-El. Dort betete er beim Altar des Herrn.

Abram und Lot waren beisammen. Sie hatten sehr viele Tiere und konnten deshalb nicht mehr beisammen bleiben. Die Hirten stritten nämlich oft um die Weideplätze.

Da sprach Abram zu Lot: „Wir dürfen nicht streiten. Auch unsere Hirten dürfen keinen Streit haben. Wir gehören zusammen. Das ganze Land ist für uns da. Wir wollen uns trennen. Du darfst dir die Weideplätze wählen."

Lot wählte die ganze Au am Jordan. Sie war sehr fruchtbar. Abram aber blieb im Land Kanaan.

Lots Zelte waren in der Nähe von Sodom. Die Leute von Sodom aber waren böse und große Sünder.

Der Herr sprach zu Abram: „Schau über dieses Land. Ich will es dir und deinen Nachkommen schenken. Deine Nachkommen werden sehr zahlreich sein."

Abram durchwanderte das Land. Er blieb bei den Eichen von Mamre in der Nähe von Hebron. Er baute dem Herrn einen Altar und wohnte dort.

Abraham und Melchisedek
Gen 14

Vier fremde Könige kamen aus dem Osten und überfielen das fruchtbare Jordanland. Die fünf Könige des Jordantales verloren den Kampf. Die siegreichen Feinde nahmen alles weg. Sie führten auch Lot und seinen Besitz aus Sodom weg.

Abram erfuhr von diesem Unglück. Er nahm 318 tapfere Männer und jagte den Feinden nach.

Abram überfiel in der Nacht ihr Lager, befreite Lot und brachte sein Eigentum wieder zurück.

Der König von Sodom kam dem siegreichen Abram entgegen. Melchisedek, der König von Salem, brachte Brot und Wein. Er war ein Priester Gottes. Melchisedek segnete Abram. Abram aber gab ihm zehn Prozent von allem.

Der König von Sodom wollte nur seine Leute zurückbekommen. Er wollte seine ganze Habe dem Abram lassen. Abram aber behielt nichts.

Gottes Bund mit Abraham
Gen 15; 17 und 18,1-15

Gott sprach zu Abram: „Fürchte dich nicht. Ich bin dein Schutz. Ich werde dich reich belohnen." Da bat Abram Gott um einen Sohn. Der Herr sprach: „Du wirst einen Sohn bekommen. Schau zum Himmel hinauf und zähle die Sterne. Du kannst es nicht. So zahlreich werden deine Nachkommen sein."

Abram glaubte Gott. Gott sprach zu ihm: „Ich habe einen Bund mit dir gemacht. Du wirst Stammvater

Jordantal.

*Eichen von Mamre,
hier war der Wohnort Abrahams.*

vieler Völker. Du sollst nun nicht mehr Abram heißen. Abraham ist dein Name. Ich bestimme dich zum Vater vieler Völker. Unser Bund ist ewig. Ich will dein Gott sein und der Gott deiner Nachkommen. Du und deine Nachkommen müssen den Bund aber auch befolgen." Weiter sprach Gott zu Abraham: „Nenne Sarai, deine Frau, jetzt Sara. Ich segne sie und schenke ihr einen Sohn. Du sollst ihn Isaak nennen."

Gott zu Gast bei Abraham
Gen 18,15-17

Abraham saß zu Mittag beim Eingang seines Zeltes. Da sah er drei Männer in die Nähe kommen. Er ging ihnen entgegen und begrüßte sie. Er lud sie ein, sich auszuruhen und bei ihm zu essen. Sie nahmen die Einladung an. Abraham ging ins Zelt zu Sara und ließ sie ein Mahl machen. Er schickte auch einen Knecht um ein Kalb zu schlachten. Man bereitete alles vor. Abraham gab den Fremden zu essen. Er selbst stand bei ihnen. Einer sprach nach dem Mahl zu Abraham: „Ich werde in einem Jahr wieder kommen. Dann wird Sara einen Sohn haben."
Da wusste Abraham, dass Gott bei ihm war.

Der Untergang von Sodom und Gomorra
Gen 18,16-33 und 19

Die Männer standen auf und gingen nach Sodom. Abraham begleitete sie. Der Herr sprach: „Die Sünden von Sodom und Gomorra sind sehr schwer. Die Leute haben Strafe vom Himmel verdient." Die zwei anderen gingen weiter. Abraham blieb stehen und sprach: „Herr, willst du Gerechte und Gottlose ver-

nichten? Vielleicht sind 50 Gerechte (Fromme) in der Stadt. Wirst du auch sie bestrafen?"
Der Herr sprach: „Wenn ich in Sodom 50 Gerechte finde, will ich die Stadt verschonen."
Da sprach Abraham: „Vielleicht sind 45 dort. Wirst du die ganze Stadt vertilgen?" Der Herr antwortete: „Ich will sie nicht vertilgen, wenn 45 da sind." Abraham fragte weiter: „Vielleicht sind nur 40 dort?" Gott antwortete: „Ich will die Stadt wegen 40 Gerechten verschonen." Abraham bat weiter und sagte zuletzt: „Zürne mir nicht, Herr, ich bitte dich noch einmal: Vielleicht sind zehn Gerechte dort." Gott sprach: „Ich will die Stadt schonen, wenn zehn Gerechte dort sind." Darauf ging der Herr fort. Abraham aber kehrte nach Hause zurück.
In Sodom waren keine Gerechten.
Die beiden Engel kamen am Abend nach Sodom und sprachen zu Lot: „Führe deine Angehörigen aus der Stadt. Wir werden diesen Ort zerstören." In der Früh befahlen die Engel dem Lot: „Nimm deine Frau,

Totes Meer.

deine beiden Töchter und geh weg, damit du in dieser Stadt nicht sterben musst." Lot überlegte. Da nahmen sie ihn, seine Frau und seine Töchter bei der Hand und führten sie schnell aus der Stadt. Dann befahlen sie: „Geht ins Gebirge. Niemand darf zurückkehren oder stehenbleiben." Lot flüchtete eilig. Bei Sonnenaufgang kam das Strafgericht Gottes. Sodom und Gomorra gingen in Schwefel und Feuer unter. So wurden die gottlosen Städte zerstört. Die Frau des Lot blickte zurück und musste sterben.

Abraham schaute in der Früh in die Gegend von Sodom und Gomorra. Der Rauch stand hoch über dem ganzen Land.

Abraham und Isaak
Gen 21,1-7; 22,1-18

Sara bekam einen Sohn, wie Gott es versprochen hatte. Abraham nannte ihn Isaak. Als der Knabe älter geworden war, wollte Gott den Abraham prüfen.

Er sprach zu ihm: „Nimm deinen einzigen Sohn. Geh ins Land Morija und opfere ihn dort. Ich werde dir den Berg für das Opfer zeigen."

Abraham stand in der Früh auf, nahm einen Esel, zwei Knechte und seinen Sohn Isaak, spaltete Holz und ging in das Land Morija. Nach drei Tagen waren sie dort. Abraham sprach zu den Knechten: „Wartet hier mit dem Esel. Ich will mit Isaak dorthin gehen und beten. Dann kommen wir wieder zurück." Er nahm das Opferholz und gab es dem Isaak zum Tragen. Er nahm das Feuer und das Schlachtmesser in die Hand. Isaak fragte auf dem Weg: „Hier sind Feuer und Holz. Aber wo ist das Opferlamm?" Abraham antwortete: „Mein Sohn, Gott wird ein Opferlamm bestimmen." So kamen sie zum Opferplatz. Abraham baute einen Altar und legte das Holz darauf. Dann

Tempelberg.

band er seinen Sohn Isaak und legte ihn auf das Holz. Er nahm das Messer, um seinen Sohn zu schlachten. Da rief ein Engel Gottes vom Himmel: „Abraham, Abraham, tu dem Knaben nichts! Ich weiß jetzt, dass du gottesfürchtig bist. Du wolltest mir deinen einzigen Sohn opfern."

Abraham schaute hinauf und sah im Gebüsch einen Widder. Er nahm das Tier und opferte es. Dann rief der Engel Gottes wieder vom Himmel: „Du hast mir deinen Sohn nicht verweigert. Ich will dich segnen. Deine Nachkommen werden zahlreich sein wie die Sterne am Himmel und der Sand am Meer. Durch deine Nachkommen wird der Segen auf alle Völker der Erde kommen."

Abraham ging mit seinem Sohn und den Knechten nach Beerscheba und wohnte dort.

Isaak und Rebekka
Gen 24

Abraham rief seinen ältesten Knecht. Er befahl ihm, nach Haran zu reisen, um von dort eine Frau für Isaak zu holen. Abraham wollte nämlich für Isaak keine fremde, heidnische Frau. Sie sollte gläubig und hilfsbereit sein. Der Knecht machte sich auf den Weg und kam nach Haran. Er blieb beim Brunnen und bat Gott um Hilfe, die richtige Frau für Isaak zu finden.

Da kam ein Mädchen namens Rebekka. Es trug den Krug auf der Schulter. Rebekka füllte den Krug mit Wasser. Der Knecht bat sie: „Lass mich Wasser trinken." Rebekka gab ihm zu trinken. Dann sagte sie: „Ich will auch deine Kamele tränken."

Sie holte viel Wasser für die Tiere. Rebekka war ein gutes, hilfsbereites Mädchen. Der Knecht nahm deshalb schöne Schmuckstücke und gab sie ihr. Dann bat der Knecht auch um Nachtquartier. Rebekka nannte den Namen ihres Vaters und versprach dem Knecht das Nachtquartier. Der Knecht dankte Gott für die Hilfe.

Man machte nun für den Knecht und seine Tiere Quartier. Man sorgte auch für Essen und Trinken. Der Knecht sprach zur Familie von Rebekka: „Ich bin der Knecht Abrahams. Er ist sehr reich. Seine Frau Sara schenkte ihm einen Sohn. Ich bin nun hier, um für den Sohn eine Frau zu holen. Ich bat Gott um Hilfe. Gott schickte mir Rebekka. Ich glaube, dass sie die Frau Isaaks werden soll."

Laban, der Bruder Rebekkas, antwortete: „Wir müssen den Willen Gottes befolgen. Du darfst Rebekka mitnehmen." Der Knecht kniete nieder und dankte Gott. Dann verteilte er Geschenke an alle. Nach dem Essen und Trinken gingen alle schlafen.

In der Früh fragte man Rebekka: „Willst du zu Isaak gehen?" Sie bejahte. Nun erlaubte man ihr zu reisen. Alle wünschten ihr viel Glück und Segen.

Der Knecht nahm Rebekka und ihre Mägde mit. Isaak kam der Karawane entgegen. Isaak heiratete Rebekka. Er liebte sie sehr.

Jakob und Esau
Gen 25; 26,3-4

Abraham gab dem Isaak sein Eigentum. Dann starb er. Man begrub ihn bei seiner Frau Sara.

Rebekka bekam zwei Söhne. Der ältere hieß Esau, der jüngere Jakob. Esau wurde ein tüchtiger Jäger und war oft auf den Feldern. Jakob aber blieb immer bei den Zelten. Isaak liebte den Esau, Rebekka aber liebte den Jakob.

Jakob kochte Linsen. Esau kam hungrig vom Feld. Er sagte: „Ich habe großen Hunger. Gib mir zu essen." Jakob antwortete: „Ich will dafür dein Erstgeburts-

Hebron, hier lebten die Patriarchen (Stammväter).

recht haben." Esau antwortete: „Ich sterbe vor Hunger. Du kannst das Erstgeburtsrecht haben."

Jakob ließ den Esau schwören. Esau schwor und Jakob gab ihm zu essen. Esau achtete das Erstgeburtsrecht wenig.

Gott erschien dem Isaak und versprach ihm Segen und Hilfe. Er sagte: „Deine Nachkommen werden zahlreich sein wie die Sterne des Himmels. Durch deine Nachkommen sollen alle Völker der Erde gesegnet werden."

Isaaks Segen
Gen 27

Isaak wurde alt und blind. Er rief seinen ältesten Sohn Esau und sprach: „Ich bin jetzt alt und kann täglich sterben. Geh auf die Jagd und hole ein Wild. Dann mach mir ein Essen, wie ich es liebe. Bring mir dieses Essen und ich werde dich dann segnen."

Rebekka hatte alles gehört. Esau ging aufs Feld, um das Wild zu jagen. Da sprach Rebekka zu ihrem Sohn Jakob: „Ich habe gehört, was der Vater deinem Bruder gesagt hat. Hol schnell zwei schöne Ziegenböcklein. Ich werde dem Vater ein Essen machen. Du musst es ihm bringen. Es wird es essen und dich segnen."

Jakob befolgte den Rat Rebekkas. Sie bereitete das Essen. Dann gab sie Jakob die schönsten Kleider von Esau und legte Felle um seinen Hals und seine Arme. Esau war nämlich stark behaart. Dann ging Jakob mit der Speise zum Vater und log: „Ich bin Esau, dein Erstgeborener. Ich habe getan, was du befohlen hast. Setz dich auf, iss von dem Wild und segne mich."

Isaak sprach: „Komm her! Ich muss fühlen, ob du wirklich Esau bist." Isaak betastete Jakob und sagte: „Die Stimme ist Jakobs Stimme, aber die Hände sind Esaus Hände." Isaak erkannte Jakob nicht und aß.

Dann segnete er ihn. Er sprach: „Gott soll dir reiche Ernten schenken. Dir sollen alle Völker dienen. Du sollst Herr über deine Brüder sein."

Jakob war kaum fort, als Esau kam. Er hatte das Wild zubereitet und sprach: „Setz dich auf, mein Vater und iss. Dann aber segne mich." Isaak fragte ihn: „Wer bist du?" Er antwortete: „Ich bin Esau, dein erstgeborener Sohn." Da erschrak Isaak sehr und sprach: „Jemand hat mir schon ein Wild gebracht. Ich habe davon gegessen. Ihn segnete ich. Er wird gesegnet bleiben." Da schrie Esau und sagte: „Segne auch mich, mein Vater!" Dieser antwortete: „Dein Bruder ist mit List gekommen und nahm dir den Segen weg." Esau sprach: „Jakob hat mir zuerst das Erstgeburtsrecht genommen und jetzt stiehlt er mir auch den Segen." Nun hasste Esau seinen Bruder und wollte ihn töten. Rebekka sprach deshalb zu Jakob: „Flüchte nach Haran zu meinem Bruder Laban. Bleib bei ihm, bis der Zorn deines Bruders vergeht."

Jakob
Gen 28 – 35

Isaak rief den Jakob und segnete ihn. Dann sprach er: „Du darfst keine heidnische Frau heiraten. Nimm eine Frau aus der Verwandtschaft Labans."

Jakob befolgte den Willen des Vaters. Er machte sich auf den Weg von Beerscheba nach Haran. Bei Sonnenuntergang machte sich Jakob einen Platz zum Übernachten. Er legte Steine zusammen und wollte schlafen. Er träumte: Auf der Erde stand eine Leiter. Die Spitze der Leiter ragte bis zum Himmel. Engel Gottes stiegen auf und ab. Oben stand der Herr und sprach: „Ich bin der Herr, der Gott deines Vaters Abraham und Isaaks. Ich will dir und deinen Nachkommen dieses Land geben. Deine Nachkommen sollen zahlreich werden wie der Staub der Erde. Sie sollen sich nach Westen und Osten, nach Norden und Süden ausbreiten. Alle Völker der Erde sollen gesegnet werden. Ich will dich überall beschützen. Ich werde dich auch in dieses Land zurückführen. Ich werde dich nicht verlassen. Ich werde tun, was ich dir versprochen habe."

Jakob erwachte und sprach: „Der Herr ist an diesem Ort. Ich aber wusste es nicht. Man muss diesen Platz ehren. Hier ist das Haus Gottes und das Tor des Himmels."

Jakob nahm in der Früh den Stein. Er stellte ihn als Denkmal auf. Er nannte den Platz Bet-El (= Gotteshaus). Dann machte Jakob ein Gelübde: „Ich will den Herrn, meinen Gott, ehren, wenn er mich beschützt und für mich sorgt, und wenn ich glücklich zurückkehren kann. Dieser Stein soll ein Denkmal werden."

Jakob wanderte nach Haran und kam zu Laban. Er arbeitete bei ihm.

Laban hatte zwei Töchter. Die ältere hieß Lea und die jüngere Rahel. Jakob liebte Rahel und wollte sieben Jahre bei Laban arbeiten, um sie zu verdienen. Laban erlaubte es.

Laban aber betrog den Jakob. Er gab ihm nicht Rahel, sondern Lea zur Frau. Nun musste Jakob auch noch um Rahel dienen.

Jakob bekam zwölf Söhne: Ruben, Simeon, Levi, Juda, Dan, Naftali, Gad, Ascher, Issachar, Sebulon, Josef und Benjamin.

Jakob wurde auch reich an Schafen und Rindern, Kamelen und Eseln.

Gott sprach zu Jakob: „Geh zurück in das Land deiner Väter. Ich will dir helfen."

Jakob machte sich auf den Weg und nahm alles mit. Nach langer Reise kam er zum Fluss Jordan. Er schickte Boten zu seinem Bruder Esau und bat ihn um Verzeihung. Die Boten kamen zurück und meldeten: „Esau kommt dir mit 400 Mann entgegen." Da fürchtete sich Jakob sehr. Er betete und sprach: „Gott, meiner Väter, rette mich!" Dann schickte er dem Esau viele Geschenke.

Am nächsten Tag kam Esau mit 400 Männern. Jakob ging ihm entgegen und fiel vor ihm nieder. Esau umarmte ihn. Sie versöhnten sich, Jakobs Kinder ehrten Esau auch. Da nahm Esau die Geschenke von Jakob.

Jakob ging weiter nach Bet-El. Dort baute er einen Altar, wie er versprochen hatte. Gott gab dem Jakob den Namen Israel. Dann kam Jakob wieder nach Hebron zum alten Vater Isaak.

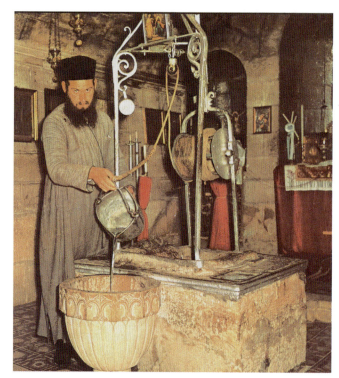

Jakobsbrunnen.

Jakob und seine Söhne
Gen 37,1 – 50,26

Der ägyptische Josef
Josef und seine Brüder
Gen 37,1-36

Jakob wohnte in Kanaan. Sein Sohn Josef war siebzehn Jahre alt. Er besuchte oft die anderen Brüder bei den Schafherden. Manchmal musste er dem Vater schlimme Geschichten von den Brüdern melden.

Jakob liebte den Josef mehr als die anderen Söhne. Er war nämlich sehr brav. Der Vater ließ ihm ein buntes Kleid machen. Die Brüder hassten den Josef deshalb und sprachen nicht mehr freundlich von ihm.

Josef hatte einen Traum. Er erzählte ihn seinen Brüdern: „Wir banden Garben auf dem Feld. Meine Garbe stand auf und blieb stehen. Eure Garben stellten sich herum und verneigten sich." Da sprachen die Brüder: „Du möchtest gerne unser König sein." Sie hassten ihn noch mehr wegen des Traumes. Er träumte aber wieder und erzählte den Brüdern: „Die Sonne, der Mond und elf Sterne neigten sich vor mir."

Er erzählte den Traum auch dem Vater. Der Vater nannte dies einen Unsinn. Er merkte sich aber die Sache gut.

Die Brüder Josefs weideten die Schafe des Vaters bei Sichem. Der Vater Jakob (= Israel) befahl dem Josef, die Brüder zu besuchen. Josef suchte die Brüder und fand sie in Dolan. Als sie ihn sahen, beschlossen sie, ihn zu töten. Sie wollten ihn erschlagen und in eine Grube werfen. Sie wollten dem Vater sagen: „Ein wildes Tier hat ihn gefressen." Ruben aber wollte ihn retten. Er ermahnte die Brüder, Josef nicht zu erschlagen. Er wollte ihn dann heimlich heimbringen.

Als Josef zu den Brüdern kam, rissen sie ihm das Kleid ab, packten ihn und warfen ihn in die Grube. Sie war aber leer und wasserlos. Dann setzten sich die Brüder zum Essen.

Eine Karawane kam vorbei. Sie war auf dem Weg nach Ägypten. Juda sprach zu den Brüdern: „Wir wollen Josef nicht töten. Wir wollen ihn den Ismaelitern verkaufen." Ruben war nicht dabei. Die Brüder willigten ein. Sie zogen Josef aus der Grube und verkauften ihn um zwanzig Silberstücke.

Die Ismaeliter brachten Josef nach Ägypten.

Als Ruben zur Grube kam, war Josef nicht mehr da. Ruben zerriss seine Kleider, ging zu den Brüdern und

Eine alte Zisterne (Brunnen).

Karawane.

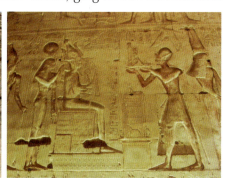
Leben im alten Ägypten.

sprach: „Josef ist nicht mehr da. Was wird der Vater sagen?" Da nahmen die Brüder das Kleid Josefs, schlachteten einen Ziegenbock und machten es blutig. Dann beschmutzten sie es noch, brachten es dem Vater und sagten: „Wir haben dieses Kleid gefunden. Ist das vielleicht der Rock deines Sohnes?"
Der Vater bejahte und sprach: „Ein wildes Tier hat meinen Sohn gefressen." Jakob trauerte lange Zeit um seinen Sohn. Man wollte Jakob trösten. Er aber blieb traurig und weinte viel.

Josef als Sklave in Ägypten
Gen 39,1-21

In Ägypten lebte Potifar, der Kammerdiener des Pharao und Anführer der Leibwache. Er kaufte Josef von den Händlern.
Gott half dem Josef und Josef machte alles gut. Josef wurde deshalb Verwalter des Hauses. Er sorgte für das ganze Eigentum seines Herrn. Gottes Segen schützte Josef.
Die Frau Potifars wollte Josef zur Sünde verführen. Josef wollte aber kein Unrecht tun und nicht sündigen. Die Frau verleumdete Josef deshalb bei ihrem Mann. Da wurde Potifar zornig und ließ Josef einsperren.

Josef im Gefängnis
Gen 39,22 – 40,23

Gott schützte den Josef. Der Kerkermeister hatte ihn gern. Er ließ ihn die anderen Gefangenen beaufsichtigen.
Nach einiger Zeit ließ der Pharao den Mundschenk und den Bäcker verhaften. Beide kamen ins Gefängnis zu Josef. Beide träumten in der Nacht. Sie konn-

ten den Traum nicht verstehen und waren deshalb sehr traurig. Josef kam in der Früh zu ihnen. Er fragte sie: „Warum seid ihr traurig?" Sie antworteten: „Wir können unseren Traum nicht verstehen." Sie erzählten dem Josef den Traum.
Der Mundschenk sprach: „Ein Weinstock stand vor mir. Am Weinstock waren drei Reben. Zuerst kamen Knospen, dann Blüten und dann die reifen Trauben. Ich hatte den Becher des Königs in der Hand, nahm die Trauben, presste sie aus und gab den Becher dem Pharao." Josef sprach zu ihm: „Die drei Reben sind drei Tage. Nach drei Tagen wird dich der König wieder aufnehmen. Denk dann an mich und bitte ihn für mich um Freiheit. Ich bin unschuldig hier."
Nun erzählte der Bäcker seinen Traum: „Ich trug drei Körbe voll Gebäck auf dem Kopf. Oben war feines Gebäck für den König. Da kamen die Vögel und fraßen es aus dem Korb." Josef antwortete: „Die drei Körbe sind drei Tage. Nach drei Tagen wird dich der König enthaupten. Man wird deine Leiche aufhängen und die Vögel werden dein Fleisch fressen."
Drei Tage später hatte der Pharao Geburtstag. Er feierte ein großes Fest. Er dachte auch an seine Diener. Pharao nahm den Mundschenk wieder auf, den Bäcker aber ließ er aufhängen. Josef hatte es so vorhergesagt. Der Mundschenk aber vergaß auf Josef.

Der Traum des Pharao
Gen 41,1-45

Zwei Jahre später träumte der Pharao. Er stand am Nil. Sieben schöne, fette Kühe kamen aus dem Fluss und weideten im Gras. Dann kamen sieben andere Kühe aus dem Wasser. Sie waren hässlich und mager und fraßen die schönen Kühe auf. Da erwachte der Pharao. Er schlief wieder ein und träumte weiter:

Sieben volle Ähren wuchsen auf einem Halm. Dann wuchsen sieben dürre Ähren und verschlangen die sieben vollen Ähren. Der König erwachte. Er ließ in der Früh alle Gelehrten kommen und erzählte ihnen die Träume. Niemand konnte sie ihm erklären.

Da sprach der Mundschenk zum König: „Ein junger Mann ist im Kerker. Er hat mir schon Träume erklärt." Der König befahl, den jungen Mann zu holen. Man holte ihn schnell. Der König sprach zu Josef: „Ich träumte und niemand versteht meinen Traum. Du kannst mir vielleicht die Träume erklären." Josef antwortete: „Ich kann die Träume nicht erklären. Gott aber kann sie dir deuten." Da erzählte der König seine Träume. Josef sprach zum Pharao: „Die Träume sind klar. Gott zeigt dem Pharao, was er tun will. Die sieben fetten Kühe und die sieben vollen Ähren sind sieben fruchtbare Jahre. Die sieben mageren Kühe und die sieben dürren Ähren sind sieben unfruchtbare Jahre. Es werden also sieben gute Erntejahre kommen. Dann kommen sieben schlechte Erntejahre, und alle Leute werden hungern.

Der Pharao braucht daher einen klugen Mann. Er soll Getreide in Scheunen sammeln, um es in der Hungerszeit zu verteilen."

Der Pharao und seine Diener freuten sich. Er sprach zu Josef: „Gott hat dir dies alles geoffenbart. Du sollst deshalb das Land Ägypten beherrschen. Das Volk muss dir folgen. Nur ich bin höher als du."

Der Pharao nahm den Ring vom Finger und steckte ihn an Josefs Hand. Er ließ ihn vornehm kleiden und legte ihm eine goldene Kette um. Er befahl, den zweiten Königswagen zu holen. Man führte Josef durch die Straßen der Stadt. Das Volk musste vor Josef knien. Damals war Josef dreißig Jahre alt. Er bekam die Tochter Potifars zur Frau.

Josef rettet Ägypten
Gen 41,46-57

Josef reiste durch ganz Ägypten. Das Land war sieben Jahre sehr fruchtbar. Er sammelte viel Korn in den Städten. So hatte man Vorräte im Überfluss.

Josef bekam auch zwei Söhne. Er nannte den erstgeborenen Manasse und den zweiten Efraim.

Dann kamen die sieben Hungerjahre. Hunger war in allen Ländern. In ganz Ägypten gab es Brot. Dann begann auch Ägypten zu hungern. Das Volk bat den Pharao um Brot. Der Pharao aber schickte die Ägypter zu Josef. Josef ließ nun das Getreide verkaufen. Aus allen Ländern kamen Menschen nach Ägypten, um Getreide zu kaufen.

Josefs Brüder in Ägypten
Gen 42,1-38; 43,1 – 45,28

Jakob erfuhr vom Kornmarkt in Ägypten. Er sprach deshalb zu seinen Söhnen: „Geht nach Ägypten, um Getreide zu kaufen. Wir müssen sonst sterben." Zehn Brüder Josefs zogen nach Ägypten zum Kornmarkt. Benjamin aber blieb zu Hause. Der Vater hatte nämlich Angst um ihn.

Israels Söhne kamen zum Markt. Sie neigten sich tief vor Josef. Josef erkannte seine Brüder sofort. Er verschwieg es. Die Brüder aber erkannten ihn nicht. Josef fragte sie hart: „Woher kommt ihr?" Sie antworteten: „Aus Kanaan. Wir bitten um Getreide." Josef sagte: „Ihr seid Spione. Ihr seid für unser Land gefährlich." Sie aber sprachen: „Wir wollen wirklich nur Getreide kaufen. Wir sind Brüder und ehrliche Leute. Wir sind keine Spione. Wir sind zwölf Brüder. Der jüngste ist beim Vater zu Hause. Ein anderer Bruder ist nicht mehr da." Josef sprach zu ihnen: „Ich habe gesagt, dass ihr Spione seid. Einer soll euren Bruder holen, ihr aber bleibt hier gefangen." Er ließ sie drei Tage einsperren. Am dritten Tag sprach Josef zu ihnen: „ Ich will euch erproben. Einer von euch muss im Gefängnis bleiben. Die anderen können mit dem Getreide nach Hause gehen. Ihr müsst den jüngsten Bruder bringen. Dann werde ich sehen, ob ihr die Wahrheit gesagt habt."

Die Brüder sprachen zueinander: „Nun kommt die Strafe über uns. Wir haben unseren Bruder verkauft und hatten kein Mitleid mit ihm." Ruben antwortete: „Ich habe euch gewarnt. Ihr habt mir nicht gefolgt." Josef verstand ihre Worte. Sie bemerkten es aber nicht. Dann befahl Josef den Dienern: „Füllt die Säcke mit Getreide und legt das Geld wieder hinein. Gebt den Männern auch Nahrung für die Reise." Simeon aber wurde gefesselt und ins Gefängnis geführt. Dann zogen die anderen heim zum Vater.

Auf dem Weg machten sie einen Sack auf und fanden das Geld. Sie erschraken sehr.

Als sie zum Vater nach Kanaan kamen, erzählten sie ihre Erlebnisse. Dann leerten sie ihre Säcke aus und fanden überall das Geld. Der Vater sprach traurig: „Ihr raubt mir alle Kinder. Josef ist weg. Simeon ist weg, nun wollt ihr auch Benjamin nehmen." Da

Wandmalereien in Ägypten.

sprach Ruben zum Vater: „Ich gebe dir meine Söhne als Pfand. Ich bringe Benjamin zurück." Der Vater aber ließ Benjamin nicht weg.

Die Hungersnot dauerte lang. Bald war das Getreide verbraucht. Der Vater befahl den Söhnen, wieder nach Ägypten zu gehen. Juda sprach zu ihm: „Der Mann hat uns verboten, ohne Benjamin wiederzukommen. Ich werde den Knaben gut bewachen, um ihn wiederzubringen." Da sprach Jakob: „Benjamin soll mitgehen. Nehmt auch viele Geschenke mit, zweimal so viel Geld und das Geld von früher. Gott, der Allmächtige, wird uns schützen."

Die Männer nahmen alles mit, kamen nach Ägypten und traten vor Josef. Josef befahl dem Hausverwalter: „Führe diese Männer in mein Haus und gib ihnen zu essen." Man führte die Männer in Josefs Haus. Josef kam zu Mittag herein. Alle neigten sich tief und überreichten die Geschenke. Auch Simeon ließ man frei. Josef fragte die Brüder: „Was macht euer alter Vater?

Lebt er noch?" Sie bejahten. Dann begrüßte Josef den Benjamin.

Nach dem Essen befahl Josef dem Hausverwalter: „Fülle die Säcke der Männer mit Getreide. Lege das Geld wieder in die Säcke. In den Sack Benjamins gib auch meinen silbernen Becher." Der Hausverwalter tat es. In der Früh reisten die Männer ab.

Josef befahl dem Hausverwalter: „Verfolge die Männer und suche bei ihnen den Becher!" Der Hausverwalter verfolgte sie. Die Brüder erschraken sehr und halfen beim Suchen. Man fand den Becher im Sack Benjamins. Da erschraken die Brüder und bekamen Angst. Sie kehrten in die Stadt zurück und knieten sich vor Josef nieder. Juda bat um Verzeihung: „Gott hat eine Schuld gefunden und straft uns dafür. Wir sind deine Sklaven." Josef antwortete: „Nur der Dieb bleibt mein Sklave. Die anderen gehen zum Vater nach Hause." Da sprach Juda: „Der Vater würde vor Kummer sterben. Ich habe ihm versprochen, Benjamin nach Hause zu bringen. Lass ihn gehen und behalte mich als Sklaven."

Nun schickte Josef alle Ägypter weg. Er war nun mit den Brüdern allein. Er begann laut zu weinen und sprach zu ihnen: „Ich bin Josef. Ich freu mich, dass der Vater noch lebt." Die Brüder waren zu Tode erschrocken. Josef aber tröstete sie: „Fürchtet euch nicht. Gott hat alles gut gemacht. Er hat unser Leben gerettet. Er machte mich auch zum Herrn von Ägypten. Geht zum Vater und holt ihn her. Die Hungersnot wird noch fünf Jahre dauern."

Der Pharao freute sich über die Ankunft der Brüder Josefs. Er befahl ihnen, den Vater und ihre Familien zu holen. Sie sollten in Ägypten leben. Josef gab seinen Brüdern Wagen und Nahrungsmittel. Auch Ehrenkleider schenkte er ihnen. Josef schickte die Brüder mit reichen Geschenken zum Vater.

Jakob freute sich, weil Josef noch lebte. Er machte sich auf den Weg nach Ägypten. Er betete zu Gott und dankte ihm.

Israel in Ägypten
Gen 46 – 50

Gott erschien dem Jakob im Traum und sprach: „Ich bin der Gott deines Vaters Abraham und Isaak. Fürchte dich nicht, nach Ägypten zu gehen. Ich werde deine Nachkommen zu einem großen Volk machen. Ich werde dich nach Ägypten führen. Ich werde dich in Ägypten beschützen und das Volk wieder herausführen. Du wirst in den Armen Josefs sterben."

Alle bestiegen die Wagen. Sie nahmen auch ihre Herden und ihr Eigentum mit. So zog Jakob mit seiner ganzen Verwandtschaft nach Ägypten.

Juda fuhr voraus, um dem Josef den Vater zu melden. Josef fuhr mit einem Wagen dem Vater entgegen. Josef kam nach Goschen und begrüßte den Vater. Dann fuhr er zum Pharao, um ihm seine Familie zu melden.

Josef stellte dem Pharao seine Brüder vor. Der Pharao erlaubte ihnen, im Land Goschen zu wohnen. Dann brachte Josef den Vater zum Pharao. Der Pharao ehrte Jakob und Jakob segnete den König.

Israel blieb in Ägypten im Land Goschen. Das Volk vermehrte sich stark.

Jakob wurde schwer krank. Er bat Josef, ihn nicht in Ägypten zu begraben. Er befahl ihm, ihn bei den Vätern zu bestatten.

Jakob ließ seine Söhne und ihre Kinder kommen und segnete alle. Er gab jedem einen Segen. Zu Juda sprach er: „Alle Brüder sollen dich preisen. Die Söhne deiner Feinde sollen dir dienen. Juda wird regieren, bis der Messias kommt. Ihm werden die Völker folgen müssen." Dann befahl der Vater seinen Söhnen: „Begrabt mich bei meinen Vätern im Land Kanaan. Dort liegen Abraham und seine Frau Sara. Dort sind Isaak und Rebekka begraben." Dann starb Jakob.

Der Pharao erlaubte, den Vater in Kanaan zu begraben. Josef zog mit den Dienern Pharaos und den Ältesten des Landes nach Kanaan. Auch die Brüder und viele Menschen gingen mit. Nach der Totenfeier wurde Jakob begraben. Dann kehrten alle nach Ägypten zurück.

Nun fürchteten die Brüder den Josef, weil der Vater tot war. Sie sprachen zu ihm: „Wir wollen dich nochmals um Verzeihung bitten."

Josef aber antwortete: „Fürchtet euch nicht. Ihr habt Böses getan. Gott aber hat alles gut gemacht. Ich sorge für euch und eure Kinder."

Josef wurde alt und sprach zu den Israeliten: „Gott wird für euch sorgen. Er wird euch aus diesem Land in das Land Abrahams, Isaaks und Jakobs führen. Ihr müsst dann meine Gebeine mitnehmen."

Josef starb, wurde einbalsamiert und begraben.

Niltal.

Die Geschichte des Mose

Mose
Ex 1 und 2

Die Israeliten wurden in Ägypten ein großes Volk. Da bekam Ägypten einen neuen König. Er kannte Josef nicht mehr. Er sprach zu den Ägyptern: „Das Volk Israel wird immer größer und stärker. Wir müssen vorsichtig sein, damit die Israeliten nicht unseren Feinden helfen." Er schickte Aufseher zu den Israeliten, um sie zur Sklavenarbeit zu zwingen. Die Israeliten arbeiteten in Ziegelhütten und auf den Feldern. Die Aufseher waren zu ihnen sehr grausam. Die Israeliten aber wurden noch zahlreicher.

Der Pharao befahl deshalb: „Werft alle neugeborenen Knaben der Hebräer in den Nil. Die Mädchen aber lasst leben."

Ein Mann aus dem Stamm Levi heiratete. Die Frau bekam einen Sohn. Die Mutter versteckte ihn drei Monate lang. Dann konnte sie das Kind nicht mehr länger verstecken. Sie nahm deshalb einen Korb und machte ihn dicht. Sie legte das Kind hinein und trug es in das Schilf am Ufer des Nils. Die Schwester des Kindes blieb in der Nähe, um den Korb zu beobachten.

Die Tochter des Pharao kam, um im Fluss zu baden. Sie sah den Korb im Schilf. Eine Dienerin musste ihn holen. Man öffnete ihn und sah das weinende Kind. Die Tochter des Pharao sprach mitleidig: „Das ist ein Hebräerkind."

Die Schwester des Kindes kam und sagte: „Ich will dir eine hebräische Mutter holen. Sie soll für das Kind sorgen." Die Tochter des Pharao erlaubte es.

Nun ging das Mädchen nach Hause und holte die Mutter des Kindes. Die Tochter des Pharaos befahl ihr: „Nimm dieses Kind und nähre es." Die Mutter nahm das Kind. Sie sorgte für das Kind.

Der Knabe wurde größer. Man brachte ihn zur Königstochter. Diese nannte ihn ihren Sohn und gab ihm den Namen Mose. Sie sagte: „Ich habe ihn aus dem Wasser gezogen."

Nil.

Als Mose erwachsen war, ging er zu den Hebräern und sah ihre Sklavenarbeit. Ein Ägypter erschlug einen hebräischen Arbeiter. Da erschlug Mose den Ägypter und vergrub ihn im Sand.

Die Tat aber wurde bekannt. Der Pharao wollte Mose töten. Mose flüchtete deshalb in ein anderes Land.

Mose kam nach Midian und setzte sich zum Brunnen. In Midian war ein Priester namens Reguel. Er hieß auch Jitro. Er hatte sieben Töchter. Sie kamen, um Wasser zu holen. Sie wollten auch die Schafe des Vaters tränken. Andere Hirten aber verjagten sie. Mose stand auf, jagte die Hirten weg und tränkte die Schafe. Als die Töchter zu ihrem Vater kamen, fragte er sie: „Warum seid ihr schon da?" Sie antworteten: „Ein Mann hat uns geholfen. Er hat uns beschützt und die Schafe getränkt." Da befahl der Vater, den Mann zum Essen einzuladen. Mose kam und blieb bei Jitro. Der Mann gab ihm Arbeit und seine Tochter Zippora zur Frau.

Ägyptens König starb. Die Israeliten aber mussten viel leiden. Sie schrien und beteten zu Gott um Hilfe. Gott erhörte ihr Gebet und begann, ihnen zu helfen.

Der brennende Dornbusch
Ex 3 und 4

Mose hütete die Schafe seines Schwiegervaters Jitro. Er kam in die Steppe zum Gottesberg Horeb. Da erschien ihm der Herr in einem brennenden Dornbusch. Der Dornbusch brannte. Er verbrannte aber nicht. Mose sprach: „Ich will hingehen, um diese Erscheinung anzuschauen. Warum verbrennt der Dornbusch nicht?"

Gott rief aus dem Dornbusch: „Mose, Mose!" Mose antwortete: „Hier bin ich."

Der Herr sprach: „Bleib stehen und zieh deine Schuhe aus. Du stehst auf heiligem Boden. Ich bin

der Gott Abrahams, Isaaks und Jakobs." Da bedeckte Mose sein Gesicht. Er fürchtete sich, auf Gott zu schauen. Der Herr aber sprach: „Ich habe das Elend meines Volkes in Ägypten gesehen und sein Klagen gehört. Ich will es aus Ägypten retten. Ich will es in das schöne, weite, fruchtbare Land Kanaan führen. Du sollst zum Pharao gehen. Führe mein Volk Israel aus Ägypten weg."

Mose aber antwortete: „Ich bin kein berühmter Mann. Ich kann deshalb nicht zum Pharao gehen." Gott aber sprach: „Ich werde dir helfen."

Mose sagte: „Was soll ich den Israeliten sagen? Sie werden mich um deinen Namen fragen. Was soll ich ihnen sagen?" Gott sprach: „Ich bin der ‚Ich-bin-da' (der ewige Gott). So sollst du zu den Israeliten sprechen: ‚Der Ewige Gott hat mich geschickt. Er ist der Gott Abrahams, Isaaks und Jakobs.' Jahwe ist mein Name.

יהוה

*Jahwe, der Name Gottes
(in hebräischer Schrift).*

Versammle die Ältesten des Volkes und sage ihnen meinen Auftrag. Dann geh mit den Ältesten des Volkes zum Pharao und sag zu ihm: ‚Unser Gott hat mit uns geredet. Wir wollen drei Tage in die Wüste gehen, um Gott, unserem Herrn, zu opfern.'"

Mose aber sprach: „Man wird mir nicht glauben und sagen: ‚Der Herr ist dir nicht erschienen.'"

Da fragte Gott: „Was hast du in deiner Hand?" Mose antwortete: „Einen Stab." Gott befahl: „Wirf ihn weg." Mose warf ihn nieder. Da wurde er eine Schlange und Mose floh. Gott sagte: „Heb sie auf." Mose packte sie und hatte wieder den Stab in der Hand. Der Herr aber sagte: „Mach dieses Zeichen vor den Israeliten, und sie werden dir glauben."

Mose entgegnete: „Ich bin kein guter Redner." Der Herr sprach: „Ich habe dir die Sprache gegeben. Ich werde dich lehren, was du sagen musst." Mose aber sprach: „Herr, schick einen anderen." Da zürnte der Herr und sprach: „Dein Bruder Aaron ist ein guter Redner. Sprich mit ihm. Ich werde ihm helfen. Er soll für dich zum Volk reden. Du aber nimm diesen Stab und tu das Zeichen."

*Brennender Dornbusch;
Strauch beim Katharinenkloster, Berg Sinai.*

Mose ging zu seinem Schwiegervater und sprach zu ihm: „Ich möchte nach Ägypten gehen, um mein Volk zu sehen." Jitro erlaubte es ihm. Mose ging nach Ägypten. Auch den Gottesstab nahm er mit.

Mose und Aaron versammelten die Ältesten der Israeliten. Aaron verkündete die Befehle Gottes. Mose tat das Zeichen, um die Wahrheit zu beweisen. Da glaubte das Volk. Sie freuten sich über die Hilfe Gottes und dankten ihm.

Mose beim Pharao
Ex 5; 6; 7,1-13

Alter Palast in Ägypten.

Mose und Aaron sprachen zum Pharao: „Gott, der Herr, befahl uns, ein Fest in der Wüste zu feiern." Der Pharao sprach: „Ich kenne diesen Herrn, euren Gott, nicht. Ich entlasse auch Israel nicht." Mose und Aaron aber sprachen: „Wir wollen drei Tagesreisen in die Wüste gehen, um dem Herrn, unserm Gott, zu opfern." Da sprach der König von Ägypten: „Ihr wollt das Volk bei der Arbeit stören. Geht zu eurer Arbeit!" Dann befahl er, die Israeliten noch mehr zu plagen. Die Aufseher durften ihnen kein Stroh mehr liefern. Sie mussten das Stroh im ganzen Land sammeln und genau so viele Ziegel wie früher machen.

Nun sammelte das Volk im ganzen Land Stroh. Die Aufseher aber schlugen die Israeliten, weil sie mit der Arbeit nicht fertig wurden. Israelitische Aufseher baten den Pharao um Erbarmen. Der Pharao aber antwortete: „Ihr seid sehr faul, deshalb wollt ihr gehen, dem Herrn zu opfern. Marsch an die Arbeit! Ihr bekommt kein Stroh mehr und müsst genau so viele Ziegel machen."

Mose betete wieder zu Gott um Hilfe. Der Herr antwortete dem Mose: „Ich werde den Pharao zwingen, euch aus dem Land zu schicken. Sage den Israeliten, dass ich euch befreien werde. Ihr werdet mein Volk und ich euer Gott sein. Ich werde euch in das Land führen, das ich Abraham, Isaak und Jakob versprochen habe."

Mose und Aaron gingen wieder zum Pharao. Aaron warf den Stab auf den Boden. Der Stab wurde zur Schlange. Der Pharao rief seine Zauberer. Sie mach-

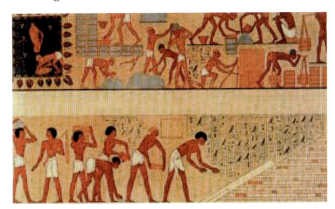

Israeliten bei der Zwangsarbeit.

ten ähnliche Zauberkünste. Aarons Schlange fraß die anderen auf.

Das Herz des Pharao aber blieb hart. Er erlaubte den Israeliten nicht, fortzugehen.

Die ägyptischen Plagen
und die Befreiung des Volkes
Ex 7,14-29; 8 – 12,1-36

Erste Plage: Das Wasser wird wie Blut

Der Herr sprach zu Mose: „Das Herz des Pharao ist hart. Er lässt das Volk nicht gehen. Geh morgen früh zum Pharao. Du wirst ihn am Nilufer treffen. Sag zu ihm: ‚Gott, der Herr, befiehlt: Lass mein Volk in die Wüste gehen. Ich werde jetzt mit dem Stab in der Hand auf das Wasser im Nil schlagen. Es wird wie Blut werden. Die Fische im Nil werden sterben. Das Wasser wird stinken. Man wird das Wasser nicht brauchen können. In ganz Ägypten wird das Wasser verderben.'"

Mose und Aaron befolgten den Befehl Gottes. Pharao sah, wie sich das Wasser des Nils verfärbte. Das Wasser in ganz Ägypten war unbrauchbar. Das Herz des Pharao aber blieb hart.

Zweite Plage: Die Frösche

Der Herr befahl dem Mose wieder: „Geh zum Pharao und sag ihm: ‚Der Herr befiehlt, das Volk gehen zu lassen. Folge mir, sonst wird der Nil von Fröschen wimmeln. Die Frösche werden überall sein.'"

Mose befahl dem Aaron, seine Hand auszustrecken. Aaron tat es. Frösche kamen über ganz Ägypten. Da ließ der Pharao Mose und Aaron rufen und bat: „Bittet den Herrn, uns von den Fröschen zu befreien. Dann soll das Volk gehen, um dem Herrn zu opfern." Mose und Aaron beteten zum Herrn um Vernichtung

der Frösche. Die Frösche verendeten. Überall lagen tote Frösche. Der Geruch war furchtbar. Pharao aber verbot den Israeliten wieder, in die Wüste zu gehen.

Dritte Plage: Die Stechmücken

Gott befahl dem Aaron, seinen Stab auszustrecken und auf den Boden zu schlagen. Dann wird der Staub in Ägypten zu Stechmücken. Die Stechmücken kamen über Menschen und Tiere. Sie waren überall im Staub Ägyptens. Die ägyptischen Zauberer konnten nicht helfen. Das Herz des Pharao aber blieb hart.

Vierte Plage: Ungeziefer

Gott befahl dem Mose wieder, in der Früh zum Pharao zu gehen. Er sollte ihn vor der Strafe durch Ungeziefer warnen.

Das Ungeziefer kam in großen Mengen bis in den Palast des Pharao und über ganz Ägypten. Nur im Land Goschen waren sie nicht.

Pharao holte Mose und Aaron und erlaubte ihnen, im Land Ägypten zu opfern. Mose antwortete: „Wir müssen drei Tagesreisen in die Wüste ziehen und dort opfern." Der Pharao erlaubte es und bat Mose um sein Gebet zu Gott. Mose betete und bat Gott um Hilfe. Da hörte die Ungezieferplage auf. Der Pharao aber verbot den Israeliten, in die Wüste zu gehen.

Fünfte Plage: Viehpest

Der Herr schickte Mose zum Pharao. Er sollte ihn vor der Viehpest warnen. Die Tiere der Ägypter wurden krank. Sie bekamen die Viehpest und verendeten. Das Herz des Pharao aber blieb hart. Er ließ das Volk nicht gehen.

Sechste Plage: Beulenpest

Gott schickte eine neue Plage über Ägypten. Menschen und Tiere wurden krank. Sie bekamen Beulen und Geschwüre. Die Zauberer konnten nicht helfen. Das Herz des Pharao aber blieb hart.

Siebente Plage: Hagel

Gott ließ ein großes Unwetter kommen. Mose und Aaron warnten den Pharao und das Volk. Viele Menschen glaubten ihnen und brachten Hirten und Vieh in die Ställe. Es begann zu blitzen und zu donnern. Es hagelte furchtbar. Der Hagel schlug alles zusammen. Menschen und Tiere starben auf den Feldern. Der Hagel zerschlug auch Bäume und Pflanzen.
Der Pharao ließ Mose und Aaron holen. Er versprach ihnen wieder, das Volk gehen zu lassen.
Mose versprach dem Pharao, Gott um das Ende der Plage zu bitten. Als die Plage zu Ende war, wurde das Herz des Pharao wieder hart. Er ließ die Israeliten nicht gehen.

Die siebente Plage (Hagel).

Achte Plage: Heuschrecken

Mose und Aaron gingen zum Pharao und sagten zu ihm: „Lass das Volk gehen, dem Herrn in der Wüste zu dienen. Du darfst das nicht verweigern. Die Heuschrecken werden sonst alles fressen, was vom Hagel übrig ist." Dann drehte sich Mose um und ging weg. Die ägyptischen Diener aber bekamen Angst. Sie baten den Pharao und sagten zu ihm: „Lass die Leute zum Opfer gehen. Ganz Ägypten geht zugrunde." Da holte man Mose und Aaron zurück. Der Pharao erlaubte ihnen, zu opfern. Er sagte aber: „Die Männer dürfen gehen, um dem Herrn zu dienen. Frauen und Kinder bleiben da." Dann schickte man Mose und Aaron wieder weg.
Ein Ostwind begann zu wehen. Er brachte große Heuschreckenschwärme. Sie bedeckten das Land und fraßen alles auf.
Nun ließ Pharao Mose und Aaron rufen. Er bat um Verzeihung. Mose betete zum Herrn, und der Westwind trieb die Heuschrecken ins Meer. Das Herz des Pharao wurde wieder hart. Er ließ die Israeliten wieder nicht gehen.

Neunte Plage: Finsternis

Nun ließ Gott eine große Finsternis kommen. Sie dauerte drei Tage. Man konnte schlecht sehen. Der Pharao ließ Mose rufen und sagte: „Geht, um dem Herrn zu dienen. Nur eure Tiere müssen da bleiben. Frauen und Kinder dürfen mitgehen." Mose antwortete: „Wir müssen auch die Tiere mitnehmen, weil wir sie zu Schlacht- und Brandopfern brauchen. Wir dürfen keine Opfertiere von dir nehmen." Da zürnte der Pharao und warf den Mose hinaus. Er drohte ihm: „Ich will dich niemals mehr hier sehen. Ich werde dich sonst töten lassen." Mose sprach: „Ich werde nicht mehr kommen. Du aber wirst mich rufen lassen."

Zehnte Plage: Der Tod der Erstgeburt

Der Herr sprach zu Mose: „Ich werde noch eine Plage schicken. Alle Erstgeborenen werden sterben.

Ganz Ägypten wird klagen. Da wird man euch bitten, aus dem Land zu gehen."

Der Auszug aus Ägypten

Das Pascha
Ex 12,1 – 13,16

Der Herr sprach zu Mose und Aaron: „Ihr sollt das Jahr mit dem jetzigen Monat beginnen. Ihr sollt euch am zehnten Tag dieses Monats ein Lamm besorgen. Jede Familie oder jedes Haus muss ein Lamm haben. Kleine Familien dürfen mit den Nachbarn zusammen feiern. Das Lamm muss fehlerlos, männlich und einjährig sein. Ihr dürft ein Schaf oder eine Ziege nehmen. Am Abend des vierzehnten Monatstages müsst ihr es schlachten. Dann sollt ihr die Türpfosten und die Oberschwellen mit Blut vom Lamm bestreichen. In derselben Nacht soll man das Lamm am Feuer bra-

Pascha = Pessach, jüdisches Fest.

ten und essen. Man isst dazu ungesäuertes Brot und bittere Kräuter. Man soll nichts kochen und nichts roh essen. Es muss am Feuer gebraten sein. Kein Stück darf übrig bleiben. Was übrig bleibt, sollt ihr verbrennen. So sollt ihr das Paschalamm essen: die Kleider gegürtet, die Schuhe an den Füßen, den Stab in der Hand. Ihr sollt es rasch essen. Denn ich, der Herr, geh vorüber. (Es ist Paschafeier für den Herrn.) In dieser Nacht wird jede Erstgeburt in Ägypten sterben. Das Blut an den Häusern wird euch schützen.
Ihr sollt diesen Tag niemals vergessen. Ihr sollt ihn immer feiern. Sieben Tage soll man ungesäuertes Brot essen. Am ersten und siebenten Tag soll heilige Festversammlung sein. Da darf auch nicht gearbeitet werden. Nur die Nahrung darf man zubereiten. So sollt ihr das Fest der ungesäuerten Brote feiern. Wenn eure Söhne fragen: Was bedeutet dieses Fest?, dann sagt ihnen: Es ist das Pascha-Opfer, um den Herrn zu ehren. Er hat die Ägypter bestraft, uns aber befreit."
Mose rief die Ältesten des Volkes und befahl, was Gott gesagt hatte. Da verneigten sich alle, um Gott zu ehren. Dann gingen sie, um Gottes Befehl zu befolgen.

Die Befreiung des Volkes
Ex 13, 17-18

Um Mitternacht starb jede Erstgeburt in Ägypten: der älteste Sohn des Pharao genauso wie der Erstgeborene eines Gefangenen. Jede Erstgeburt beim Vieh verendete.
Der Pharao und alle seine Diener begannen zu klagen. In jedem Haus war ein Toter.
Der Pharao ließ in der Nacht Mose und Aaron rufen und sagte: „Geht aus meinem Land und dient dem Herrn. Nehmt auch eure Schafe und Rinder mit. Bittet aber auch für mich um Segen."

Da drängten die Ägypter das israelitische Volk, schnell aus dem Land zu gehen. Sie fürchteten nämlich alle den Tod. Die Israeliten hatten auch viel Silber und Gold sowie Kleidungsstücke von den Ägyptern bekommen. Sie nahmen alles mit.

Die Wanderung zum Sinai

Israel auf dem Weg durch das Schilfmeer
Ex 13,19; 14 – 15,21

Die Israeliten machten sich auf den Weg. Es waren sehr viele Menschen: Männer, Frauen und Kinder. Sie hatten große Herden mit. Mose ermahnte das Volk, diesen Tag nie zu vergessen. Er befahl ihnen, jährlich das Paschafest zu feiern.

Die Israeliten wanderten nicht auf dem kürzesten Weg durch das Philisterland, sondern zogen zum Schilfmeer. Mose nahm auch die Gebeine Josefs mit. Sie wanderten bei Tag und Nacht, weil Gott sie weise führte. So kamen sie zum Schilfmeer, um auszuruhen.

Ägyptisches Wandbild.

Weg zum Schilfmeer.

Der Pharao änderte bald seine Meinung. Er bereute seine Erlaubnis, die Israeliten freizugeben. Er schickte Krieger mit Wagen den Israeliten nach. In der Nähe des Schilfmeeres trafen sie die Israeliten. Das Volk Israel bekam große Angst. Alle begannen laut zu beten und zu schreien. Sie baten auch Mose um Hilfe. Mose aber sprach zum Volk: „Fürchtet euch nicht. Ihr werdet sehen, dass der Herr uns hilft."

Da sprach der Herr zu Mose: „Befiehl den Israeliten weiterzugehen. Sie sollen durch das Meer zum anderen Ufer ziehen." Das Wasser war zurückgewichen. Das Volk Israel zog die ganze Nacht über trockenen Meeresboden zum anderen Ufer. In der Früh begannen die Ägypter, den Israeliten nachzujagen. Da kamen die Wasserfluten zurück und bedeckten die Wagen der Krieger des Pharao. Die Ägypter mussten qualvoll ertrinken. So war das Volk Israel gerettet.

Mose begann zu beten:
„Preisen will ich den Herrn, denn er ist gewaltig.
Rosse und Lenker warf er ins Meer.
Er ist mein Gott. Ich will ihn preisen.
Herr ist sein Name.
Er warf die Wagen des Pharao und seine Soldaten ins Meer.
Die besten Krieger Pharaos starben im Schilfmeer.
Es gibt keinen anderen Gott außer dir.
Du machst berühmte Taten und wirkst große Wunder.
Du bist der Herr, der König in Ewigkeit."
Die Schwester Aarons und alle Frauen begannen, mit ihr dieses Lied des Mose zu singen.
Das Volk Israel dankte Gott für die Rettung.

Gott sorgt für sein Volk in der Wüste
Ex 15,22 – 17,18

Mose führte die Israeliten vom Meer in die Wüste. Dort fanden sie drei Tage kein Wasser, und das gefundene Wasser war schlecht. Da murrten sie gegen Mose und Aaron und schimpften. Mose betete zu Gott um Hilfe. Gott half dem Mose, trinkbares Wasser zu finden. Die Israeliten fanden zwölf Wasserquellen und siebzig Palmen. Dort machten sie ihr Lager.

Später zogen sie weiter. Sie kamen in die Wüste Sin. Dort hatte das Volk großen Hunger. Der Herr sprach zu Mose: „Ich habe das Murren der Israeliten gehört. Ihr werdet am Abend Fleisch bekommen. In der Früh werdet ihr Brot haben. So sollt ihr wissen, dass ich der Herr, euer Gott bin."

Als es Abend wurde, kamen Wachteln geflogen. Sie blieben müde beim Lager sitzen. Man konnte sie sehr leicht fangen. In der Früh war starker Tau rings um das Lager. Feine Körner lagen am Boden. Die Israeli-

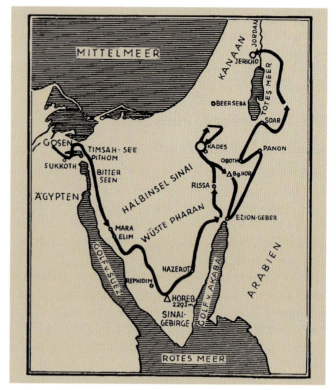

Das israelitische Volk in der Wüste.

ten wussten dafür keinen Namen. Sie fragten: „Was ist das?" Mose antwortete: „Das ist das Brot, das euch der Herr zu essen gibt. Ihr müsst es zum Essen sammeln." Die Israeliten befolgten das Wort des Mose. Jeder sammelte für seine Familie. Sie nannten diese Speise Manna. Die Israeliten fanden täglich das Manna. Am Sabbat fanden sie nichts. Sie mussten am Tag vorher doppelt so viel sammeln. Sie aßen das Manna viele Jahre lang.

Die Israeliten zogen weiter. Bei Refidim fanden sie wieder kein Wasser und begannen über Mose zu schimpfen. Mose bekam Angst vor dem Volk und betete zu Gott um Hilfe. Da befahl der Herr dem Mose: „Geh als erster und nimm einige der Ältesten mit. Nimm deinen Stab in die Hand. Ich werde dir Wasser zeigen. Du musst dort auf den Felsen schlagen, dann wird Wasser aus der Quelle fließen und das Volk wird trinken können." Mose tat es und die Ältesten schauten zu. Das Volk aber bekam so das notwendige Wasser.

Feinde kamen den Israeliten entgegen. Da befahl Mose dem Josua: „Wähle Männer zum Kampf gegen die Feinde aus. Ich werde auf dem Hügel stehen und für euch beten."

Josua befolgte den Befehl des Mose. Er kämpfte gegen die Feinde. Mose betete mit ausgestreckten Armen; da siegte Israel. Mose ließ die Hände sinken; da gewann der Feind.

Zwei Männer hielten nun die Arme des Mose. So konnte Mose bis zum Sonnenuntergang beten, ohne müde zu werden. Josua aber besiegte die Feinde.

Jitro, der Schwiegervater des Mose, kam in die Wüste zu Mose. Mose begrüßte ihn freudig. Er erzählte ihm alles, was der Herr getan hatte. Jitro pries Gott und lobte ihn. Dann feierten sie alle ein großes Brand- und Schlachtopfer.

Mose war auch Richter des Volkes. Oft musste er Frieden und Ordnung machen. Viele Menschen baten Mose um ein Urteil. Jitro sprach zu Mose: „Du hast zu viel Arbeit. Du musst für das Volk der Mann Gottes sein. Du lehrst sie die Gesetze und befiehlst die Werke. Du musst tüchtige und fromme Männer zu Richtern machen. Sie müssen dir gewissenhaft helfen."

Mose befolgte den Rat seines Schwiegervaters. Er wählte tüchtige Männer aus und machte sie zu Vorstehern. Jitro verabschiedete sich von Mose und kehrte in seine Heimat zurück.

Am Sinai
Ex 19 – 24 und 31,18; 32 – 40; Lv

Das Bundesangebot Gottes
Ex 19,1-25

Die Israeliten waren schon drei Monate aus Ägypten fort und kamen in die Wüste Sinai.

Sie machten ihr Lager beim Berg Sinai.

Mose stieg auf den Berg und der Herr sprach zu ihm: „Sprich zu den Israeliten: ‚Ihr habt gesehen, was ich mit den Ägyptern tat. Ihr sollt meine Stimme hören und meinen Bund befolgen. Ihr werdet so mein auserwähltes Volk sein.'"

Mose rief die Ältesten des Volkes zusammen und verkündete ihnen die Worte Gottes. Alle antworteten: „Wir wollen tun, was der Herr befiehlt."

Der Herr sprach zu Mose: „Geh zum Volk. Es soll sich heiligen. Die Leute sollen auch ihre Kleider waschen und sich vorbereiten. Übermorgen werde ich auf den Berg Sinai herabkommen. Niemand darf dann den Berg betreten. Wer ihn berührt, muss sterben."

Die Israeliten befolgten den Befehl Gottes.

Berg Horeb (Sinai).

Das Gesetz Gottes
Ex 20,1-21

In der Früh des dritten Tages blitzte und donnerte es furchtbar. Schwere Wolken lagen über dem Berg. Das ganze Volk fürchtete sich. Mose aber führte die Israeliten zum Fuß des Berges. Der Sinai war in Rauch gehüllt. Der ganze Berg bebte. Mose redete, der Herr antwortete ihm im Donner. Nun sprach Gott zum Volk diese Worte:

„Ich bin der Herr, dein Gott. Ich habe dich aus der Sklaverei und dem Land Ägypten geführt. Du sollst keine fremden Götter verehren. Du darfst dir kein Bild machen, um es anzubeten.

(Erstes Gebot: Du sollst an einen Gott glauben.)

Du sollst den Namen Gottes ehren. Gott straft den Missbrauch seines Namens.

(Zweites Gebot: Du sollst den Namen Gottes ehren.)

Heilige den Tag des Herrn. Sechs Tage sollst du arbeiten. Am siebenten Tag sollst du Gott ehren. Du sollst deshalb an diesem Tag keine Arbeit tun.

(Drittes Gebot: Du sollst den Tag des Herrn heiligen.)

Ehre deinen Vater und deine Mutter, damit du lange lebst, um im versprochenen Land zu sein.

(Viertes Gebot: Du sollst Vater und Mutter ehren.)

Du sollst nicht töten.

(Fünftes Gebot: Du sollst nicht töten.)

Du sollst nicht die Ehe brechen.

(Sechstes Gebot: Du sollst nicht die Ehe brechen.)

Du sollst nicht stehlen.

(Siebentes Gebot: Du sollst nicht stehlen.)

Du sollst nichts Falsches von deinem Nächsten sagen.

(Achtes Gebot: Du sollst nichts Falsches von deinem Nächsten sagen.)

Du sollst nicht verlangen, was deinem Nächsten gehört: sein Haus, seine Frau oder sein Eigentum.

(Neuntes Gebot: Du sollst nicht verlangen die Frau von deinem Nächsten. Zehntes Gebot: Du sollst nicht verlangen das Eigentum von deinem Nächsten.)"

Das ganze Volk sah die Blitze und hörte den Donner. Die Leute staunten über den rauchenden Berg und den Schall der Posaunen. Die Israeliten zitterten, bebten und wichen vom Berg zurück. Sie baten Mose: „Rede du mit uns. Wir wollen dich hören. Gott soll nicht mit uns sprechen, weil wir sonst vor Angst sterben." Mose antwortete: „Habt keine Angst. Gott will euch prüfen. Ihr sollt heilige Gottesfurcht haben und die Sünden meiden."

Das Volk kehrte ins Lager zurück.

Das Bundesbuch
Ex 21,1 – 23,33

Im Bundesbuch wurden viele Gesetze aufgeschrieben, die Gott dem Mose sagte.
Alle sollen diese Gesetze befolgen:

Ex 22,20-26
„Du sollst einen Fremden nicht ausnützen. Ihr seid selbst Fremde in Ägypten gewesen. Du sollst auch keine Witwe und keine Waisen ausnützen.
Wenn du jemandem aus dem Volk Gottes Geld borgst, dann darfst du keine Wucherzinsen verlangen. Wenn du von jemandem den Mantel als Pfand nimmst, dann gib ihn vor Sonnenuntergang wieder zurück. Er braucht ihn zum Zudecken in der Nacht."

Der Bundesschluss
Ex 24,1-18

Mose ging auf den Berg zu Gott. Er bekam von Gott noch andere Gesetze und Vorschriften. Er schrieb alle Worte des Herrn auf.
Mose baute am anderen Tag am Fuß des Berges einen Altar mit zwölf Gedenksteinen für die zwölf israelitischen Stämme. Dann wurden große Opfer gefeiert. Mose las dem Volk die Gebote vor. Die Israeliten sprachen: „Wir wollen alles befolgen, was der Herr befohlen hat." Mose nahm das Opferblut, besprengte das Volk und sprach: „Das ist das Blut des Bundes. Gott, der Herr, hat ihn mit euch gemacht (= der Alte Bund)."

Dann stieg Mose mit Aaron und 70 Ältesten der Israeliten auf den Berg. Dort durften sie Gott schauen. Gott befahl dem Mose, wieder auf den Berg zu steigen. Mose stieg durch die Wolken zur Spitze des Berges. Er blieb 40 Tage und 40 Nächte oben. Gott sprach auf dem Berg zu Mose und gab ihm zwei Gesetzestafeln aus Stein. Auf den Tafeln waren die Gebote Gottes aufgeschrieben.

Die zehn Gebote (in hebräischer Schrift), Tafel vor dem Abendmahlsaal in Jerusalem.

Der Bruch des Bundes: Das goldene Kalb
Ex 31,18 – 33,6

Mose kam lange nicht vom Berg zurück. Das Volk sprach zu Aaron: „Mach uns einen Gott. Mose wird vielleicht nicht mehr kommen." Aaron ließ sich den goldenen Schmuck der Frauen und Mädchen bringen. Dann machte man daraus ein goldenes Kalb. Das Volk verehrte es als seinen Gott. Man feierte ein Fest, tanzte und opferte.

Mose kam mit den Gesetzestafeln vom Berg. Als er zum Lager kam, sah er das Kalb und die Tänze. Da wurde er wütend. Er schleuderte die Tafeln weg und zerschlug sie. Mose zerschlug auch das goldene Kalb, tadelte das Volk und den Aaron. Dann kehrte er zu Gott auf den Berg zurück, um für das Volk um Verzeihung zu bitten.

Gott war barmherzig und verzieh dem Volk. Mose blieb wieder 40 Tage und 40 Nächte auf dem Berg. Er machte zwei neue Tafeln mit den Geboten Gottes. Dann kam Mose wieder vom Berg. Sein Gesicht strahlte. Die Israeliten aber fürchteten sich. Mose verkündete dem Volk die Befehle Gottes.

Wüste Sinai, auf dem Felsen in der Mitte sieht man die Form eines Kalbes (Erinnerung an das Goldene Kalb).

Israels Gesetz und sein Gottesdienst
Ex 25 – 31; 35 – 40; Lv

Das heilige Zelt

Mose ließ ein Zelt machen. Das war das heilige Zelt. Man nannte es auch Bundeszelt. Ein Vorhang teilte es in zwei Räume. Der vordere Teil hieß „Heiligtum", der hintere Teil das „Allerheiligste".

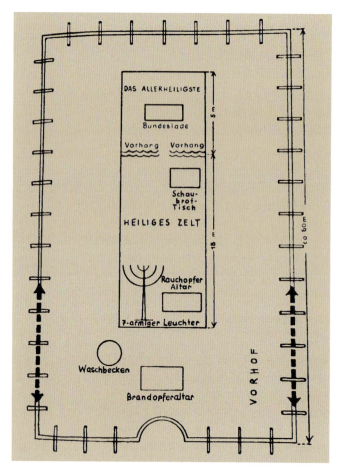

Das heilige Zelt.

Im „Allerheiligsten" war die Bundeslade. Sie war vergoldet und aus Akazienholz. In der Bundeslade wurden die heiligen Tafeln (mit den Geboten Gottes) und der Stab Aarons aufbewahrt.

Im „Heiligtum" waren ein Rauchopferaltar, ein Schaubrottisch und der siebenarmige Leuchter. Auf dem Schaubrottisch waren immer zwölf ungesäuerte Brote. Sie wurden an jedem Sabbat erneuert.

Um das Zelt war der Vorhof. Er war mit Säulen und Vorhängen begrenzt. Dort waren der Brandopferaltar und das Waschbecken. Das Volk musste immer im Vorhof bleiben. Nur die Priester durften das „Heiligtum" betreten. Das „Allerheiligste" durfte niemand betreten. Auch der Hohepriester durfte nur einmal im Jahr ins „Allerheiligste" gehen.

Mose salbte und heiligte das Zelt und alle Geräte.

Die Priester

Gott hatte dem Aaron befohlen, Priesterdienste zu tun. Mose machte daher den Aaron zum Hohenpriester. Seine Söhne und ihre Nachkommen sollten Priester sein. Der Erstgeborene aus der Familie Aarons sollte immer Hoherpriester sein. Die Männer aus dem Stamm Levi – dem Stamm Aarons – sollten beim heiligen Dienst helfen. Man nannte sie deshalb Leviten. Mose weihte alle für den heiligen Dienst. Er führte Aaron und dessen Söhne in den Vorhof und gab ihnen heilige Gewänder. Dann salbte er sie mit Öl auf dem Kopf. Die Leviten wurden mit Wasser besprengt. Dann opferte Mose sieben Tage lang. Am achten Tag opferte Aaron. Mose führte ihn dann in das heilige Zelt. Dann segneten sie das Volk.

Sie sprachen, wie Gott ihnen befohlen hatte:
Der Herr segne und beschütze dich.
Der Herr schaue auf dich und schenke dir Gnade.
Der Herr sei dir nahe und schenke dir Heil.

Felsendom Omarmoschee,
hier stand der Brandopferaltar der Israeliten.

Die Priester hatten beim Gottesdienst besondere Kleider. Das Gewand des Hohenpriesters war sehr schön und kostbar.

Der Gottesdienst (= das Opfer)

Die Priester mussten in der Früh und am Abend opfern. Man hatte blutige und unblutige Opfer. Rinder, Schafe, Ziegen und Tauben waren die Opfertiere. Sie mussten fehlerlos sein.

Die blutigen Opfer waren Brand-, Sühn- und Friedopfer.

Man nahm Mehl, Brot, Gebäck, Wein, Öl, Salz und Weihrauch für die unblutigen Opfer.

Heilige Zeiten (= Festtage)

Gott hatte den Israeliten befohlen, verschiedene Feste zu feiern.

Das Osterfest (Paschafest) war die Erinnerung an die Befreiung aus Ägypten.

Man schlachtete in jedem Haus das Osterlamm. Man aß sieben Tage nur ungesäuertes Brot. Deshalb hieß Ostern auch das Fest der ungesäuerten Brote.

Das Pfingstfest war am fünfzigsten Tag nach Ostern. Man dachte zu Pfingsten an die Gesetzgebung auf dem Berg Sinai. Pfingsten war gleichzeitig ein Erntedankfest.

Das Laubhüttenfest wurde im Herbst gefeiert. Es war die Erinnerung an die Wüstenwanderung Israels. Es dauerte sieben Tage. Man wohnte in Hütten, die man mit belaubten Zweigen bedeckte. Das Laubhüttenfest war auch ein zweites Erntedankfest.

Fünf Tage vor dem Laubhüttenfest war der Versöhnungstag. Der Versöhnungstag war ein strenger Fasttag. Das Volk bat Gott um Verzeihung der Sünden.

Der Sabbat war der Ruhetag der Woche. Man arbeitete nicht, sondern betete und feierte den Gottesdienst. Sabbatarbeit wurde mit dem Tode bestraft. Jedes siebente Jahr hieß Sabbatjahr. Man heiligte das ganze Jahr, feierte Gottesdienst und opferte.

Jedes fünfzigste Jahr hieß Jubeljahr. Da sorgte man besonders für die Armen, sie bekamen ihren Besitz wieder zurück, die Schulden wurden getilgt (gelöscht).

Das mosaische Gesetz
(Speise- und Reinigungsgesetze)
Die Israeliten mussten verschiedene Speisen meiden: Schweinefleisch, Blut usw.
Am Versöhnungstag durfte man nichts essen und nichts trinken. Viele andere Gesetze ordneten das Zusammenleben des Volkes. Es gab Gesetze für Gesunde und Kranke, für Menschen und Tiere und viele Vorschriften für Gesundheit und Sauberkeit.

Das Zusammenleben der Menschen
Lev 19,1-2. 17-18
Gott sprach zu Mose:

„Rede zu allen Israeliten und sag ihnen: Euer Gott ist heilig. Deshalb sollt auch ihr heilig sein.
Du sollst deinen Bruder nicht hassen.
Ermahne deine Mitmenschen, wenn sie Unrecht tun. Dann hast du keine Schuld an ihrem Unrecht.
Du sollst nicht an Rache denken. Du sollst deinen Nächsten lieben wie dich selbst.
Ich – Gott – bin der Herr."

Die Wanderung Israels vom Sinai zum Nebo
Numeri und Deuteronomium
Num 10,11 – 36,13

Die Volkszählung
Num 1,1-54
Die Israeliten waren ungefähr ein Jahr beim Berg Sinai. Mose ließ das Volk zählen. Dann gab er dem Volk eine Verfassung. Er wollte Ordnung in den Fa-

Wüste Sinai.

milien und in den Stämmen. Auch die Zahl der Krieger wollte er wissen. Dann zogen die Israeliten nach Norden weiter. Sie kamen an die Grenze Kanaans.

Segen für Israel
Num 6,22-27

„Gott sprach zu Mose:
Sag zu Aaron und seinen Söhnen:
Segnet die Israeliten und sprecht zu ihnen:
Der Herr segne dich und schütze dich.
Der Herr schaue auf dich, er schenke dir Gnade.
Der Herr schaue auf dich und schenke dir Heil.
So sollst du zu den Israeliten sprechen. Ich werde sie segnen."

Die Kundschafter und das Murren des Volkes
Num 13,1 – 14.45

Mose schickte zwölf Kundschafter weg. Josua führte sie. Sie sollten das Land anschauen.
Nach vierzig Tagen kamen sie zurück und brachten Früchte mit: große Trauben, Granatäpfel und Feigen. Die Kundschafter berichteten: „Das Land ist sehr fruchtbar. Ein starkes Volk wohnt dort. Die Städte sind fest und groß. Die Menschen sind wie Riesen. Wir dagegen sind klein."
Da murrte das ganze Volk gegen Mose und Aaron. Alle wollten nach Ägypten zurück.
Josua und Kaleb aber sprachen: „Das Land ist schön. Fürchtet die Menschen nicht. Gott wird uns helfen." Die Menge aber brüllte und wollte die beiden Männer steinigen.
Da sprach der Herr zu Mose: „Warum quält mich dieses Volk? Ich habe viele Wunder getan und das Volk glaubt mir nicht. Die Pest wird kommen und viele töten. Du aber sollst der Stammvater eines großen Volkes sein."

Wüstenbewohner (Beduinen).

Mose bat den Herrn: „Verzeih dem Volk noch einmal. Deine Gnade ist groß." Gott antwortete: „Ich will vergeben, weil du gebeten hast. Das aber wird die Strafe sein: Wer meine Wunder in Ägypten und in der Wüste gesehen hat und mir nicht glaubt, soll in der Wüste sterben. Nur Josua und Kaleb werden das versprochene Land betreten.
Das Volk muss noch vierzig Jahre in der Wüsste wandern. Dann werden alle Zweifler tot sein."
Die Kundschafter starben plötzlich. Sie hatten nämlich das Volk beunruhigt.
Mose berichtete dem Volk die Worte Gottes. Da wurden die Israeliten sehr traurig. Sie wollten trotzdem nach Kanaan ziehen. Feinde (Amalekiter und Kanaaniter) kamen und jagten sie zurück.

Der Sabbatschänder
Num 15,32 ff

Ein Mann sammelte am Sabbat Holz. Man erwischte ihn und brachte ihn zu Mose. Mose ließ ihn einsperren. Dann führte man den Mann hinaus und steinigte ihn.

Neid und Eifersucht im Volk

Num 16,1 – 17,17

Viele Israeliten wollten dem Mose nicht mehr folgen. Manche wollten auch Aaron als Hohenpriester nicht. Ein Mann namens Korach, sowie Datan und Abiram führten die Empörer an. Sie verhetzten mit 250 anderen Männern das Volk. Mose sprach: „Der Herr wird sie richten." In der Früh befahl er dem Volk: „Geht von den Zelten dieser gottlosen Männer weg. Sie werden nicht natürlich sterben. Gott hat mich gesandt. Ihr sollt jetzt an dem Wunder erkennen, dass sie gegen Gott gesündigt haben."

Ein Erdspalt öffnete sich und die Hetzer versanken. Das Volk erschrak sehr.

Der Stab Aarons

Num 17,18-28

Gott wollte, dass Aaron Hoherpriester sei. Er befahl deshalb dem Mose: „Jeder Führer der zwölf Stämme soll dir einen Stab geben. Schreibe die Namen darauf. Dann leg die zwölf Stäbe vor die Bundeslade. Ein Stab wird grünen. Der Eigentümer dieses Stabes ist Hoherpriester."

Mose tat, wie der Herr befohlen hatte. In der Früh ging Mose ins Zelt. Da grünte der Stab Aarons. Mose zeigt die Stäbe dem Volk. Dann legte man den Stab Aarons in die Bundeslade.

Der Zweifel des Mose
Das Wasser aus dem Felsen

Num 20,1-29

Vierzig Jahre vergingen. Noch immer wanderte Israel in der Wüste. Sie hatten wieder kein Wasser und murrten gegen Mose und Aaron. Beide beteten zu Gott. Da sprach der Herr zu Mose: „Hol deinen Stab, versammle das Volk und schlage auf den Felsen. Du wirst eine Quelle finden." Mose holte den Stab, versammelte das Volk Israel und sprach: „Ihr Ungehorsamen! Ist es möglich, für euch Wasser zu finden?" Dann schlug Mose zweimal auf den Felsen. Viel Wasser kam aus der Quelle. Es war genug für das Volk und sein Vieh.

Gott aber sprach zu Mose und Aaron: „Ihr habt mir nicht geglaubt. Ihr dürft deshalb das Volk nicht ins versprochene Land führen."

Aaron starb bald darauf.

Die kupferne Schlange

Num 21,1-35

Das Volk war von der Wanderung müde. Es murrte

Berge im Wadi Rum.

Mose-Quelle.

Berg Nebo, Eherne Schlange.

wieder gegen Gott und Mose. Da ließ der Herr giftige Schlangen kommen. Viele Leute wurden gebissen und mussten sterben.

Das Volk kam zu Mose und bat: „Wir haben gesündigt. Wir haben gegen Gott und dich gemurrt. Bete zu Gott um Verzeihung. Er soll die Schlangen wegnehmen."

Mose betete für das Volk. Der Herr sprach zu ihm: „Mach eine Schlange aus Erz und häng sie auf einen Pfahl. Die Verwundeten sollen hinschauen, um am Leben zu bleiben."

Mose tat es. Die Gebissenen schauten zur Schlange und wurden wieder gesund.

Bileam
Num 22,1 – 24,25

Die Israeliten waren östlich des Toten Meeres. Der König der Amoriter verbot ihnen, das Land zu durchziehen. Die Israeliten eroberten sein Land und kämpften sich durch. Der König der Moabiter bekam große Angst. Er holte seinen Wahrsager Bileam. Er befahl ihm, das israelitische Volk zu verwünschen. Er wollte es besiegen und aus dem Land jagen.

Da erschien der Herr dem Bileam in der Nacht und sprach: „Du musst reden, was ich dir befehlen werde." Der König führte Bileam auf einen Berg. Man konnte von dort das Lager Israels sehen. Bileam verfluchte das Volk nicht, sondern segnete es. Da wurde der König wütend und jagte Bileam davon.

Bileam aber antwortete: „Ich kann das Wort des Herrn nicht verändern. Ich sehe ihn (= den Erlöser), jedoch nicht jetzt. Ich schaue ihn, jedoch nicht nahe. Ein Stern (= der Herrscher) geht auf aus Jakob (= das Volk Israel).

Rede des Mose, Rückblick und Mahnung
Dtn 1,1 – 4.43

Mose war schon alt. Der Herr befahl ihm: „Josua muss dein Nachfolger werden."

Mose gehorchte und sprach zum Volk: „ Ich muss in diesem Land sterben. Vergesst nie auf den Bund mit Gott, denn der Herr ist unser Gott. Du sollst den Herrn, deinen Gott, lieben mit deinem ganzen Herzen, mit deiner ganzen Seele und mit all deinen Kräften."

Dtn 4,1-2.6-8

Mose sprach zum Volk:

„Israel, befolgt die Gesetze und Gebote, die ich euch gelehrt habe. Befolgt sie, dann werdet ihr leben. Ihr werdet in das Land kommen, das Gott euch und euren Vätern versprochen hat.

Befolgt die Gebote Gottes. Ändert nichts.

Die anderen Völker werden staunen. Sie werden sagen: Die Israeliten sind weise. Gott ist ihnen nahe. Gott hört ihr Beten.

Gott hat ihnen Gebote gegeben. Diese Gebote sind gerecht und gut."

Dtn 4,39-40

„Volk Israel!

Du sollst erkennen und glauben:

Jahwe ist Gott im Himmel und auf der Erde.

Nur er.

Du musst seine Gebote und Gesetze befolgen. Dann wird es dir und deinen Nachkommen gut gehen. Du wirst lange leben in dem Land, das Gott, der Herr dir gibt."

Dtn 5,11-15

„Gott spricht: Du sollst den Sabbat heilig halten. Sechs Tage darfst du arbeiten und deine Pflicht tun. Der siebente Tag ist ein Ruhetag.

Er gehört dem Herrn.
An diesem Tag darfst du keine Arbeit tun. Du nicht, dein Sohn nicht, deine Tochter nicht und deine Sklaven nicht.
Denk daran. Gott hat dich aus Ägypten gerettet. Deshalb sollst du den Sabbat heilig halten."

Dtn 6,2-6
„Israel!
Unser Gott, Jahwe, ist der einzige Gott.
Du sollst den Herrn, deinen Gott lieben mit ganzem Herzen, mit ganzer Seele und mit ganzer Kraft.
Diese Worte sollen in deinem Herzen geschrieben sein."

Dtn 7,6-11
Mose sprach zum Volk:
„Gott hat dich erwählt. Du gehörst Gott.
Gott liebt euch.
Er hat euch aus Ägypten heraus geführt.
Gott ist treu.
Er schenkt seine Gnade allen, die ihn lieben und seine Gebote befolgen".

Blick vom Berg Nebo nach Israel.

Dtn 8,ff
Mose sprach zum Volk:
„Denk an die Wege, die Gott dich 40 Jahre durch die Wüste geführt hat.
Gott hat dich geprüft.
Ihr hattet Hunger.
Gott hat euch das Manna geschenkt.
Er wollte, ihr sollt erkennen:
Der Mensch lebt nicht nur vom Brot.
Er lebt von jedem Wort, das Gott spricht.
Seid nicht hochmütig. Vergesst nie Gottes Taten und Gottes Hilfe, die er euch auf der Wanderung in der Wüste geschenkt hat."

Dtn 11,18.26 – 28.32
Mose sagte zu den Israeliten:
„Gott will: Meine Worte sollt ihr in euer Herz und eure Seelen schreiben.
Ihr sollt sie als Zeichen auf das Handgelenk und als Schmuck auf die Stirn binden.
Ich werde euch den Segen und Fluch sagen.
Der Segen:
Befolgt die Gebote Gottes. Folgt ihm.
Der Fluch:
Wenn ihr Gott nicht folgt, falsche Wege geht und andere Götter ehrt.
Ich sage euch:
Ihr sollt alle Gebote und Gesetze befolgen."

Dtn 18,15-20
Mose sprach zum Volk Israel:
„Gott wird aus deiner Mitte einen Propheten wie mich berufen.
Ihr sollt ihm folgen.
Er wird alles erfüllen, was du Gott auf dem Berg Horeb gebeten hast.
Damals habt ihr gesagt:

Ich kann die donnernde Stimme Gottes nicht noch einmal hören.

Ich kann dieses große Feuer nicht noch einmal sehen. Sonst sterbe ich.

Damals hat der Herr zu mir gesagt:

Es ist recht, was sie verlangen.

Ich werde aus ihrer Mitte einen Propheten berufen.

Er wird alles lehren, was ich ihm sage.

Wer ihm nicht folgt, den werde ich verurteilen.

Wer aber ohne meinen Auftrag als Prophet lehrt, der wird sterben."

Dtn 26,4-10

Mose lehrte das Volk über die Ernteopfer:

„Du sollst die ersten Früchte der Ernte zum Altar Gottes bringen.

Bete zum Herrn, deinem Gott:

Unsere Vorväter lebten in Ägypten und wurden unterdrückt.

Gott hat sie aus ihrer Not gerettet.

Er hat sie in dieses fruchtbare Land geführt.

Gott, ich bringe die ersten Früchte der Ernte zu dir.

Du hast uns dieses Land gegeben."

Dtn 30,10-14

Mose sagte dem Volk:

„Befolge Gottes Gebote und Gesetze.

Sie sind im Bundesbuch aufgeschrieben.

Du sollst zu Gott zurückkommen.

Seine Gebote sind nicht schwer zum Befolgen.

Behalte sie in deinem Herzen, dann kannst du sie befolgen."

Die Einsetzung Josuas
Dtn 31,1-3

Mose holte Josua und sprach zu ihm: „Sei mutig und tapfer. Du sollst dieses Volk ins versprochene Land führen. Du sollst das Land verteilen. Der Herr selbst wird dich führen. Er verlässt dich nie."

Mose schrieb auch das Gesetz auf und übergab es den Priestern und Ältesten des Volkes. Sie sollten es zu den heiligen Zeiten vorlesen.

Der Segen des Mose
Dtn 33,1-29

Mose ermahnte das Volk und segnete die Stämme Israels. Dann stieg Mose auf den Berg Nebo. Der Herr zeigte ihm das ganze Land bis zum Mittelmeer und sprach: „Dieses Land habe ich Abraham, Isaak und Jakob versprochen. Ich will es deinen Nachkommen geben. Ich lasse es dich anschauen. Du wirst aber nicht hineinkommen."

Das Lebensende des Mose
Dtn 34,1-9

Mose starb auf dem Berg Nebo. Man begrub ihn im Tal. Sein Grab aber blieb unbekannt.

Das Volk Israel trauerte dreißig Tage um Mose.

Er war der größte Prophet Israels. Er hatte viele Zeichen und Wunder getan.

Blick vom Berg Nebo nach Israel.

Die Geschichte des Volkes Israel

Israel in Kanaan
(aus dem Buch Josua)

Die Eroberung des Landes
Josua 1,1 – 12,24

Am Jordan
Jos 1-5

Josua führte nun die Israeliten. Er wollte sie nach Kanaan führen. Er schickte deshalb zuerst zwei Männer nach Jericho. Sie sollten die Stadt und das Land auskundschaften. Sie kamen in eine Herberge. Die Wirtin hieß Rahab. Sie versteckte die Männer. Der König von Jericho wollte nämlich die Kundschafter verhaften. Rahab ließ die Männer in der Nacht auf einem Strick über die Stadtmauer hinunter. Sie versprachen ihr deshalb Schutz und Rettung beim Einzug der Israeliten. Die Männer kamen zu Josua und erzählten ihm, was sie gesehen hatten.

Josua führte die Israeliten zum Jordan. Dort lagerten sie noch drei Tage. Am letzten Tag befahl Josua dem Volk: „Heiligt euch! Morgen wird der Herr ein Wunder tun."

Der Herr sprach zu Josua: „Ich will dir helfen, wie ich Mose geholfen habe. So wird das Volk dir folgen." Dann machten sich alle auf den Weg.

Die Priester trugen die Bundeslade zum Fluss. Das Wasser des Jordans sank. Von Norden kam kein Wasser mehr. Das Wasser im Flussbett floss zum Salzmeer ab. Nun konnte das Volk Israel durch das Flussbett gehen. Die Priester blieben mit der Bundeslade mitten im Flussbett und beteten um die Hilfe Gottes.

Als das Wasser wieder heranwogte, war das ganze Volk schon hinübergegangen. Man trug die Bundeslade ans Ufer. Dann nahm man zwölf Steine aus dem Jordanbett und stellte sie als Denkmäler auf. So dankte das Volk für die Hilfe Gottes.

Die Israeliten feierten in den Steppen von Jericho das Pascha-Fest.

Sie aßen ungesäuertes Brot. Sie aßen auch von den Früchten des Landes. Seit diesem Tag blieb das Manna aus. Die Israeliten brauchten es nicht mehr, sie hatten die Früchte des Landes.

Die Eroberung Jerichos
Jos 6,1-27

Die Israeliten machten ihr Lager bei Jericho. Jericho aber hatte seine Tore verschlossen. Niemand konnte heraus- oder hineinkommen. Der Herr befahl dem Josua: „Du wirst Jericho erobern, seinen König und die Krieger besiegen. Ihr sollt täglich in der Früh um die Stadt ziehen. Man soll die Bundeslade vorraustragen. Dies tut sechs Tage lang. Am siebenten Tag sollt ihr siebenmal um die Stadt ziehen. Dabei sollt ihr Posaunen blasen und lautes Geschrei machen. Die

Jericho.

Mauern der Stadt werden an diesem Tag einstürzen. Dann könnt ihr in die Stadt kommen."

Die Israeliten befolgten das Wort Gottes. Am siebenten Tag stürzten die Mauern ein. Israels Krieger eroberten und zerstörten die Stadt. Niemand durfte aber private Beute machen. Man brachte alles zum heiligen Zelt. Josua befahl auch, Rahab und ihre Familie zu schützen.

Die Zerstörung von Ai
Jos 7; 8

Ein Mann namens Achan hatte in Jericho privat geplündert. Gott half deshalb den Israeliten nicht. Die Bewohner von Ai jagten sie besiegt davon. Josua begann nun, den Sünder zu suchen. Man fand Achan und verurteilte ihn zur Steinigung.

Josua schickte nun viele Krieger zur Stadt Ai. Sie eroberten die Stadt und brannten sie nieder.

Der Sieg bei Gibeon
Jos 9 – 13

Die Israeliten zogen siegreich durch Kanaan. Die Einwohner Gibeons unterwarfen sich freiwillig den Israeliten. Der König von Jerusalem und vier andere Könige wollten deshalb die Stadt Gibeon strafen. Josua aber kam zu Hilfe und besiegte alle fünf Könige. Gott half den Israeliten mit einem furchtbaren Hagelwetter.

Die Verteilung des Landes
Jos 13,1 – 22,34

Die Israeliten kämpften sieben Jahre lang und eroberten 31 Stadtstaaten in Kanaan. Dann verloste Josua das Land und verteilte es an die Stämme Israels. Nur der Stamm Levi erhielt kein Land. Josua verteilte die Leviten auf 48 Orte (davon 13 Priesterstädte).

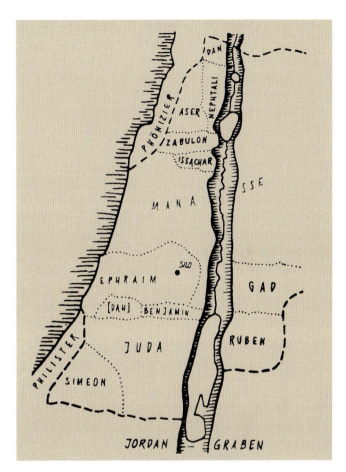

Die Verteilung des Landes.

Josuas Abschied und Tod
Jos 23,1 – 24,33

Josua war schon alt. Er versammelte in Sichem Männer aus allen Stämmen Israels. Er ermahnte die Israeliten, Gott dankbar zu sein. Er befahl ihnen, Gott treu zu bleiben. Die Israeliten sprachen: „Wir wollen Gott dienen und seinem Wort folgen."

Einige Zeit später versammelte Josua die Leute im Heiligtum zu Sichem. Er sprach zu ihnen: „Ihr habt gesehen, was der Herr für euch getan hat. Ihr habt das versprochene Land erhalten. Ihr müsst nun befolgen, was im Gesetzbuch des Mose geschrieben ist. Meidet den Abfall von Gott. Er bringt euch Unglück. Entscheidet euch, wem ihr folgen wollt: Gott, dem Herrn oder den fremden Göttern.

Ich und meine Familie, wir dienen dem Herrn."

Das Volk antwortete: „ Wir verlassen Gott nicht. Wir wollen den fremden Göttern nicht dienen. Der Herr ist unser Gott. Er hat uns aus Ägypten befreit. Er hat uns beschützt auf dem Weg in dieses Land. Wir dienen dem Herrn, er ist unser Gott."

Josua starb und wurde im Gebirge Efraim begraben. Auch Josef wurde begraben. Man hatte seine Gebeine aus Ägypten mitgenommen. Man begrub Josef in Sichem.

Patriarchengräber in Hebron.

Die Richter
Nach dem Buch der Richter 1,1 – 21,1-25

Die ersten Richter
Ri 1 – 3

Die Israeliten lebten im Land Kanaan. Sie taten vieles, was dem Herrn missfiel. Sie heirateten Heiden und Heidinnen. Sie verehrten sogar Landesgötzen. Gott beschützte sie deshalb nicht mehr. Feinde waren überall und oft kamen Räuber. Alle waren stärker als die Israeliten. So kam viel Unglück ins Land.

Die Israeliten waren in großer Not. Sie klagten und baten Gott um Erbarmen.

Gott ließ deshalb Richter kommen, die das Volk führen und belehren sollten. Nach dem Tod eines Richters begannen die Israeliten aber immer wieder zu sündigen.

Otniel wurde Richter in Israel. Er besiegte die Feinde und schaffte vierzig Jahre lang Ruhe.

Später wurde Ehud Richter. Er erstach einen feindlichen König und führte die Israeliten zum Sieg.

Der Richter Schamgar kämpfte gegen die Philister.

Die Richterin Debora
Ri 4,1 – 5,31

Der König von Kanaan beherrschte lange Zeit die Israeliten. So strafte Gott sein treuloses Volk.

Wieder riefen die Israeliten zum Herrn um Erbarmen. Debora war eine Prophetin. Sie befahl einem Mann namens Barak, gegen die Feinde zu kämpfen. Gott ließ ein Unwetter kommen. Barak besiegte die Feinde und zerstörte 900 eiserne Streitwagen. Gott hatte wieder seinem Volk geholfen. Das Volk dankte ihm mit frommen Liedern.

Der Richter Gideon

Ri 6,1 – 8,32

Das Volk Israel trieb wieder Götzendienst. Feinde kamen und verwüsteten das Land. Viele Israeliten flüchteten in Höhlen und ins Gebirge. Die Feinde nahmen auch immer die Ernte weg. So wurde Israel ganz arm. Nun beteten sie wieder zum Herrn.

Da erschien ein Engel des Herrn dem Gideon und sprach: „Du sollst Israel vor den Feinden retten."

Gideon war bescheiden und sprach: „Wie kann ich Israel retten? Meine Familie ist klein."

Der Herr aber sprach: „Ich werde dir helfen. Du wirst die Feinde besiegen."

Gideon baute dem Herrn einen Altar und schlug die Götzenaltäre zusammen. Dann sammelte Gideon viele Krieger. Gideon wählte die tapfersten Männer aus. Feige und Unbeherrschte jagte er weg.

Gideon zog den Feinden entgegen. In der Nacht überfiel er das feindliche Lager. Die Feinde liefen davon. Da sprachen die Männer Israels zu Gideon: „Du sollst uns beherrschen."

Gideon aber antwortete: „Ich will euch nicht beherrschen. Unser Herrscher ist der Herr."

Vierzig Jahre lang war Ruhe im Land.

Nach Gideon kamen viele andere Richter.

Der Richter Jiftach

Ri 10,17 – 12,7

Wieder dienten die Israeliten den heidnischen Göttern. Dem Herrn aber dienten sie nicht. Gott beschützte deshalb das Volk nicht mehr. Feinde kamen, besiegten die Israeliten und quälten sie viele Jahre. Da begann das Volk wieder Gott um Hilfe zu bitten. Der Herr aber sprach: „Ihr braucht mich nur in der Not. Betet zu euren Götzen. Sie sollen euch helfen". Da baten die Israeliten um Verzeihung. Sie zerschlu-

Blick vom Tabor in die Jezreelebene.

gen die Götzenbilder und dienten dem Herrn. Gott befahl nun dem Jiftach, Israel zu retten. Jiftach versprach ein großes Opfer. Jiftach hatte das von den Heiden gelernt. Nach ihm richteten andere Männer das Volk.

Der Richter Simson

Ri 13,1 – 16,31

Bald vergaßen die Israeliten ihr Versprechen. Sie dienten Gott nicht mehr. Die Philister konnten deshalb die Israeliten beherrschen.

Eine Frau bekam einen Sohn. Sie nannte ihn Simson. Die Eltern Simsons hatten Gott um ein Kind gebeten. Der Knabe wurde ein frommer Mensch. Er war auch sehr stark.

Simson war im Weinberg. Da kam plötzlich ein junger Löwe. Simson tötete den Löwen.

Simson begann, die Philister zu bekriegen. Er verbrannte Felder und erschlug Feinde. Die Judäer nahmen ihn deshalb gefangen und übergaben ihn den

Philistern. Sie hatten nämlich Angst vor den Philistern.

Simson zerriss die Fesseln und erschlug viele Feinde. Man verfolgte ihn aber und wollte ihn töten. Die Menschen von Gaza wollten ihn erschlagen. Er stand aber um Mitternacht auf, riss die Flügel des Stadttores aus und trug sie davon.

Simson liebte ein Philistermädchen namens Delila. Sie war falsch und half den Philistern, Simson zu fangen. Sie machten ihn blind und gaben ihm eiserne Fesseln.

Die Philisterfürsten wollten nun ein Freudenfest feiern. Sie wollten ihrem Gott Dagon opfern. Man wollte Simson vor 3000 Gästen verspotten. Man brachte ihn aus dem Gefängnis und band ihn zwischen zwei Säulen. Simson betete zu Gott um Hilfe. Dann riss er die Säulen um. Das Haus stürzte ein und erschlug die ganze Gesellschaft. Simson starb mit ihnen. Er wurde von seinen Freunden begraben.

Die Geschichte von Rut
Buch Rut 1,1 – 4,22

Große Hungersnot war im Land. Ein Mann aus Betlehem in Juda wanderte mit seiner Frau und seinen beiden Söhnen nach Moab aus. Der Mann hieß Elimelech, seine Frau Noomi. Der Mann starb. Noomi blieb mit ihren Söhnen im Land. Die Söhne heirateten moabitische Frauen. Eine hieß Orpa, die andere Rut. Nach zehn Jahren waren auch beide Söhne tot. Nun wollte Noomi in ihr Vaterland zurückkehren. Die Schwiegertöchter gingen mit.

Noomi wollte die Schwiegertöchter zur Mutter nach Hause schicken. Orpa ging nach Hause. Rut aber blieb bei der Schwiegermutter. So kamen beiden nach Betlehem.

Rut ging aufs Feld, um Ähren zu sammeln. Sie sammelte auf dem Feld des Boas. Dieser war sehr reich und stammte aus der Verwandtschaft Elimelechs. Boas fragte den Aufseher: „Wer ist diese Frau?" Er antwortete: „Das ist Rut, die Schwiegertochter von Noomi. Sie arbeitet seit der Früh auf dem Feld." Da sprach Boas zu Rut: „Du darfst bei meinen Mägden bleiben. Arbeite, trink und iss mit ihnen." Rut sprach zu Boas: „Du bist gut zu mir." Boas antwortete: „Du bist sehr gut zu deiner Schwiegermutter." Da antwortete sie: „Ich danke dir für deine guten Worte." Boas befahl den Schnittern, Rut arbeiten zu lassen. So hatte Rut bis zum Abend sehr viel Gerste gesammelt. Sie brachte alles der Schwiegermutter.

Rut arbeitete viele Tage auf dem Feld. Nach der Ernte sprach Boas zu Rut: „Du bist sehr tapfer. Ich nehme dich als Frau." Er heiratete sie. Boas und Rut bekamen einen Sohn namens Obed. Dieser wurde der Vater des Isai. Isai aber war der Vater Davids. Der Erlöser stammte aus der Nachkommenschaft Davids.

Betlehem, Hirtenfeld.

Das erste Buch Samuel
(Die letzten Richter)

Eli und Samuel
1 Sam 1,1 – 3,21

Eli war Hoherpriester und Richter.
Hanna, die Frau des Elkana, war viele Jahre kinderlos. Sie weinte deshalb viel. Jedes Jahr ging sie zum Heiligtum nach Schilo und brachte Gott ein Opfer. Sie betete zu Gott um einen Sohn.
Der Hohepriester Eli sah ihre Tränen und ihre Gebete. Er sagte zu Hanna: „Geh in Frieden! Gott wird deine Bitte erfüllen."
Hanna bekam einen Sohn und nannte ihn Samuel. Als Samuel drei Jahre alt war, brachten ihn die Eltern ins Heiligtum. Sie dankten Gott für ihren Sohn. Sie gaben Samuel dem Hohenpriester Eli. Der Knabe wurde groß und diente Gott, dem Herrn.
Die Söhne Elis aber waren böse. Sie dienten dem Herrn nicht. Sie stahlen das Opferfleisch und trieben viel Unsinn im Heiligtum. Eli verbot es ihnen, aber er strafte sie nicht.

Gottes Ruf an Samuel
1 Sam 3,1-21

Samuel schlief im Heiligtum. Der Herr rief: „Samuel! Samuel!" Dieser antwortete: „Ja". Dann lief er zu Eli und sagte: „Du hast mich gerufen." Eli antwortete: „Nein." Samuel legte sich schlafen. Wieder rief der Herr. Sofort ging Samuel zu Eli und sprach: „Du hast mich gerufen." Eli antwortete: „Nein." Der Herr rief zum dritten Mal. Samuel ging nochmals zu Eli. Eli aber sagte: „Der Herr hat dich gerufen. Wenn er dich wieder ruft, dann sprich: ‚Rede, Herr, dein Diener hört.'" Samuel legte sich schlafen. Wieder sprach der

Bundeslade, Kafarnaum.

Herr: „Samuel! Samuel!" Samuel antwortete: „Rede Herr, dein Diener hört". Der Herr sprach: „Ich werde Eli und seine Söhne bald strafen. Die Söhne haben gegen Gott gesündigt. Eli aber hat sie nicht bestraft." In der Früh fragte Eli den Samuel: „Was hat der Herr gesprochen?" Samuel erzählte ihm alles. Da sprach Eli: „Der Herr soll tun, was ihm gefällt."

Verlust und Rückkehr der Bundeslade
1 Sam 4,1 – 7,1

Israel hatte Krieg mit den Philistern. Die Philister siegten. Man holte die Bundeslade, um siegen zu können. Die Söhne Elis gingen auch in den Kampf. Die Philister aber siegten wieder. Sie nahmen die Bundeslade und töteten die Söhne Elis. Ein Mann erzählte dem Eli davon. Eli erschrak, fiel vom Sessel, brach sich das Genick und starb.
Die Philister aber brachten die Bundeslade in einen Götzentempel. Viele Plagen kamen deshalb über die Philister. Da schickten sie die Lade nach Israel zurück.

Samuel als Richter

1 Sam 7,2 – 17

Samuel wurde nun Richter in Israel. Er sprach zum Volk: „Ihr müsst euch zu Gott bekehren. Die fremden Götter müssen weg. Ihr müsst Gott dienen, dann wird er euch retten."

Alle fasteten und sprachen: „Wir haben viel gesündigt." Samuel betete und opferte viel. Wieder kamen die Philister und begannen zu kämpfen. Samuel bat Gott um Hilfe. Gott schickte ein fürchterliches Unwetter und verwirrte die Philister. So konnten die Israeliten siegen. Nun war Friede im Land. Samuel wanderte umher und sorgte für Ordnung.

Die Könige

Saul wird König von Israel

1 Sam 8,1 – 15,35

Samuel war alt. Er machte seine Söhne zu Richtern. Die Söhne taten viel Unrecht und gaben schlechtes Beispiel. Die Ältesten Israels kamen zu Samuel und baten um einen König. Samuel wollte ihnen keinen König geben und beklagte sich bei Gott. Gott aber erlaubte, dem Volk einen König zu geben.

Ein Mann aus dem Stamm Benjamin hatte einen Sohn namens Saul. Dieser war groß und tüchtig. Die Eselinnen des Vaters waren entlaufen. Saul ging sie suchen und kam zu Samuel.

Der Herr sprach zu Samuel: „Dieser Mann soll mein Volk retten." Samuel sprach zu Saul: „Die Tiere sind schon gefunden. Bleib heute hier und geh morgen nach Hause." Am nächsten Tag ging Samuel mit ihm zur Stadt. Beim Tor nahm Samuel ein Ölgefäß und salbte den Saul. Er sprach zu ihm: „Du sollst König deines Volkes sein."

Dann ging Saul nach Hause.

Samuel versammelte das Volk in Mizpa. Er stellte den Leuten den Saul als König vor. Das Volk freute sich und rief: „Es lebe der König!"

Feinde brachten die Stadt Jabesch in Not. Sofort rief Saul die Krieger zusammen. Er befreite die Stadt und verjagte die Feinde. Nun versammelte Samuel das Volk in Galal und bestätige Saul feierlich. Alle nannten ihn König. Dann opferte man und feierte ein großes Fest.

Saul besiegte noch viele andere feindliche Völker. Nur die Philister waren zu stark. Er sammelte deshalb ein großes Heer. Samuel sollte auch kommen, um zu opfern. Man wartete lang. Da opferte Saul selber. Samuel kam und tadelte ihn. Saul versuchte sich zu entschuldigen. Samuel antwortete: „Du hast den Befehl Gottes nicht befolgt. Du wirst nicht König bleiben."

Jonatan, der Sohn Sauls, begann den Kampf. Die Israeliten siegten.

Später kam es wieder zum Krieg. Samuel befahl, keine Beute zu machen. Saul siegte, machte aber große Beute. Er ließ sich auch ein Denkmal machen. Als Samuel kam, log Saul: „Ich habe den Befehl befolgt. Ich habe Beute gemacht. Ich will sie aber dem Herrn opfern."

Samuel sprach: „Gehorsam ist besser als Opfer. Du hast das Wort Gottes nicht befolgt. Du kannst nicht König bleiben. So hat Gott gesagt."

Saul und David

David wird zum König gesalbt

1 Sam 16,1-23

Samuel trauerte, weil Saul nicht König bleiben durfte. Der Herr sprach deshalb zu Samuel: „Trauere nicht mehr um Saul. Er kann nicht König bleiben. Fülle dein Horn mit Öl und geh nach Betlehem zu Isai. Ein Sohn von ihm soll König werden."

Samuel ging nach Betlehem und opferte. Er lud Isai und seine Söhne zum Opfermahl ein. Samuel ließ sich die Söhne Isais vorstellen. Man brachte ihm sieben Söhne. Samuel sprach: „Gott hat keinen von ihnen erwählt. Sind das alle deine Söhne?" Isai antwortete: „Der jüngste Sohn hütet die Schafe." Samuel bat, ihn zu holen. David kam. Da sprach der Herr zu Samuel: „Ich habe diesen erwählt." Samuel nahm das Horn und salbte den David.

Saul aber wurde krank. Seine Diener sprachen: „Wir wollen dir einen Harfenspieler holen." Der König erlaubte es. Man holte David aus Betlehem. Er sollte beim König Harfe spielen. Saul machte David auch zum Waffenträger. David spielte oft und machte Saul froh.

David und Goliat
1 Sam 17,1-58

Die Philister begannen wieder einen Krieg gegen Israel. Sie sammelten ihr Heer und machten Kriegslager auf einem Berg. Das Lager des Saul war auf dem Berg gegenüber. Nur ein Tal war dazwischen. Ein Mann namens Goliat verspottete die Israeliten. Er war sehr groß und schwer bewaffnet. Goliat rief zu den Israeliten: „Einer von euch soll kommen, um mit mir zu kämpfen. Wenn er siegt, habt ihr gewonnen. Wenn ich siege, haben wir gewonnen."

Saul und die Israeliten fürchteten sich sehr. Goliat spottete täglich in der Früh und am Abend. Er machte es vierzig Tage lang so.

Die ältesten Söhne Isais waren auch im Kampf. David war zu Hause beim Vater. Der Vater sagte ihm: „Bring deinen Brüdern zu essen. Erzähl mir, was sie tun."

David kam ins Lager und hörte den Philister spotten. Er sah auch die Furcht der Israeliten. Da sprach er: „Wer ist denn dieser Philister? Er darf die Krieger Gottes nicht verspotten. Ich will mit diesem Philister kämpfen." Saul aber sprach zu David: „Du kannst mit diesem Riesen nicht kämpfen. Du bist noch zu jung. Er aber ist ein Kriegsmann." David aber sprach zu Saul: „Ich hütete die Schafe meines Vaters. Da kam ein Löwe und stahl ein Schaf. Ich lief ihm nach und nahm es ihm weg. Ich packte ihn auch und schlug ihn tot. Ich will es mit diesem Philister genauso machen. Der Herr hat mich vor Löwen und Bären gerettet. Er kann mich auch vor diesem Philister retten." Da erlaubte Saul dem David zu kämpfen.

Saul gab dem David seine Rüstung. Sie war ihm aber viel zu groß. Da legte er sie wieder weg, nahm seinen Stab und fünf glatte Steine. Er legte sie in die Hirtentasche. Dann nahm er seine Schleuder und ging dem Philister entgegen. Dieser schaute David an und verspottete ihn. Er sprach: „Du kannst mich nicht wie einen Hund mit Stock und Steinen verjagen." Und er fluchte fürchterlich. Dann sagte er: „Komm her und ich werde dein Fleisch den Tieren zu fressen geben." David aber sprach: „Du hast starke Waffen. Ich aber habe die Hilfe des Herrn."

Der Philister kam. David nahm schnell einen Stein aus der Tasche, schleuderte ihn ab und traf die Stirn des Goliat. Sofort fiel Goliat nieder. Da lief David hin, nahm das Schwert Goliats und schlug ihm den Kopf ab. Da begannen die Philister zu fliehen. Die Männer Israels aber verfolgten sie.

Jonatans Freundschaft mit David und Sauls Eifersucht auf David

1 Sam 18,1 – 24; 25

Saul zog mit den Kriegern nach Hause. Die Leute feierten David als Sieger.

Der Sohn von Saul namens Jonatan und David wurden Freunde. Jonatan versprach, David immer zu schützen.

David musste viele Feinde besiegen. Er besiegte auch die Philister.

Das Volk und die Diener von Saul liebten David und lobten ihn.

Da wurde Saul eifersüchtig. Er war nicht mehr freundlich zu David. Er wollte ihn sogar töten. Als David auf der Harfe spielte, warf Saul zweimal den Speer auf ihn. David wich aus und der Speer fuhr in die Wand.

Saul machte David zum Obersten von tausend Kriegern. Er hoffte nämlich, David wird im Kampf sterben. David aber besiegte die Feinde. Das Volk rühmte ihn sehr. Saul aber hasste ihn noch mehr und verfolgte ihn offen. Jonatan aber schützte David gegen den Zorn des Vaters.

1 Sam 25

Samuel starb. Das Volk versammelte sich, um seinen Tod zu beklagen. Dann begrub man ihn in seinem Haus in Rama.

David schont das Leben des Saul

1 Sam 26

David musste wieder ins Gebirge von Judäa fliehen. Saul verfolgte ihn mit vielen Männern. Zweimal traf David den König Saul. Er wollte ihn aber nicht töten. Er sagte: „Ich darf den König nicht töten. Er ist mein Herr. Gott allein ist Richter." David verbot auch seinen Begleitern, Saul zu ermorden. David kam ins

Davidsquelle in En Gedi.

Lager des Saul. Dort nahm er dem schlafenden König Speer und Wasserschale weg. Saul erschrak und schämte sich sehr. Er bat David um Verzeihung und machte Frieden.

Der Tod Sauls

1 Sam 31,1-13

Die Philister machten wieder Krieg im Land. Auf dem Gebirge Gilboa war eine große Schlacht. Die Philister siegten. Jonatan und zwei Brüder starben. Saul wurde schwer verwundet und musste fliehen. Er befahl seinem Waffenträger ihn zu töten. Der Mann weigerte sich. Da nahm Saul das Schwert und stürzte sich darauf. Ein Krieger des Königs kam zu David und erzählte ihm vom Tod Sauls. Da war David sehr traurig.

Das zweite Buch Samuel

König David
2 Sam 1,1 – 9,13

Die Stadt Davids
2 Sam 1,1 – 5,25
Nach dem Tode Sauls wurde David König in Juda.
Ein Sohn Sauls, Ischbaal, aber war König der anderen Stämme Israels.
Ischbaal sammelte Krieger gegen David. Die Leute Davids aber siegten.
Der Herr befahl dem David, in Hebron zu wohnen. Die Ältesten Israels kamen dorthin. Sie salbten David zum König über ganz Israel. Er war dreißig Jahre alt.

Hebron.

Sieben Jahre lang regierte er in Hebron; dann noch 33 in Jerusalem.
König David marschierte mit seinen Kriegern nach Jerusalem. Er eroberte die Burg Zion. Er wohnte dort und nannte sie Davids Stadt. Die Philister begannen aber wieder den Krieg. David besiegte sie und jagte sie davon. Er verfolgte sie weit. Nun waren sie für Israel nicht mehr gefährlich.
David besiegte und unterwarf auch andere Völker (Edomiter, Moabiter, Ammoniter und aramäische Staaten).
So wurde Israel mächtig.

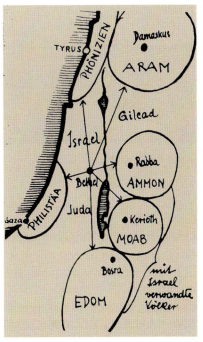

Die Nachbarvölker Israels.

Davids Frömmigkeit
2 Sam 6,1 – 7,29
David baute dem Herrn ein neues Zelt auf dem Berg Zion. Dann holte er mit den Ältesten und vielen Männern die Bundeslade. Die Priester und Leviten gingen mit. David spielte die Harfe.
Der König ordnete auch den Gottesdienst. Er befahl den Priestern die Gottesdienstordnung. Auch die Opfer teilte er ein.

Jerusalem, die Stadt Davids.

1 Chronik 15 – 16,2
Wir lesen im Buch der Chronik von der Bundeslade Gottes.
David holte die Israeliten nach Jerusalem. Er wollte die Lade Gottes auf den Berg Zion bringen.
Die Nachkommen von Aaron, die Leviten mussten kommen.
Die Leviten trugen die Bundeslade.
Man brachte sie mit Musik und Gesang und großem Jubel auf den Berg Zion.
Man stellte die Lade in die Mitte des Zeltes.
Man opferte und ehrte Gott.
Am Ende der Feier segnete David die Israeliten im Namen Gottes.

2 Sam 7,1-29
David wollte auch einen Tempel bauen. Er sprach deshalb zum Propheten Natan: „Ich wohne in einem Zedernhaus. Die Lade Gottes aber hat nur ein Zeltdach." Der Herr befahl dem Propheten Natan: „Sag dem David: Dein Sohn wird einen Tempel bauen."
David schrieb auch viele Gebete. Man nennt sie Psal-

men. Gott offenbarte dem David vieles vom Erlöser. So wurde David auch ein Prophet.

Davids Sünde und Reue
2 Sam 11 und 12
Es war Frühjahr. Die Israeliten waren im Krieg. David schickte seinen Feldherrn Joab, um mit den Feinden zu kämpfen. Er selbst blieb in Jerusalem. David stand auf dem Dach seines Palastes. Da sah er eine schöne Frau. Sie hieß Batseba und war die Frau des Uria. Uria aber war im Krieg. Nun befahl David dem Joab: „Schick den Uria in den gefährlichsten Kampf." Er wollte nämlich den Tod des Uria. Joab befolgte den Befehl des David, und Uria starb. David nahm nun

Amman, hier starb Uria im Kampf gegen die Ammoniter.

Batseba als Frau. Da schickte der Herr den Propheten Natan zum König. Natan sprach zu ihm: „Du hast das Wort Gottes verachtet und gesündigt. Du hast den Uria ermordet und seine Frau geheiratet. Du wirst deshalb viel Unglück erleben." Voll Reue sprach David zu Natan: „Ich habe gegen den Herrn gesündigt." Natan antwortete: „Der Herr verzeiht dir deine Sünde. Du musst nicht sterben. Dein jüngster Sohn aber muss sterben." Als das Kind geboren war, wurde es schwer krank. David betete und fastete Tag und Nacht. Das Kind starb aber am siebenten Tag. David erlebte auch viele andere Leiden. Er erlitt sie aber geduldig.

Abschalom

2 Sam 15 – 18

Ein Sohn Davids hieß Abschalom. Er war ein schöner Mann. Sein Herz aber war stolz. Er wollte sehr schnell König werden. Er wollte nicht bis zum Tod seines Vaters warten. Er verhetzte die Leute, sammelte Krieger und begann einen Krieg gegen den Vater.

David musste fliehen. Er flüchtete mit wenigen Leuten aus Jerusalem über den Jordan.

Abschalom verfolgte den Vater. David ordnete jenseits des Jordans sein Heer. In einem Wald begann der Kampf. Abschalom wurde besiegt. Er flüchtete auf einem Maultier. Das Maultier kam unter die Äste einer Eiche. Abschalom blieb mit dem Kopf am Baum hängen. Das Maultier aber lief davon. Joab erfuhr es. Er tötete Abschalom mit dem Speer. Dann legte man die Leiche in eine Grube und warf viele Steine darauf.

David saß beim Tor. Da kam ein Mann gelaufen. Der König fragte: „Was macht Abschalom?" Der Mann antwortete: „Abschalom ist tot." David betrauerte den Abschalom sehr.

David kam nach Jerusalem zurück. Alle Leute ehrten ihn wieder als König. David verzieh auch allen Feinden.

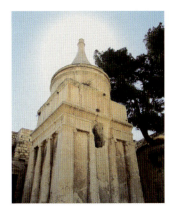

Grab des Abschalom im Kidrontal.

Die Bücher der Könige

Das erste Buch der Könige

Davids Tod

1 Kön 1,1 – 2,12

David war alt geworden. Er ließ seinen Sohn Salomo vom Priester Zadok und dem Propheten Natan zum König salben. Dann versammelte er alle Fürsten der

Zion, Grab Davids.

Stämme, die Priester und Leviten und alle Großen des Volkes. Er sprach zu ihnen: „Ich wollte dem Herrn ein Haus bauen. Ich habe vieles vorbereitet. Der Herr aber will, dass Salomo den Tempel baut." David übergab nun seinem Sohn den Bauplan des Tempels und alle vorbereiteten Schätze. Die Fürsten und Großen des Landes gaben reiche Spenden. Sie priesen Gott und opferten ihm. Dann salbten sie Salomo nochmals.

David lag im Sterben. Er sagte zu Salomo: „Ich muss jetzt sterben. Ich ermahne dich, das Gesetz des Mose zu befolgen. Dann bist du weise und gut." David starb und wurde in der Davidstadt begraben.

König Salomo
1 Kön 2,13 – 11,43

Der weise König
1 Kön 3,2-15

Nach dem Tode Davids wurde Salomo König. Er liebte Gott, diente ihm und befolgte die Lehren seines Vaters David. Er ging nach Gibeon, um dem Herrn zu opfern. Es gab damals noch keinen Tempel. Man opferte deshalb auf den Bergen. Gibeon war die berühmteste Höhe. Der Herr sprach zu Salomo nachts im Traum: „Erbitte dir eine Gnade." Salomo antwortete: „O Herr, mein Gott! Du hast mich zum König gemacht. Ich bin aber noch jung und verstehe nicht zu regieren. Gib mir Weisheit! Lehre mich, gut und böse zu unterscheiden. So werde ich dein Volk gut regieren." Dieses Gebet gefiel dem Herrn. Er sprach zu Salomo: „Du hast nicht um langes Leben, um Reichtum oder um den Tod deiner Feinde gebeten. Ich will deine Bitte erfüllen. Ich gebe dir Weisheit und Verstand. Kein anderer König soll so weise sein. Ich will dir aber auch Reichtum und Ehre

geben. Befolge meine Gebote, dann wirst du auch lang leben."

Der weise Richter
1 Kön 3,16-28

Zwei Frauen kamen zum König. Die erste sprach: „Wir wohnen allein in einem Haus. In der Nacht starb das Kind dieser Frau. Sie hatte es im Schlaf erdrückt. Sie vertauschte dann unsere Kinder. Ich fand in der Früh ein totes Kind neben mir. Ich erkannte, dass es nicht mein Kind war." Die zweite Frau antwortete: „Nein, mein Kind lebt und dein Kind ist tot." Dagegen sprach die erste: „Nein, dein Kind ist tot und meines lebt." So stritten sie vor dem König.

König Salomo sprach: „Bringt mir ein Schwert!" Dann befahl er: „Teilt das lebende Kind in zwei Teile und gebt jeder Frau eine Hälfte."

Da sprach die Mutter des lebenden Kindes zum König: „Herr, gebt ihr das lebende Kind, aber tötet es nicht!" Die andere Frau aber sprach: „Es soll weder mir noch dir gehören. Man soll es teilen." Der König befahl: „Gebt das Kind der ersten Frau und tötet es nicht! Sie ist die Mutter." Alle erfuhren das Urteil. Sie hatten Ehrfurcht vor dem König. Sie wussten, dass Gott ihm Weisheit gegeben hatte.

Das Reich Salomos
1 Kön 4,1-5,8

Salomo regierte das ganze Gebiet vom Eufrat bis Gaza. Er hatte mit allen Nachbarvölkern Frieden. Die Israeliten wohnten in Sicherheit von Dan bis Beerscheba.

Salomo heiratete eine Pharaonentochter aus Ägypten. Der Pharao gab ihm als Hochzeitsgeschenk die Stadt Gezer. Salomo hatte auch ein starkes Heer mit tausend Streitwagen und vielen Pferden.

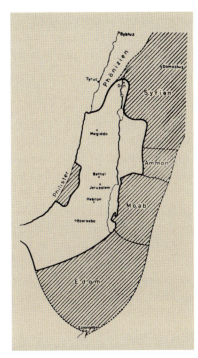

Das Reich Salomos.
Größte Ausdehnung 932.

Er verwaltete sein Land gut. Viele Verwalter mussten für den König und für das Volk gewissenhaft sorgen.

Salomo heiratete auch eine Tochter des Königs von Tyrus. Er arbeitete mit diesem König zusammen.

Man baute Schiffe, die bis nach Indien und Madagaskar fuhren. So konnte Salomo viel Handel treiben. Auch aus den Kupferbergwerken bei Ezion-Geber bekam man reichen Gewinn.

zu bauen. Der Tempel wurde wie das heilige Zelt eingerichtet. Er war aber viel schöner. Die Wände und Decken waren mit Zedernholz getäfelt. Das Holz wurde vergoldet, kunstvoll geschnitzt und zeigte Palmen, Cherubim und Blumen. Zwei Vorhöfe waren um das Tempelhaus. Der innere Vorhof war für die Priester, der äußere für das Volk. Beim Eingang in das Tempelhaus standen zwei große Säulen. Der Räucheraltar, der Schaubrottisch und der siebenarmige Leuchter im Heiligtum waren vergoldet. Neben dem Brandopferaltar im Priestervorhof stand ein großes Wasserbecken. Man nannte es das „Eherne Meer".

Salomo bekam das Baumaterial vom König von Tyrus. Hiram, der König von Tyrus, half ihm gern. Er bekam nämlich dafür gute Bezahlung. Salomo gab dem König auch zwanzig galiläische Ortschaften.

Gott sprach zu Salomo: „Du sollst meine Gesetze befolgen, meine Weisungen und meine Gebote ehren. Du sollst alles befolgen. Dann werde ich mein Versprechen erfüllen. Ich habe es deinem Vater versprochen: ich werde bei den Israeliten wohnen und niemals mein Volk Israel verlassen."

Die Sprüche Salomos
1 Kön 5,9-14

Salomo war weiser als die anderen Menschen. Er war bei vielen Völkern berühmt. Er dichtete 1005 Lieder und verfasste 3000 Sprüche. Viele Leute kamen von allen Völkern. Sie wollten Salomos Weisheit hören. *(Viele Sprüche Salomos sind im Buch der Sprüche aufgeschrieben.)*

Der Tempelbau
1 Kön 6,1-38

Salomo begann im vierten Jahre seiner Regierung auf dem Berg Morija in Jerusalem dem Herrn ein Haus

Die Tempelweihe
1 Kön 8,1-66

Nach sieben Jahren waren der Bau und die Einrichtung des Tempels vollendet. Salomo versammelte die Priester und Ältesten des Volkes. Er ließ die Bundeslade aus Zion holen: Salomo und die ganze Versammlung opferten Schafe und Rinder. Man machte feierliche Musik. Die Priester stellten die Bundeslade im Allerheiligsten auf.

Salomo trat zum Brandopferaltar. Er betete: „Herr, Gott Israels! Du bist dem Bund mit deinem Volk immer treu geblieben. Du hast dein Versprechen gehalten, das du meinem Vater David gegeben hast. Herr, mein Gott, erhöre das Gebet deines Dieners! Schütze dieses Haus bei Tag und Nacht. Es ist dein Haus. Höre die Gebete deines Dieners und deines Volkes, wenn sie an diesem Ort zu dir beten. Höre sie und verzeih ihnen.

Das Volk wird sündigen und von seinen Feinden geschlagen werden. Es wird sich aber wieder bekehren. Verzeih ihnen ihre Sünden und führe sie in das Land zurück, das du ihren Vätern gegeben hast.

Das Volk wird sündigen und kein Regen wird kommen. Man wird an diesem Ort beten und sich bekehren. Erhöre ihr Gebet und verzeih ihnen. Zeige ihnen den richtigen Lebensweg. Auch Fremde werden an diesem Ort beten. Erhöre sie und erfülle ihre Bitten.

Alle Völker der Erde sollen deinen Namen kennen lernen."

So betete Salomo mit sieben Bitten. Dann segnete er die ganze Versammlung und ehrte Gott. Er dankte Gott für alle Verheißungen und bat ihn um Schutz und Hilfe.

Dann opferte man noch sehr viel.

Gott erschien dem Salomo zum zweiten Mal. Er sprach zu ihm: „Ich habe dein Gebet gehört. Ich habe auch diesen Tempel geweiht. Er wird meine Wohnung sein. Du sollst alle meine Gebote befolgen. Ich werde die Könige Israels immer beschützen. Wenn aber ihr oder eure Söhne meine Gebote missachtet, wird Israel dieses Land verlieren. Der Tempel wird zerstört werden. Man wird nur mehr einen Trümmerhaufen finden. Alle Leute werden sagen: ‚Sie haben ihren Gott verlassen und fremde Götter angebetet. Darum hat Gott dieses Unglück geschickt.'"

Auf dem riesigen Tempelplatz war der Tempel Salomos.

Salomo als Bauherr
1 Kön 7,1-12 und 9,10-28

Salomo baute auch einen Königspalast für sich. Dieser war genauso schön wie der Tempel. Salomo baute auch andere schöne Paläste. Er baute auch Festungen und Vorratsstädte.

Die Königin von Saba
1 Kön 10,1-29

Die Königin von Saba erfuhr von Salomo. Sie wollte ihn kennenlernen. Sie kam mit großem Reichtum nach Jerusalem.

Die Königin von Saba hatte viele Fragen. Salomo konnte alle ihre Fragen beantworten. Da staunte sie und sprach: „Man hat mir von deiner Weisheit erzählt. Ich konnte nicht alles glauben. Deine Weisheit und dein Reichtum sind aber viel größer als ich gehört habe. Deine Leute sind glücklich, weil sie deine Weisheit hören. Gepriesen sei der Herr, dein Gott. Er hat dich zum König Israels gemacht."

Modell Jerusalem mit Gichonquelle zum Betesdateich (früher Teiche Salomos).

Die Königin von Saba brachte große Geschenke. Viele Schiffe kamen mit wertvollen Dingen. König Salomo aber schenkte der Königin alles, was ihr gefiel. Sie bat ihn um vieles und er gab noch mehr. Dann zog sie mit ihren Dienern wieder nach Hause.

Salomos Ende
1 Kön 11,1-40

Salomo war sehr weise und reich. Viele Menschen kamen aus allen Ländern mit vielen Geschenken zu ihm. Sie wollten seinen Rat hören.

Salomo nahm heidnische Frauen in seinen Palast. Sie verleiteten ihn zum Götzendienst. Da zürnte der Herr dem Salomo und sprach: „Du hast meinen Bund und

meine Gebote missachtet. Du selbst darfst König bleiben. Dein Sohn aber wird nicht mehr König sein. Ich werde ihm aber nicht das ganze Reich wegnehmen. Ich will ihm einen Stamm lassen. Einer von deinen Knechten soll König Israels werden."

Salomo wollte noch viel bauen. Er ließ deshalb Männer aus vielen Völkern und Stämmen Sklavenarbeiten machen. Aufseher mussten sie zur Arbeit zwingen. Salomo war auch ungerecht. Der Stamm Juda zahlte keine Steuern und machte keine Sklavenarbeiten.

Ein Aufseher namens Jerobeam empörte sich gegen den König. Er musste deshalb nach Ägypten fliehen. Der Prophet Ahija sagte ihm: „Du wirst über zehn Stämme regieren. Nur ein Stamm soll dem Sohn Salomos bleiben." Jerobeam blieb bis zum Tode Salomos in Ägypten.

Salomos Tod
1 Kön 11,41-43

Salomo hatte nun viele Feinde im Land. Er besiegte aber alle Empörer. Salomo starb bald darauf und wurde in Jerusalem begraben. Er hatte vierzig Jahre lang regiert.

Die Teilung des Reiches

Der Abfall der zehn Nordstämme
1 Kön 12,1-19

Nach Salomo wurde sein Sohn Rehabeam König. Die Israeliten kamen zu ihm nach Sichem. Man sprach zu ihm: „Dein Vater hat uns hart regiert. Wir wollen dir folgen. Regiere uns leichter." Rehabeam antwortete: „Kommt in drei Tagen wieder." Er befragte nun die alten Ratgeber seines Vaters. Diese sagten: „Sei freundlich zum Volk und es wird dir immer

gehorchen." Rehabeam befolgte den Rat aber nicht. Er folgte seinen Altersgenossen. Sie waren mit ihm groß geworden und waren ständig bei ihm. Rehabeam sprach deshalb zum Volk: „Mein Vater hat euch hart regiert. Ich will euch noch härter regieren. Mein Vater hat euch mit Geißeln geschlagen. Ich aber will euch mit Skorpionen (= Geißeln mit Widerhaken) peitschen."

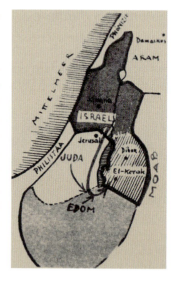

Nun lehnte das Volk den Rehabeam ab. Zehn Stämme wählten Jerobeam zum König und gründeten das Reich Israel mit der Hauptstadt Sichem. Der Stamm Juda und der halbe Stamm Benjamin blieben bei Rehabeam. Sie bildeten das Reich Juda mit der Hauptstadt Jerusalem. Die Reiche Israel und Juda lebten oft in Feindschaft miteinander.

Sichem.

Die Geschichte des Nordreiches Israel

Jerobeam

1 Kön 12,20 – 14,20

Jerobeam (931/30-910) regierte 10 ½ Stämme des Volkes Israel. Dieses Reich nannte sich deshalb Israel. Das Nordreich Israel beherrschte auch Moab und Ammon. König Jerobeam dachte: „Das Volk darf nicht länger nach Jerusalem gehen. Es wird sonst dem König von Juda folgen." Er stellte deshalb zwei goldene Kälber auf. Eines war in Bet-El im Süden, das andere in Dan im Norden. Dann machte er Männer zu Priestern. Sie waren aber nicht aus dem Stamm Levi.

Jerobeam befahl dem Volk: „Geht nicht mehr nach Jerusalem. Hier ist jetzt euer Gott Jahwe. Er hat euch aus Ägypten geführt." Jerobeam verführte das Volk Israel zum Bösen.

Jerobeam machte sich auch zum Hohenpriester. Das war eine Sünde. Der Prophet Achija tadelte ihn deshalb beim ersten Opfer in Bet-El. Jerobeam bekehrte sich aber nicht.

Abija, der König von Juda, kam und besiegte ihn.

Viele Könige in Israel

1 Kön 15,33 – 16,34

König **Bascha** (909/08-886) bekriegte Juda wieder und besiegte es.

Israel erlebte viele Revolutionen. Die Könige regierten nicht lange. Sie wurden bald ermordet. So wurde **Omri** (885/84-874) nach einem Bürgerkrieg König. Er gründete Samaria und machte es zur Hauptstadt Israels.

Nablus, früher Sichem, Hauptstadt des Nordreiches.

Ahab (874/73-853) heiratete die Prinzessin Isebel aus Sidon. Sie war eine Heidin. Ahab baute deshalb einen Baalstempel in der Hauptstadt Samaria. Man holte viele Baalspriester. Die Jahwereligion wurde verboten. Die Baalsreligion wurde Staatsreligion. So wollte es Isebel. Die Jahwepriester wurden verfolgt und getötet. Der berühmteste Baalsaltar war auf dem Berg Karmel. Nach vielen Kriegen musste Ahab in einem Kampf sterben. Moab gehorchte Israel nicht mehr. König **Ahasja** (853-852), der Sohn Ahabs, befolgte die Wünsche seiner Mutter Isebel. Er lebte in heidnischem Glauben. Er verfolgte auch den Propheten Elija, weil ihm seine Weissagungen nicht gefielen. Elija hatte ihm nämlich den Tod verkündet.

Joram (852/51-841), der Bruder des Ahasja, erlaubte die Jahwereligion wieder. Man durfte in Dan und Bet-El wieder zum Stierbild Jahwes wallfahren. Joram lebte in Freundschaft mit Juda. Er wollte Moab wieder erobern. Juda wollte ihm helfen. Israel und Juda konnten Moab aber nicht mehr bezwingen.

Jehu (841/40-814) wurde neuer König von Israel. Der alte König wurde ermordet und die Königsmutter Isebel aus dem Fenster geworfen. Alle Angehörigen der Königsfamilie wurden getötet. Jehu wollte alles anders machen. Er ließ deshalb die Baalspriester in den Baalstempel zu Samaria kommen. Dort ließ er sie grausam ermorden und den Tempel zerstören. Dann erneuerte er wieder die Jahwereligion. Er machte aber für Jahwe ein Stierbild. Man durfte Jahwe wieder in einem Stierbild verehren. Jehu beging dieselbe Sünde wie Jerobeam. Gott strafte ihn deshalb. Jehu verlor das Ostjordanland. Er verlor auch alle seine Freunde. Deshalb musste er den Assyrerkönig Salmanassar III. (858-824) um Freundschaft bitten. Er musste ihm huldigen und die Füße küssen. Die Politik der Herrscher Israels wurde nun sehr schwierig. Die Damaszener waren harte Feinde. Joahas (814/13-798) bat deshalb Assyrien um Hilfe. Assyrien half. Er musste aber dem Assyrerkönig gehorchen.

Die israelitischen Könige hatten kein Vertrauen zu Gott. Sie vertrauten auf politische Macht.

König **Joasch** (798/97-783) befolgte auch das schlechte Beispiel Jerobeams. Er besiegte aber dreimal Damaskus und bekriegte Juda. Er behandelte das Volk Judas sehr grausam. Er bestahl auch den Tempel Jerusalems.

Jerobeam II. ([794-783]; 782-754) regierte sehr lange. Das Volk Israel lebte im Wohlstand. Es verachtete aber die Religion und glaubte nicht mehr an Jahwe. Jerobeam eroberte auch viele Städte und Länder wieder.

Die Nachfolger Jerobeams lebten in Streit und Bürgerkrieg. **Menahem** (753/52-743) kaufte sich die Hilfe des assyrischen Königs. Er musste deshalb das Volk zu harten Steuern zwingen.

König **Pekach** (740-731) war sehr unklug. Er befreundete sich mit Damaskus, dem Feinde Assyriens. Tiglat-Pileser III. (745-727) war damals König von Assyrien. Er besiegte Damaskus und nahm dem Reich

Israel Gilead und das Gebiet des Stammes Naphtali weg. Er befahl auch (im Jahre 733), die dortige Bevölkerung gefangen wegzuführen. So blieb dem Staat Israel nur mehr das Gebiet von Samaria.

Der letzte König des Nordreiches hieß **Hosea** (730-722). Er musste dem Tiglat-Pileser gehorchen. Der regierte sehr unklug. Tiglat-Pileser starb und Hosea gehorchte Assyrien nicht mehr. Der neue Assyrerkönig Sargon II. kam deshalb nach Samaria. Er belagerte die Hauptstadt Samaria sehr lange. Er eroberte sie im Jahre 722. Sargon befahl auch, die Großen des Volkes aus Samaria gefangen nach Assyrien zu führen. Assyrische Inschriften nennen 27.290 Gefangene. Das Land wurde eine assyrische Provinz. Heiden kamen und wohnten dort.

Das war das Ende des Nordreiches Israels.

Sargon II. von Assyrien, Eroberer von Samaria.

Israel war dem Bund mit Gott nicht treu geblieben. Die Propheten hatten lange Zeit getadelt und gewarnt. Man hatte ihre Predigt nicht beachtet. Die Weissagungen waren jetzt wahr geworden.

Die Propheten des Nordreiches Israel

Der Prophet Elija
1 Kön 17 – 2 Kön 2

Die Sünde des Königs Ahab
1 Kön 16,29-34

König Ahab von Israel war gottloser als seine Vorgänger. Er heiratete die Heidin Isebel und baute dem Götzen Baal (= Herr) einen Tempel. Er ließ die Priester Gottes töten und stellte 450 Baalspriester an. Der Prophet Elija kam zum König und sprach: „Der Herr, der Gott Israels lebt! Es wird so lange nicht regnen, bis ich es sage."

Gott befahl dem Elija, die Stadt Samaria zu verlassen.

Die Flucht des Elija
1 Kön 17,1-7

Auf Befehl des Herrn versteckte sich Elija beim Bach Kerit. Er konnte aus dem Bach trinken und von den Raben Nahrung bekommen.

Elija und die Witwe in Sarepta
1 Kön 17,8-24

Ein Jahr später war der Bach trocken. Es regnete nämlich nicht mehr. Da sprach der Herr zu Elija: „Geh nach Sarepta bei Sidon und bleib dort. Ich habe dort einer Witwe befohlen, dich zu ernähren."

Elija ging hin. Vor dem Stadttor traf er die Witwe. Sie sammelte Holz. Elija sprach zu ihr: „Hol mir ein bisschen Wasser zum Trinken. Gib mir einen Bissen Brot zum Essen." Die Witwe sprach: „Ich habe kein Brot. Eine Handvoll Mehl ist noch im Topf und im Krug ein wenig Öl. Ich suche jetzt ein paar Stücke Holz. Dann will ich nach Hause gehen, um Brot für mich und meinen Sohn zu backen. Wir wollen es essen und dann sterben." Elija sprach: „Hab keine Sorge und tu, wie du gesagt hast. Mach aber zuerst einen kleinen Kuchen für mich. Bring ihn mir heraus. Dann back auch für dich und deinen Sohn. Denn so spricht der Herr: ‚Das Mehl im Topf soll nicht enden; der Ölkrug soll nicht leer werden, bis Gott Regen gibt.'" Die Witwe tat, wie Elija gesagt hatte. Sie hatte nun immer Mehl im Topf, und der Ölkrug wurde nicht leer.

Der Sohn der Frau wurde krank. Die Krankheit wurde gefährlich und der Sohn starb. Die Frau bat Elija um Hilfe. Elija flehte zu Gott: „Herr, mein Gott, ich bitte dich: Lass die Seele dieses Knaben wieder in den Leib zurückkehren." Der Herr erhörte das Gebet und machte den Knaben wieder lebendig. Da sprach die Frau zu Elija: „Du bist wirklich ein Mann Gottes. Jetzt weiß ich es. Du sprichst immer das Wort des Herrn."

Das Opfer des Elija auf dem Karmel
1 Kön 18,1-46

Es regnete schon drei Jahre nicht mehr. Der Herr befahl dem Elija: „Geh zu Ahab und sprich mit ihm. Dann will ich es wieder regnen lassen."

Elija kam nach Samaria.

Elija traf dort Obadja, einen frommen Mann. Obadja hatte hundert Propheten versteckt. Er hatte ihnen auch Speise und Trank gegeben. Isebel konnte sie deshalb nicht töten lassen. Elija schickte Obadja zum König und versprach ihm die Hilfe Gottes. Obadja ging zu Ahab. Er erzählte ihm, dass Elija kommt. Ahab ging dem Elija entgegen. Elija sprach zu ihm: „Ich habe dir kein Unglück gebracht. Du und deine Familie sind schuld. Ihr habt Gottes Gebote vergessen. Ihr habt dem Baal gedient. Nun musst du auf den Berg Karmel kommen. Dorthin sollen die 450

Baalspriester und die anderen 400 heidnischen Propheten kommen."

Ahab holte nun alle auf dem Berg Karmel zusammen. Dort sprach Elija zum Volk: „Ihr hinkt nach beiden Seiten. Wenn der Herr euer Gott ist, müsst ihr ihm folgen. Ist aber Baal euer Gott, so folgt diesem." Das Volk gab keine Antwort. Elija sprach weiter: „ Ich bin hier der einzige Prophet des Herrn. Ihr habt aber 450 Baalspriester da. Man soll uns zwei Stiere geben. Die Baalspriester sollen sich einen Stier auswählen, ihn zerteilen und auf das Holz legen. Sie sollen aber kein Feuer machen. Den anderen Stier will ich vorbereiten und auf das Holz legen. Auch ich werde kein Feuer machen. Ihr werdet den Namen eures Gottes anrufen. Ich werde den Namen des Herrn anrufen. Der Gott ist wahr, der mit Feuer antwortet." Alle antworteten: „Gut."

Nun machten die Baalspriester ihren Stier fertig. Dann tanzten sie um den Altar und riefen von früh bis mittags: „Baal, erhöre uns!" Sie bekamen aber

keine Antwort. Da begann Elija zu lachen und sprach: „Ruft lauter! Vielleicht denkt euer Baal nicht an euch. Vielleicht ist er fortgegangen oder eingeschlafen. Ihr müsst ihn erst wecken." Da schrien sie noch lauter und begannen sich mit Messern zu schneiden. Sie bluteten. Sie bekamen aber keine Antwort.

Nun sprach Elija zum Volk: „Kommt zu mir." Er baute aus zwölf

Auf dem Berg Karmel.

Steinen den Altar des Herrn wieder auf und machte einen Graben herum. Dann schlichtete er das Holz, zerteilte den Stier und legte ihn darauf. Dann ließ er viel Wasser darauf gießen. Auch der Graben wurde voll. Dann betete Elija: „Herr, Gott Abrahams, Isaaks und Jakobs, beweise, dass du Gott in Israel bist. Ich aber bin dein Diener. Ich tue alles, was du befiehlst. Erhöre mich, Herr. Die Leute sollen sehen, dass du der wahre Gott bist. Du kannst sie alle bekehren." Da zuckte Feuer (ein Blitz) vom Himmel herab und zündete das Brandopfer an. Sogar das Wasser im Graben verdampfte. Alle knieten nieder und sprachen: „Der Herr ist Gott! Der Herr ist Gott!" Elija befahl, die Baalspriester hinzurichten.

Dann stieg Elija auf den Gipfel des Berges Karmel. Er betete lange. Da kam zuerst eine kleine Wolke. Dann wurde der Himmel dunkel, und es begann, stark zu regnen.

Berg Karmel, Blick nach Haifa.

Neuerliche Flucht des Elija
Elija am Berg Horeb
1 Kön 19,1-21

Ahab berichtete Isebel alles, was Elija getan hatte. Isebel bedrohte deshalb Elija mit dem Tod. Sie zürnte über die Hinrichtung der Baalspriester. Elija flüchtete in die Wüste bei Beerscheba. Dort setzte er sich nieder und betete zu Gott um den Tod. Gott aber stärkte den Elija. Elija wanderte weiter. Er kam zum Gottesberg Horeb. Er ging in eine Höhle und wollte dort übernachten. Gott sprach zu ihm: „Komm aus der Höhle, stell dich vor deinen Herrn." Der Herr kam vorbei.
Ein starker Sturm kam, doch der Herr war nicht im Sturm. Ein Erdbeben kam, doch der Herr war nicht im Erdbeben. Dann kam Feuer. Der Herr war nicht im Feuer. Dann kam ein sanfter Wind. Elija bedeckte sein Gesicht. Er wusste: Jetzt ist der Herr da.

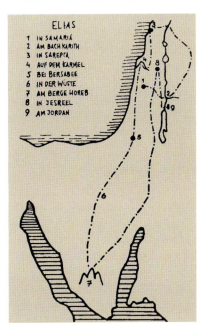

Die Wanderung des Propheten Elija.

Elija und Elischa
1 Kön 19,19-21

Gott, der Herr sprach zu ihm: „Geh zurück in die Wüste, geh nach Damaskus.

Salbe Elischa zum Propheten. Er soll dein Nachfolger sein."
Elija ging vom Gottesberg weg. Er traf den Elischa, der auf dem Feld pflügte.
Elija salbte Elischa zum Propheten, er warf seinen Mantel über ihn.
Elischa verließ die Rinder.
Er sagte zu Elija: „Ich will mich noch von meinem Vater und meiner Mutter verabschieden. Dann gehe ich mit dir."
Elija antwortete: „Geh, aber komm dann zurück!"
Elischa ging weg. Er feierte ein Abschiedsmahl.
Dann ging er zu Elija. Er diente ihm.

Sinai, Berg Horeb.

Das Ende des Königs Ahab
1 Kön 21,1 – 22,40

Nabots Weinberg
1 Kön 21,1-29

Ein Mann namens Nabot hatte einen Weinberg. Ahab wollte den Weinberg haben. Er wollte ihn kaufen oder tauschen. Nabot aber lehnte ab. Ahab war deshalb sehr verärgert und aß nichts. Seine Frau Isebel kam zu ihm und fragte: „Warum ärgerst du dich und willst nichts essen?" Da erzählte Ahab von Nabot und dem Weinberg. Isebel sprach: „Du bist König von Israel. Steh auf und iss. Ich werde den Weinberg bekommen." Dann fälschte sie Briefe und holte die Ältesten, den Nabot und zwei Gauner zusammen. Die beiden Gauner verleumdeten Nabot. Sie sprachen: „Er hat gegen Gott und den König gesündigt." Nabot wurde deshalb gesteinigt. Die Leute meldeten Isebel: „Nabot ist gesteinigt worden. Er ist tot." Isebel erzählte ihrem Mann Ahab: „Nimm den Weinberg Nabots. Nabot ist tot." Da nahm sich Ahab den Weinberg.

Gott der Herr befahl dem Elija: „Geh zu Ahab in den Weinberg. Sag ihm, was ich dir befehle." Da ging Elija zu Ahab. Ahab erschrak. Elija sprach: „Du hast Schlechtes getan. Du bist ein Mörder. Du wirst am gleichen Platz wie Nabot sterben. Deine ganze Familie soll getötet werden." Da bereute Ahab die Sünde. Gott schonte ihn deshalb. Sein Sohn aber wurde später ermordet und in den Weinberg Nabots geworfen.

Falsche Propheten verkündeten dem Ahab Glück. Man holte auch Micha, um Gottes Willen zu hören. Micha aber verkündete Unglück. Man wollte Micha nicht hören und sperrte ihn ein.

Ahabs Tod
1 Kön 22,1-40

Ahab verlor einen Krieg gegen Damaskus und musste sterben. Er wurde von einem Pfeil getroffen. Der Nachfolger Ahabs war Ahasja. Er diente falschen Göttern. Ahasja verletzte sich schwer. Er schickte deshalb Gesandte zu einem Götzen. Er wollte seine Zukunft wissen. Die Gesandten trafen Elija. Elija schickte die Leute zurück und sprach: „Euer König muss sterben." Als der König dies hörte, erzürnte er sehr. Er befahl, Elija gefangenzunehmen.
Gott half dem Elija wunderbar.
Elija ging zum König und sagte ihm: „Du wolltest deine Götzen befragen. Du wirst sterben." Ahasja starb wirklich sehr bald.

Das zweite Buch der Könige

Der Abschied des Elija
2 Kön 2,1-18

Elija und Elischa wanderten mit vielen Prophetenjüngern.

Auf dem Berg Karmel; Heimgang des Elias.

Elija ging mit Elischa über den Jordan. Dort verabschiedete sich Elija von Elischa. Elischa sprach: „Du bist der Wagen Israels und seine Pferde (= Du hast dem Volk Israel wieder den Weg Gottes [= den Willen Gottes] gezeigt)." Gott aber nahm den Elija zu sich in den Himmel.

Der Prophet Elischa

Die Prophetenjünger aus Jericho kamen zu Elischa. Sie folgten ihm wie dem Elija.

Das Wasserwunder in Jericho
2 Kön 2,19-22
Die Bewohner der Stadt Jericho kamen zu Elischa und sprachen: „Das Wasser ist schlecht." Da bat Elischa Gott um Hilfe. Der Prophet befahl, eine Schale Salz in die Quelle zu schütten. Gott half dem Elischa, und das Wasser wurde gut.

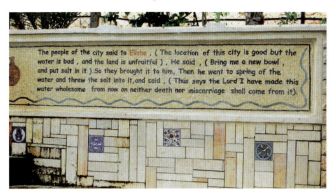

Wasserwunder bei Jericho.

Elischa und junge Burschen von Bet-El
2 Kön 2,23-25
Elischa ging nach Bet-El. Er stieg auf den Berg. Junge Burschen kamen aus der Stadt und verspotteten ihn.

Elischa drehte sich um und drohte ihnen. Zwei Bären kamen aus dem Wald und zerrissen 42 Burschen.

Der Ölkrug der Witwe
2 Kön 4,1-7
Elischa kam nach Samaria. Da kam eine Frau zu ihm und bat: „Mein Mann ist gestorben. Er war sehr fromm. Jetzt kommt ein Gläubiger und nimmt meine beiden Kinder als Sklaven." Elischa fragte sie: „Wie kann ich dir helfen? Was hast du zu Hause?" Sie antwortet: „Ich habe nur einen Krug Öl." Da befahl er:

Jericho, Wadi Quelt.

„Hole dir Gefäße von allen deinen Nachbarn. Schließ die Tür und gieß alle Gefäße voll." Die Frau borgte sich viele Gefäße und goss Öl hinein. Alle Gefäße wurden voll. Dann befahl Elischa: „Verkaufe das Öl, bezahle die Schulden. Das Übrige gehört dir und deinen Söhnen zum Leben."

Die Schunemitin
2 Kön 4,8-37

Elischa kam bei Schunem vorbei. Dort wohnte eine Frau. Elischa aß dort. Sie nahm Elischa auch immer auf. Elischa wollte ihr danken. Er befahl seinem Diener Gehasi, die Frau zu holen. Dann fragte Elischa die Frau: „Wie kann ich dir danken?" Sie hatte aber keinen Wunsch. Gehasi sprach zu Elischa: „Sie hat keinen Sohn." Elischa bat deshalb Gott um einen Sohn für sie.

Als der Knabe größer geworden war, wurde er krank und starb. Darüber waren die Eltern des Knaben sehr traurig. Man holte deshalb Elischa. Elischa betete zum Herrn. Gott machte den Knaben wieder lebendig. Freudig nahm die Mutter ihren Sohn.

Die giftige Speise
2 Kön 4,38-41

Elischa kam nach Gilgal. Eine Hungersnot war im Land. Die Prophetenjünger waren bei Elischa. Er befahl seinem Diener, ein Essen zu machen. Der Diener ging auf das Feld, um Gemüse zu sammeln. Er sammelte giftige Pflanzen, denn er kannte sie nicht. Da schrien die Männer: „Der Tod ist im Topf, o Mann Gottes!" Elischa aber machte die Speise genießbar.

Die Speisung der Hundert
2 Kön 4,42-44

Ein Mann kam, um dem Gottesmann Brote und gestoßene Ähren zu geben. Elischa befahl: „Gib es den Leuten zum Essen." Der Diener aber fragte: „Wie kann ich hundert Männer damit sättigen?" Elischa aber befahl wieder: „Gib den Leuten zu essen." Da verteilte er die Brote. Alle aßen und ließen noch etwas übrig. So hatte der Herr geholfen.

Die Heilung des Naaman
2 Kön 5,1-27

In Syrien lebte ein Feldherr namens Naaman. Er war berühmt. Er hatte aber den Aussatz. Niemand konnte ihn heilen. Er hatte eine israelitische Magd. Sie sagte: „Mein Herr soll zum Propheten nach Samaria gehen. Er wird ihn heilen." Naaman reiste mit Pferd und Wagen und vielen Geschenken zu Elischa. Dieser ließ ihm sagen: „Geh und bade dich siebenmal im Jordan. Dann wirst du gesund." Naaman wurde zornig und wollte heimreisen. Seine Diener aber sprachen zu ihm: „Der Prophet kann dir viel Schwereres befehlen. Du willst gesund werden. Du sollst ihm folgen. Er sagte dir nur: Bade dich und du wirst gesund."

Da ging Naaman zum Jordan und badete siebenmal.

Am Jordan.

Er wurde vom Aussatz rein. Freudig kam er zurück und sprach zu Elischa: „Der Gott Israels ist der allein wahre Gott." Naaman wollte Elischa reich bezahlen. Elischa aber nahm nichts.

Gehasi aber war habsüchtig. Er lief dem Naaman nach und bat ihn um Geld und Kleider. Naaman bezahlte ihn reich. Elischa fragte Gehasi: „Woher kommst du?" Gehasi log: „Ich war zu Hause." Elischa aber sagte zu ihm: „Du hast dir Geld und Kleider genommen. Du wirst den Aussatz Naamans bekommen."

Elischa half den Leuten noch sehr viel. Er predigte vom wahren Gott. Er sagte auch oft die Zukunft voraus. Als Elischa starb, begrub man ihn ehrfürchtig.

Die Propheten Jona, Amos und Hosea
2 Kön 14,23-29

Jerobeam II. war König von Israel. Jerobeam tat, was dem Herrn missfiel. Gott aber verließ sein Volk nicht. Das hatte der Prophet Jona dem König gesagt.

(Die Erzählung vom Propheten Jona ist eine Lehrgeschichte. Man kann sie im Buch Jona lesen).

Auch die anderen Propheten (Amos, Hosea) lehrten und warnten das Volk Israel. Israel aber vergaß Gottes Bund immer wieder.

Deshalb wurde das Reich Israel zerstört.

(Wir lesen von diesen Propheten in den Prophetenbüchern).

Das Ende des Reiches Israel
2 Kön 17,6-24

Die Propheten haben wahr gesprochen. Das Nordreich Israel wurde von den assyrischen Königen Salmanassar V. und Sargon II. in den Jahren 722/721 besetzt. Das Land wurde eine assyrische Provinz.

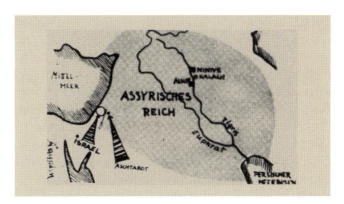

Die Bevölkerung wurde in Gefangenschaft geführt. Der König befahl fremden Völkern, in Israel zu leben.

Prophetenbücher von den Propheten aus dem Nordreich Israels

Der Prophet Jona
Jona 1,1-4; 4,1-11

Gott sprach zu Jona: „Geh in die Stadt Ninive und predige dort. Die Leute sollen sich bekehren." Jona wollte aber den Befehl des Herrn nicht befolgen. Er wollte den Untergang Ninives. Er ging deshalb nach Jafo und bestieg ein Schiff. Als das Schiff auf dem Meer war, kam ein starker Sturm. Das Schiff begann zu sinken. Die Schiffsleute bekamen große Angst. Alle riefen zu ihren Göttern. Jona lag im Schiff und schlief. Der Schiffshauptmann weckte ihn auf und sprach: „Du kannst jetzt nicht schlafen. Steh auf! Bitte deinen Gott um Hilfe." Der Sturm wurde immer stärker. Da sprachen die Schiffsleute zueinander: „Wir wollen das Los werfen. Wir wollen sehen, wer die Schuld an diesem Unglück hat."

Jona wurde vom Los getroffen. Die Schiffsleute fragten ihn: „Warum kommt dieses Unglück?" Jona erzählte ihnen alles und sprach: „Werft mich ins Meer.

Ich bin schuld am Sturm." Die Männer wollten es nicht tun. Das Meer aber tobte immer ärger. Da warfen die Männer Jona in die Fluten. Das Meer beruhigte sich.

Jona war in Seenot. Er betete zu Gott um Rettung. Gott schickte einen großen Fisch. Jona war drei Tage und drei Nächte im Bauch des Fisches. Er betete zu Gott. Der Herr half und Jona kam wieder ans Land. Gott befahl Jona wieder, nach Ninive zu gehen und zu predigen. Jona ging nach Ninive, durchwanderte die Stadt und rief: „In vierzig Tagen geht Ninive zugrunde." Da begannen die Leute Buße zu tun. Sie fasteten und baten um Erbarmen. Auch der König bekehrte sich. Gott hatte Erbarmen und rettete Ninive.

Jona saß vor der Stadt und wartete auf das Ende der Stadt. Er ärgerte sich, weil Gott die Stadt nicht zerstörte. Ein Gebüsch gab ihm Schatten. Jona freute sich sehr. Am nächsten Tag war das Gebüsch verdorrt. Die Sonne brannte sehr und Jona wünschte zu sterben. Da sprach der Herr zu ihm: „Dir tut eine Pflanze leid. Mir aber hat die große Stadt leid getan. Dort leben viele Menschen und Tiere."

Der Prophet Amos
(760-750)

Vom Propheten Amos lesen wir im Buch Amos. Amos war Viehzüchter und pflanzte Maulbeerfeigenbäume. Er lebte südlich von Betlehem. Gott berief ihn und schickte ihn als Prophet ins Nordreich. Das war gegen Ende der Regierungszeit von König Jerobeam II.

Das Nordreich Israel war sehr mächtig. Viele Vornehme waren reich. Die Armen lebten in Not und Elend. Sie wurden ausgebeutet und hart unterdrückt. Es wurde viel Unrecht getan. Man befolgte Gottes Gebote nicht und lebte sittenlos.

Amos war Hirte und züchtete Maulbeerfeigen. Gott machte ihn zum Propheten und befahl ihm, im Nordreich Israel zu predigen. Amos sprach vom Gottesgericht über die Heiden und über das auserwählte Volk. Er hielt Strafreden gegen das Nordreich, verkündete seinen Untergang und die Gefangenschaft des Volkes.

Amos sprach in Visionen vom kommenden Gericht. Der Prophet verkündete auch das kommende Heil. Er sprach vom geistigen Königreich Davids. Dieses messianische Gottesreich wird das Reich des Messias sein. Dieses Reich wird für alle Völker sein.

Der Prophet Hosea
(750-722)

Wir lesen vom Propheten Hosea im Buch Hosea. Hosea lebte im Nordreich Israel. Er lebte um 750 v. Chr. Er war Prophet zur Zeit des Königs Jerobeam II. bis zum Ende des Reiches Israel (722 v. Chr.)

Ninive.

Als das Reich Israel stark und mächtig war, wurde Hosea Prophet. Er war jahrelang Prophet. Er sprach von der Untreue und der Strafe für Israel. Er hielt Strafpredigten gegen das Nordreich. Er verkündete auch die Bekehrung des Volkes und die Begnadigung Israels. Er sprach auch vom Messias und der messianischen Rettung.

Das Buch Tobit

Das Buch Tobit ist ein Trostbuch.
Die Israeliten waren verschleppt in Assyrien. Sie lebten bei fremden Menschen, mitten unter fremden Religionen. Es war schwer für sie, ihrem Gott – Jahwe – treu zu bleiben.
Die Trostgeschichte von Tobit, seiner Frau Hanna und ihrem Sohn Tobias zeigt: Gott verlässt sein Volk nicht. Er hilft allen, die ihm vertrauen.

Viele Männer wurden aus dem Nordreich Israel nach Assyrien weggeführt. Manche blieben Gott und seinem Gesetz treu.
Ein Gefangener namens Tobit war auch dort. Er lebte in Ninive. Der assyrische König erlaubte ihm, frei im Land herumzugehen. Tobit besuchte seine gefangenen Landsleute und tröstete sie. Er teilte sein Brot mit Hungernden, sorgte für Kleidung und unterstützte die Armen.
Als König Sargon starb, wurde sein Sohn Sanherib Nachfolger. Er verfolgte die Israeliten und verbot, ihre Toten zu begraben. Tobit versteckte die Leichen der Erschlagenen in seinem Haus und begrub sie heimlich in der Nacht. Diese Arbeit machte ihn sehr müde. Er schlief ein und wurde durch Vogelmist blind. Seine Frau spottete und sagte: „Deine guten Werke halfen dir nicht." Tobit aber antwortete mit frommem Gebet.

Tobit fürchtete, sterben zu müssen. Er rief seinen Sohn und sprach zu ihm: „Begrabe mich nach meinem Tod. Ehre immer deine Mutter. Mach sie nie traurig. Ehre Gott und meide die Sünde. Unterstütze immer die Armen. Gib reichlich, wenn du viel hast; gib auch gern, wenn du wenig hast. Meide Unkeuschheit, Hoffart und Hochmut. Zahle jedem Arbeiter den verdienten Lohn. Tu niemandem, was dir selbst nicht gefällt. Frage weise Männer um Rat. Lobe Gott immer und lass dich von ihm führen. Fürchte die Armut nicht. Du bist reich, wenn du Gott fürchtest und Gutes tust."
Der Sohn namens Tobias sprach: „Ich will alles tun, was du mir gesagt hast."
Der Vater sprach weiter: „Ich habe einem Armen namens Gabael in Rages (Rhei bei Teheran) zehn Talente Silber geborgt. Hier ist der Schuldschein. Geh und hole das Geld. Nimm dir aber einen Begleiter mit."
Tobias ging, um einen Begleiter zu suchen. Er traf einen jungen Mann und fragte ihn: „Kennst du den Weg nach Rages?" Jener antwortete: „Ich kenne ihn." Tobias führte den jungen Mann zum Vater. Der Vater versprach ihm guten Lohn. Man bereitete alles für die Reise vor. Der Vater sprach beim Abschied: „Gott im Himmel lasse euch glücklich reisen. Sein Engel soll mit euch gehen." Niemand aber wusste, dass der Begleiter der Erzengel Rafael war.
Am Abend kamen sie zum Tigris. Tobias wollte sich im Fluss waschen. Da schnellte ein Fisch aus dem Wasser. Der Engel befahl dem Tobias, den Fisch zu fangen. Er sprach: „Zerlege ihn und heb die Galle als Heilmittel auf."
Dann reisten sie weiter und kamen zu einer Stadt. Der Engel sprach: „Hier wohnt Raguel. Er hat eine Tochter namens Sara. Wünsche sie zur Frau." Raguel

Am Tigris.

nahm beide Gäste freudig auf. Er gab dem Tobias seine Tochter Sara zur Frau. Dann wurde Hochzeit gefeiert. Der Engel aber ging nach Rages, um das Geld zu holen. Nach vierzehn Tagen begann Tobias mit seiner Frau und dem Engel die Heimreise.

Die Eltern des Tobias waren voll Sorge. Die Mutter ging täglich hinaus, um den Sohn zu erwarten. Als sie ihn kommen sah, lief sie zu ihrem Mann und sprach: „Vater, dein Sohn ist da." Rafael aber sprach zu Tobias: „Bestreiche die Augen deines Vaters mit der Galle des Fisches. Der Vater wird wieder sehen."

Die Eltern begrüßten ihren Sohn und hatten große Freude. Sie dankten Gott. Dann bestrich Tobias die Augen seines Vaters mit der Galle. Da konnte der alte Vater wieder sehen. Der Vater lobte Gott und sprach: „Gepriesen seist du, Herr! Du hast mich geprüft. Du hast dich auch meiner erbarmt. Ich sehe meinen Sohn Tobias wieder."

Der Begleiter hatte Tobias viel Gutes getan. Tobias erzählte alles den Eltern. Die Eltern baten deshalb den Begleiter: „Nimm die Hälfte von allem als Lohn." Der Begleiter aber sprach: „Ehrt Gott und dankt ihm. Er war euch barmherzig. Er hat deine Gebete und guten Werke belohnt. Gott prüfte dich, weil er dich liebt. Der Herr hat mich geschickt, um dich zu heilen. Ihr sollt wissen: Ich bin Rafael, ein Engel vom Throne Gottes."

Erschrocken fielen alle nieder. Rafael aber sprach: „Fürchtet euch nicht. Der Friede sei mit euch. Dankt Gott. Ich kehre zum Herrn zurück." Dann sahen sie Rafael nicht mehr. Sie standen auf, priesen Gott und erzählten seine Wundertaten.

Die Geschichte des Südreiches Juda

Das Südreich Juda
1 Kön 12,19 – 15,24

Nach dem Tod von König Salomo kamen die Vertreter der Nordstämme zu Rehabeam. Sie baten um Erleichterung von den schweren Diensten zur Zeit des Königs Salomo.

Rehabeam aber beleidigte die Vertreter schwer.

Jerusalem zur Königszeit.

So kam es zur Spaltung des Reiches.

Rehabeam (931/30-914), der Sohn Salomos, regierte nur den Stamm Juda und den halben Stamm Benjamin. Er beherrschte auch Edom. Der unkluge König hatte alles andere verloren. Nach der Reichsteilung wollte er Jerobeam von Israel bekriegen.

Ein Prophet namens Ahija aus Schilo verbot dem König diesen Krieg. Rehabeam schickte deshalb seine Soldaten nach Hause. Rehabeam sündigte auch gegen die Jahwereligion. Er erlaubte heidnische Gottesdienste.

So hatte das Südreich Juda keine guten Tage. Im Jahre 927 kam Pharao Schischak aus Ägypten. Er plünderte Jerusalem und andere Städte. Rehabeam musste ihm auch Schätze aus dem Tempel geben. Der Reichtum Salomos war verloren.

Rehabeam ließ viele Orte im Süden befestigen.

Abija (914/13-912), der Sohn des Rehabeam, bekriegte Jerobeam von Israel. Er eroberte auch Bet-El. Er verbot aber die Verehrung des Stieres nicht.

König **Asa** (912/11-871) war der Sohn des Abija. Er verbot den unsittlichen Aberglauben und vernichtete alle Götzenbilder. Verschiedene heidnische Gottesdienste erlaubte er aber. So ließ er das Volk auf Bergeshöhen opfern. Das Gesetz aber befahl, nur im Tempel zu opfern.

Asa hatte auch Krieg mit Israel. Damaskus war mit Israel befreundet. Asa gab deshalb den Damaszenern viel Geld. Er wollte ihre Freundschaft kaufen. Er bezahlte die Hilfe der Damaszener gegen Israel mit Geld aus dem Tempelschatz. Der Prophet Hanani tadelte ihn deshalb. Der König ließ den Propheten verhaften. Dann schützte er die Nordgrenze mit starken Festungsbauten. Alle Männer Judas mussten schwer arbeiten. Ein arabischer Fürst bekriegte Juda. Asa konnte ihn aber besiegen und reiche Beute machen.

1 Kön 15,24; 2 Kön 1,17

König Joschafat (870-845) machte Frieden mit Israel. Er bemühte sich auch, das Volk zur Jahwereligion zu bekehren. Alle heidnischen Gottesdienste wurden verboten. Wanderprediger gingen durch das Land. Joschafat machte Juda auch stark. Die Philister mussten an Juda viel Geld bezahlen. Auch ein arabisches Volk musste Joschafat dienen. Joschafat half auch dem Reich Israel gegen die Moabiter. Andere Völker wurden deshalb Feinde Judas. Juda hatte aber Glück. Das Volk kam unbesiegt aus dem Kampf nach Hause.

2 Kön 8,16-24

Joschafats Sohn und Nachfolger **Joram** (845/44-841) befolgte das Beispiel seines Vaters nicht. Er erlaubte die heidnischen Gottesdienste wieder. Er befahl auch, den Baal zu ehren. Seine Brüder lehnten dies ab. Er ließ sie deshalb ermorden. Gott strafte Joram mit Unglück. Das Volk Edom lehnte die Befehle Judas ab. Es gehorchte nicht mehr. Joram wollte Edom wieder unterwerfen. Er verlor aber den Kampf. Nun lehnten auch die Philister die Herrschaft Judas ab. Araber kamen und plünderten Jerusalem. Sie raubten den königlichen Schatz. Sie töteten auch alle Söhne des Königs. Nur der jüngste Sohn Ahasja blieb am Leben. So strafte Gott die Ermordung der Brüder. Joram erkrankte schwer und starb. Man begrub ihn nicht bei den anderen Königen.

2 Kön 8,25-29; 11,1-20; 12,1-22

Ahasja (841) wurde König. Er befolgte das schlechte Beispiel seines Vaters. Er wurde von einem Soldaten Israels ermordet.

Nun regierte die Königinmutter selbst. Atalja (841/40-836) regierte sechs Jahre. Sie ließ die ganze königliche Familie ermorden. Nur Joasch, ein Sohn Ahasjas wurde gerettet. Man versteckte den Prinzen fast sechs Jahre. Dann zeigte ihn der Hohepriester Jojada dem Volk und salbte ihn zum König. Atalja wurde verhaftet und mit dem Schwert getötet.

Der junge König Joasch (836/35-797) erneuerte den Bund mit Jahwe. Der Baalsdienst wurde verboten, der Baalstempel zertrümmert, die Baalspriester wurden getötet. Die Jahwereligion wurde wieder erneuert und der Tempel ausgebessert. Er war nämlich schon baufällig. König Joasch verbot auch den Priestern, Geld zu behalten. Sie mussten alles für den Tempel verwenden.

Der König folgte später schlechten Ratgebern. Er lehnte die Ermahnungen der Propheten ab. Er ließ sogar den Hohenpriester Zacharias steinigen. Die feindlichen Damaszener kamen nach Juda. Das Volk musste viel leiden. Der König erkaufte den Abzug der syrischen Soldaten mit Geld aus dem Tempelschatz. Joasch wurde bei einer Revolution getötet. Man begrub ihn nicht im Königsgrab.

2 Kön 14,1-22
Joaschs Sohn **Amasja** (797/96-768) regierte am Anfang sehr klug. Er bestrafte die Mörder seines Vaters, ihre Verwandten aber begnadigte er.
Amasja bekriegte später das Land Edom. Er wollte wieder eine Straße zum Roten Meer haben. Die Edomiter wurden besiegt. Der König aber wurde übermütig. Er verehrte die erbeuteten Götzen Edoms.
Amasja machte auch Krieg mit Joasch von Israel. Israel besiegte Juda. Amasja wurde gefangen. Er musste in Jerusalem zuschauen, wie man die Stadtmauern teilweise zerstörte. Das Volk Juda war unzufrieden. König Amasja wurde auf der Flucht getötet.

2 Kön 15,1-7
Asarja (768/67-740) war der Sohn Amasjas. Man nannte ihn auch Usija. Er war noch sehr jung. Er eroberte Elat am Roten Meer wieder. Er ließ es befestigen. So hatte er einen wichtigen Ort wieder bekommen. König Asarja sorgte auch für Handel und Landwirtschaft. So konnte das Volk besser leben. Der König war auch siegreich gegen die Philister und andere Völker. Er wurde deshalb übermütig, ging ins Heiligtum und spielte Priester. Er wurde mit dem Aussatz gestraft. Sein Sohn Jotam musste deshalb für ihn regieren. Der Prophet Jesaja warnte und mahnte im Land.

Jotam (740/39-735) regierte wie sein Vater. Er ließ sehr viel bauen. Der Tempelvorhof bekam ein drittes Tor. Im Gebirge Juda baute der König zahlreiche Burgen. Er besiegte auch feindliche Nachbarn. Jotam bemühte sich aber, für Juda den Frieden zu retten.

2 Kön 16,1-20
König Ahas (735/34-728) war ein Unglück für Juda. Er erlaubte die heidnischen Gottesdienste wieder. Er ließ Bilder verehren. Er opferte sogar im Hinnomtal seinen Sohn dem Moloch.

Hinnomtal (Gehinnom).

Ein neuer Krieg brachte viel Unglück. Der König von Damaskus und Pekach von Israel wollten Ahas zum Bündnis gegen Assyrien zwingen. Auch Edomiter und Philister bekämpften Juda. Ahas wurde besiegt. Er musste nach Jerusalem fliehen. Die Belagerer konnten aber Jerusalem nicht erobern. Sie fürchteten Tiglat-Pileser III., den König von Assyrien (745-726). Dieser war mit Ahas befreundet. Ahas wollte deshalb die Hilfe Assyriens erbitten. Jesaja aber ermahnte zum Vertrauen auf Gott. Er weissagte dabei die berühmte Offenbarung vom kommenden Messiaskönig und der Geburt aus der Jungfrau.

Ahas befolgte den Rat des Jesaja nicht. Er bat um den Schutz Assyriens und zahlte viel Geld an Tiglat-Pileser. Tiglat-Pileser bekriegte deshalb Syrien und eroberte Damaskus. Edom hatte aber im Krieg Elat erobert. Juda bekam es nie wieder.

Ahas reiste nach Damaskus, um den assyrischen König zu ehren und für die Hilfe zu danken. Er sah dort einen heidnischen Opferaltar. Er ließ eine Nachahmung als Brandopferaltar im Tempel zu Jerusalem bauen. Er weihte ihn selbst ein. Das war aber nur dem Hohenpriester erlaubt. Der König musste auch Schätze aus dem Tempel nehmen, um seine Verpflichtungen an Assyrien bezahlen zu können. Man begrub Ahas in Jerusalem, aber nicht in den Königsgräbern.

Die weitere Geschichte des Reiches Juda
2 Könige 18,1 – 25,30

2 Kön 18,1-12 – 20,21

Hiskija (728-699) war der Sohn des Ahas. Er wurde ein berühmter König. Er war über den Untergang des Reiches Israel erschrocken. Er bat deshalb den Propheten Jesaja um Hilfe. Er wollte das Volk wieder zu Jahwe bekehren. Der König befahl, Jahwe wieder im Tempel zu ehren. Er verbot auch die Opfer auf den Bergeshöhen. Jeder Götzendienst wurde verboten. Hiskija ließ auch die eherne Schlange zerstören. Sie wurde nämlich abergläubisch verehrt. Das Osterfest wurde wieder großartig gefeiert.

Gott schützte den König auch in schwerer Krankheit. Jesaja betete für ihn zu Gott. Hiskija wurde wunderbar geheilt. Der neue König von Babel schickte Glückwünsche an Hiskija. Babylon wollte Freundschaft mit Juda. Hiskija war klug und ließ sich nicht zum Feinde Assyriens machen. Er prahlte aber mit den königlichen Schätzen. Da verkündete ihm der Prophet, dass alle seine Schätze nach Babel kommen werden.

Assyrien wurde misstrauisch. Sargon bekämpfte Aschdod und die Philisterstädte. Er führte die Bevölkerung gefangen weg. Juda, Edom und Moab unterwarfen sich dem Assyrer. Neue Kämpfe zwischen Assyrien und Babel schufen Ruhe für Palästina.

Ägypten, Edom, Moab, Tyrus und Juda verbündeten sich dann gegen Assur. Sanherib aber kam 701 mit einem großen Heer. Er eroberte die phönizischen Städte, das Land der Philister und besiegte die Ägypter. Dann verwüstete Sanherib das offene Land in Juda. Hiskija musste dem Assyrerkönig reiche Schätze übergeben. Hiskija musste deshalb das Gold vom Heiligtum nehmen.

Der assyrische König war nicht zufrieden. Er verlangte auch die Übergabe Jerusalems. Die assyrischen Beamten spotteten, bedrohten das Volk und lästerten Jahwe. Da fragte König Hiskija den Propheten Jesaja um Rat. Jesaja tröstete ihn und sagte den Abzug Sanheribs voraus. Hiskija lehnte die Übergabe ab.

Ein ägyptisches Heer war im Anmarsch. Sanherib aber wollte noch schnell die Stadt Jerusalem bezwingen. Er schickte eine zweite Gesandtschaft nach Jerusalem. Hiskija ging mit dem assyrischen Schreiben in den Tempel. Er betete zu Gott um Hilfe. Jesaja beruhigte und tröstete den König.

Viele Assyrer bekamen die Pest. Schlechte Nachrichten kamen aus Mesopotamien. Die Assyrer mussten abziehen. Jerusalem war gerettet. So hatte Gott die Geduld und das Vertrauen des Königs belohnt.

Hiskija hatte auch ein großes Meisterwerk gemacht. Er baute die neue große Wasserleitung. Ein Felsendurchstich von 500 m war damals ein technisches Wunderwerk. So war Jerusalem auch im Krieg mit Wasser versorgt.

Der Siloahtunnel. Hier endete die Wasserleitung des Hiskija.

2 Kön 21,1-18
Nach Hiskija wurde **Manasse** König. Er war der gottloseste Herrscher des Landes und hatte leider die längste Regierungszeit (698-643). Manasse hatte un-

gläubige Lehrer und befolgte schlechtes Beispiel. Er vernichtete das Religionswerk seines Vaters. Man trieb überall Götzendienst. Sogar im Tempel wurde den Götzen gedient. Überall war Aberglaube, Wahrsagerei, Zauberei und Totenbeschwörung. Manasse war grausam zu den Propheten und den jahwetreuen Priestern. Eine Geschichte erzählt, dass er auch den Propheten Jesaja zersägen ließ.

Manasse war auch ein schlechter Politiker. Er wurde einmal gefangen und nach Babel verschleppt. Dort bekehrte er sich und wollte wieder der Jahwereligion dienen. Es war aber zu spät. Er hatte zu lange gesündigt. Die Feinde Jahwes waren viel zu stark. Manasse konnte deshalb das Volk nicht bekehren.

2 Kön 21,19-26
Manasses Sohn **Amon** (642-641) folgte dem schlechten Beispiel seines Vaters. Verschwörer töteten ihn bald.

2 Kön 22,1 – 25,7
König **Joschija** (640-609) war noch sehr jung. Er konnte deshalb den Unglauben erst später bekämpfen. Dann aber ahmte er das Beispiel des bekehrten Manasse und seines Urgroßvaters Hiskija nach. Er befolgte die Predigt der Propheten Zefanja und Jeremia. Er bekämpfte den syrischen Gottesdienst und erneuerte den Tempel. Bei diesen Bauarbeiten fand der Hohepriester Hilkija ein altes Gesetzbuch. König Joschija erschrak über den Inhalt des Buches sehr. Es war ein Gesetzbuch des Mose. Der König fürchtete nun die angedrohten Strafen für die Verwahrlosung des Jahwedienstes.

Damals lebte eine berühmte Prophetin namens Hulda. Die Prophetin weissagte das Kommen der Strafen. Der König aber erneuerte den Bund mit

Jahwe und vernichtete den Rest der heidnischen Religion. Das Osterfest wurde wieder großartig gefeiert.

Auch die Weissagungen der Propheten wurden wahr. Das assyrische Weltreich Ninive endete. Feinde kamen und zerstörten die Stadt im Jahre 612. Pharao Necho kam mit seiner Hilfe zu spät. Er wollte den Assyrern in Harran helfen. König Joschija versperrte den Ägyptern den Weg. Er verlor aber in der Schlacht bei Megiddo Kampf und Leben.

Juda wurde von Ägypten beherrscht. Der Pharao setzte König **Joahas** (609), den Sohn des Joschija, ab. Man brachte ihn nach Ägypten. Pharao Necho machte Eljakim, den Bruder des Joahas, zum König (609/08-597) und nannte ihn **Jojakim.** Er musste viele Steuern nach Ägypten bezahlen. Das Volk trieb sofort wieder heidnischen Götzendienst.

Die Babylonier besiegten die Ägypter im Jahre 605 bei Karkemisch. Sie beherrschten nun Syrien.

Am jetzigen Platz des Felsendoms war der jüdische Tempel.

2 Kön 25,8-28

Münze mit Nebukadnezzar.

Nebukadnezzar führte die Babylonier auch nach Jerusalem. Er nahm Teile des Tempelschatzes und berühmte Leute des Volkes (z. B. Daniel) nach Babel mit.

Nebukadnezzar wurde König von Babel. Er kam nach Syrien, um seine Macht zu stärken. Er bekriegte auch Juda und eroberte am 15. März 597 Jerusalem. Der König **Jojachin** wurde mit vielen führenden Männern des Volkes gefangen nach Babel geführt. Die Heilige Schrift nennt 10.000 Männer. Sie nennt die mitgeführten Frauen und Kinder (z. B. Ezechiel) nicht.

Nebukadnezzar machte Mattanja, den Onkel des Jojachin, zum König und nannte ihn Zedekia (597/96-586). Zedekia musste dem babylonischen König Treue schwören.

Der Prophet Jeremia mahnte, den Babyloniern treu zu bleiben. Man folgte ihm aber nicht und verbündete sich mit Ägypten.

Nun kam Nebukadnezzar mit einem Heer, um Tyrus und Jerusalem zu strafen. Er belagerte Jerusalem 1 ½ Jahre. Ein ägyptisches Heer kam zu Hilfe. Es konnte aber Jerusalem nicht mehr helfen. König Zedekia versuchte zu fliehen. Er wurde aber gefangen und zu Nebukadnezar gebracht. Er musste bei der Ermordung seiner Kinder zuschauen. Dann blendete man ihn und führte ihn gefesselt nach Babel.

Jerusalem wurde am 17. August 586 erobert und geplündert. Königspalast und Tempel wurden zerstört. Wichtige Leute des Volkes und viele andere Menschen wurden nach Babel verschleppt. Juda wurde babylonische Provinz.

Nebukadnezzar machte Gedalja zum Verwalter des Landes. Dieser war ein Freund des Propheten Jeremia. Jeremia durfte in Jerusalem bleiben. Nebukadnezzar hatte Ehrfurcht vor ihm.

Gedalja regierte sehr klug. Das war sehr gut für das Volk. Gedalja wurde aber ermordet. Nun fürchtete man Nebukadnezzar. Viele Leute wanderten deshalb nach Ägypten aus.

Im Jahre 581/80 wurden viele Menschen nach Babel verschleppt.

Das war das Ende des Reiches Juda. Man hatte auch hier die Mahnungen der Propheten nicht befolgt. Man hatte den Bund mit Jahwe oft gebrochen. Das treulose Volk musste deshalb viel leiden. Das Exil war die Strafe für die Untreue des Volkes.

Zweites Buch der Chronik

Das zweite Buch der Chronik erzählt von Gottes Strafe und Erbarmen mit dem Volk Juda:
Es kam in Gefangenschaft, wurde aber nach vielen Jahren wieder befreit.

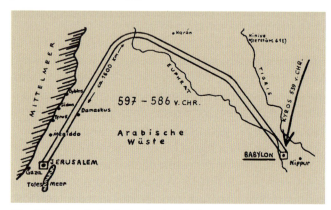

Der Weg in die babylonische Gefangenschaft.

2 Chr 36,14-16; 19-23

Das Volk Juda war Gott untreu. Sie ehrten Gott nicht und entweihten den Tempel. Gott hat die Juden immer wieder ermahnt durch die Propheten. Die Leute aber verspotteten die Propheten.

Gottes Zorn wurde groß. Fremde Völker zerstörten den Tempel und die Paläste in Jerusalem, sie zerstörten auch die Mauern der Stadt.

König Nebukadnezzar führte das Volk in die Verbannung nach Babel. Sie waren dort Sklaven bis zur Zeit der Perser.

Nach vielen Jahren in der Verbannung wurde Gottes Wort wahr. Gott hatte dem Propheten Jeremia die Rückkehr des Volkes vorausgesagt.

Gottes Geist war mit König Kyrus von Persien.
Der König verkündigte in seinem Reich:
„Der Herr, der Gott des Himmels, hat mir alle Länder der Erde gegeben.
Er hat mir aufgetragen: Ich soll ihm in Jerusalem ein Haus bauen.
Jeder von euch aus dem Volk Juda soll nach Jerusalem gehen. Der Herr, sein Gott, sei mit ihm."

Das Buch Judit

Das Buch Judit ist ein Lehrbuch. Es ist kein Geschichtsbuch. Es zeigt: Wichtig ist das Vertrauen auf Gott, die Treue zu Gott. Auch in Zeiten der Not und Bedrängnis.
Judit ist bereit, zur Befreiung ihres Volkes ihr Leben zu riskieren. Durch ihre Hilfe erhält das Volk Rettung und Hilfe Gottes.

Judit

Starke Feinde kamen von Osten. Sie belagerten die Stadt Betulia. Der Feldherr Holofernes befahl, das Wasser abzugraben. Die Juden in der Festung litten Hunger und Durst. Nach fünf Tagen wollte man die Stadt dem Feind übergeben.

In Betulia lebte eine Witwe names Judit. Sie war reich und schön. Sie war sehr fromm und war immer als Büßerin gekleidet. Judit betete und fastete viel.

Judit sprach zu den Ältesten der Stadt: „Warum habt ihr zu Gott kein Vertrauen? Wir wollen für unsere Sünden büßen und demütig auf die Hilfe des Herrn warten." Die Ältesten antworteten: „Bitte für uns, denn du bist fromm." Judit ging in ihre Wohnung, um zu beten. Sie zog dann ihre schönsten Kleider an, nahm ihren schönsten Schmuck und ging mit der Magd zum Lager der Feinde. Man führte sie zum Feldherrn Holofernes. Der Feldherr glaubte ihr, dass sie aus der Stadt geflohen war. Er erlaubte ihr, frei im Lager umherzugehen.

Holofernes feierte nach vier Tagen ein großes Fest. Er lud auch Judit ein. Der Feldherr trank viel Wein und wurde betrunken. Als er eingeschlafen war, gingen alle anderen fort. Judit aber nahm sein Schwert und schlug ihm den Kopf ab. Ihre Magd steckte den Kopf in einen Sack. Dann gingen beide aus dem Lager und kehrten nach Betulia zurück.

Judit versammelte in der Nacht die Juden der Stadt. Sie zeigte ihnen den Kopf des Holofernes und sprach: „Lobt den Herrn. Meine Hand hat den Feind seines Volkes getötet." Alle freuten sich sehr. Sie hängten in der Früh den Kopf des Holofernes an der Stadtmauer auf. Die Männer nahmen die Waffen und stürmten ins Lager der Feinde. Die Feinde suchten ihren Feldherrn und fanden ihn tot. Sie erschraken und begannen zu fliehen.

Das ganze Land freute sich über die Tat Judits. Der Hohepriester kam aus Jerusalem und ehrte sie. Er sprach: „Du bist der Ruhm Jerusalems, die Freude Israels, die Ehre unseres Volkes." Judit lebte noch viele Jahre und diente Gott fromm. Sie starb in hohem Alter. Das ganze Volk betrauerte sie.

Die Propheten des Südreiches Juda
Die Bücher der Propheten aus dem Südreich

Der Prophet Jesaja
(740 – ca. 700)

Jes 1

Die Leute vertrauten nicht auf Gott. Sie spotteten über ihn und seine Propheten. Sie befolgten Gottes Befehle nicht. Man feierte den Gottesdienst nur äusserlich. Im Herzen aber glaubte man nicht an Gott. Die Menschen trieben Wahrsagerei, Zauberei, Aberglauben und Götzendienst. König Ahas befahl sogar heidnischen Gottesdienst und ließ den Tempel zusperren.

Die Menschen wurden habgierig. Sie unterdrückten die Armen. Sie verdrehten das Recht. Sie liebten Schlemmerei und waren sehr hochmütig.

Höhlen von Qumran,
hier fand man Schriftrollen von Jesaia.

Gott befahl dem Propheten Jesaja, all diese Übel zu bekämpfen.

Jesaja predigte von der Heiligkeit Gottes. Er erinnerte das Volk an die Beleidigungen Gottes. Sie hatten Gott durch Sünde und Abfall beleidigt. Gott musste deshalb zu strafen beginnen.

Jesaja redete immer von der Heiligkeit Gottes. Er nannte Gott den Heiligen Israels. Der Prophet tadelte das sündhafte Leben seiner Mitmenschen und die gefährliche Staatspolitik der Könige von Juda. Die Könige vertrauten nicht auf den Bundesgott Jahwe, sondern auf ausländische, heidnische Mächte. Das war für das Gottesreich auf Erden gefährlich.

Jesaja wusste, dass seine Predigt vergeblich sei. Er sprach deshalb vom Untergang der Hauptstadt, vom Ende des Volkes und des Königshauses. Er predigte aber nicht nur vom Unheil, sondern auch vom Heil und den Verheißungen Gottes. Das Volk Israel wird zugrunde gehen, doch ein Rest des Volkes muss übrigbleiben, weil aus ihm der Erlöser kommen soll.

Jes 2,1-5

Gott sprach zum Propheten Jesaja:

Am Ende der Tage wird es sein: Gottes Reich bleibt für immer.

Alle Völker werden in Gottes Reich kommen. Menschen aus allen Ländern werden kommen.

Sie sagen: Kommt, wir gehen zum Herrn, unserm Gott.

Herr, zeige uns deine Wege. Wir wollen sie gehen.

Herr, du ermahnst die Menschen und beendest den Streit der Völker.

Dann werden alle in Frieden leben.

Kommt, wir wollen unsere Wege gehen im Licht des Herrn.

Jes 6,1-12

Jesaja selbst war mit dem damaligen König Usija verwandt. Er stammte nämlich aus der Königsfamilie. Der Prophet erzählt uns seine Berufung durch Gott: „Im Todesjahr des Königs Usija sah ich Gott den Herrn im Himmel inmitten der Engel. Einer rief dem andern zu: ‚Heilig, heilig, heilig ist der Herr der Heerscharen. Die ganze Erde ist erfüllt von seiner Herrlichkeit.'"

Jesaja aber fühlte sich als Sünder und unwürdig, Prophet zu werden. Gottes Gnade aber reinigte ihn. Nun war Jesaja gern bereit, dem Ruf Gottes zu folgen. Er sprach zum Herrn: „Herr, hier bin ich. Sende mich."

König Ahas diente den Götzen. Er betete Baal an. Er opferte sogar seinen eigenen Sohn dem Gott Moloch. Man machte die Erzstatue glühend und legte das arme Kind auf die glühenden Arme der Götzenfigur. Ahas sperrte auch den salomonischen Tempel zu.

Gott strafte Ahas. Von drei Seiten stürmten die Feinde nach Jerusalem. Ahas verlor das ganze Land. Er hatte nur mehr die heilige Stadt Jerusalem. Da kam Jesaja zu ihm und sprach: „Gott wird Jerusalem beschützen; denn aus diesem Volk wird der Messias kommen." Ahas aber glaubte nicht und bat den assyrischen König um Hilfe. Der König Assyriens half, zerschlug die Feinde Judas, machte aber auch den König Judas zu seinem Diener. Da kam Jesaja wieder und verkündete dem ungläubigen König den Untergang des Reiches Juda. Die Familie des Königs David aber wird weiterleben, denn aus ihr wird der Messias kommen.

Jes 7,10-14

Gott sprach zu Ahas:

Bitte den Herrn, deinen Gott, um ein Zeichen.

Er wird es dir geben.

Der König antwortete:
Ich will nichts bitten.
Jesaja antwortete dem König:
Warum folgt ihr Gott nicht?
Gott selbst wird euch ein Zeichen geben:
Die Jungfrau wird ein Kind empfangen. Sie wird einen Sohn gebären. Sie wird ihm den Namen Immanuel – Gott mit uns – geben.

Jes 9,1-6
Die Verheißung der Geburt des göttlichen Kindes:
„Das Volk wandelt in Finsternis. Es sieht ein großes Licht. Ein großes Licht erstrahlt über allen. Denn ein Kind ist uns geboren. Ein Sohn ist uns geschenkt. Auf seinen Schultern ruht die Herrschaft. Man nennt ihn Wunderbarer, Ratgeber, starker Gott, ewiger Vater, Friedensfürst. Seine Herrschaft ist groß und des Friedens kein Ende. Er herrscht auf dem Thron Davids und regiert sein Reich. Er festigt und stützt es mit Recht und Gerechtigkeit von nun an bis in Ewigkeit.“

Betlehem, der Geburtsort Jesu.

Jesaja konnte mit der Hilfe Gottes vieles vom Erlöser voraussagen:
Jes 10, 3-5
Ein Prophet wird auf den Erlöser vorbereiten: „Eine Stimme ruft in der Wüste: Bereitet den Weg des Herrn. Macht die Pfade Gottes eben. Jedes Tal soll ausgefüllt, jeder Berg und Hügel abgetragen werden. Krummes soll gerade, Unebenes soll ebener Weg werden; denn die Herrlichkeit Gottes wird offenbar werden.“

Jes 11,1-10
Aus der Familie des Isai, des Vaters Davids, wird ein neuer Herrscher kommen.
Gottes Geist wird mit ihm sein.
Weisheit und Rat und Stärke werden mit ihm sein.
Er wird Gott ehren mit seinem ganzen Leben.
Er hilft den Hilflosen und Armen.
Er ist gerecht.
Dann wird überall Friede sein.
Der Wolf wird beim Lamm wohnen,
Kalb und Löwe weiden gemeinsam.
Kuh und Bärin werden Freunde. Das Kind spielt beim Schlupfloch der Schlange.
Man tut nichts Böses.
Der Herr schenkt Frieden dem ganzen Land.
Alle Völker werden zu ihm kommen.
Er ist herrlich und mächtig.

Jes 25,6a,7-9
Der Herr wird für alle Völker ein Festmahl geben.
Er besiegt den Tod für immer.
Er wird alle Tränen abwischen.

Er schenkt allen seine Verzeihung.
Alle werden sagen:
Das ist der Herr. Wir haben auf ihn gehofft.
Wir wollen uns freuen. Der Herr rettet uns.

Jes 35, 1 – 10
Alle dürfen sich freuen, man wird die Herrlichkeit
des Herrn sehen.
Sagt den Verzagten: Habt Mut.
Gott selbst wird kommen und euch helfen. Dann
werden die Augen der Blinden geöffnet. Die Ohren
der Tauben sind wieder offen. Der Lahme wird wie
ein Hirsch springen. Die Zunge des Stummen wird
jubeln.
Der Herr befreit und führt heim.
Jubel wird sein auf dem Zion. Ewige Freude wird
sein.
Leid und Sorge werden nicht mehr sein.

Der Prophet Jesaja sprach auch vom Gericht Gottes
und vom Untergang des Landes Juda. Die Gottlosen
liebten Jesaja nicht, sie glaubten seinen Ermahnungen und Warnungen nicht. Sie wollten seinen Mahnungen nicht folgen. Sie verfolgten ihn.

*Die Juden glauben, dass Jesaja in der Zeit des Königs Ma-
nasse (698-643) zersägt worden ist (vgl. 2 Kön 21,16 und
Hebräerbrief 11,37).*

Der Prophet Micha
(735-690)
Micha lebte in der Zeit des Jesaja. Auch er predigte
im Südreich Juda. Er erlebte den großen syrischen
Krieg (735-734), die Belagerung der Stadt Samaria
und den Untergang des Nordreiches (722). Damals
verschwanden die zehneinhalb Stämme des Nordreiches Israel aus der Geschichte. Das Südreich Juda
blieb noch 135 Jahre lang (bis 586 v. Chr.) bestehen.

Micha erlebte auch den Kriegszug des assyrischen
Königs Sanherib nach Palästina und die Belagerung
der Stadt Jerusalem (701). Er sah den Abzug des
feindlichen Heeres und die wunderbare Errettung der
Stadt.
Viele Israeliten ehrten den Propheten Micha.

Mi 1
Micha predigte auch gegen die Ausbeutung der
Armen und die Willkür der Reichen. Er tadelte das
sündhafte Leben des Volkes.

Mi 4
Micha sagte die Wallfahrt zum Berg Zion voraus:
„Alle Völker werden kommen
Von Zion kommt Gottes Wort. Alle Völker werden
Gott ehren. Wir gehen unseren Weg im Namen Got-
tes für immer und ewig.“

Mi 5,1
Micha weissagte auch vom Erlöser. Er nannte Betlehem den Geburtsort des Erlösers: „Du, Betlehem, bist
eine kleine Stadt Israels. Aber aus dir wird der Be-
herrscher Israels kommen. Sein Ursprung ist in der
Vorzeit in längst vergangenen Tagen.“

Betlehem, die Geburtsstadt Jesu.

Mi 7,20

Micha predigte auch vom Vertrauen und der Hoffnung auf Gottes Gnade und Rettung: „Du wirst an Jakob Treue, an Abraham Gnade zeigen. So hast du unseren Vätern in der Vorzeit versprochen."

Der Prophet Joel
(836-797?)

Der Prophet Joel schrieb vom Gericht Gottes über Juda. Er sprach in einem Bild von einer Heuschreckenplage. Er wollte damit die Verwüstung des Landes weissagen. Die Feinde werden das Land erobern und das Volk vernichten. Sie werden so zahlreich sein wie die Heuschrecken. Diese furchtbare Plage wird als Strafe Gottes kommen. Gott wird das Volk aber auch wieder befreien.

Joel 2,12-18

Joel ermahnt das Volk:
„Kehrt um zu mir.
Fastet und klagt.
Eure Umkehr soll ehrlich sein!
Gott ist gnädig und barmherzig.
Er schenkt Güte.
Fastet und betet. Feiert Gottesdienst.
Bittet Gott um sein Erbarmen:
Herr, hab Mitleid mit deinem Volk!"

Joel 3,1-5

„Ich werde euch meinen Geist senden.
Sonne und Mond werden finster sein. Dann wird der Herr kommen.
Wer Gott treu ist, wird gerettet werden."

Der Prophet Zefanja
(um 630)

Zefanja stammte aus der Königsfamilie. Er sah den Unglauben und die Sittenlosigkeit des Volkes. Er tadelte die Götzenanbetung und den Sternenkult. Er lehnte die Mischung von Jahwereligion und Götzendienst ab. Er tadelte auch den Luxus der Reichen, den Missbrauch ihrer Macht und die Missachtung der Gebote Gottes. Er mahnte die pflichtvergessenen Richter, die falschen Propheten und unwürdigen Priester und die falschen Führer des Volkes. Zefanja sprach von der kommenden Strafe an Juda und Jerusalem. Er mahnte zu Besinnung und Buße. Der Prophet sprach auch vom Gericht Gottes über die Heidenvölker. Er drohte dem Volk Judäas immer wieder mit dem göttlichen Strafgericht. Zefanja sprach aber auch von der späteren Begnadigung des Volkes und vom Kommen des Erlösers.

Zef 3,14-17

„Freu dich, Tochter Zions!
Freu dich Israel!
Freu dich Jerusalem!
Der Herr ist in deiner Mitte.
Du brauchst dich nicht mehr fürchten.
Der Herr ist in deiner Mitte.
Er bringt dir Rettung.
Er freut sich mit dir.
Er schenkt dir seine Liebe."

Der Prophet Nahum
(620-612)

Der Prophet Nahum ist ein unbekannter Mann. Wir wissen von seinem Leben nicht viel. In seiner Predigt sprach er von Gottes Richtermacht. Er nannte Gott den Herrn über Ninive und Juda. Der Prophet weissagte die Belagerung, Eroberung und Zerstörung der Weltstadt Ninive. Er sprach auch von der Bosheit der Menschen Ninives und von der gerechten Strafe. Die Prophezeiungen (= Weissagungen) des Propheten wurden wahr.

Der Prophet Habakuk

(605-600)

Der Prophet Habakuk beklagte die Rechtlosigkeit in Juda. Er verkündete dem Volk die Strafe Gottes. Habakuk beklagte die Furchtbarkeit der Feinde. Er drohte den Räubern, Unterdrückern, Mördern und Götzendienern. Er verkündete das Kommen des Herrn als Richter über die Weltbeherrscher.
Die Gerechten aber bleiben am Leben, weil sie treu sind.

Hab 1,2-3; 2,2-4

„Herr, wie lange muss ich noch rufen zu dir.
Herr, schenk mir Hilfe!
Herr, ich erlebe die Macht des Bösen. Du siehst es.
Überall ist Gewalt und Streit.
Gott, der Herr, gab mir Antwort:
Der Herr wird kommen und retten.
Der Gerechte bleibt am Leben, weil er treu ist."

Der Prophet Jeremia

(627-586)

Das Volk lebte glaubenslos und unsittlich. Immer wieder wurde Götzendienst begangen.
Gott berief den Jeremia, den Sohn des Hilkijas, zum Propheten.
Jeremia erlebte den Untergang Jerusalems (586). Er war über vierzig Jahre lang Prophet. Er überlebte die Regierungszeit von fünf Königen.
Jeremia war sehr bescheiden. Er wollte nicht Prophet sein. Gott aber befahl ihm, seine Worte zu verkünden. Jeremia ermahnte das Volk deshalb, sich zu bekehren. Er drohte auch mit dem Untergang des Landes Juda und der heiligen Stadt.
Die Menschen aber glaubten Jeremia nicht. Sie warfen ihn in eine Zisterne. Sie quälten ihn oft.

Gott ruft den Jeremia zum Propheten

Jer 1,4-10; 17-19

Gott, der Herr rief mich zum Propheten für alle Völker.
Er befahl mir: Geh dorthin, wohin ich dich sende.
Lehre, was ich dir auftrage.
Ich bin mit dir. Ich rette dich.
Gott, der Herr, befahl mir:
Lehre und ermahne alle Völker.
Hab keine Angst vor ihnen.
Ich mache dich stark.
Sie werden dich bekämpfen.
Aber sie werden dich nicht besiegen.
Ich bin mit dir. Ich rette dich.

Jeremia vertraute auf Gott. Er tröstete auch das Volk:

Auf Gott vertrauen

Jer 17,5-8

Gott spricht:
„Wer auf Menschen vertraut, ist wie ein kahler Baum, er wird keine Früchte haben.
Wer auf den Herrn vertraut, ist gesegnet.
Er ist wie ein Baum am Wasser. Er hat starke Wurzeln.

Seine Blätter bleiben grün, auch in trockenen Jahren.
Er wird immer Früchte haben."

Von Gott lehren

Jer 20,7-9
Jeremia klagt:
„Herr, wenn ich von dir rede, erlebe ich Spott.
Alle verspotten mich.
Wenn ich denke: Ich will nicht mehr von dir reden,
dann schaffe ich das nicht.
Deine Worte in mir sind wie Feuer. Ich muss sie verkünden."

Gott rettet den Armen

Jer 20,10-13
Jeremia spricht:
„Viele verfolgen mich, wollen mich töten.
Der Herr aber hilft mir.
Meine Feinde werden nichts erreichen.
Ich weiß, der Herr prüft mich.
Ich will ihn rühmen.
Er rettet das Leben der Armen."

Gott ist der Hirte seines Volkes

Jer 23,1-6
Gott spricht:
„Ihr seid schlechte Hirten, ihr habt mein Volk zerstreut.
Ihr sorgt nicht für mein Volk.
Ich werde den Rest meines Volkes zusammenholen.
Ich werde für sie sorgen und gute Hirten rufen.
Dann wird niemand verloren gehen.
Ich werde aus dem Haus Davids einen Gerechten rufen.
Er wird für das Land sorgen.
Er wird Juda retten und Israel Sicherheit bringen.
Man nennt ihn:
Herr der Gerechtigkeit."

Jer 31,7-9
Jeremia machte dem Volk auch immer wieder Hoffnung, dem Herrn zu vertrauen:
Gott, der Herr spricht:
Freu dich, Volk Israel. Sagt es allen: Der Herr hat sein Volk gerettet.
Ich rette euch und bringe euch heim. Ich führe euch alle heim, auch die Blinden und Lahmen, die Mütter mit ihren Kindern.
Ihr wart traurig. Ich tröste euch.
Ich führe euch in ein fruchtbares Land. Ich führe euch auf sicherem Weg.
Ich bin der Vater Israels. Ihr seid mein Volk.

Jer 31,31-34
Ich werde einen neuen Bund mit Israel und Juda schließen.
Ich schreibe mein Gesetz in ihr Herz. Ich werde ihr Gott sein. Sie werden mein Volk sein.
Alle werden mich erkennen. Ich verzeihe ihnen die Schuld. Ich denke nicht mehr an ihre Sünden.

Jer 33,14-16
Gott spricht: Ich werde mein Heilswort wahr machen. Ich habe es Israel und Juda versprochen.
In jenen Tagen wird ein Nachkomme Davids kommen. Er ist gerecht.
Er wird für Recht und Gerechtigkeit im Land sorgen. Jerusalem wird sicher sein.
Alle werden sagen: Jahwe schenkt uns Gerechtigkeit.

Jer 38,4-6
Die Beamten sagten zum König:
„Jeremia muss die Todesstrafe bekommen.
Er bringt der Stadt nicht Heil, sondern Unheil."
Der König erlaubte die Todesstrafe.
Die Soldaten verhafteten Jeremia und warfen ihn in einen Brunnen.

Im Brunnen war kein Wasser, aber viel Schlamm.
Ein Diener kam zum König und sagte:
„Herr, es ist schlecht, was die Soldaten gemacht haben.
Jeremia ist ein Prophet Gottes.
In der ganzen Stadt ist kein Brot mehr. Alle müssen verhungern."
Da befahl der König:
„Holt Jeremia wieder aus dem Brunnen."
So wurde Jeremia gerettet.

Die Prophezeiungen des Jeremia sind alle wahr geworden. Sie sind auch im Buch der Könige aufgeschrieben. Wir lesen sie bei 2 Kön, 22 – 25.

Jeremia beklagte den Untergang Jerusalems und des Tempels.
Es gibt ein Buch im Alten Testament, in dem diese Klagelieder aufgeschrieben sind.

Jeremia schrieb auch einen Brief an die Gefangenen in Babel. Er lehrte sie, den Götzendienst zu meiden und dem wahren Gott zu dienen.

Die Weissagungen des Propheten Jeremia wurden wahr.
Man hatte ihm nicht geglaubt und erlebte nun die Strafe. Das Volk glaubte nämlich, es genügt, den Tempel Gottes im Land zu haben. So sündigte es und war Gott untreu.
Nebukadnezzar hatte Ehrfurcht vor Jeremia. Er erlaubte ihm, in Juda zu bleiben. Jeremia war mit Gedalja, dem babylonischen Statthalter, befreundet. So konnte er den zurückgebliebenen Landsleuten helfen. Der Statthalter aber wurde ermordet. Nun zwangen viele Juden den Jeremia, mit ihnen nach Ägypten zu fliehen. Er sorgte nun in Ägypten für jüdische Flüchtlinge. Dort wurde er gesteinigt.

Die Klagelieder
(des Propheten Jeremia)

Das erste Lied *1,1-22*
Jerusalem, du wunderbare große Stadt – einsam bist du geworden.
Tränen bei Tag und Nacht.
Niemand tröstet dich.
Alle Freunde sind untreu geworden.
Sie sind deine Feinde geworden.
Juda ist gefangen in Elend und Not.
Es gibt kein Fest und kein Opfer in Zion.
Die Feinde haben das Heiligtum zerstört,
die heiligen Gefäße gestohlen.
Jerusalem, du leidest Not wegen deiner vielen Sünden.
Verspottet wirst du von deinen Feinden.
Herr, schau auf meine Not.
Schau, auf die Schmerzen, die ich leiden muss.
Herr, du bist im Recht.
Ich habe deine Worte nicht befolgt.
Herr, ich leide, ich habe keinen Trost.

Das zweite Lied *2,1-22*
Jerusalem klagt:
Gott, in deinem Zorn hast du mich vernichtet.
Der Herr ist wie ein Feind geworden. Er hat Israel vernichtet.
Er brachte Sorgen und Not für Juda.
Er hat seinen heiligen Tempel zerstört.
Feinde haben den Tempel erobert.
Gott gibt den Propheten keine Lehren.
Die Ältesten von Zion trauern.
Meine Augen sind müde vom Weinen.
Menschen hungern und sterben.
Wie kann ich dich trösten, Tochter Zion?
Feinde verspotten dich.

Gott, der Herr, hat seine Drohung wahr gemacht.
Tochter Zion, schrei zum Herrn. Bereue deine Taten.
Weine Tag und Nacht.
Bete zum Herrn, bitte für deine Kinder.
„Herr, sieh die Not deines Volkes!"
Der Feind hat alles vernichtet!"

Das dritte Lied 3,1-66
Ich bin der Mann, der Leid erlebt hat.
Täglich erlebe ich Not.
Ich lebe wie in Finsternis, fühle mich wie tot.
Ich habe geschrien. Herr, du hast meine Gebete nicht gehört.
Ich wurde zum Spott für mein Volk.
Du hast mich geprüft. Ich bin traurig.
Aber ich vertraue und hoffe: Gottes Erbarmen ist nie aus.
Der Herr ist gut zu dem, der auf ihn hofft.
Bleibt geduldig im Leid und in der Not.
Gottes Prüfung dauert nicht immer.
Gott schenkt auch Erbarmen.
Gott sieht das Unrecht. Er kennt das Böse, unsere Sünden und die Strafen für unsere Sünden.
Wir haben gesündigt, du Herr verzeihst.
Wir waren böse. Wir haben Verderben und Vernichtung erlebt.
Ich trauere und weine über die Not in Israel. Ich weine bis der Herr auf mich schaut.
Meine Feinde verfolgten mich.
Sie warfen mich in die Grube.
Sie warfen Steine auf mich.
Ich bin fast ertrunken.
In meiner Not rief ich zum Herrn.
Herr, du hast mich gehört.
Du warst mir nahe. Du hast gesagt: „Fürchte dich nicht."

Du Herr, hast mich gerettet.
Du sorgst für mein Recht.
Du hast das böse Tun meiner Feinde gesehen. Du wirst ihr Tun bestrafen. Du wirst meine Feinde vernichten.

Das vierte Lied 4,1-22
Herr, groß ist unsere Schuld.
Du hast uns gestraft. Wir leiden Not, wir hungern.
Viel Böses ist in der Stadt.
Wir wurden vertrieben, leben in der Fremde.
Herr, vergib uns unsere Schuld.
Rette uns aus der Verbannung.

Das fünfte Lied 5,1-22
Herr, schau, was mit uns geschehen ist.
Schau auf unsere Schande.
Fremde haben unser Land besetzt.
Wir aber leben in der Fremde.
Wir werden unterdrückt, haben keine Ruhe.
Grausames ist deinem Volk geschehen.
Weh uns!

Der Tempelplatz heute.

Wir haben gesündigt!
Der Berg Zion ist zerstört.
Herr, wir sind traurig!
Du Herr, bleibst ewig.
Vergiss uns nicht!
Verlass uns nicht für immer!
Hilf uns umkehren zu dir!
Hilf uns gut werden. Mach alles gut, wie es früher war.
Zürne nicht für immer und verbanne uns nicht für immer!

Die Zeit des Exils
*2 Kön 24,1; Chronik 9,2; 2 Chr 36,10;
Einleitung Esra und Nehemia*

Das Exil
(722, bzw. 586-538)
Die gefangenen Bewohner des Reiches Israel wurden in Assyrien zerstreut. Sie verloren ihre Religion und ihr Volkstum. Diese Stämme verschwanden aus der Weltgeschichte.
Die Leute in Samaria vermischten sich mit assyrischen Einwanderern. Es entstand das Volk der Samaritaner. Man konnte sie nicht mehr Israeliten nennen. Ihre Religion bekam auch heidnische Gebräuche.
Die Bewohner des Südreiches Juda wurden nach Babel geführt. Fast alle kamen aus dem Stamm Juda. Deshalb nannte man das Volk nicht mehr Israeliten, sondern Juden.

Die Juden wohnten in Babel gemeinsam. Sie hatten verschiedene Rechte und Freiheiten. Sie konnten miteinander leben und verloren ihre Religion nicht. Sie hatten ihre Bethäuser (Synagogen). Dort konnten sie das Gesetz (von Mose) lesen und am Sabbat beten.
Die Juden hatten in Babel Arbeit und Geschäfte. Manche Juden bekamen Staatsämter (Daniel u. a.). Man zwang die Juden aber auch zu schweren Arbeiten und Sklavendiensten. Alle Juden fühlten sich in diesem Land gefangen. Sie waren auch wirklich Gefangene der Babylonier.
Die Juden konnten in Babel aber auch viel lernen. Die Babylonier hatten nämlich eine hohe Kultur und reiche Kunst.
Die heidnischen Tempel waren prächtig, der heidnische Gottesdienst war schön. Die heidnischen Babylonier waren religiös. Das war eine Gefahr für den jüdischen Glauben. Gott schickte den Juden deshalb die Propheten Ezechiel, Daniel, Baruch und einen zweiten Jesaja zu Hilfe. Die Propheten stärkten das Volk im Glauben. Sie lehrten die Juden die Treue zu Gott.

Die Gefangenschaft der Juden in Babel war eine Strafe für die Sünden des Volkes. Man verstand nun die alten Propheten und ihre Predigt (z. B. Jesaja, Jeremia und Micha). Das jüdische Volk wurde im Exil bekehrt. Man betete auch wieder um den Messias.
Viele Juden lebten auch in Ägypten. Sie waren aus Juda geflüchtet. Viele wurden dort ihrem Glauben untreu und wurden Heiden. Viele Auswanderer blieben auch in Ägypten gläubig.
In Palästina lebten Hirten, Bauern und wenig Reiche. Sie hungerten und mussten von Räubern und fremden Soldaten viel leiden. Sie lebten in Not. Die Juden litten die Not als Strafe für begangene Sünden. Sie fasteten am Jahrestag des Brandes von Jerusalem. Die Gläubigen beteten Klagelieder und trugen Opfergaben zum heiligen Fels. (Das war der Platz des früheren Altars). Viele blieben der Religion treu.

Die Propheten während des babylonischen Exils

Der Prophet Ezechiel

(593-570)

Ezechiel kam mit den ersten Gefangenen (597) nach Babel. Er konnte sich dort ein Haus kaufen. Viele

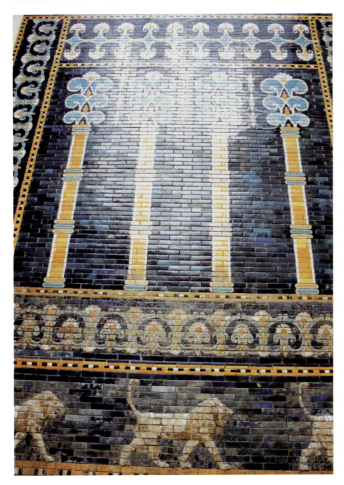

Die babylonische Kultur.

kamen zu ihm, um seine Predigt zu hören. Viele Mitgefangene des Propheten wollten sich aber nicht bessern. Sie glaubten, dass die Strafe der Gefangenschaft unverdient sei. Sie glaubten auch, Gott muss den Tempel und die heilige Stadt beschützen. Sie hofften auch auf eine nur kurze Verbannung. Falsche Propheten lehrten auch und machten die Gefangenen nicht bereit zur Buße. Als Jerusalem wirklich zerstört wurde (586), verzweifelten sie. Viele Juden wurden Heiden.

König Jojachin war schon fünf Jahre gefangen (593). Da berief Gott den Ezechiel am Fluss Kebar (einem Euphratkanal) zum Propheten. Ezechiel sollte den Götzendienst und die Sittenlosigkeit bekämpfen. Er sollte den gefangenen Israeliten auch den Untergang Judas und Jerusalems weissagen. Jerusalem sollte zerstört werden, weil das Volk lasterhaft lebte.

Als Jerusalem zerstört war, begann Ezechiel, die Gefangenen zu trösten. Er half ihnen, wieder auf die Güte Gottes und das Heil des Messias zu hoffen. So versuchte er, den Verzweifelten zu helfen. Mit großartigen Visionen lehrte er das Volk. Er predigte aber nicht nur vom Gericht über Juda und die Nachbarvölker. Er sprach auch von der Heimkehr der Gefangenen nach Palästina und ihrem neuen Staat. Er sprach auch vom Erlöser und vom messianischen Gottesreich.

Vision und Berufung

Ez 1,28b – 2,5

Ezechiel spricht: Ich sah die Herrlichkeit des Herrn. Ich warf mich auf den Boden.

Er sagte zu mir: Steh auf, ich will mit dir reden „Menschensohn".

Ich hörte den Herrn reden:

Menschensohn, ich schicke dich zu den Untreuen

aus dem Volk Israel. Sie haben sich wieder von mir getrennt.
Ich sende dich zu ihnen.
Sage ihnen: Mitten unter euch ist ein Prophet.

Die Erscheinung Gottes
Ez 1,4-28
Die berühmteste Vision Ezechiels ist das Bild vom Thron Gottes. Er wird von vier lebenden Wesen getragen: vom Stier, vom Löwen, vom Adler und vom Menschen. Diese vier Wesen sind symbolisch. Der Stier ist das Symbol der Kraft, der Löwe das Symbol der Majestät, der Adler das Sinnbild der Allgegenwart und der Mensch das Sinnbild der Geistigkeit.
Ezechiel wollte damit sagen, dass alles auf Erden Gott dienen muss.

In einer Vision sprach er von der Untreue des Königs:
Ez 17,22-24
Gott, der Herr spricht:
Ich pflanze einen Baum auf einem hohen Berg.
Ich pflanze ihn im Bergland von Israel. Dort bekommt er Zweige und Früchte. Viele Vögel wohnen in seinen Ästen.
Alle Bäume werden erkennen: Ich bin der Herr.
Ich mache den niedrigen Baum hoch.
Ich mache den hohen Baum niedrig.
Ich lasse den grünen Baum verdorren. Der verdorrte Baum wird blühen.
Ich, der Herr, habe gesprochen. Ich mache das, was ich sage.

Gott verzeiht und rettet
Ez 18,25-28
Ezechiel lehrte auch von Schuld und Gerechtigkeit:
Wenn der Gerechte beginnt, Böses zu tun, wird er sterben.

Wenn der Schuldige umkehrt und wieder gerecht lebt, wird er sein Leben behalten.
Wer bereut und umkehrt, wird bestimmt am Leben bleiben.
Er wird nicht sterben.

Gottes Sorge um sein Volk
Ez 33,7-9
Gott sprach zum Propheten:
Bewache mein Volk Israel. Was ich zu dir sage, musst du auch ihnen sagen.
Wenn ich zu einem Schuldigen sage:
Du musst sterben!
Dann musst du ihn warnen und ihm helfen, vom falschen Weg wegzukommen.
Du hast Verantwortung für ihn.
Wenn der Schuldige nicht umkehrt, dann wird er sterben.
Du aber hast dein Leben gerettet.

Ezechiel ermahnte auch die Nachbarvölker und verkündete ihnen die Drohungen Gottes. Er sprach vom Gericht über das Volk Israel und vom neuen Heil:

Ez 34,11-12; 15-17
Der Prophet Ezechiel erzählte ein Beispiel vom Hirten und den Schafen:
Gott spricht: Ich selbst suche meine Schafe. Ich sorge für alle wie ein guter Hirt. Ich führe meine Schafe auf die Weide. Ich lasse sie ruhen. Ich suche die verlorenen Schafe. Ich sorge für die schwachen und kranken, ich helfe allen.

Ez 37,12b-14
In einer letzten Vision sprach Ezechiel von der Heimkehr Israels durch Gottes Hilfe:
Gott, der Herr, spricht:
Ich hole euch, mein Volk, aus der Gefangenschaft.

Ich bringe euch zurück in das Land Israel.
Ich rette euch und führe euch heim.
So werdet ihr erkennen: Ich bin der Herr.
Ich schenke euch meinen Geist.
Er macht euch lebendig.
Ich bringe euch in euer Land.
Ihr werdet erkennen: Ich bin der Herr.

Ezechiel sprach zu den Gefangenen in Babel auch vom neuen Tempel und vom neuen Jerusalem. Das sollte Trost für alle sein.

Gott schenkt Leben
Ez 47,1-2.8-9.12
Der Prophet erzählt ein Beispiel:
Ein Mann begleitete mich zum Tempel.
Ich sah, Wasser kam aus dem Tempeltor.
Das Wasser kam aus jedem Tor.
Es wurde ein Fluss.
Der Fluss kam zum Meer, er machte das salzige Wasser gut.
Überall am Fluss war Leben.
Fische waren im Wasser.
Obstbäume wuchsen an den Ufern.
Die Bäume werden nie welk, sie werden immer Früchte tragen.

Das Wasser kommt aus dem heiligen Tempel.
Die Früchte der Bäume werden deshalb Speise sein.
Die Blätter wird man als Heilmittel verwenden.

Ezechiel lehrte mehr als 22 Jahre bei den Verbannten in Babel. Er predigte tapfer und gläubig.

Der Prophet Baruch
(um 600)

Der Prophet Baruch war ein guter Freund und Mitarbeiter des Propheten Jeremia. Er erduldete mit ihm schwere Verfolgungen und schrieb die Reden des Propheten Jeremia auf. Er lehrte auch die Gefangenen in Babel und predigte bei den Flüchtlingen in Ägypten. Baruch zeigte dem besiegten Volk seine Schuld und seine Untreue gegen Gott. Er ermahnte die Leute, an Gottes Vorsehung zu glauben. Er tröstete sie. Baruch wollte die Juden bekehren. Er predigte dem Volk von der Ohnmacht der Götzen und von der Allmacht Gottes. Die Götzen sind nicht da. Gott aber ist da.

Geh deinen Weg mit der Hilfe Gottes
Bar 3,9-15.32 – 4.4
Israel, achte auf die Gebote Gottes.
Du lebst im Feindesland, du bist unrein geworden.
Du hast Gottes Wege verlassen.
Kehre um und geh den Weg Gottes. Dann lebst du im Frieden.
Gott ist allwissend. Er hat alles erschaffen.
Er führt sein Volk auf seinen Wegen.
Er schenkt ihnen Weisheit.
Die Weisheit ist das Buch der Gesetze Gottes.
Gottes Gesetz ist ewig.
Alle, die die Gebote Gottes befolgen, leben für immer.

Gottes Friede
Bar 5,1-9
Jerusalem, freu dich. Gott schenkt dir Herrlichkeit und Frieden.
Deine Kinder lebten zerstreut. Gott der Herr aber hat sie zusammengeführt. Sie freuen sich. Gott hat an sie gedacht.
Sie waren in der Fremde, sie waren gefangen. Gott aber bringt sie heim zu dir.
Sie sollen leben im Frieden und in Gerechtigkeit, in Freude und im Licht seiner Herrlichkeit.
Gott schenkt sein Erbarmen und seine Gerechtigkeit

Der „zweite Jesaja"

Ein berühmter Prophet lehrte die Juden in Babel. Wir kennen seinen Namen nicht. Seine Lehren, Gebete und Lieder sind im Buch des Propheten Jesaja aufgeschrieben. Wir nennen ihn deshalb den „zweiten Jesaja". Er tröstete die Gefangenen und verkündete ihnen die kommende Befreiung.

Gottes Herrlichkeit
Jes 40,1-5;9-11
Gott spricht: Tröstet mein Volk.
Es wurde bestraft.
Die Schuld ist jetzt verziehen.
Eine Stimme ruft:
Baut dem Herrn einen Weg durch die Wüste.
Macht Täler und Berge eben.
Macht die Wege gerade.
Dann werden alle die Herrlichkeit des Herrn sehen.
Jerusalem, sei die Botin der Freude!
Gott kommt mit Macht.
Er führt alle Menschen heim.
Er führt sie wie ein Hirt seine Herde.

Jes 42,5a.1-4.6-7
Gott, der Herr spricht: Seht, das ist mein Knecht. Ich habe ihn erwählt. Ich habe Freude mit ihm.
Ich schenke ihm meinen Geist.
Er bringt den Völkern das Recht. Er wird nicht müde, zu helfen und Gutes zu tun. Er ist der Bund für mein Volk, das Licht für die Völker. Er heilt die Kranken. Er hilft allen. Er führt alle aus dem Dunkel zum Licht, aus der Gefangenschaft in die Freiheit.
 Ich hab dich zum Bundesvermittler für das Volk gemacht; zum Licht für die Völker, um blinde Augen zu öffnen, Gefangene aus dem Kerker zu führen, um alle zu befreien, die im Finstern sitzen.

Gott macht alles neu
Jes 43, 16-21
Gott spricht:
Denkt nicht an das, was früher war.
Schaut. Ich mache alles neu.
Ich lege einen Weg durch die Steppe, eine Straße durch die Wüste.
Viel Wasser wird in der Wüste sein.
Niemand wird Durst haben.
Ich habe mein Volk erschaffen. Es wird meinen Ruhm verkünden.

Gott ist der Herr
Jes 45,1.4-6
Gott spricht zu Kyrus, dem König von Persien:
Ich bin der Herr. Ich habe dich ausgewählt, damit du in Frieden regieren kannst.
Ich habe dich gerufen, damit du meinem Volk Israel hilfst.
Ich bin der Herr, sonst niemand.
Ich bin Gott, sonst niemand.
Vom Aufgang der Sonne bis zum Untergang, überall

sollen die Menschen wissen: Ich bin Gott. Ich bin der Herr, sonst niemand.

Der Prophet sprach viel vom kommenden Erlöser:

Jes 45,8

Tauet ihr Himmel. Ihr Wolken regnet Gerechtigkeit. Die Erde schenke Heil und Gerechtigkeit. Ich, der Herr, werde es schenken.

Der Prophet – Licht für die Völker

Jes 49,1-6

Der Prophet spricht: Ihr sollt mir folgen. Gott hat mich gerufen mit meinem Namen. Er sagt zu mir: Du bist mein Knecht. Du sollst meine Herrlichkeit offenbaren. Ich soll das Volk Gottes heimführen. Der Herr hat zu mir gesprochen: Ich mache dich zum Licht für alle Völker. Mein Heil soll reichen bis ans Ende der Erde.

Gott vergisst dich nicht

Jes 49,14-15

Das Volk Juda ist in Gefangenschaft in Babel und fühlt sich verlassen. Es klagt: Gott hat uns verlassen, er hat uns vergessen. Der Prophet aber tröstet und sagt ihnen: Eine Mutter vergisst ihr Kind nicht. Gottes Liebe zu euch ist noch größer. Er wird euch nie vergessen.

Der Prophet weissagte auch das Sühneleiden des Messias.

Das Lied vom Gottesknecht

Jes 50,4-9a

Der Prophet Jesaja sagt: Gott hilft mir, den Menschen Mut machen. Gott hilft mir, seine Worte annehmen und ihm folgen.

Ich wehrte mich nicht. Menschen haben mich geschlagen. Ich habe mich nicht gewehrt. Sie haben mir den Bart ausgerissen. Ich habe mich nicht gewehrt. Sie haben mich verspottet und angespuckt. Ich aber blieb geduldig. Der Herr wird mir helfen. Er verlässt mich nicht. Er ist mir nahe. Seht, der Herr wird mir helfen.

Alle sehen Gottes Heil

Jes 52, 7-10

Willkommen ist der Freudenbote. Er bringt den Frieden. Gott ist König von Israel. Alle sollen sich freuen. Der Herr tröstet sein Volk, er erlöst Jerusalem. Alle Menschen der Welt sehen das Heil unseres Gottes.

Der Gottesknecht – durchbohrt wegen unserer Verbrechen.

Jes 53, 3-11

Seht meinen Knecht. Er war verachtet und von den Menschen verstoßen, ein Mann der Schmerzen, mit Leiden vertraut. Er litt, was wir verdienten. Er nahm unsere Krankheiten und Schmerzen auf sich. Er wurde durchbohrt wegen unserer Sünden. Für unser Heil erlitt er Strafe. Wir sind geheilt durch seine Wunden. Er wurde misshandelt und tat den Mund nicht auf. Er blieb stumm wie ein Lamm, das man zur Schlachtbank führt. Er starb wegen unserer Verbrechen. Er wurde verurteilt, obwohl er kein Unrecht getan hat. Gott aber rettet den, der sein Leben als Opfer hingegeben hat.

Hier hat Jesus Blut geschwitzt (am Ölberg).

Mein Knecht schafft vielen Menschen Gerechtigkeit, denn er nimmt ihre Schuld auf sich.

Kommt zu mir, dann werdet ihr leben

Jes 55,1-11
Wer Durst und Hunger hat, komme zu mir. Kauft ohne Bezahlung! Kommt zu mir, dann werdet ihr leben.
Ich schließe mit euch einen ewigen Bund. Kehrt um zum Herrn, er schenkt Erbarmen.
Achtet meine Worte und befolgt sie.

Jes 56, 1.6-7
Sorgt für Recht und Gerechtigkeit. Bald kommt das Heil.
Alle, die Gott lieben, führe ich heim und schenke ihnen Freude.
Mein Haus wird ein Haus des Gebetes für alle Völker.

Jes 58,7-10
Gott spricht:
Teile dein Brot mit den Hungrigen.
Nimm Heimatlose in dein Haus.

Hilf den Armen.
Nimm dir Zeit für deine Verwandten und lebe in Frieden mit ihnen.
Sorge für Gerechtigkeit.
Dann wirst du Licht sein für die Menschen.
Dann schenkt Gott dir Hilfe, wenn du in Not bist.
Gott wird sagen: Hier bin ich.

Jes 60,1-6
Jerusalem, freue dich, werde licht!
Der Herr kommt. Er schenkt dir sein Licht und seine Herrlichkeit.
Die Erde ist finster. Die Völker leben im Dunkeln.
Der Herr aber kommt in Herrlichkeit. Alle Völker wandern zum Licht. Könige kommen zu dir.
Schau und freue dich:
Alle kommen zu dir. Sie kommen von weit. Du wirst dich freuen.
Sie bringen Weihrauch und Gold. Sie erzählen von Gottes wunderbaren Taten.

Gott schenkt Heil

Jes 61,1-3a; 6a; 8b-9
Gottes Geist ist mit mir. Er hat mich gesandt, den Armen die frohe Botschaft zu bringen und alle zu heilen.
Ich schenke den Gefangenen Freiheit, tröste die Traurigen.
Ich bringe Jubel statt Verzweiflung.
Gott spricht:
Ich bin treu. Ich schließe mit ihnen einen ewigen Bund.
Alle werden wissen: Gott hat sie gesegnet.
Ich freu mich über den Herrn.
Gott, der Herr, bringt Gerechtigkeit, alle Völker werden ihn rühmen.

Komm, Herr!

Jes 63,16b-17; 19b; 64,3-7

Du, Herr, bist unser Vater.
Warum lässt du uns auf falschen Wegen gehen?
Herr, komm zurück!
Reiß den Himmel auf und komm!
Gott, wir hoffen auf dich.
Du schenkst uns Gutes.
Herr, wir haben gegen dich gesündigt.
Wir waren treulos gegen dich.
Du aber bist unser guter Vater. Du hast uns erschaffen.

Gott, der Herr, schenkt Frieden

Jes 66,10-14c

Freut euch mit Jerusalem. Seid froh!
Gott verspricht:
Ich schenke der Stadt Frieden und Leben.
Ich tröste euch, wie eine Mutter ihr Kind tröstet:
Ihr findet Trost in Jerusalem.
Euer Herz wird sich freuen.
Gott, der Herr, ist treu.

Gott ruft die Menschen zusammen

Jes 66,18-21

Gott, der Herr, spricht:
Ich kenne die Taten und Gedanken aller Völker.
Ich komme und rufe sie zusammen.
Sie werden kommen und meine Herrlichkeit sehen.
Ich schicke einige von ihnen zu allen Völkern, die von mir noch nichts gehört haben, die meine Herrlichkeit noch nicht gesehen haben.
Sie sollen den Völkern meine Herrlichkeit verkünden.
Sie alle werden Opfergaben für den Herrn bringen.
Ich werde auch aus ihrer Gemeinschaft Priester und Tempeldiener auswählen, spricht der Herr.

Der Prophet Obadja

(538)

Edom ist ein felsiges Gebirgsland. Die Edomiter gelten als Nachkommen Esaus. Sie halfen den Feinden Judas. Sie plünderten mit den Feinden die Stadt Jerusalem. Der Prophet weissagte deshalb Gottes Gericht an Edom. Er tadelte die Schuld der Edomiter. Obadja verkündete das Verschwinden des edomitischen Volkes. Der Prophet verkündete auch die Rettung des Volkes Gottes. Gott selbst wird der König des messianischen Gottesreiches sein.

Der Prophet Daniel
Daniel und seine Freunde am babylonischen Königshof
Dan 1,1-21

Jeremia sorgte sich um die zurückgebliebenen Juden in Palästina. Ezechiel tröstete die Verschleppten in der Gefangenschaft. Der Prophet Daniel aber sprach meistens zu den Heiden in Babel.

Daniel stammte aus einer Familie des Stammes Juda. Er wurde in der Zeit des Königs Jojakim (605 v. Chr.) als junger Mann nach Babel verschleppt. Er wurde dort am Königshof erzogen. Er bekam hohe Staatsämter, weil er weise und ein Prophet war. Er war lange Zeit in königlichen Diensten.

Daniel lebte bei den Heiden. Er blieb aber seinem Glauben treu. Gott schenkte ihm deshalb die Gabe der Weissagung. Gott half ihm auch, Träume und Visionen (= Gesichter) richtig zu deuten. Viele Heiden bekamen Ehrfurcht vor dem wahren Gott, weil Daniel nicht seine Prophetenmacht, sondern die Gnade Gottes rühmte.

Der Traum des Königs Nebukadnezzars
Dan 2,1-49

König Nebukadnezzar sah im Traum eine Bildsäule.

Der Kopf war aus Gold, Brust und Arme waren aus Silber, Bauch und Oberschenkel aus Erz, die Beine aus Eisen, die Füße aus Eisen und Ton. Da rollte ein Stein von einem Berg, stieß an die Füße der Bildsäule und zermalmte sie. Eisen, Ton, Silber und Gold wurden vom Wind verweht. Man fand von ihnen nichts mehr. Aus dem Stein wurde ein großer Berg. Er erfüllte die ganze Erde.

Die Weisen aus Babel konnten den Traum nicht deuten. Der König wollte sie deshalb töten.

Daniel bat den König um Zeit. Er wollte ihm dann die Deutung geben. Daniel ging in sein Haus. Er betete mit seinen Freunden. Gott lehrte ihn im Traum die Deutung der Bildsäule. Daniel pries Gott und dankte ihm.

Man brachte Daniel zum König. Er bat für die Weisen um Gnade. Daniel versprach, den Traum zu deuten. Er sprach zum König: „Der Traum ist so zu deuten: Du, o Herrscher, König der Könige, du bist das goldene Haupt. Nach dir wird ein anderes Reich kommen. Es wird schwächer sein als deines (Silber). Dann wird ein drittes Reich kommen. Es ist aus Eisen und wird die ganze Erde beherrschen. Ein viertes

Reich wird stark sein wie Eisen. Es wird alle anderen Reiche zerstören. Es wird aber auch schwach sein. Du sahst deshalb Füße teils aus Eisen, teils aus Ton. In jenen Jahren wird der Gott des Himmels sein Reich bauen. Es wird alle anderen Reiche zertrümmern, selbst aber ewig bestehen. Das ist die Deutung des Steines, der vom Berge kam und Eisen, Erz, Ton, Silber und Gold zermalmte."

Da kniete der König nieder und sprach: „Du hast den größten Gott. Er kann dir alle Geheimnisse offenbaren." Dann gab der König dem Daniel reiche Geschenke und wollte ihm hohe Ämter geben. Daniel aber bat, seinen Freunden die Verwaltung der Provinz Babel zu geben. Er selbst blieb am Königshof.

Die drei jungen Männer im Feuerofen
Dan 3,1-97

König Nebukadnezzar ließ ein goldenes Bild machen. Alle Leute mussten es anbeten. Daniels Freunde namens Hananja, Mischael und Asarja taten das nicht. Sie weigerten sich, ein Werk aus Menschenhand anzubeten. Der König ließ sie deshalb fesseln und in den Feuerofen werfen. Ein Engel des Himmels beschützte die drei. Die Knechte beim Ofen aber wurden von den Flammen getötet. Das Feuer berührte die drei gläubigen jungen Männer nicht. Es verbrannte nur die Stricke. Hananja, Mischael und Asarja begannen Gott zu preisen. Sie beteten und sangen:

„Gepriesen bist du, Herr, Gott unserer Väter.
Gelobt, gerühmt und geehrt in Ewigkeit.
Wir preisen deinen heiligen Namen.
Wir loben dich in Ewigkeit.
Gepriesen bist du im heiligen Tempel.
Wir loben und ehren dich in Ewigkeit.
Die ganze Schöpfung preise den Herrn.

Gepriesen bist du, Herr ...

Der Himmel preise den Herrn.
All ihr Engel preiset den Herrn.
Sonne und Mond und alle Sterne des Himmels preiset den Herrn in Ewigkeit.
Regen und Tau, Wind und Wetter, Feuer und Glut, Kälte und Hitze, Tau und Reif, Frost und Kälte, Eis und Schnee, Tag und Nacht, Licht und Dunkel, Blitze und Wolken, lobt und preiset alle den Herrn.
Erde und alle Geschöpfe, preiset alle den Herrn.
Berge und Hügel, Pflanzen und Bäume, Quellen und Wasser, Meere und Ströme, preiset alle den Herrn.
Meerestiere, Vögel des Himmels, Wild und Vieh, preist alle den Herrn.
Menschen alle, Israels Volk, preiset den Herrn. Lobt und ehrt ihn in Ewigkeit.
Priester des Herrn, Diener des Herrn, Geister und Seelen der Gerechten, alle Heiligen, lobt und preiset den Herrn.
Hananja, Mischael und Asarja, lobt und preist den Herrn. Er hat uns vom Tod gerettet. Er hat uns befreit aus der Flammenglut und vom Feuer erlöst. Danket dem Herrn, denn er ist gut. Sein Erbarmen ist ewig. Preiset den höchsten Gott. Lobt ihn, dankt ihm. Sein Erbarmen ist ewig."

Der König schaute in den Ofen hinein. Er erschrak, weil die drei jungen Männer unverletzt geblieben waren. Er befahl ihnen nun, aus dem Ofen zu kommen Alle Großen des Reiches kamen und staunten über die Macht Gottes. Nebukadnezzar aber sprach: „Gepriesen sei ihr Gott. Er hat seinen Engel geschickt und seine Diener gerettet. Kein anderer Gott kann so befreien." Dann gab der König ihnen ihre Ämter wieder. Er verbot auch, ihren Gott zu lästern.

Die Schrift an der Wand
Dan 5,1 – 6,1
König Belschazzar von Babel feierte ein Fest. Alle aßen viel und betranken sich. Da ließ der König die heiligen Gefäße holen, die man im Tempel Jerusalems geraubt hatte. Alle tranken daraus. Das war Sünde, weil man heilige Sachen entehrte. Plötzlich erschien eine Hand, die auf der Mauer schrieb. Alle erschraken und bekamen Angst. Der König rief die Weisen seines Hofes. Niemand konnte die Schrift lesen oder deuten. Der König und die Großen des Reiches bekamen Angst.

Die Schrift an der Wand.

Die Königinmutter hörte davon. Sie kam deshalb zum Gastmahl und riet, Daniel zu holen.
Man holte Daniel. König Belschazzar versprach ihm kostbare Geschenke und hohe Ämter. Er bat ihn, die Schrift zu lesen und zu deuten. Daniel lehnte Ge-

schenke und Gaben ab. Er wollte aber die Schrift erklären.

Daniel sprach vor allen zum König: „König Nebukadnezzar war groß, berühmt und mächtig. Alle Völker fürchteten ihn. Er sündigte aber gegen Gott und wurde bestraft. Du hast davon nichts gelernt. Du bist hochmütig wie er. Du befahlst, die heiligen Gefäße zu entehren. Du hast deine Götzen gepriesen. Sie sind aus Silber und Gold, aus Erz, Eisen, Holz oder Stein. Sie können nicht sehen und hören. Sie haben keinen Verstand. Du hast den wahren Gott nicht geehrt.

Dort ist geschrieben: Mene, mene, tekel, u-parsin. Das heißt: gezählt, gewogen, geteilt. Gott hat die Tage deines Königtums gezählt. Er macht ihm ein Ende. Du wurdest gewogen und zu leicht befunden. Dein Reich wird geteilt. Es wird Medern und Persern gegeben."

Belschazzar wurde noch in derselben Nacht ermordet.

Perser und Meder kamen und teilten sich das Reich Babel.

Daniel und der Menschensohn
Dan 7,2a.13b-14

Daniel war ein berühmter Prophet. Gott half ihm, in Bildern die Zukunft zu sehen. Daniel sprach deshalb vom Vernichtungsgericht Gottes über die großen Weltreiche. Er sah auch den Untergang der gottfeindlichen Mächte bis zum Ende der Welt.

Daniel schaute das Kommen des Menschensohnes. Der Prophet Daniel sprach:

Ich, Daniel, hatte in der Nacht eine Vision (eine Erscheinung).

Auf den Wolken des Himmels kam einer wie ein Menschensohn.

Er wurde zum Allmächtigen geführt.

Dem Menschensohn wurden Herrschaft, Würde und Königtum gegeben.

Alle Völker müssen ihm dienen. Seine Herrschaft ist ewig. Sein Reich ist ewig.

Dan 12,1-3

In jener Zeit erscheint Michael, der Engelfürst. Er bittet für die Kinder deines Volkes Israel.

Dann kommt eine Zeit der Not. Eine große Not, so groß wie noch nie.

Doch dein Volk wird gerettet. Du hast es auserwählt. Tote werden zum ewigen Leben erwachen. Sie werden gerettet werden oder ewige Schande erleben.

Die Guten werden sich freuen, sie werden strahlen, wie der Himmel strahlt.

Daniel rettet Susanna
Dan 13,1-14,42

In Babel lebte ein Mann namens Jojakim. Seine Frau hieß Susanna. Sie war sehr schön. Jojakim hatte einen großen Garten. Dort kamen immer die Juden zusammen.

Zwei Älteste waren Richter im Volk. Sie kamen oft ins Haus Jojakims.

Susanna kam in den Garten, um zu baden. Die zwei Ältesten hatten sich im Garten versteckt. Sie wollten Susanna zur Sünde verführen. Sie drohten ihr auch mit Verleumdung. Susanna aber sprach: „Besser ist es, unschuldig zu sterben, als zu sündigen."

Da begannen die Ältesten im Garten zu schreien. Sie verleumdeten Susanna. Sie erzählten, dass Susanna mit einem Jüngling gesündigt habe. Sie haben gelogen. Susanna wurde zum Tod verurteilt. Sie sollte als Ehebrecherin gesteinigt werden.

Susanna betete laut zu Gott um Hilfe. Da schickte Gott den Propheten Daniel. Daniel rief: „Ich kann die Unschuld von Susanna beweisen!" Dann bat er die Ältesten des Volkes um Erlaubnis, die beiden Lügner verhören zu dürfen. Daniel bewies beiden die Lüge. Da staunte das ganze Volk. Alle begannen laut zu schreien. Sie verlangten für beide die Strafe nach dem Gesetz des Mose. Die zwei Ältesten wurden mit dem Tod bestraft.

Daniel und die Priester des Bel

Dan 14,1-22

Daniel war beim persischen König im Dienst. Er war ein guter Berater.

Man verehrte in Babel einen Götzen namens Bel. Man brachte ihm täglich viele Speisen in den Tempel. Der König und die Leute gingen hin, um ihn anzubeten. Daniel aber lehnte die Anbetung des Götzen Bel ab. Der König fragte ihn: "Warum betest du Bel nicht an?" Daniel antwortete: "Ich verehre keine Götzen. Sie sind von Menschenhänden gemacht. Ich bete nur den wahren Gott an. Er hat Himmel und Erde erschaffen." Da sagte der König: "Bel ist ein lebendiger Gott. Er isst und trinkt täglich sehr viel." Daniel antwortete: "Bel hat noch nie etwas gegessen." Da wurde der König zornig, ließ die Belspriester rufen und sagte: "Ich will wissen, wer die Opferspeisen isst. Ihr müsst beweisen, dass Bel alles isst. Dann muss Daniel sterben."

Daniel war einverstanden. Der König kam mit Daniel in den Tempel. Die siebzig Belspriester waren auch da. Man brachte die Opferspeisen. Dann wurde die Tür geschlossen. Die Belspriester sagten: "Wir wollen sterben, wenn Bel nichts isst." Der Tempel hatte nämlich einen versteckten Eingang. Dort kamen die Priester immer hinein und aßen alles.

Der König brachte die Speisen zur Statue von Bel. Daniel aber ließ den ganzen Tempelboden mit Asche bestreuen. Dann ging er mit dem König hinaus. Der König versiegelte mit seinem Ring die Tür.

In der Nacht kamen die Priester mit ihren Frauen und Kindern. Sie aßen und tranken alles.

In der Früh kamen der König und Daniel. Man prüfte die Siegel. Sie waren unverletzt. Die Tür wurde geöffnet. Der König sah, dass alles gegessen und getrunken war. Da begann er sofort, Bel zu preisen. Daniel aber lachte und zeigte dem König die Fußspuren. Da sagte der König: "Ich sehe Fußspuren von Männern, Frauen und Kindern." Er wurde wütend und ließ die Belspriester mit Frauen und Kindern verhaften. Der König ließ sich die heimlichen Türen zeigen. Dann befahl er, die Belspriester zu töten. Daniel aber zerstörte den Bel und den Tempel.

Daniel in der Löwengrube

Dan 6,2-29 und 14,23-42

Die Babylonier verehrten einen großen Drachen. Der König sprach zu Daniel: "Da ist ein lebendiger Gott. Du musst ihn anbeten." Daniel antwortete: "Ich bete den Herrn, meinen Gott, an. Nur er ist ein lebendiger Gott. Ich bitte dich um die Erlaubnis, den Drachen ohne Schwert töten zu dürfen." Der König erlaubte es. Daniel gab dem Drachen Ungenießbares zu fressen. Der Drache zersprang.

Die Babylonier wurden zornig und drohten dem König. Sie schrien: "Der König ist ein Jude geworden. Er ließ Bel zerstören, den Drachen töten und die Priester schlachten." Die Leute verlangten vom König: "Du musst uns Daniel ausliefern." Sie bedrohten den König mit dem Tod. Da bekam der König Angst und übergab der Menge den Daniel. Man warf Daniel in die Löwengrube. Dort waren sieben hungrige Löwen. Gott aber beschützte den Daniel. Der Prophet saß bei den Löwen. Die Löwen aber taten ihm nichts.

Gott befahl auch einem Propheten namens Habakuk, dem Daniel Speise zu geben. Am siebenten Tag kam der König zur Löwengrube. Er fand Daniel gesund, holte ihn aus der Grube und ließ seine Feinde hineinwerfen. Diese wurden sofort von den Löwen gefressen. Dann befahl der König allen Leuten, den Gott Daniels zu ehren.

Der König rief laut: „Herr, du Gott Daniels, du bist groß. Es gibt keinen anderen Gott, nur dich."

Die Zeit der Perser
Buch Esra und Nehemia

Die Juden im Perserreich

Das Ende Babels
Die Nachfolger Nebukadnezzars regierten das Reich Babel sehr schlecht. Das Land erlebte viele Wirren. Nabonid wurde König. Er machte sich sehr unbeliebt

Persepolis, Hauptstadt des Perserreiches.

beim Volk. Er regierte sehr schlecht und ließ die staatliche Ordnung verfallen.

Sein Sohn und Nachfolger Belschazzar konnte das Weltreich nicht mehr retten.

Das Perserreich war mächtig geworden. Der Perserkönig hatte fast alle Länder erobert. Er eroberte auch das Reich der Meder und besiegte König Krösus von Lydien.

Der Perserkönig Kyrus begann (im Jahre 539 v. Chr.) den Krieg gegen Babel. Er eroberte (im Jahre 538 v. Chr.) die Stadt Babylon. Der Perserkönig Kyrus war nun Weltbeherrscher. Viele Völker feierten ihn als Befreier. Er regierte nicht so grausam wie die babylonischen Könige. Er wollte sein Weltreich klug beherrschen.

Die Heimkehr der Juden und der Wiederaufbau des Tempels
Esra 1,1 – 6,22

König Kyrus erlaubte dem jüdischen Volk, von Babel nach Judäa zurückzukehren. Er gab ihnen auch die Tempelschätze zurück. 5400 Gefäße aus Gold und Silber gehörten nämlich dem Tempel von Jerusalem.

42.360 Juden wollten wieder nach Judäa zurück. Sie wollten den Tempel wieder aufbauen und Jahwe dort dienen. Serubbabel führte die Heimkehrer. Er stammte aus der Familie Davids. Hoherpriester war Jeschua.

Viel mehr Juden aber blieben in Babel zurück. Sie wollten ihre Besitztümer nicht verlassen.

Nach vielen Monaten kamen Serubbabel und die Juden nach Judäa. Man bereitete Wohnmöglichkeiten und säuberte den Tempelplatz von Ruinen und Gestrüpp. Dann bauten die Juden den Brandopferaltar wieder auf. Täglich wurde in der Früh und am Abend wieder geopfert. Man feierte auch das Laubhüttenfest wieder.

Der Wiederaufbau des Tempels

Esra 3,1-13

Im nächsten Jahr begann man den Bau des Tempels. Man gab den Steinmetzen und Zimmerleuten Geld. Man holte Baumaterial von Sidon und Tyrus. Zedern vom Libanon wurden nach Jaffa gebracht. So hatte es der Perserkönig Kyrus erlaubt. Man baute sehr eifrig und der Bau wuchs schnell. Die Juden bauten auch Privathäuser. Viele hatten deshalb für den Tempelbau keine Zeit. Sie hatten zu wenig Interesse am Tempel. Im Land Samaria wohnte das Volk der Samaritaner. Sie erfuhren vom Tempelbau in Jerusalem und wollten mithelfen. Sie waren aber keine Israeliten mehr. Sie hatten auch eine Mischreligion. Serubbabel, Jeschua und die anderen Führer des Volkes lehnten die Mithilfe der Samaritaner deshalb ab. Die Juden wollten so den wahren Glauben schützen. Die Samaritaner verklagten die Juden deshalb beim Perserkönig. Sie verleumdeten sie und König Kyrus glaubte ihnen. Man durfte deshalb am Tempel nicht mehr weiterbauen. So blieb es bis zum Tode des Kyrus. Sein Nachfolger war König Kambyses. Er eroberte auch Ägypten. Nun beherrschte der Perserkönig alle Juden der Welt.

Die Tempelweihe

Esra 6,13-22

Darius war König von Persien. Er war der Nachfolger des Kambyses. 15 Jahre lang hatte man am Tempel nicht mehr gebaut. Da mahnten die Propheten Haggai und Sacharja die Juden, den Tempel weiterzubauen. Serubbabel und Jeschua befahlen deshalb, wieder zu bauen. Die Juden bauten den Tempel fertig und konnten ihn im Jahre 515 einweihen. Man feierte das Osterfest sieben Tage lang. Das ganze Volk war froh.

Der neue Tempel war nicht so schön wie der Tempel Salomos. Er war so einfach wie das heilige Zelt. Er hatte nur einen Rauchopferaltar, einen Leuchter und einen Schaubrottisch. Der zweite Rauchopferaltar, die zehn Leuchter und zehn Tische aus dem Tempel Salomos fehlten. Die Bundeslade war nicht mehr da. Nur ein Stein war an ihrer Stelle.

Die alten Juden trauerten um den früheren Tempel. Der Prophet Haggai tröstete sie und sprach: „Der Messias wird in diesen Tempel kommen. Der neue Tempel wird deshalb berühmter sein als der alte."

Der Wiederaufbau der Stadtmauern

Neh 1,1 – 6,10

Jerusalem hatte keine Stadtmauern. Man konnte die Stadt sehr leicht plündern. Die Juden begannen deshalb, die Mauern wieder aufzubauen. Der Perserkönig Artaxerxes I. (465–424 v. Chr.) wurde misstrauisch. Er dachte an Verrat und Empörung. Er verbot den Aufbau der Mauer.

Grab des Königs Kyrus.

Modell des Tempels in Jerusalem.

Jerusalem, Stadtmauer.

Ein Jude namens Nehemia war Mundschenk beim König Artaxerxes I. Er bat um einen zwölfjährigen Urlaub vom König. Er bekam auch die Sondererlaubnis zum Mauerbau. Nehemia kam nach Jerusalem und befahl jeder Familie, einen Teil der Mauer aufzubauen. Die Samaritaner und andere Völker kamen mit Soldaten, um den Aufbau der Mauer zu verhindern. Nehemia stellte die Hälfte der Männer als Wachen auf, die andere Hälfte aber baute weiter. In 52 Tagen war die Arbeit fertig.

Die zweite Rückkehr

In Babel lebten viele Juden. Sie erfuhren vom Wiederaufbau der Stadt Jerusalem und des Tempels. Viele von ihnen wollten deshalb nach Jerusalem. Sie baten den König von Persien um die Erlaubnis. Ein Priester namens Esra versammelte deshalb (um 430) viele Priester, Leviten und Sänger. Sie wollten mit anderen Juden nach Jerusalem ziehen. König Artaxerxes I. erlaubt es ihnen. Sie nahmen auch viel Geld, Tempelgeräte, Getreide und Opfertiere mit.

Esra erneuerte das religiöse Leben des Volkes in Jerusalem. Er bekämpfte und verbot auch die Mischehen.

Esra und Nehemia hatten den Tempelgottesdienst in Jerusalem wieder erneuert. Der Tempel von Jerusalem war wieder das religiöse Zentrum der Juden. Die Juden der ganzen Welt hielten den Tempel wieder heilig. Man feierte wieder Gottesdienste und alle religiösen Feste.

Esra und Nehemia lehrten das Volk wieder das Gesetz befolgen. Nehemia ordnete auch das Zusammenleben der Juden und teilte das Land in Verwaltungsbezirke ein.

Neh 8,2-4a. 5-6; 8-10
Der Priester Esra las allen das Gesetz Gottes vor.
Das ganze Volk war sehr aufmerksam.
Esra öffnete das Buch. Alle standen auf.
Esra pries Gott.
Alle antwortete: „ Amen, Amen."
Sie verbeugten sich tief.

Man las aus dem Gesetz Gottes und erklärte alles.
So konnten alle gut verstehen.

Der Statthalter Nehemia, der Priester Esra und die
Leviten sagten zu den Leuten:
Heute ist ein heiliger Tag. Ehrt Gott. Seid nicht trau-
rig und weint nicht.
Freut euch und feiert ein Fest.
Teilt mit den Armen.
Heute ist ein heiliger Tag.
Gott schenkt euch Freude.
Seine Freude macht euch stark.

Ester

*Das Buch Ester erzählt, wie es Königin Ester und ihrem
Onkel Mordechai gelingt, das jüdische Volk aus der Ver-
folgung zu erretten.*
Der Glaube an Gott hilft zu Rettung und Befreiung.

Ein vornehmer Jude lebte im persischen Reich. Sein
Name war Mordechai. Er war Onkel und Pflegevater
eines Mädchens namens Ester. Ester war sehr schön.
Der Perserkönig Artaxerxes (485-465) heiratete Ester
und machte sie zur Königin. Artaxerxes wusste nicht,
dass Ester ein jüdisches Mädchen war.
Mordechai sorgte auch weiter für seine Pflegetoch-
ter Ester. Er kam täglich und fragte, wie es ihr geht. Er
rettete auch dem König das Leben. Zwei Beamte
wollten ihn nämlich ermorden. Mordechai erfuhr es
und erzählte es Ester. Sie aber sagte es dem König.
Artaxerxes ließ die Beamten hinrichten.
Ein Mann namens Haman war der mächtigste Beamte des Reiches. Alle Diener des Königs mussten
vor ihm knien. So hatte es der König befohlen. Mordechai kniete nicht vor ihm. Er sagte: „So darf man
nur Gott ehren." Da wurde Haman zornig und wollte
alle Juden töten. Er verleumdete sie deshalb beim

König. Artaxerxes erlaubte, die Juden zu töten.
Haman befahl deshalb, alle Juden im ganzen Reich
zu töten und ihr Eigentum wegzunehmen.
Als Mordechai diesen Befehl erfuhr, ging er zu Ester,
um sie um Hilfe zu bitten.
Wer ohne Erlaubnis zum König ging, wurde mit dem
Tod bestraft. Ester befahl deshalb: „Betet und fastet
drei Tage. Ich werde es auch tun. Dann will ich mich
opfern und zum König gehen." Nach drei Tagen zog
Ester ihr Prachtgewand an und ging zum König. Der
König war gut gelaunt. Er fragte Ester um einen
Wunsch. Ester bat den König: „Ich habe ein Mahl bereitet. Komm bitte mit Haman zum Essen." Der König
kam mit Haman zum Essen und fragte die Königin
wieder: „Was ist deine Bitte?" Ester antwortete: „Ich
möchte dich wieder mit Haman zum Essen bitten."
Der König sagte zu.
Als Haman fortging, saß Mordechai beim Tor. Er
stand nicht auf. Da wurde Haman zornig und ließ
einen Galgen aufstellen. Dort wollte er Mordechai
aufhängen lassen.

Im persischen Reich.

In der Nacht konnte der König nicht schlafen. Man musste ihm aus den Jahrbüchern des Reiches vorlesen. Artaxerxes erfuhr, dass ihm Mordechai das Leben gerettet hatte. Da fragte der König: „Welchen Lohn hat er dafür empfangen?" Die Diener antworteten: „Keinen."

Da ließ der König Haman rufen.

Haman kam und wollte den König um das Todesurteil für Mordechai bitten. Der König aber fragte: „Wie soll man einen Mann ehren, dem der König danken muss?" Haman hoffte auf Ehren für sich und sagte deshalb: „Man soll den Mann königlich bekleiden und auf das Pferd des Königs setzen. Ein königlicher Fürst soll ihn durch die Stadt führen und seine Ehrung bekanntgeben." Da befahl der König: „Ehre so den Juden Mordechai. Ich habe ihm nämlich zu danken." Haman musste dem Befehl des Königs gehorchen. Dann ging er beschämt und wütend nach Hause.

Die Boten des Königs kamen und holten Haman zum Mahl bei der Königin. Der König fragte wieder: „Ester, was wünschst du? Ich will dir jeden Wunsch erfüllen." Ester sprach: „Ich bitte um das Leben meines Volkes. Wir sollen nämlich alle getötet werden." Artaxerxes fragte: „Wer will das tun?" Ester antwortete: „Dieser Haman ist unser Feind." Haman wurde bleich. Der König stand wütend auf und ging in den Garten. Ein Diener sprach zu ihm: „Beim Haus Hamans steht ein Galgen. Haman hat ihn für Mordechai vorbereitet." Da sprach der König: „Hängt ihn selbst auf."

Man hängte Haman an den Galgen. Mordechai aber wurde der erste Fürst des Reiches. Der König befahl, die Juden zu schützen. Sie feierten ein großes Freudenfest. Sie wiederholten dieses Fest jährlich zur Erinnerung an ihre Rettung. Man nennt es Purimfest.

Juda unter persischer Herrschaft

Rückkehr	Kyrus
Aufbau des Tempels	Kambyses
Weiterbau am Tempel	Darius
Ester	Artaxerxes
Nehemia und Esra	Artaxerxes
Ende des persischen Weltreiches	

Die Propheten nach der Rückkehr aus Babel

Der Prophet Haggai
(um 520)

Der Perserkönig Kyrus hatte dem Volk die Rückkehr nach Palästina und den Wiederaufbau des Tempels erlaubt. Die Juden begannen deshalb, den Tempel wieder aufzubauen. Die feindlichen Samaritaner behinderten sie aber sehr. Der Prophet Haggai ermahnte deshalb das Volk, den Tempel weiterzubauen. Man folgte ihm und baute weiter.

Der Prophet tröstete die Leute. Sie trauerten nämlich um die Schönheit des früheren Tempels. Er sagte, dass die Schönheit des alten Tempels vorbei sei. Der Prophet lehrte, dass der neue Tempel aber berühmter sein wird, weil dort der Messias erscheinen wird.

Der Prophet ermahnte die Leute, den Tempel eifrig weiterzubauen. Sie durften die heilige Stätte nicht nur halb bauen.

Der Prophet verkündete das Kommen des messianischen Reiches.

Der Prophet Sacharja
(um 520)

Sacharja mahnte die Juden – wie Haggai – zum Bau des Tempels. Er bemühte sich, dem Volk Mut zu machen. Er tröstete die Leute, er sprach vom Kommen des Messias.

Siehe, dein König kommt
Sach 9,9-10
Gott, der Herr spricht:
Freu dich, Jerusalem!
Dein König kommt zu dir.

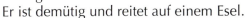

Er ist gerecht und hilft.
Er ist demütig und reitet auf einem Esel.
Er verkündet Frieden für alle Völker.
Seine Herrschaft ist bis zum Ende der Erde.

Sie schauen auf den, den sie durchbohrt haben
Sach 12,10-11; 13,1
Gott spricht:
Ich sende meinem Volk den Geist des Mitleids und Gebetes.
Sie werden auf den schauen, den sie durchbohrt haben.
Sie werden um ihn klagen.
Sein Tod schenkt meinem Volk Verzeihung von Sünden und Schuld.

Der Prophet Maleachi
(um 450-430)
Der Tempel war wieder aufgebaut. Es wurde dort wieder geopfert.
Der Prophet Maleachi tadelte verschiedene Unsitten. Er warnte vor Mischehen mit Heiden. Er lehnte die Verstoßung der Ehefrau ab. Der Prophet hielt auch eine Strafrede an die Priester. Sie verwendeten nämlich verkrüppelte Tiere beim Opfer.
Maleachi weissagte das Kommen eines Propheten (Elija), der auf das Kommen des Messias vorbereiten wird.
Der Prophet verkündete auch das Speiseopfer des neuen Bundes:

Mal 1,10-11
„Alle Völker werden meinen Namen ehren. Man wird mir überall opfern. Es wird ein reines Speiseopfer sein. Bei allen Völkern wird mein Name berühmt sein."

Mal 1,14b-2,2b; 8-10
Der Prophet ermahnt die Priester:
Der Dienst im Tempel muss zur Ehre Gottes geschehen. Ihr Dienst muss treu und ihre Lehre wahr sein. Schlechtes Beispiel verführt die Menschen zur Untreue.

Mal 3,1-4
Gott, der Herr spricht:
Ich sende meinen Boten. Er wird den Weg bereiten.
Der Herr kommt zu seinem Tempel.
Er wird alle prüfen und alles gut machen.
Dann werden die Opfer für den Herrn wieder gut sein.

Mal 3,19-20b
Alle, die Gott ablehnen, werden verurteilt werden.
Alle aber, die Gott ehren, werden Gerechtigkeit und Heil bekommen.

Die letzten fünfhundert Jahre

Die Juden im griechischen Weltreich

Aus der Einleitung der Makkabäerbücher

Das persische Reich wurde durch den griechischen König Alexander dem Großen besiegt. Alexander besiegte alle Feinde. Er und seine Feldherrn (Seleukus und Ptolemäus) wollten die ganze Welt erobern. Sie wollten ein Weltreich gründen. Sie kämpften in Ägypten, Babel und Persien. Sie kämpften auch in Israel. Sie wollten, dass alle in einem Reich leben, die griechische Sprache sprechen und ihre Kultur annehmen.

Die Israeliten hatten in dieser Zeit viel zu leiden. Manche sind von ihrem Glauben abgefallen, haben die Gesetze der Griechen befolgt, haben in Jerusalem eine Sportschule gebaut – gleich wie bei den anderen Völkern. Sie fielen vom heiligen Bund ab und vermischten sich mit den fremden Völkern.

Andere aber verteidigten ihr Reich und ihren Glauben. Sie kämpften um Freiheit für ihr Land und ihren Glauben. Juda war der Haupthheld in diesen Kämpfen, später auch seine Brüder und Söhne. Sie bekamen den Ehrennamen Makkaba (= Hämmerer).

1 Makk 1

Antiochus Epiphanes, ein Seleukide, war besonders grausam. Er entweihte den Tempel und zwang das Volk, die griechischen Gesetze zu befolgen, so zu leben wie die Griechen. Jüdische Verräter halfen ihm dabei.

1 Makk 2

Mattatias und seine Söhne Judas, Jonatan und Simeon wehrten sich dagegen. Sie konnten den Tempel wieder einweihen und dort Opfergottesdienste feiern.

Das ägyptische Ptolemäerreich und das babylonische Seleukidenreich.

1 Makk 3, 13-16

Es gab viele Kämpfe im Land mit den fremden Völkern. Viele aus der Familie der Makkabäer und andere Juden mussten sterben. Juda schloss mit den Römern einen Bund, Jonatan wurde Hoherpriester im Tempel.

Später wurde Simeon von den Seleukiden Demetrius II. und Antiochus VII. als Fürst für Israel und Hoherpriester anerkannt. So konnte das Volk lange in Frieden und Zufriedenheit leben.

Das 2. Buch der Makkabäer

Es erzählt vom Verrat und der Falschheit mancher Juden. Sie wollten Macht und erkauften diese Macht durch Bündnisse mit griechischen, später mit römischen Herrschern. Sie haben dafür auch mit den Schätzen aus dem Tempel bezahlt.

Sie betrogen auch einander, vertrieben die Hohenpriester und kauften für sich das Amt des Hohepriesters. Das war Betrug und Glaubensabfall.

Das Buch erzählt aber auch von der Tapferkeit und Treue vieler Juden. Sie kämpften um die Freiheit des Landes und die Treue im Glauben, sie bemühten sich, den Tempel wieder neu zu weihen, Opfer zu feiern.

Viele mussten fliehen, weil sie ihrem Glauben treu geblieben sind. Andere sind als Märtyrer gestorben.

Davon erzählt uns auch das Zweite Buch der Makkabäer.

2 Makk 7,1-2; 7a.9-14

König Antiochus regierte ein großes Reich. Er regierte auch in Israel.

Er wollte, dass die Menschen in seinem Reich wie Heiden leben und den Göttern opfern.

Er befahl auch den Juden: Sie müssen Heiden werden. Sie müssen den Göttern opfern.

Wer dem König nicht folgte, wurde getötet.

Die Bibel erzählt vom Martertod von sieben Brüdern. Sieben Brüder und ihre Mutter wurden verhaftet.

Der König wollte sie zwingen, den Göttern zu opfern.
Er befahl, sie zu schlagen und zu geißeln.
Die Brüder aber blieben ihrem Glauben treu. Sie sagten: Es ist wichtiger, Gottes Gebote zu befolgen.
Der König ließ sie deshalb grausam töten.
Vor ihrem Tod sagten die Brüder dem König:
Du tötest uns.
Gott aber schenkt uns Hoffnung. Er wird uns auferwecken.
Er schenkt uns Auferstehung zum Leben.

Vom Glauben an die Auferstehung der Toten lesen wir in
2 Makk 12,43-45
Judas, der Makkabäer, kämpfte für die Freiheit des Landes Israel.
Er sammelte Geld und schickte es nach Jerusalem.
Das Geld war für Opferfeiern im Tempel. Man opferte und betete für die Toten, für die Gefallenen im Kampf. Man betete um Verzeihung der Sünden für die Toten. Man glaubte an die Auferstehung der Toten.

Das Ende der Makkabäerzeit
Die Familie der Makkabäer nannte sich auch Hasmonäer.
Als Simeon Fürst und Hoherpriester war, war lange Zeit Friede in Israel.
Viele Fromme wollten aber nur die religiöse Freiheit.
Sie waren damit zufrieden. Diese Frommen wollten keine politischen Kämpfe. Das war die Partei der Pharisäer.
Die Hohenpriester hatten auch eine eigene Partei.
Das waren die Sadduzäer. Sie wollten Verständigung mit den Heiden.

Simeon zog nach Jerusalem und versammelte das Volk. Er baute viele Befestigungen und eroberte viele Städte. Das jüdische Volk konnte in Sicherheit leben. Es hatte die Herrschaft der Ägypter, der Assyrer, der Babylonier, der Perser und der Hellenisten (Griechen, Syrer = Seleukiden) überlebt.

Das Makkabäerreich.

Simeon erneuerte auch den Freundschaftsbund mit den Römern und den Spartanern.
Nachfolger von Simeon bauten in Jerusalem die Burg Antonia und den Hasmonäerpalast. Sie eroberten auch Nachbarländer von Juda: Sichem, Samaria, Städte der Nabatäer.

Flucht in die Wüste zu befreundeten Nachbarvölkern, z. B. die Nabatäer in Petra.

Bei den Nachfolgern von Simeon war viel Streit. Jeder wollte Macht haben.

Oft haben sie fremde Mächte um Hilfe gebeten. Zuletzt auch den Römer Pompeius.

Syrien und Palästina wurden römische Provinz.

Herodes regiert in Israel

Nach vielen Machtkämpfen wurde Herodes König. Er war ein Freund der Römer. Er herrschte sehr grausam. Er verlangte von den Römern den Tod des letzten Makkabäers.

Er ließ große Paläste in Jerusalem bauen, er baute auch Straßen und die Stadt Cäsarea am Meer.

Herodes begann auch, den Tempel umzubauen (im Jahre 20 v. Chr.). Der größte Teil des Tempels war in acht Jahren fertig. Der Neubau wurde aber erst im Jahre 64 n. Chr. vollendet. Sechs Jahre später (70 n. Chr.) wurde er für immer zerstört.

Das Reich des Königs Herodes war so groß wie das Reich Davids. Der König aber war ein Halbjude aus Idumäa. Die Juden lehnten ihn deshalb ab.

Herodes war abhängig von den Römern. Palästina (Israel) gehörte zum römischen Weltreich.

Das römische Weltreich im 1. Jahrhundert v. Chr.

Jerusalem, Burg Antonia.

Palast des Herodes in Jerusalem.

Das Buch der Makkabäer ist das letzte Buch im Alten Bund von der Geschichte Israels, dem auserwählten Volk Gottes und vom Bund Gottes mit seinem Volk Israel.

JUDA UNTER GRIECHISCHER HERRSCHAFT	GRIECHISCHES WELTREICH
JUDA UNTER GRIECHISCHER HERRSCHAFT Ca. 100 Jahre unter der **Herrschaft der Ptolemäer**	**GRIECHISCHES WELTREICH** Alexander der Große †323 Ptolemäer (Ägypten) Seleukiden = Syrer (Babel = Syrien und Palästina)
Ab 198 v. Chr.: unter **syrischer Herrschaft**	Antiochus III., der Große Seleukus IV.
Große Glaubensverfolgung	Antiochus Epiphanes (175-164 v. Chr.)
Jüdischer Freiheitskampf der Makkabäer:	
Mattatias und seine fünf Söhne: Johannes, Simon, Judas, Eleasar, Jonatan Judas, Heerführer	Antiochus V.
Tod des Eleasar Judas schließt Freundschaft mit Rom	Demetrius I.
Judas † 160 v. Chr.	
Jonatan	Demetrius II. Antiochus VI.
Jonatan gefangen und von Tryphon getötet	Tryphon
Simon, der letzte Makkabäer: Fürst und Hoherpriester	Antiochus VII., Sidetes, Oberherr v. Juda
Johannes Hyrkan I., Fürst und Hoherpriester	Antiochus VII. † 129 Demetrius † 125
	Ende des Seleukidenreiches
Johannes Hyrkan: selbstständiger Herrscher Aristobul I. Alexander Jannäus (103-75 v. Chr.) Alexandra Salome (76-67 v. Chr.)	
Hyrkan II. – Aristobul II. (Kampf zwischen den beiden)	Hilfe von Antipatros (Statthalter von Idumäa, Vater des Herodes) und dem Nabatäerkönig Aretas *Fremdherrschaft in Jerusalem*

PALÄSTINA – RÖMISCHE PROVINZ	RÖMER
PALÄSTINA – RÖMISCHE PROVINZ (63 v. Chr.) Hyrkan II., Hoherpriester, Fürst Antipatros (Idumäer): Oberster Verwaltungsbeamter Söhne: Phasael und Herodes Antigonos II.: Fürst für drei Jahre	**RÖMER** Pompeius (64/63 v. Chr.) Caesar (48 v. Chr.)
Herodes: Freundschaft mit römischen Kaisern	Antonius Oktavian Augustus
37 v. Chr.: Herodes, der Idumäer, ist König von Judäa	

Die Lehrbücher des Alten Bundes

Das Buch Ijob

Ein Mann namens Ijob war gerecht und fromm. Er tat nichts Böses. Er hatte sieben Söhne und drei Töchter. Er besaß auch große Herden von Kamelen, Schafen, Rindern und Eseln. Viele Knechte und Mägde dienten ihm. Man achtete ihn überall.

Gott wollte ihn prüfen. Er verhinderte deshalb das kommende Unglück nicht.

Satan wollte nämlich Ijob den Glauben nehmen.

Ein Bote kam zu Ijob und sprach: „Deine Rinder und Esel waren auf der Weide. Da kamen Räuber. Sie erschlugen deine Knechte und raubten das Vieh."

Der Bote redete noch, da kam schon ein anderer und sprach: „Feuer fiel vom Himmel. Es hat deine Schafe und Hirten getötet." Ein dritter Bote kam und berichtete: „Feinde raubten die Kamele und erschlugen deine Knechte." Bald kam ein vierter Bote und sprach: „Deine Söhne und Töchter saßen beim Mahl. Da kam plötzlich ein Sturm. Das Haus stürzte ein und erschlug alle deine Kinder."

Da stand Ijob auf und zerriss sein Kleid. Er betete zu Gott und sprach: „Der Herr hat mir alles gegeben. Der Herr hat mir alles genommen. Es ist geschehen, wie es dem Herrn gefiel. Sein Name sei gepriesen." Die Geduld Ijobs wurde noch härter geprüft. Satan nahm ihm auch die Gesundheit. Ijob bekam den Aussatz. Sein Körper war ganz mit Geschwüren bedeckt. Ijob musste beim Abfallhaufen vor der Stadt leben. Seine Frau sah das Elend und begann zu spotten: „Was nützt dir deine Frömmigkeit?" Ijob sprach zu ihr: „Du redest unklug. Wir haben das Gute von Gott gern genommen. Wir müssen auch das Böse geduldig tragen."

Ijob hatte drei Freunde. Sie erfuhren vom Unglück Ijobs. Sie kamen, um ihn zu trösten. Sie erkannten ihn aber kaum wieder. Da erschraken sie und weinten. Sie zerrissen ihre Kleider und trauerten sehr. Sie sprachen lange kein Wort. Sie waren erschüttert, weil die Schmerzen Ijobs sehr groß waren.

Ijob begann zu reden. Er beklagte sein Leid. Seine Freunde antworteten mit harten Reden. Sie sagten zu ihm: „Du hast sicher gesündigt. Du hast vielleicht einem Durstigen kein Wasser gegeben. Vielleicht hast du dem Hungrigen kein Brot gegeben. Vielleicht hast du Arme ohne Gaben weggeschickt?" Ijob sprach: „Warum macht ihr mir Vorwürfe? Der Herr weiß, dass ich seine Gebote befolgt habe. Man bearbeitet das Gold im Feuer. So aber prüft mich jetzt Gott. Ich werde auf ihn hoffen, auch wenn er mich tötet. Erbarmt euch meiner, ihr, meine Freunde! Ich hoffe auf den Erlöser. Am Jüngsten Tag werde ich auferstehen." Der Herr erschien dem Ijob. Er tadelte seine Klagen. Der Herr zürnte den Freunden Ijobs, weil sie unge-

Bibel – auch ein Lehrbuch.

recht geredet hatten. Ijob aber bat für seine Freunde um Vergebung.

Gott segnete den frommen Ijob. Er gab ihm alles Verlorene doppelt wieder. Ijob bekam auch wieder sieben Söhne und drei Töchter und lebte noch lange. Er hatte viel Freude mit seinen Kindern und Enkeln.

Das Buch der Psalmen

König David schrieb viele Psalmen. Auch andere Männer haben Psalmen geschrieben. Psalmen sind Lieder, um Gott zu ehren. Das Psalmenbuch hat 150 Psalmen. Jahrhundertelang wurden die Psalmen gesammelt und gebetet. Das Psalmenbuch war das Gebetbuch des Alten Bundes. Jesus und die Apostel beteten die Psalmen. Die Christen beten auch heute noch die Psalmen.

Psalm 4
Bitte zu Gott
Ich rufe zu dir.
Höre mich, Herr.
Führe mich aus der Not.

Erbarme dich, höre mein Beten!
Wunderbar hilft mir der Herr.
Er bleibt mir immer treu.
Er hört mein betendes Rufen.
Ich will nicht mehr sündigen.
Ich bereue im Herzen die Sünden.
Ich trauere sehr über sie.
Vertraut auf den großen Gott.
Betet um Gnade zu ihm.
Du gibst uns deinen Segen, o Herr.
Alle Freude kommt von dir.
Du gibst mir Frieden ins Herz.
Du nimmst meine Sorgen
und schenkst mir Ruhe.

Psalm 8
Gott ist wunderbar
Herr, unser Herr, dein Name ist wunderbar auf der ganzen Erde.
Du hast den Himmel prächtig gemacht.
Ich schaue zum Himmel, einem Werk deiner Allmacht.
Ich betrachte den Mond und die Sterne, die du gemacht hast.
Klein ist der Mensch und du sorgst für ihn.
Klein ist der Mensch und du kümmerst dich um ihn.
Du hast ihn nur wenig unter die Engel gestellt.
Du hast ihm Ruhm und Schönheit gegeben.
Du hast ihm die Macht geschenkt über deine Werke.
Er soll für die Welt sorgen.
Sorgen für die Schafe und Rinder,
für die Tiere auf dem Feld,
die Vögel des Himmels und die Fische des Meeres.
Er soll sorgen für alles, was lebt.
Herr, unser Herr,
dein Name ist wunderbar auf der ganzen Erde!

Psalm 12
Vertrauen auf Gott
Herr, vergiss mich nicht.
Schau auf mich.
Ich habe große Sorgen.
Kummer hab ich im Herzen Tag und Nacht.
Meine Feinde freuen sich über mich.
Schau her, mein Gott! Erhöre mich, Herr!
Ich vertrau deiner Gnade, o Herr.
Mein Herz freut sich über deine Hilfe, o Gott!
Ich will dem Herrn danken. Er ist gut zu mir.

Psalm 14
Hoffnung auf den Himmel
Herr, wer wird in deiner Gnade sein?
Wer wird bei dir im heiligen Himmel wohnen?
Wer ohne Sünde lebt und das Rechte tut.
Wer in seinem Herzen ehrlich denkt
und keine falschen Pläne macht, wenn er spricht.
Wer seinem Nächsten nicht schadet.
Wer jeden Spötter verachtet,
die Gläubigen aber ehrt.
Wer auch ehrlich bleibt, mit seinem Geld nicht Wucher treibt

Am See Gennesaret.

und keine Gaben nimmt zum Schaden eines Armen.
Wer so lebt,
der braucht in Ewigkeit nicht Angst zu haben.

Psalm 18
Der große Gott
Der Himmel erzählt uns von Gott.
Die Schöpfung spricht von seinem Schaffen.
Tagtäglich rühmt der Himmel den Herrn.
Jede Nacht offenbart die Weisheit Gottes.
Es sind nicht Worte und nicht Reden,
auch tönende Stimmen sind es nicht.
Gotteslob erfüllt die ganze Erde.
Man versteht die Sprache der Schöpfung bis an die Grenzen der Erde.
Gott hat für die Sonne ein Zelt gebaut,
herrlich geht sie auf,
wie ein Riese macht sie ihre Bahn.
Die Weisung des Herrn ist gut,
sie nützt der Seele.
Recht und Weisheit kommt vom Herrn.
Die Ordnung des Herrn ist recht.
Sie macht Freude.
Der Befehl des Herrn ist klar;
seine Befolgung bringt Glück.
Das Wort des Herrn ist rein.
Es ist ewig.
Die Entscheide des Herrn sind wahr.
Sie sind recht.
Wertvoll ist sein Gesetz,
heilig sind seine Worte.
Der Mensch soll sie genau befolgen.
Verzeih, o Herr, alle Fehler und Sünden.
Dann bin ich gut und rein.
Herr, du bist mein Retter und mein Erlöser!

Psalm 22
Der gute Hirt

Der Herr ist mein Hirt: mir fehlt nichts;
Auf grünen Auen weidet er mich.
Er führt mich zum Wasser der Ruhe.
Er macht meine Seele wieder stark.
Er leitet mich auf rechtem Pfad
zur Ehre seines Namens.
Und komme ich einst ins finstre Tal,
ich hab nichts Böses zu fürchten.
Der Herr ist bei mir.
Er sorgt für mich von früh bis abends.
Er beschützt mich auch vor dem Feind.
Güte und Gnade begleiten mich
alle Tage meines Lebens.

Psalm 23
Heilig, heilig, heilig

Ich darf wohnen im Haus des Herrn bis in die fernsten Zeiten (= für ewig).
Die Erde gehört dem Herrn und alles, was sie bewohnt.
Denn er hat den Erdkreis, die Meere und Ströme geschaffen.
Wer wird den Berg des Herrn besteigen,
wer darf in seinem Heiligtum stehen?
Wer sündenlos lebt und ein reines Herz hat,
wer nicht an Eitelkeiten denkt
und den Nächsten nicht betrügt.
Er wird vom Herrn gesegnet werden
und vom Erlöser den Lohn empfangen.
Der starke und mächtige Herr ist der König aller Herrlichkeit.
Der Herr der Himmelsheere ist der König aller Herrlichkeit.

Rom, Guter Hirte.

Psalm 24
Gottes Schutz

Meine Seele freut sich;
Herr, du bist mein Gott!
Ich verlass mich auf dich ohne Angst,
meine Feinde werden nicht über mich jubeln.
Herr, zeig mir deine Wege,
lass mich deinen Weg erkennen.
Leite mich treu und lehre mich,

Nazaret, der barmherzige Vater.

denn du bist der Gott meines Heils.
Ich will allzeit auf deine Hilfe warten.
Deine Güte ist groß, o Herr.
Ich denk an deine Milde und Gnade.
Sie sind ewig.
Denk nicht an meine Sünden, Herr.
Denk in Gnaden an mich.
Gut und getreu ist der Herr;
Darum zeigt er den Sündern den richtigen Weg.
Die Bedrückten leitet er recht.
Er lehrt den Armen seine Wege.
Seine Wege sind Gnade und Wahrheit,
wenn man seinen Bund und seine Gebote befolgt.
Dein Name ist heilig, o Herr.
Vergib mir die große Schuld.
Mein Auge schaut immer zum Herrn.
Er befreit mich aus aller Not.
Schau gnädig auf mich, o Herr,
denn ich bin einsam und elend.
Befreie mein Herz von Ängsten
und führ mich aus jeder Not.
Mein Leid und mein Elend nimm weg.

Nimm all meine Sünden fort.
Schau meine vielen Feinde.
Sie hassen mich.
Schütze mich und rette mein Leben;
ich vertraue auf dich ohne Angst.
Auf dich will ich allzeit hoffen.

Psalm 25
Gottes Hilfe

Hilf mir zu meinem Recht, o Herr! –
Ich vertraue auf Gott ohne Furcht.
Prüfe und versuche mich, Herr;
durchforsche meine Gedanken und meinen Willen.
Ich denke an den ewigen Bund mit dir
und lebe in Treue zu dir.
Ich will Menschen der Lüge meiden.
Ich mach keine bösen Geschäfte,
ich meide die Versammlung der Bösen;
mit Gottlosen will ich nicht beisammen sein.
Ich will dir danken und deine Wunder rühmen.
Ich will treu deinen Weg gehen.
Erlöse mich in Gnaden, Herr.
Ich gehe den rechten Weg,
und preise den Herrn allzeit.

Psalm 27
Gott ist der Retter

Ich rufe zu dir, Herr;
ich bete zu dir.
Vernichte mich nicht mit den Sündern
und mit den Übeltätern.
Sie reden mit den Nachbarn friedlich,
im Herzen aber sind sie böse.
Vergilt du ihnen, was sie getan.
Sie achten nicht auf die Taten Gottes und auf die
Werke seiner Hände;

er wird sie strafen.
Gepriesen sei der Herr!
Er hört mein Flehen.
Er ist der Herr, er ist mein Schutz!
Mein Herz hat sich auf ihn verlassen und mir wurde geholfen.
Mein Herz ist froh: Ich preise ihn mit meinem Gebet.
Der Herr ist die Kraft für sein Volk und Schutz für das Heil aller.
Schütze dein Volk, segne es.
Rette es bis in Ewigkeit.

Psalm 29
Dank
Ich will dich preisen, Herr!
Du machst mich frei.
Herr, mein Gott,
ich rufe zu dir, und du heilst mich.
Lobt den Herrn, ihr seine Heiligen,
dankt seinem heiligen Namen.
Sein Zorn dauert nur einen Augenblick.
Seine Güte bleibt das ganze Leben.
Herr, mein Gott, ich werde ewig dein Lob verkünden.

Psalm 33
Gotteslob
Ich preise allezeit den Herrn,
ich lobe ihn immer.
Alle hören es und freuen sich.
Grüßet den Herrn mit mir,
wir wollen alle seinen Namen rühmen.
Ich denk an Gott.
Er hilft mir;
er befreit mich aus all meinen Ängsten.
Vertraut auf Gott.

Ihr werdet nie enttäuscht sein.
Der Herr erlöst seine Diener.
Kein Gläubiger muss das Gericht fürchten.
Der Herr befreit ihn aus allen Nöten.
Schaut, wie gut der Herr ist.
Selig, wer auf ihn vertraut.
Ihr Heiligen, fürchtet den Herrn!
Liebe Kinder, hört mir zu!
Gott fürchten will ich euch lehren.
Möchte einer das Leben genießen
Und glückliche Tage sehen?

Blumen am Berg der Seligpreisungen.

Dann rede nichts Böses und lüge nicht.
Tu Gutes und bemühe dich um Frieden.
Gott schaut auf die Frommen,
er erhört ihre Bitten.
Pflichtvergessene werden Gottes Zorn erleben,
ihre Namen werden auf Erden vergessen.
Gott schaut auf den Gerechten
und befreit ihn aus all seinen Nöten.
Er ist dem Traurigen nahe,
der Herr erlöst ihn von allen Leiden.
Er schützt ihn.
Nichts kann ihm schaden.
Tod und Gericht wird der Gottlose erfahren.

Psalm 46
Die Ehre Gottes

Alle Völker, klatscht in die Hände,
jubelt mit Freudenstimmen,
denn der Herr ist hocherhaben, furchtgebietend,
großer König über alle Welt.
Singt zu Gott, singt ihm ein Loblied.
Gott beherrscht alle Völker.
Er sitzt auf seinem heiligen Thron.
Die Mächtigen der Erde sind Gott untertan:
Er ist der Allerhöchste.

Psalm 50
Meine Reue

Herr, Gott, sei in Güte mir gnädig;
schenk mir dein großes Erbarmen.
Nimm alle meine Fehler weg,
sprich von Schuld und Sünde mich frei.
Ich kenne meine Schuld,
meine Fehler weiß ich genau.
Ich hab gegen dich gesündigt
und habe das Böse getan.
Du kannst mich deshalb verurteilen
und im Gericht mich strafen.
Mit der Erbschuld wurde ich geboren,
seit damals bin ich ein Sünder.
Doch du liebst das feste Vertrauen
und lehrst mich deine Weisheit.
Mach mich rein
und mach mich weißer als Schnee.
Schau nicht auf meine Sünden
und all meine Schuld lösch aus.
Gib mir ein reines Herz
und schenk mir den rechten Geist.
Verstoße mich nicht,
nimm mir nicht deinen heiligen Geist.

Gib mir wieder das Glück deines Heiles,
gib mir den Geist, dir zu dienen.
Ich zeige deine Wege den Frevlern,
und Sünder bekehren sich zu dir.
Errette mich, Gott, vor dem Bösen.
Mein Mund wird deine Gnade preisen.
Öffne, Herr, meine Lippen;
mein Mund verkünde dein Lob.
Du willst keine blutigen Opfer.
Wahre Reue ist ein rechtes Opfer.
Du hast Erbarmen mit allen, die wahre Reue zeigen.

Psalm 60
Der starke Gott

Höre mein Rufen, Herr,
schau auf mein Gebet.
Ich rufe zu dir,
ich leide viel.
Hilf mir und gib mir Ruhe.
Du bist mein Schutz, wie ein starker Turm.
Immer möchte ich in deinem Zelt wohnen
und bei dir Schutz finden!
Gott, du hörst meine Worte.
Ich will dich immer ehren
und meine Vorsätze jeden Tag halten.

Psalm 66
Gottes Erbarmen

Gott, erbarme dich unser und segne uns.
Schau gnädig auf uns.
Die Menschen sollen deine Wege kennenlernen
und alle deine Wohltaten ehren.
Gott, die Völker sollen dich preisen,
alle Völker sollen dich verherrlichen.
Alle sollen jubeln und sich freuen,
weil du gerecht die Völker lenkst.

Die „Harfe Davids", neue Brücke in Jerusalem.

Gott, die Völker sollen dich preisen,
alle Völker sollen dich verherrlichen.
Der Herr gibt uns, was wir zum Leben brauchen.
Unser Gott hat uns gesegnet.
Segne uns immer, o Gott.
Die ganze Erde soll Ehrfurcht vor dir haben.

Blick zur Grabeskirche, Jerusalem.

Psalm 85
Der gnädige Gott
Herr, erhör mich!
Ich bin arm und in Not.
Behüte mein Leben;
du bist die Güte, mein Gott!
Lass mich bei dir Erbarmen finden,
allezeit ruf ich zu dir.
Mach froh meine Seele;
du bist gütig und verzeihend;
voll Gnade, wenn jemand dich anruft.
Erhöre, Herr, mein Gebet!
Ich ruf zu dir am Tage der Not;
du wirst mich erhören, o Herr!
Niemand ist so mächtig wie du;
deinen Schöpfungswerken gleicht nichts.
Alle Völker kommen, um dich zu ehren.
Du bist mächtig und tust Wunder.
Zeig mir den richtigen Weg,
lenke in Treue mein Herz.

Ich danke dir von Herzen, mein Gott;
und rühme deinen Namen auf ewig.
Groß ist deine Gnade;
du entreisst mich der Hölle.
Du bist mild und barmherzig,
langmütig, voll Gnade und Wahrheit.
Deine Gnade gib deinem Knecht;
und rette den Sohn deiner Magd.
Gib mir deine Gnade
und führe mich zum ewigen Heil.
Du kannst mir helfen, Herr.

Psalm 99
Freude in Gott
Freut euch im Herrn, ihr Länder alle;
mit Freude dient dem Herrn.
Kommt fröhlich zu ihm.
Erkennt, dass Gott der Herr ist:
Er hat uns geschaffen,
wir gehören ihm,
wir sind sein Volk.
Lobt ihn und preist seine Taten,
verherrlicht ihn und ehrt seinen Namen.
Der Herr ist gütig. Sein Erbarmen ist ewig.
Seine Treue dauert durch alle Generationen.

Psalm 102
Gottes Gnade
Meine Seele, lobe den Herrn;
lobe seinen heiligen Namen!
Meine Seele, lobe den Herrn;
vergiss nicht seine Hilfe.
Er verzeiht deine Sünden
und macht deine Fehler wieder gut.
Er schenkt dir Gnade und Erbarmen.
Der Herr gibt dir, was du brauchst.
Er schenkt dir auch Gesundheit.

Gnade und Rettung gibt er dir.
Er hilft dir allezeit.
Der Herr ist barmherzig und gnädig,
geduldig und reich an Gnade.
Er wird nicht immer strafen,
nicht zürnen für ewige Zeit.
Der Herr wird nicht strafen uns Sünder,
nicht vergelten all unsre Schuld.
Seine Gnade ist ohne Grenzen,
größer als Himmel und Erde.
Er entfernt die Sünden von uns.
Ein Vater erbarmt sich der Kinder.
So erbarmt sich der Herr seiner Frommen.
Er weiß: Wir sind wie Staub.
Kurz sind die Tage des Menschen,
kurz wie das Blühen der Natur.
Doch die Gnade des Herrn dauert ewig,
wenn sie den Bund bewahren
und den Geboten Gottes folgen.
Gott, der Herr, ist im Himmel.
Er ist König und herrscht über alles.
Lobet den Herrn, alle Engel;
lobet den Herrn, alle himmlischen Heere;
lobe den Herrn, meine Seele!

Psalm 116
Lobpreis Gottes
Lobt den Herrn, alle Völker.
Preist ihn, alle Menschen.
Er hat uns seine Barmherzigkeit geschenkt.
Seine Treue ist ewig.

Psalm 129
Der Erlöser
Ich rufe dich, Herr;
höre mein Gebet!

Nimm an meine Bitten.
Schau nicht auf die Sünden, o Herr,
ich habe sehr viele.
Du aber verzeihst uns gern.
Man ehrt und achtet dich sehr.
Ich warte auf den Herrn
und auf sein Wort.
Meine Seele hofft auf den Herrn.
Gott schenkt Gnade und Erlösung.
Er allein erlöst sein Volk von allen Sünden.

Psalm 133
Gebet
Preist den Herrn,
ihr, seine Diener.
Faltet die Hände zum Gebet
und preist den Herrn.
Der Herr segne dich.
Er ist der Schöpfer von Himmel und Erde.

Säulen in Jerasch.

Psalm 135
Gottes Vorsehung

Lobt den Herrn, denn er ist gut,
ewig währt (= ist) sein Erbarmen.
Lobt den allein wahren Gott,
ewig währt sein Erbarmen.
Lobt den Herrn der Herren,
ewig währt sein Erbarmen.

Blick in die Kuppel der Grabeskirche.

Er allein tat große Wunder,
ewig währt sein Erbarmen.
Weise schuf er den Himmel,
ewig währt sein Erbarmen.
Er schuf Erde und Gewässer,
ewig währt sein Erbarmen.
Er ist der Schöpfer des Lichtes,
ewig währt sein Erbarmen.
Die Sonne schuf er für den Tag,
ewig währt sein Erbarmen.
Mond und Gestirne lässt er scheinen bei Nacht,
ewig währt sein Erbarmen.
Er befreite das Volk aus Ägypten,
ewig währt sein Erbarmen.
Er führte sein Volk aus der Sklaverei,
ewig währt sein Erbarmen.
Seine Hand ist stark und sein Arm ist mächtig,
ewig währt sein Erbarmen.
Er zerteilte das Rote Meer,
ewig währt sein Erbarmen.
Er führte Israel zur Freiheit,
ewig währt sein Erbarmen.
Er strafte Pharao im Roten Meer,
ewig währt sein Erbarmen.
Er hat sein Volk durch die Wüste geführt,
ewig währt sein Erbarmen.
Er besiegte die großen Könige,
ewig währt sein Erbarmen.
Er ließ die starken gottlosen Könige sterben,
ewig währt sein Erbarmen.
Er gab ihr Land seinem Volk Israel als Eigentum,
ewig währt sein Erbarmen.
Er gibt allen Menschen Speise,
ewig währt sein Erbarmen.
Lobt und preist den Gott des Himmels,
ewig währt sein Erbarmen.

Psalm 139
Die Hilfe Gottes

Befreie mich vor bösen Menschen, Herr,
beschütze mich vor Gewalttätern.
Sie denken Böses im Herzen und beginnen täglich
Streit.
Sie haben eine Zunge wie die Schlange:
Sie sind falsch.
Errette mich, Herr, und schütze mich.
Ich sag zum Herrn: Du bist mein Gott;
höre mein Flehen, Herr.
Herr, Gott, meine starke Hilfe!
Du schützt mich alle Tage meines Lebens.
Die Gerechten werden deinen Namen preisen, Herr.
Du schaust mit Freude auf alle, die Rechtes tun und
denken.

Wüste Negev.

Psalm 141
Gott macht alles gut

Ich rufe mit lauter Stimme zum Herrn,
ich bitte mit lauter Stimme den Herrn.
Ich sage ihm meinen Kummer und erzähle ihm
meine Not.
Ich schau nach rechts und seh mich um,
keiner ist da, der sich um mich sorgt.
Ich kann mich nirgends verstecken,
niemand ist besorgt um mein Leben.
Ich rufe zu dir, Herr.
Ich sage: Du bist mein Schutz.
Achte auf meinen Klageruf, ich bin so sehr im Elend.
Schütz mich gegen Verfolger,
sie sind für mich zu mächtig.
Führ mich aus allen Gefahren heraus,
damit ich deinem Namen danken darf.
Die Gerechten werden sich freuen,
weil du mir Gutes getan hast.

Psalm 144
Gottes Ruhm

Ich will dich rühmen, mein Gott, du König,
und deinen Namen immer preisen.
Täglich will ich dich preisen
und deinen Namen loben.
Groß ist der Herr und lobenswert,
und seine Größe ist nicht zu erforschen.
Alle Generationen rühmen deine Werke,
alle künden deine Macht.
Sie erzählen von deiner Würde, Heiligkeit und Pracht
und machen deine Wunder bekannt.
Sie reden von deiner Macht
und schildern deine Größe.
Sie künden laut das Lob von deiner Güte
und jubeln über dein gerechtes Herrschen.
Der Herr ist gnädig und barmherzig,
langmütig und an Gnade reich.
Der Herr ist gut zu jedermann

Möwen am See Gennesaret.

und hat mit allen seinen Werken Mitleid.
Alle deine Werke sollen dich verherrlichen, Herr,
und deine Frommen sollen dich preisen.
Sie künden deines Reiches Herrlichkeit
und sie besingen deine Macht.
So wird den Menschenkindern deine Macht bekannt
und deines Reiches Pracht und Herrlichkeit.
Dein Reich ist ein Reich für alle Ewigkeiten
und deine Herrschaft ist ohne Ende.
Der Herr ist in allen seinen Worten getreu,
er ist heilig in allen seinen Werken.
Alle Augen warten nur auf dich,
und du gibst ihnen Speise zu der rechten Zeit.
Du öffnest deine Hand
und sättigst alles Leben mit Güte.
Der Herr ist immer gerecht,
er ist heilig in allen seinen Werken.
Der Herr ist allen nahe, die ihn rufen,
wenn sie es mit treuem Herzen tun.
Er erfüllt die Bitten aller, die ihn ehren.
Er hört ihr Rufen, und er wird sie retten.

Der Herr schützt alle, die ihn lieben,
und wird bestrafen alle Bösgesinnten.
Mein Mund verkünde stets das Lob des Herrn,
und alle Menschen sollen seinen heiligen Namen
preisen
bis in Ewigkeit.

Psalm 146
Der allmächtige Gott

Lobet den Herrn, denn er ist gut,
preist unsern Gott, denn er ist gütig,
ehrt ihn alle mit Lobgebet.
Er heilt die gebrochenen Herzen,
er verbindet ihre Wunden.
Er ordnet die Zahl der Sterne
und kennt jeden einzelnen Namen.
Unser Herr ist groß und reich an Kraft!
Für seine Weisheit gibt es kein Maß.
Die Demütigen liebt er sehr,
den Gottlosen zeigt er seine Macht.
Dankt dem Herrn mit eurem Gebet,
lobet allezeit unsern Gott;
er verhüllt den Himmel mit Gewölk
und lässt es auf der Erde regnen.
Auf den Bergen lässt er Gras wachsen
und Kräuter für die Menschen.
Er gibt den Tieren die Nahrung,
er gibt jedem, was er braucht.
Die Gottesfürchtigen gefallen dem Herrn.
Sie vertrauen auf seine Güte.

Psalm 148
Gottes Lob

Halleluja!
Lobt den Herrn im Himmel!
Preist ihn in den Höhen!

Lobt ihn, alle seine Engel!
Sonne und Mond: lobt den Herrn!
Lobt ihn, alle ihr Sterne!
Alle sollen den Namen des Herrn loben.
Er befahl und sie waren da.
Er erhält sie für alle Zeiten.
Sein Gesetz bleibt ewig.
Lobt den Herrn, ihr Erdendinge,
ihr Meerstiere und all ihr Meeresfluten.
Du Feuer, Hagel, Schnee und Sturmwind,
ihr Bergeshöhen und all ihr Hügel,
ihr Bäume, Pflanzen und ihr Tiere,
ihr Könige und Völker,
ihr Fürsten und Richter,
ihr Jünglinge und Jungfrauen,
ihr Alten und Jungen,
ihr alle sollt preisen den Namen des Herrn,
denn sein Name ist heilig.
Er herrscht über Himmel und Erde.
Er gibt den Seinen große Macht.
Die Frommen dürfen ihn preisen.
Sein Volk ist ihm nahe.
Halleluja!

Psalm 150
Ehre sei Gott

Lobt den Herrn in seinem Heiligtum,
lobt ihn in seinem heiligen Himmel.
Lobt ihn wegen seiner großen Werke,
lobt ihn wegen seiner großen Würde.
Lobt den Herrn mit Musik,
lobt ihn mit Gesang.
Lobt den Herrn mit Gebet,
lobt ihn mit festlicher Feier:
Alles, was Leben hat,
lobe den Herrn!

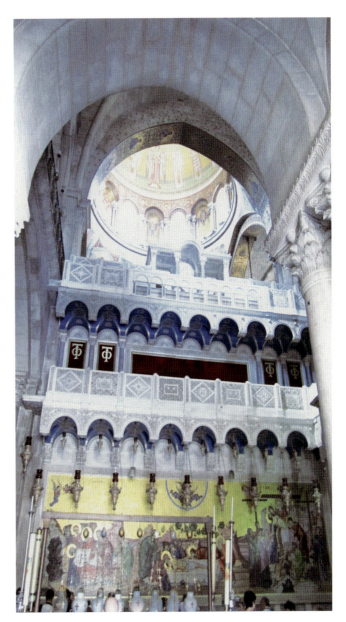

Jerusalem Grabeskirche.

Das Buch der Sprichwörter

Wir lesen im Buch der Sprichwörter viele weise Lehren und Ratschläge, Sprichwörter, Lehrgedichte und Gleichnisse.
Wir finden in den Sprüchen weise Lebenserfahrungen. Sie lehren das Verhalten des Menschen zu Gott und das Zusammenleben der Menschen.
Das Buch zeigt uns, dass menschliche Lebensklugheit von der göttlichen Weisheit kommt. Die Sprüche zeigen, dass die Ehrfurcht vor Gott die größte Weisheit ist.
Viele Sprüche sind von König Salomo.
Aber auch andere Spruchdichter sind bekannt.
Die Sprüche wurden in der Zeit des Königs Hiskija (721–693) gesammelt. Nach dem babylonischen Exil war das Buch fertig.

Mein Kind, beachte die Belehrung deines Vaters, schätze die Weisung deiner Mutter. (1,8)

Vertrau auf den Herrn mit ganzem Herzen! Verlass dich nicht auf eigene Einsicht! Denk immer an den Herrn. Fürchte ihn und meide das Böse! (3, 5, 6-8)

Bibelrollen.

Verweigere dem Bedürftigen keine Wohltat, wenn du sie geben kannst. Sage zu deinem Nächsten nicht: „Geh, komm wieder. Morgen will ich dir geben", wenn du es heute schon kannst. (3,27.28)

Ersinne nichts Böses gegen deinen Nächsten. Streite mit niemandem ohne Grund. (3,29.30)

Lüge nicht. Betrüge nicht. Sei ehrlich und ohne Falschheit. Meide das Böse. (4,24-27)

Die Weisheit ist Gabe Gottes.

Die Weisheit sagt: Gott hat mich geschaffen von Anfang an. Ich war dabei, als er den Himmel und die Erde erschaffen hat. Ich war seine Freude – jeden Tag. Es ist auch meine Freude, bei den Menschen zu sein. (8,22-31)

Seid weise, dann bleibt ihr am Leben. Geht den Weg des Guten. (9,6)

Ungerecht erworbene Reichtümer nützen nichts. Gottes Gericht ist gerecht. (10,2)

Faulheit macht arm, doch Fleiß schafft Reichtum. (10,4)

Viel Reden wird leicht Sünde. Wer sich beim Reden beherrscht, ist weise. (10,19)

Ein Volk geht zugrunde, wenn die Führung schlecht ist. (11,14)

Falschheit gefällt dem Herrn nicht. (11,20)

Der Gerechte liebt auch sein Vieh. Das Herz des Gottlosen aber ist ohne Gefühl. (12,10)

Eine wahre Rede gilt immer; Lügen hilft nur im Moment. (12,19)

Wer Unheil tut, wird enttäuscht. Wer Gutes redet, erlebt viel Freude. (12,20)

Ein kluger Mann prahlt nicht mit Wissen. Nur Dumme reden ununterbrochen. (12,23)

Viel Kummer im Herzen macht den Menschen traurig. Ein gütiges Wort aber macht ihm Freude. (12,25)

Gutes Benehmen macht sympathisch. (13,15)

Wer seinen Nächsten verachtet, versündigt sich. Glücklich, wer sich des Armen erbarmt. (14,21)

Jede Arbeit bringt Gewinn; leeres Geschwätz bringt nur Verlust. (14,23)

Die Augen des Herrn sind überall. Sie schauen auf Böse und Gute. (15,3)

Ein freundlicher Blick und gute Worte machen Freude. (15,30)

Empfiehl dem Herrn deine Werke. Deine Pläne werden gelingen. (16,3)

Der Mensch macht Pläne, der Herr aber führt ihn richtig (= der Mensch denkt und Gott lenkt). (16,9)

Falschheit macht nicht glücklich. Lügen führen zum Unglück. (17,20)

Reichtum schafft viele Freunde. Der Arme aber wird vom Freund verlassen. (19,4)

Man sammelt Reichtum beim Herrn, wenn man sich der Armen erbarmt. Der Herr wird die Gutheit belohnen. (19,17)

Ein guter Name ist besser als großer Reichtum. Beliebtheit ist mehr wert als Silber und Gold. (22,1)

Reiche und Arme leben nebeneinander. Sie sind Kinder desselben Vaters im Himmel. (22,2)

Wie du dein Kind erziehst, so wird es leben. (22,6)

Geh nur selten ins Haus deines Nächsten, sonst wird es ihm zuviel und er mag dich nicht mehr. (25,17)

Wer andern eine Grube gräbt, fällt selbst hinein; wer auf andere einen Stein wälzt, wird selbst erschlagen. (26,27)

Eigenlob ist nichts wert. (27,2)

Besser ist es, arm und unschuldig zu sein, als reich und voll Sünden. (28,6)

Jedes Wort Gottes ist Wahrheit. (30,5)

Tu auf deinen Mund für den Stummen und für die Sache der Verlassenen. Schaffe Recht den Armen. (31,8.9)

Wo ist der gute Mensch?

Er tut Gutes in seinem ganzen Leben. Er tut niemals Böses.
Er ist fleißig und tüchtig bei der Arbeit.
Er hilft den Armen und teilt mit ihnen.
Alle menschliche Schönheit verschwindet.
Die guten Taten aber bleiben für immer. (31,10-13.19.20.30-31)

Das Buch Kohelet

Ein Prediger namens Kohelet schrieb in diesem Buch weise Lehren.
Er wollte die Menschen lehren, dass man auf Erden nicht dauernd glücklich sein kann.
Der Prediger lehrte die Menschen, dass Gott die Welt regiert.
Der Schreiber des Buches ermahnte die Menschen, alle Dinge dankbar von Gott anzunehmen. Der Mensch soll Gott ehren. Er soll seine Verantwortung vor Gott und den Menschen kennen.

Das Handeln Gottes

Der Herr bestimmt für alles die Zeit.
Er bestimmt die Zeit der Geburt.
Er bestimmt die Zeit zum Sterben.
Er bestimmt die Zeit zum Säen.
Er bestimmt die Zeit der Ernte.
Er bestimmt die Zeit des Todes.
Er bestimmt die Zeit der Heilung.
Er bestimmt die Zeit der Zerstörung.
Er bestimmt die Zeit des Aufbauens.
Er bestimmt die Zeit zum Weinen.
Er bestimmt die Zeit zum Lachen.
Er bestimmt die Zeit der Trauer.
Er bestimmt die Zeit des Tanzes.
Er bestimmt die Zeit der Arbeit.
Er bestimmt die Zeit des Ruhens.
Er bestimmt die Zeit des Suchens.
Er bestimmt die Zeit des Verlierens.
Er bestimmt die Zeit des Aufbewahrens.
Er bestimmt die Zeit des Wegwerfens.
Er bestimmt die Zeit des Zerreißens.
Er bestimmt die Zeit des Zusammennähens.
Er bestimmt die Zeit des Schweigens.
Er bestimmt die Zeit des Redens.
Er bestimmt die Zeit des Liebens.
Er bestimmt die Zeit des Hasses.
Er bestimmt die Zeit des Krieges.
Er bestimmt die Zeit des Friedens.
(3,1-9)

Was Gott wirkt, bleibt ewig. Man kann nichts dazugeben und nichts wegtun. Gott hat es so gemacht, man muss ihn ehren. (3,14)

Alles wandert den gleichen Weg. Alles ist aus Staub geworden. Alles kehrt zum Staub zurück. (3,20)

Was du versprochen hast, musst du erfüllen. (5,3)

Gott weiß, was für den Menschen gut ist im Leben. (6,12)

Schau auf Gott! Geht es dir gut, dann sei froh! Geht es dir schlecht, dann bleib geduldig. Gott weiß alles. Er weiß auch: Warum. (7,13.14)

Kein Mensch auf Erden tut nur Gutes! Jeder kann sich verfehlen. (7,20)

Reg dich über den Tratsch nicht auf. Man schimpft öfter über dich. Du hast auch selbst über andere geschimpft. (7,21.22)

Keiner weiß, was kommen wird. (8, 7)

Kein Mensch hat Macht über das Leben. Niemand kann es aufhalten. Keiner hat Macht über den Sterbetag. (8,8)

Dieses Wort von Kohelet sollen alle wissen:
„Fürchte Gott!
Befolge seine Gebote!"
Das gilt für alle; denn Gott wird alle Werke vor Gericht beurteilen; auch alles Verborgene, das Gute und das Böse. (12,13.14)

Das Hohelied

(Das Lied der Lieder = das schönste Lied sind Gedichte über die Liebe zwischen Mann und Frau.)
Braut und Bräutigam singen abwechselnd das Hohelied der Liebe. Das ist ein Wechselgesang.
Wie der Bräutigam die Braut liebt, so liebt Gott sein Volk. Das Hohelied zeigt uns die Liebe Gottes zu den Menschen.
Die Dichtung ist ein schönes Gleichnis.

Sie: Komm doch und küss mich!
Deine Liebe berauscht mich.
Komm, lass uns eilen,
fass meine Hand!
Du bist mein König!
Deine Zärtlichkeit gibt mir
Freude und Glück.
Rühmen und preisen
will ich stets deine Liebe.

Er: Schön bist du, zauberhaft schön, meine Freundin.
Du bist wie eine Frühlingsblume. Eine Lilie in den Tälern.
Mach schnell, mein Liebes!
Komm heraus, geh mit!
Lass mich deine süße Stimme hören!

Sie: Nur mir gehört mein Liebster,
und ich gehöre ihm!
Ich sehne mich nach ihm und suche ihn.
Wir lieben uns!

Er: Preisen will ich deine Schönheit,
du bist lieblich, meine Freundin!
Du bist schön, meine Freundin!
Kein Fehler ist an dir!
Du hast mich verzaubert,
meine geliebte Braut!
Ein Blick aus deinen Augen
sagt mir, wie glücklich du mich machst.
Du bist schön wie keine andere,
dich zu lieben macht mich glücklich!

Stark wie der Tod ist die Liebe.
Ihre Gluten sind gewaltige Flammen.
Auch mächtige Wasser können die Liebe nicht lö-
schen.

Das Buch der Weisheit

*Wir kennen den Verfasser (Dichter) dieses Buches nicht.
Der Verfasser lässt König Salomo die Weisheit Gottes be-
schreiben. Er lehrt, dass wahre Weisheit von Gott kommt.
Das Buch beschreibt die Geschichte des auserwählten Volkes von Adam bis zum Einzug ins gelobte Land. Der
Schreiber zeigt in dieser Geschichte die Weisheit Gottes. Er
will lehren, dass Gott alles weise macht. Er schreibt Trost
und Mahnung an die Verfolgten, er droht den Verfolgern
und allen, die vom Glauben abgefallen sind.
Er mahnt den Leser, Gott zu ehren.*

Gott lässt sich finden, wenn man ihn sucht. Er offenbart sich, wenn man ihm vertraut. (1,2)

Gott hat den Tod nicht gemacht.
Gott hat keine Freude am Untergang der Lebenden.
Gott hat das Leben geschaffen. Er will das Heil für
alle Geschöpfe der Welt.
Gottes Gerechtigkeit bleibt immer.

Gott hat dem Menschen ewiges Leben geschenkt.
Er hat ihn nach seinem Bild geschaffen.
Der Tod kam in die Welt, weil der Teufel neidig war.
Habt keine Gemeinschaft mit ihm, wenn ihr leben
wollt. (1,13-15; 2,23-24)

Die Gottlosen sagen zueinander: „Zufällig sind wir
entstanden und später wird alles aus sein." (2,1.2)

Die Bösen sagen: Wir wollen dem Gerechten Böses
tun. Er ist unbequem für uns.
Er sagt, wir befolgen die Gebote nicht.
Er sagt, wir sind Gott nicht treu.
Wir wollen prüfen, ob seine Worte wahr sind.
Wenn er Gottes Kind ist, wird Gott ihn schützen.
Wir wollen grausam sein zu ihm. Wir wollen seine
Geduld prüfen. Er muss ehrlos sterben. Er sagt, Gott
wird ihm helfen. (2,1a;12,17-20)

Wer auf Gott vertraut, wird die Wahrheit erkennen.
Wer treu war, wird bei ihm in Liebe bleiben. Seine Er-
wählten empfangen Gnade und Erbarmen.
Aber die Gottlosen werden Strafe erleiden, weil sie
den Gerechten verachten und dem Herrn nicht geglaubt haben. (3,9-10)

Die Gerechten leben ewig. Ihr Lohn ist beim Herrn.
Der Höchste sorgt für sie. (5,15)

Man sieht die Weisheit, wenn man sie liebt. Man findet sie, wenn man sie sucht. (6,12)

Ich betete. Gott schenkte mir Weisheit.
Die Weisheit hilft alles verstehen. Sie hilft, Gott lie-
ben.
Die Weisheit ist mehr wert als der Reichtum und die
Schönheit.

Reichtum und Schönheit vergehen.
Gottes Weisheit aber schenkt mir alles Gute. Gottes Güte bleibt immer. (7,7-11)

Die Weisheit kommt von Gott und seiner Heiligkeit.
Sie lehrt uns Gottes Wirken und zeigt uns seine Güte. (7,25.26)

Bitte um Weisheit (Salomos großes Gebet)

Gott der Väter und Herr des Erbarmens!
Du hast das All durch dein Wort geschaffen.
Du hast den Menschen durch deine Weisheit erschaffen.
Er soll für deine Schöpfung sorgen.
Er soll die Welt in Heiligkeit und Gerechtigkeit leiten.
Er soll wahrhaft und ehrlich herrschen.
Gib mir die Weisheit.
Sie kommt von dir. (9,1-4)

Bei dir ist die Weisheit.
Sie kennt deine Werke.
Sie war dabei,
als du das Weltall schufst.
Sie weiß, was deinen Augen gefällt,
was gerecht ist nach deinen Geboten.
Vom heiligen Himmel sende sie her!
Vom Thron deiner Herrlichkeit schick sie herab!
Sie soll mir helfen bei meinem Tun,
dass ich erkenne, was dir gefällt. (9,9-10)

Niemand kann Gottes Plan erkennen.
Niemand kann begreifen, was der Herr will.
Wir erkennen kaum die irdischen Dinge.
Nur mit Mühe verstehen wir sie.

Niemand kann erforschen, was im Himmel ist.
Niemand hat deinen Plan erkannt,
wenn du ihm nicht Weisheit gegeben
und ihm deinen heiligen Geist gesandt hast.
Er zeigt den Menschen den richtigen Lebensweg
Er belehrt die Menschen über Gottes Willen.
(9,13.16-18)

Herr, du bist unendlich!
Du hast die Welt erschaffen.
Du schenkst Erbarmen und Verzeihung der Sünden.
Du willst, dass sich die Menschen bekehren.
Du liebst alles, was du erschaffen hast.
Du sorgst für alles.
Du ermahnst die sündigen Menschen.
Sie sollen sich bekehren und an dich glauben. Du bist ihr Gott und Herr. (11,22 – 12.2)

Du bist gerecht und ordnest alles mit Gerechtigkeit. (aus 12,22)

Gott, du bist der eine, einzige Gott. Du sorgst für alles. Du bist gerecht und barmherzig. (12,13.16-19)

Du, unser Gott, bist gütig und treu. Mit Geduld und Liebe regierst du das All. (15,1.2)

Gott hat unsere Väter aus der Hand der Ägypter gerettet. Du hast ihnen Hoffnung auf Rettung geschenkt. Du hast unsere Gegner bestraft. Wir haben vor unserer Rettung das Opferfest gefeiert. Wir haben versprochen, deine göttlichen Gebote zu befolgen. (18,6-9)

Das Buch Jesus Sirach

„Alle Weisheit kommt von Gott. Sie ist bei ihm in Ewigkeit." (1,1).

So begann ein Mann namens Jesus aus der Familie Sirach dieses Weisheitsbuch.
Er hat viele Sprüche und Lehren geschrieben. Er hat sie besonders für die Jugend geschrieben. Er will sie für die Aufgaben und Schwierigkeiten des Lebens erziehen.
Er will den Lesern die Weisheit lehren.
Er zeigt mit vielen Sprüchen den Wert der Weisheit. Man soll im täglichen Leben die guten Lehren befolgen, dann ist man weise. Man soll Gott ehren und fürchten. Das ist wahre Weisheit. Wer diese Weisheit hat, kann nur Gutes tun.
Der Schreiber des Buches erzählt die Großtaten Gottes und erinnert an die Urväter Israels. Er will den Leser im Glauben stärken und in Prüfungen trösten.

Alle Weisheit kommt vom Herrn. Seine Weisheit ist ewig. (1,1)

Nur einer ist weise und überaus herrlich: der Herr. (1,8)

Ein Weiser befolgt die Gebote des Herrn. (1,26)

Man soll auf Gott vertrauen. Gott enttäuscht nie. Der Herr ist gnädig und barmherzig. Er verzeiht die Sünden und rettet uns gern. (2,7-11)

Gott hat den Kindern befohlen, die Eltern zu ehren. Wer seine Eltern ehrt, wird Verzeihung seiner Sünden bekommen.
Wer seine Eltern ehrt, wird sich auch über seine Kinder freuen können. (3,2-6)

Bleibe bescheiden, prahle nicht. Gott wird dir Gnade schenken. Er ist mächtig. Tu Gutes und du wirst Freude erleben (3,17)

Sei bereit, den Armen zu helfen, sprich gern mit ihnen und grüße sie freundlich. (4,3.8)

Man soll nicht immer nur nehmen, man soll selbst auch geben. (4,31)

Schriftrollen (Qumram).

Warte nicht mit deiner Bekehrung zum Herrn. Verschieb sie nicht von einem Tag zum andern. Denn plötzlich kommt der Tag der Vergeltung. (5,7)

Ein treuer Freund ist wie eine feste Burg. Wer einen solchen gefunden, hat einen Schatz gefunden. Ein treuer Freund ist unbezahlbar. (6,14.15)

Prüfe zuerst und tadle dann. Untersuche zuerst, dann ermahne. Gib keine Antwort, bevor du nicht alles gehört hast und unterbrich nicht im Gespräch. Streite nicht um das, was dich nichts angeht. (11,7-9)

Die Verantwortung des Menschen:
Jeder Mensch hat Verantwortung für sein Tun.
Gott hat dem Menschen seine Gebote gegeben. Wer sie befolgt, ist treu.
Gott ist weise. Er sieht alles. Er kennt die Taten des Menschen. (15,15-20)

Gottes Wege mit den Menschen:
Der Herr schuf den Menschen und gab ihm die Lebenszeit. Gott schenkte ihm eine bestimmte Anzahl von Lebenstagen und gab ihm die Herrschaft über die Erde. Gott gab dem Menschen die nötigen Kräfte und schuf ihn nach seinem Bild. Der Mensch soll alle übrigen Geschöpfe weise beherrschen.
Gott lehrte den Menschen, gut und bös zu unterscheiden. Er gab ihm Gewissen und Vernunft und lehrte ihn, die Werke Gottes zu bestaunen. Der Mensch soll die Herrlichkeit Gottes preisen und seinen heiligen Namen loben. Gott schloss mit ihm einen ewigen Bund und lehrte ihn seine Gebote. (17,1-14)

Bekehre dich zum Herrn und sündige nicht mehr. (17,25)

Die Barmherzigkeit des Herrn ist groß. Er erbarmt sich aller, die zu ihm kommen. (17,29)

Verschiedene Warnungen:
Wenn man ein Sieb schüttelt, bleibt der Abfall im Sieb.
Wenn man über einen Menschen nachdenkt, kann man seine Fehler erkennen.
Töpferware prüft man, wie viel Wärme sie im Brennofen aushält.
Einen Menschen beurteilt man, bis man über ihn nachgedacht hat.
Jeder Baum hat eine bestimmte Frucht.
Wir beurteilen den Menschen über das, was er denkt.
Du musst den Menschen zuerst prüfen und beurteilen,
dann erst kannst du ihn loben. (27,4-7)

Meide den Zorn. Der Zorn ist Sünde.
Du sollst dich auch nicht rächen.
Du sollst deinem Nächsten verzeihen. Gott wird dann auch deine Sünden verzeihen, wenn du ihn bittest.
Tu deinem Mitmenschen nichts Böses, dann kannst auch du von Gott Barmherzigkeit bekommen.
Befolge die Gebote! Verzeih deinem Nächsten.
Denk an den Bund Gottes! Sei bereit zum Verzeihen! (27,30-28,7)

Lass deinem Kind nicht jeden Willen und übersieh seine Fehler nicht. (30,11)

Der Herr, unser Gott, ist ein gerechter Gott.
Er hört die Bitten der Notleidenden.
Gott hilft den Armen und Unterdrückten. Er sorgt für ihr Recht. (35,15b-17.20-22a)

Einladung zum Gotteslob
Ehrt Gottes Namen und preist ihn.
Verkündet mit Jubel: Alle Werke des Herrn sind gut.

Er hat alles erschaffen.
Alle Werke des Herrn sind gut. (aus 39,15-25.33-35)

Ich will an die Werke des Herrn denken. Sein Wort hat alles gemacht. Die Werke des Herrn sind herrlich. Alle Wunderwerke Gottes sind weise geordnet. Alle Werke Gottes sind schön. Man kann sich an ihrer Pracht nicht sattsehen. (42,15-25)

Ein Sonnenaufgang ist wunderbar, ein Werk des Allerhöchsten. Der Herr ist groß. Er hat die Sonne erschaffen. (43,1.2.5)

Lobt den Herrn. Lobpreist ihn mit allen Kräften. Der Herr hat alles erschaffen.
Er hat auch den Frommen Weisheit gegeben. (43,28-33)

Schlusswort des Verfassers

Kluge Lehre habe ich in diesem Buche niedergeschrieben. Ich bin Jesus, Sohn des Sirach aus Jerusalem. Weisheit kam aus meinem Herzen. Jeder soll darüber nachdenken. Dann wird er weise werden. Wer sie befolgt, ist klug, weil der Herr ihn führt. (50,27.29)

Dankgebet Jesu, Sohn des Sirach:

Ich will dich preisen, Herr, du König.
Ich will dich loben, Gott meines Heils,
ich will deinen Namen preisen.
Du warst mein Beschützer und mein Helfer.
Du hast mich bewahrt vor Unheil.
Du hast mich gerettet vor Verleumdern.
Du hast mir geholfen gegen Lügner.
Du warst mein Helfer gegen meine Feinde.
Dein Erbarmen hat mich errettet.
Dein Name ist heilig.
Dein Erbarmen hat mein Leben bewahrt.
Von allen Seiten war ich bedrängt.
Niemand hat mir geholfen.
Ich suchte Menschenhilfe.
Ich fand keine.
Da dachte ich an dich, Herr,
und an deine ewige Macht.
Ich rief von der Erde zu dir
und betete um Errettung.
Ich will deinen Namen immer loben
und dir Danklieder singen.
Mein Gebet wurde erhört.
Du hast mich errettet aus aller Not.
Ich will dir danken und dich loben.
Preisen will ich den Namen des Herrn. (51,1-12)

Die Könige von Israel und Juda

MR = Mitregentschaft

Reichsteilung 931 v. Chr.

Land Juda (931-586 v. Chr.)

Rehabeam 931/30-914
Abija 914/13-912
Asa 912/11-871
Joschafat 870-845
Joram MR: 849/48-845
Ahasja 841
Atalja 841/40-836
Joasch 836/35-797
Amasja 797/96-768
Asarja MR 792/91-740
     (Propheten Jesaja, Micha)
Jotam MR 751/50-735
Ahas 735/34-728
Hiskija 728-699
Manasse 698-643
Amon
Joschija 640-609
     (Propheten Jeremia, Nahum, Habakuk)
Joahas 609
Jojakim 609/08-597
Jojachin 597
Zedekia 597/96-586
     (Prophet Ezechiel)

586: Zerstörung Jerusalems, Exil

Land Israel (931-722 v. Chr.)

Dynastie I:
Jerobeam I 931/30-910
Nadab 910-909

Dynastie II:
Bascha 909/908-886
Ela 886-885

Dynastie III:
Simri 885
Tibni (Gegenherrscher) 885-880

Dynastie IV:
Omri 885/84-874
Ahab 874/73-853 (Prophet Elija)
Ahasja 853-852
Joram 852/51-841 (Prophet Elischa)

Dynastie V:
Jehu 841/40-814
Joahas 814/13-798
Joasch 798/97-783
Jerobeam II MR: 794-783; 782-754 (Prophet Amos)
Secharja 754

Dynastie VI:
Schallum 753

Dynastie VII:
Menahem 753/52-743
Pekachja 742-741

Dynastie VIII:
Pekach 740-731

Dyastie IX:
Hoschea 730-722

Untergang des Nordreichs 722

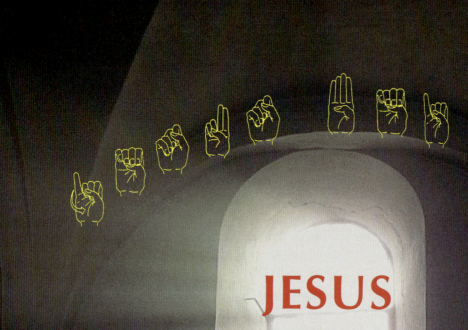

JESUS
BEI
UNS

Der Neue Bund
oder
Das Neue Testament

Alte Bibel (St.Paul, Kärnten).

Das Neue Testament ist ein Teil der Heiligen Schrift.

Die Heilige Schrift heißt auch „BIBEL".
In der Bibel ist Gottes Hilfe und Lehre für die Menschen aufgeschrieben.
Die Bibel hat zwei Teile:
Das Alte Testament (der Alte Bund) und das Neue Testament (der Neue Bund).
Das Alte Testament erzählt: Gott hilft dem Volk Israel.
Gott führt das Volk Israel.
Wir lesen im Alten Testament auch von der Sehnsucht der Menschen nach dem Kommen eines Erlösers, eines Retters.
Das Neue Testament erzählt von Jesus, Gottes Sohn.
Er kommt von Gott, um den Menschen das Heil (= Hilfe, Gnade, Erlösung, ewiges Leben) zu schenken.

Jesus Christus ist der Retter und Heilbringer. Gott hat sein Kommen im Alten Testament versprochen.
Die christliche Kirche übernahm das Alte Testament als Heilige Schrift.
Später wurden die Worte Jesu, die Berichte über seine Taten und sein Leben, Sterben und Auferstehen aufgeschrieben. Diese Schriften verwendete man zum Glaubensunterricht, bei der Verkündigung in den Gottesdiensten und für die Missionspredigt.
Markus hat als Erster ein Evangelium geschrieben.
Später haben Matthäus, Lukas und Johannes ein Evangelium geschrieben.
Dazu kamen ein Buch über das Leben der ersten Christen (Apostelgeschichte), Briefe von Aposteln und ihren Schülern und ein Buch über das Schicksal der Kirche in Gegenwart und Zukunft (Buch der Offenbarung).
Alle diese Schriften wurden zwischen 50 und 120 nach Christus geschrieben.
Sie sind das NEUE TESTAMENT.

Das Neue Testament hat 27 Schriften (= Bücher).
Dazu gehören:
Die vier Evangelien, die Apostelgeschichte, 21 Briefe und das Lehrbuch von Johannes.

Vier Evangelisten (Altar in Gurk).

Die Evangelien

Die vier Evangelienbücher erzählen von Jesus Christus.

Das Wort „Evangelium" ist aus der griechischen Sprache. Es heißt: „gute Nachricht" oder „Frohe Botschaft".

Die Frohe Botschaft: Jesus ist gekommen, um alle Menschen zum Heil zu rufen.

Das Evangelium nach Matthäus

Das Evangelium nach Matthäus erinnert an den Zöllner Matthäus, den Jesus zum Apostel berufen hat.

Das Evangelium wurde um 80 nach Christus geschrieben. Es ist in einer Gegend entstanden, wo Juden und Christen zusammen lebten.

Inhalt des Matthäus-Evangeliums:

Herkunft und Kindheit Jesu, das Wirken Jesu in Galiläa. Das Wirken Jesu in Judäa und Jerusalem, das Leiden Jesu und die Ostergeschichte.

Matthäus zeigt in seinem Evangelium:

Jesus ist der von Gott verheißene (versprochene) Messias (Erlöser, Retter).

Das neue Volk Gottes ist die Kirche. Juden und Heiden gehören zu diesem Volk Gottes.

Das Liebesgebot Jesu (den Nächsten und die Feinde zu lieben) ist die Goldene Regel für das Leben im Reich Gottes.

Durch die Auferstehung Jesu ist der Weg des Heiles für alle Menschen offen. Alle sollen Jünger Jesu und Kinder des Vaters im Himmel werden.

Vorgeschichte
Mt 1,1 – 2,23

Der Stammbaum Jesu
Mt 1,1-17

Wir dürfen das Wort „Vater" hier nicht überall wörtlich verstehen. Es bedeutet auch „Vorfahre", ebenso bedeutet „Sohn" auch „Nachkomme".

Stammbaum Jesu Christi, des Sohnes Davids, des Sohnes Abrahams. Abraham war der Vater von Isaak, Isaak war der Vater von Jakob, Jakob war der Vater von Juda und seinen Brüdern.

Juda war der Vater des Perez und des Serach, ihre Mutter war Tamar. Perez war der Vater von Hezron, Hezron der Vater von Aram.

Aram war der Vater von Amminadab, Amminadab der Vater von Nachschon, Nachschon der Vater von Salmon.

Salmon war der Vater von Boas, seine Mutter war Rahab. Boas war der Vater von Obed, seine Mutter war Rut. Obed war der Vater von Isai.

Isai war der Vater des Königs David. David war der Vater von Salomo, seine Mutter war die Frau des Urija.

Salomo war der Vater von Rehabeam, Rehabeam war der Vater von Abija, Abija der Vater von Asa.

Asa war der Vater von Joschafat, Joschafat der Vater von Joram, Joram der Vater von Usija.

Azor war der Vater von Zadok, Zadok der Vater von Achim, Achim der Vater von Eliud.

Eliud war der Vater von Eleasar, Eleasar der Vater von Mattan, Mattan der Vater von Jakob. Jakob war der Vater von Josef, dem Mann von Maria. Von ihr wurde Jesus geboren, der Christus genannt wird.

Im Ganzen sind es von Abraham bis David vierzehn Generationen, von David bis zur babylonischen Gefangenschaft vierzehn Generationen und von der babylonischen Gefangenschaft bis Christus vierzehn Generationen.

Jesus, der Sohn der Jungfrau Maria
Die Geburt Jesu
Mt 1,16-25

Maria, die Mutter Jesu, war mit Josef verlobt. Sie lebte noch nicht bei ihm. Sie hatte Jesus vom Heiligen Geist empfangen. Josef, ihr Mann war gerecht. Er wollte Maria nicht schaden. Deshalb beschloss er, sich in Stille von ihr zu trennen. Er überlegte.

Stammbaum Jesu (Stift Stams,Stammbaum beginnend bei Adam und Eva).

Usija war der Vater von Jotam. Jotam war der Vater von Ahas, Ahas der Vater von Hiskija. Hiskija war der Vater von Manasse, Manasse der Vater von Amos, Amos der Vater von Joschija. Joschija war der Vater von Jojachin und seinen Brüdern.

Das war zur Zeit der babylonischen Gefangenschaft. Nach der babylonischen Gefangenschaft war Jojachin der Vater von Schealtiël, Schealtiël der Vater von Serubbabel.

Serubbabel war der Vater von Abihud, Abihud der Vater von Eljakim, Eljakim der Vater von Azor.

Marienbrunnen in Nazaret.

Da erschien dem Josef im Traum ein Engel und sagte: „Josef, Sohn Davids, fürchte dich nicht, Maria zu dir zu nehmen. Das Kind, das sie erwartet, ist vom Heiligen Geist. Maria wird einen Sohn gebären. Du sollst ihm den Namen Jesus geben. Er wird sein Volk von seinen Sünden erlösen. Dies alles geschieht, damit wahr wird, was der Herr durch die Propheten gesagt hat:

‚Die Jungfrau wird ein Kind bekommen. Sie wird einen Sohn gebären. Sein Name wird Immanuel sein, das heißt: Gott ist mit uns.‘"

Josef erwachte. Er tat, was der Engel ihm befohlen hatte. Er nahm Maria zu sich. Maria gebar einen Sohn. Josef gab ihm den Namen Jesus.

Die Weisen ehren den König der Juden
Mt 2,1-12

Es war zur Zeit des Königs Herodes. Jesus war in Betlehem in Judäa geboren worden. Weise aus dem Osten (Sterndeuter) kamen nach Jerusalem. Sie fragten: „Wo ist der neugeborene König der Juden? Wir haben seinen Stern gesehen. Wir sind gekommen, um ihn zu ehren."

König Herodes erschrak und mit ihm ganz Jerusalem. Herodes rief alle Hohenpriester und die Schriftgelehrten zu sich und fragte sie, wo der Messias geboren werden soll. Sie antworteten ihm: „In Betlehem in Judäa.

In den Prophetenbüchern ist geschrieben:
Du, Betlehem in Judäa, bist keine unbedeutende Stadt. Aus dieser Stadt wird der Fürst kommen. Der Hirte des Volkes Israel."

Herodes rief die Weisen heimlich zu sich. Er fragte sie, wann sie den Stern gesehen haben. Dann schickte er sie nach Betlehem und sagte: „Geht und sucht das Kind. Sagt mir dann, wo ihr das Kind gefunden habt. Ich will auch hingehen und es ehren." Die Weisen wanderten weiter. Sie sahen den Stern wieder. Er wanderte ihnen voraus. Er blieb an dem Ort stehen, wo das Kind war. Die Weisen gingen in das Haus. Sie sahen das Kind und Maria, seine Mutter. Sie knieten nieder und ehrten es. Dann holten sie ihre Geschenke. Sie schenkten Gold, Weihrauch und Myrrhe. Im Traum wurde ihnen befohlen, nicht zu Herodes zurückzugehen. Sie gingen deshalb auf einem anderen Weg heim in ihr Land.

Die Flucht nach Ägypten
Mt 2,13-15

Die Weisen waren fort. Ein Engel erschien dem Josef im Traum und sagte: „Steh auf! Nimm das Kind und seine Mutter und flieh nach Ägypten. Bleib dort, bis ich dir etwas anderes sage. Herodes wird das Kind suchen, um es zu töten."

Geburtsgrotte in Betlehem.

In Ägypten.

Josef stand auf. Er floh in der Nacht mit dem Kind und Maria nach Ägypten. Er blieb bis zum Tod des Herodes in Ägypten.
So wurde wahr, was der Herr durch die Propheten gesagt hatte: Ich habe meinen Sohn aus Ägypten gerufen.

Der Kindermord in Betlehem
Mt 2, 16-18

Herodes wurde sehr zornig, weil die Weisen nicht zurückkamen. Er befahl, in Betlehem und in der Umgebung alle Buben bis zu zwei Jahren zu töten. Das war die Zeit, die er von den Weisen erfahren hatte.
So war schon beim Propheten Jeremia geschrieben:
Ein Geschrei war in Rama zu hören,
lautes Weinen und Klagen,
Rahel weinte um ihre Kinder,
sie will sich nicht trösten lassen,
denn die Kinder waren tot.

Rückkehr aus Ägypten
Mt 2, 19-23

Als Herodes gestorben war, erschien dem Josef in Ägypten wieder ein Engel im Traum. Er sagte: „Steh auf, nimm das Kind und seine Mutter. Geh in das Land Israel. Die Menschen, die das Kind töten wollten, sind gestorben."
Josef stand auf. Er wanderte mit dem Kind und Maria in das Land Israel. In Judäa regierte Archelaus nach dem Tod seines Vaters Herodes. Josef fürchtete sich deshalb, nach Judäa zu gehen. Er wanderte nach Galiläa in die Stadt Nazaret. So hatte schon der Prophet geschrieben: Jesus wird der Nazoräer (= Jesus aus Nazaret) genannt werden.

Die Vorbereitung des Wirkens Jesu
Mt 3,1 – 4,11

Johannes der Täufer
Mt 3,1-12

Johannes der Täufer predigte in der Wüste von Juda: „Kehrt um! Das Himmelreich ist nahe."
Von Johannes hat schon der Prophet Jesaja gesagt: ‚Er ist wie eine Stimme in der Wüste. Er lehrt: Bereitet dem Herrn den Weg! Macht die Straßen gerade.'
Johannes hatte ein Kleid aus Kamelhaaren und einen Ledergürtel. Er aß Heuschrecken und wilden Honig. Viele Leute aus Jerusalem, aus Judäa und vom Jordan kamen zu ihm. Sie ließen sich im Jordan taufen und bereuten ihre Sünden. Viele Pharisäer und Sadduzäer (= jüdische Religionsparteien) kamen auch zur Taufe. Johannes ermahnte sie: „Bekehrt euch und tut Gutes. Gott kennt euch genau. Wer nichts Gutes tut, wird Gottes Gericht erleben. Ich taufe euch mit Wasser. Das ist das Zeichen für Umkehr. Nach mir aber

Eine Taufstelle beim Jordan.

kommt der Erlöser. Er ist stärker als ich. Ich bin nicht wert, ihm die Schuhe auszuziehen. Er wird euch mit dem Heiligen Geist taufen. Er wird die Guten und die Bösen trennen. Die Guten ruft er zu sich. Die Bösen aber werden im ewigen Feuer sein."

Die Taufe Jesu
Mt 3,13-17

Jesus kam aus Galiläa zum Fluss Jordan. Er bat Johannes um die Taufe. Johannes aber wollte Jesus nicht taufen und sagte: „Du sollst mich taufen. Nicht ich dich."
Jesus aber antwortete: „Wir wollen Gottes Willen befolgen."
Da taufte Johannes Jesus.
Jesus stieg nach der Taufe aus dem Wasser. Der Himmel öffnete sich. Jesus sah Gott Heiligen Geist wie eine Taube vom Himmel herabkommen. Eine Stimme sprach aus dem Himmel: „Dieser Jesus ist mein geliebter Sohn. Ich habe Freude mit ihm."

Die Versuchung Jesu
Mt 4,1-11

Jesus ging in die Wüste. Dort wurde er vom Teufel in Versuchung geführt.
Jesus fastete 40 Tage und Nächte. Dann bekam er Hunger. Da kam der Versucher, der Teufel, zu Jesus. Er sagte: „Wenn du Gott Sohn bist, dann befiehl, dass diese Steine Brot werden."
Jesus antwortete: „Es ist geschrieben: Der Mensch lebt nicht vom Brot allein. Er lebt auch vom Wort Gottes."

Berg der Versuchung bei Jericho.

Der Teufel führte Jesus in die Stadt Jerusalem. Er stellte ihn aufs Tempeldach und sagte: „Wenn du Gottes Sohn bist, dann spring hinunter. Es ist geschrieben: Engel werden dich schützen."

Jesus antwortete: „Es ist auch geschrieben: Du sollst Gott, deinen Herrn, nicht versuchen."

Der Teufel führte Jesus auf einen hohen Berg. Er zeigte ihm alle Reiche der Welt und ihre Schönheit. Er sagte: „Ich schenke dir alles. Aber du musst niederknien und mich anbeten."

Da sagte Jesus zu ihm: „Weg von mir, Satan! Es ist geschrieben: Du sollst nur Gott, deinen Herrn, anbeten und ihm dienen."

Da verschwand der Teufel. Engel kamen und dienten Jesus.

Das Wirken in Galiläa
Mt 4,12 – 18,35

Erstes Auftreten in Galiläa
Mt 4,12-17

Jesus erfuhr, dass Johannes ins Gefängnis geworfen worden war. Er ging deshalb nach Galiläa. Er verließ Nazaret und wohnte in Kafarnaum am See Gennesaret.

Jesus begann zu lehren:
„Kehrt um! Das Himmelreich ist nahe."

Die Berufung der ersten Jünger
Mt 4,18-22

Jesus kam zum See Gennesaret.

Er sah zwei Brüder, Simon Petrus und Andreas. Sie warfen ihre Netze in den See. Sie waren Fischer. Jesus sagte zu ihnen: „ Kommt mit mir. Ihr sollt Menschenfischer sein."

Sie ließen ihre Netze liegen und gingen mit Jesus.

Am See Gennesaret.

Jesus sah zwei andere Brüder: Jakobus und Johannes. Sie waren mit ihrem Vater im Boot und halfen beim Fischen.

Jesus rief sie. Sofort stiegen sie aus dem Boot. Sie verließen ihren Vater und gingen mit Jesus.

Die Wirkung des ersten Lehrens von Jesus
Mt 4,23-25

Jesus wanderte durch Galiläa. Er lehrte in den Synagogen vom Reich Gottes. Er heilte alle Kranken. Bis nach Syrien erfuhr man von Jesus. Man brachte Kranke und Besessene zu ihm. Er heilte alle.

Viele Menschen aus Galiläa, aus dem Norden, aus Jerusalem und Judäa kamen zu Jesus und blieben bei ihm.

Die Bergpredigt – Die wahre Gerechtigkeit
Mt 5,1 – 7,29

Einleitung
Mt 5, 1-2

Viele Menschen waren bei Jesus. Jesus stieg auf einen Berg. Er setzte sich nieder. Seine Jünger kamen zu ihm. Jesus begann zu reden und lehrte alle.

Die Seligpreisungen
Mt 5,3-12

Die Seligkeiten (Selig, Seligkeiten – das ist Freude bei Gott)

Jesus sagte:

„Selig sind die Armen; ihnen gehört das Himmelreich.

Selig sind die Traurigen; sie werden getröstet werden.

Selig sind die Geduldigen; sie werden im Himmel froh sein.

Selig sind jene, die die Gerechtigkeit lieben; sie werden Gerechtigkeit erfahren.

Selig sind die Barmherzigen; Gott wird mit ihnen barmherzig sein.

Selig sind die, die ein reines Herz haben, sie werden Gott schauen.

Selig sind, die für Frieden sorgen, sie werden Kinder Gottes heißen.

Kirche der Seligpreisungen.

Selig sind die, die wegen des Glaubens verfolgt werden; ihnen gehört das Himmelreich.

Selig seid ihr, wenn ihr meinetwegen beschimpft und verspottet werdet. Freut euch! Euer Lohn im Himmel wird groß sein. Denkt an die Propheten. Sie wurden auch verfolgt."

Aufgabe für die Jünger – vom Salz der Erde und vom Licht der Welt
Mt 5,13-16

„Ihr seid das Salz der Erde. Wenn das Salz schlecht wird, kann man es nicht mehr brauchen. Es wird weggeworfen und von den Menschen zertreten.

Ihr seid das Licht der Welt. Eine Stadt auf dem Berg kann man gut sehen. Man stellt eine angezündete Lampe nicht unter einen Eimer, sondern auf einen Leuchter. So kann sie allen im Haus leuchten. So soll auch euer Licht den Menschen leuchten. Die Menschen sollen euch und eure guten Taten sehen. Sie werden den Vater im Himmel preisen (loben)."

Berg der Seligpreisungen mit Blick zum See.

Vom Gesetz und den Propheten
Mt 5,17-20

„Ich bin nicht gekommen, das Gesetz und die Pro-pheten (Lehre aus dem Alten Testament) abzuschaf-fen. Ich will sie erfüllen. Ich will euch lehren, die Gebote richtig zu verstehen und zu befolgen.
Nichts vom Gesetz wird vergehen.
Wer etwas am Gesetz ändert, wird klein sein im Himmelreich. Wer sie hält und halten lehrt, wird ge-ehrt sein im Himmelreich.
Ich sage euch:
Eure Gerechtigkeit muss besser sein als die Gerech-tigkeit der Pharisäer. Nur dann kommt ihr ins Him-melreich."

Vom Töten und von der Versöhnung
Mt 5,21-26

„Ihr kennt das Gebot: Du sollst nicht töten. Ich aber sage euch: Niemand soll seinem Mitmenschen zür-nen oder ihn beschimpfen.
Wenn du opfern willst und jemand Streit mit dir hat, dann versöhne dich zuerst. Dann komm und opfere. Mach Frieden mit deinen Mitmenschen."

Vom Ehebruch und der Ehescheidung
Mt 5,27-30

„Ihr kennt das Gebot: Du sollst nicht ehebrechen.
Ich aber sage euch: Auch die Gedankensünde ist ver-boten.
Wenn dir etwas viel wert ist (dein Auge, deine Hand), dich aber zum Bösen verführt, dann wirf es weg. Es ist besser, die Gefahr zum Bösen zu meiden, als in die Hölle zu kommen."

Ehescheidung
Mt 5,31-32

„Ihr habt gelernt: Wer seine Frau aus der Ehe entlässt, muss ihr eine Scheidungurkunde geben.
Ich sage euch: Niemand kann die Ehe scheiden. Wer eine Frau unschuldig aus der Ehe entlässt, ist schuld am Ehebruch. Wer eine geschiedene Frau heiratet, begeht auch Ehebruch."

Vom Schwören
Mt 5,33-37

„Ihr habt gelernt: Du sollst nicht falsch schwören.
Ich aber sage euch: Ihr sollt nie schwören. Euer Ja muss ehrlich sein. Auch euer Nein muss ehrlich sein. Es ist besser, die Wahrheit zu sagen. Alles andere kommt vom Bösen."

Von der Rache
Mt 5,38-42

„Ihr sagt: Aug um Auge, Zahn um Zahn (Tust du mir Böses, dann tu ich dir auch Böses, ich räche mich).
Ich sage euch: Ihr sollt euch nicht rächen. Ihr sollt verzeihen und Gutes tun. Wenn dich jemand bittet, dann gib. Wenn dich jemand bittet, ihn zu begleiten, dann geh mit.
Wenn jemand etwas borgen will, dann borge."

Liebe zu den Feinden
Mt 5,43-48

„Ihr kennt das alte Gebot: Du sollst deinen Nächsten lieben und deinen Feind hassen.
Ich aber sage euch: Liebt eure Feinde und betet für eure Verfolger. So werdet ihr Kinder Gottes sein. Gott schenkt allen Menschen seine Liebe, den Guten und Bösen, den Gerechten und Ungerechten.

Wenn du Liebe gibst, warte nicht auf Lohn. Wenn du grüßt, warte nicht, ob der andere auch grüßt. Eure Liebe soll größer sein. Bemüht euch, Gottes Liebe nachzuahmen."

Gutes tun
Mt 6,1-4

„Prahlt nicht mit eurer Gerechtigkeit bei den Menschen. Wer prahlt, wird keinen Lohn vom Vater im Himmel bekommen.
Prahlt nicht mit euren guten Werken. Das machen die Heuchler. Sie reden von ihren guten Werken in den Synagogen und auf den Straßen. Sie wollen von den Leuten gelobt werden. Ich sage euch: Dieses Tun ist wertlos.
Du sollst mit deinen guten Werken nicht prahlen. Gott Vater sieht sie. Er wird dich belohnen."

Kirche der Seligpreisungen.

Vom Beten – das Vaterunser
Mt 6,5-15

„Betet nicht wie die Heuchler. Sie prahlen mit ihrem Gebet in den Synagogen und an den Straßenecken. Dieses Gebet ist wertlos. Wenn du betest, dann sprich mit deinem Vater im Himmel. Gott sieht dieses Gebet. Er wird es dir lohnen.
Man braucht beim Beten auch nicht viel reden. Gott, euer Vater weiß, was ihr braucht.
Ihr sollt beten:
Unser Vater im Himmel,
dein Name werde geheiligt.
Dein Reich komme,
dein Wille geschehe wie im Himmel, so auf der Erde.
Gib uns heute das Brot, das wir brauchen.
Und vergib uns unsere Schuld,
wie auch wir vergeben unseren Schuldigern.
Und führe uns nicht in Versuchung,
sondern erlöse uns von dem Bösen.
Wenn ihr den Menschen verzeiht, wird euch auch euer Vater im Himmel verzeihen. Wenn ihr nicht verzeiht, werdet auch ihr keine Verzeihung bekommen."

Fasten
Mt 6,16-18

„Macht beim Fasten kein finsteres Gesicht wie die Heuchler. Sie wollen vor den Leuten prahlen. Dieses Fasten ist wertlos. Niemand braucht von eurem Fasten wissen. Gott, dein Vater, weiß es. Er wird dich belohnen."

Von der falschen und der rechten Sorge
Mt 6,19-34

„Sammelt nicht Schätze auf Erden. Sie werden von Motten zerstört. Diebe können einbrechen und stehlen. Sammelt Schätze im Himmel. Dort gibt es keine Motten und keine Diebe. Wo euer Schatz ist, ist auch eure Liebe.

Man kann nicht zwei Herren dienen. Man wird einen lieben und den anderen hassen. Ihr könnt auch nicht zugleich Gott und das Geld lieben.

Ich sage euch: Sorgt nicht ängstlich um Essen und Kleidung. Das Leben ist mehr wert als die Nahrung. Der Leib ist mehr wert als die Kleidung. Schaut die Vögel an: Sie säen nicht, sie ernten nicht. Sie sammeln keine Vorräte. Euer himmlischer Vater sorgt für ihre Nahrung. Ihr seid mehr wert als die Vögel. Gott wird auch für euch sorgen.

Sorgt auch nicht ängstlich um eure Kleidung. Schaut die Blumen auf dem Feld an. Sie arbeiten nicht und weben nicht. Sie blühen aber in wunderschönen Farben. Gott sorgt für sie. Seid ihr weniger wert als die Blumen? Gott wird auch für euch sorgen.

Fragt nicht ängstlich: Was sollen wir essen? Was sollen wir trinken? Was sollen wir anziehen? Euer Vater im Himmel weiß, was ihr braucht.

Bemüht euch zuerst, Gottes Willen zu befolgen und gerecht zu leben. Alles andere werdet ihr bekommen.

Sorgt nicht ängstlich um den morgigen Tag. Bemüht euch jeden Tag, Gott treu zu sein."

Vom Richten
Mt 7,1-5

„Richtet nicht über andere Menschen. Dann wird Gott euch auch nicht richten. Verurteilt niemanden. Dann wird Gott euch auch nicht verurteilen. Warum siehst du den Splitter im Auge deines Bruders? Warum siehst du den Balken im eigenen Auge nicht? Zieh zuerst den Balken aus deinem Auge. Dann pro-

biere, den Splitter aus dem Auge deines Bruders zu ziehen."

Das Heilige ehren
Mt 7,6

„Ehrt das Heilige. Es soll nicht verspottet und entweiht werden."

Vertrauen beim Beten
Mt 7,7-11

„Bittet, man wird euch geben. Sucht, ihr werdet finden. Klopft an, man wird euch aufmachen. Wer bittet, bekommt; wer sucht, findet; wer anklopft, dem wird geöffnet. Kein Vater gibt seinem Sohn einen Stein, wenn er um Brot bittet. Kein Vater gibt seinem Sohn eine Schlange, wenn er um Fisch bittet. Ihr gebt euren Kindern Gutes. Noch mehr wird Gott euch Gutes geben, wenn ihr ihn bittet."

Die Goldene Regel
Mt 7,12

„Was ihr von Menschen wollt, das tut auch für sie. Das ist der Sinn vom Gesetz und von der Lehre der Propheten."

Zwei Wege
Mt 7,13-14

„Geht durch das enge Tor. Das Tor und der Weg ins Verderben sind breit. Viele Menschen gehen diesen breiten Weg. Das Tor und der Weg zum ewigen Leben aber sind eng und schmal. Nur wenige wissen diesen Weg zu gehen."

Falsche Propheten
Mt 7,15-20

„Gebt acht! Falsche Propheten sind gefährlich. Sie kommen harmlos wie die Schafe. Sie sind aber wie reißende Wölfe. Beobachtet, was sie tun. An ihrem Tun werdet ihr sie erkennen. Man erntet keine Trauben von Dornen und keine Feigen von Disteln. Jeder gute Baum hat gute Früchte; ein schlechter Baum hat schlechte Früchte. Ein guter Baum kann keine schlechten Früchte haben und ein schlechter Baum keine guten. Ein Baum ohne gute Früchte wird umgehauen und ins Feuer geworfen.
Beobachtet also die Propheten genau. An ihrem Tun werdet ihr sie erkennen."

Von Gott reden ohne Gutes tun ist sinnlos
Mt 7,21-23

„Nicht jeder, der zu mir sagt: Herr! Herr!, wird in das Himmelreich kommen. Wichtig ist, den Willen meines Vaters zu tun, um in den Himmel zu kommen. Viele werden am Tage des Gerichtes sagen: Herr, wir haben in deinem Namen gepredigt, böse Geister vertrieben und Wunder gemacht. Ich werde ihnen antworten: Ich kenne euch nicht. Weg von mir, ihr Ungläubigen."

Das Haus auf dem Felsen
Mt 7,24-27

„Wer meine Lehre lernt und sie befolgt, ist wie ein kluger Mann.
Ein kluger Mann baut sein Haus auf einen Felsen. Wolkenbruch, Wasser und Stürme können dem Haus nicht schaden. Es ist auf einen Felsen gebaut.
Wer meine Lehre lernt und nicht befolgt, ist wie ein unvernünftiger Mann. Ein unvernünftiger Mann baut sein Haus auf Sand. Wolkenbruch, Wasser und Stürme zerstören das Haus. Es stürzt ein."

Wirkung der Bergpredigt
Mt 7,28-29

Alle staunten über die Lehre Jesu. Jesus lehrte mit Macht. Er lehrte anders als die Schriftgelehrten (= Bibellehrer, jüdischer Gesetzeslehrer).

Die Taten Jesu
Mt 8,1 – 9,34

Die Heilung eines Aussätzigen
Mt 8,1-4

Jesus kam vom Berg. Viele Menschen gingen mit ihm. Ein Aussätziger kniete vor Jesus nieder und sagte: „Herr, wenn du willst, kannst du mich rein machen." Jesus streckte die Hand aus, berührte den Aussätzigen und sagte: „Ich will, werde rein!"
Im gleichen Augenblick war der Aussätzige gesund. Jesus sagte ihm: „Erzähle niemandem von deiner Heilung. Aber geh und zeige dich den Priestern. Und opfere, wie Mose befohlen hat. Das ist für die Priester ein Beweis deiner Heilung."

Der Hauptmann von Kafarnaum
Mt 8,5-13

Jesus kam nach Kafarnaum. Ein Hauptmann kam zu ihm und bat: „Herr, mein Diener liegt gelähmt zu Hause. Er hat große Schmerzen."
Jesus sagte zu ihm: „Ich will kommen und ihn gesund machen."
Der Hauptmann antwortete: „Herr, ich bin nicht wert, dass du in mein Haus kommst. Sprich nur ein Wort, dann wird mein Diener gesund. Auch ich muss

Befehle befolgen, und die Soldaten müssen mir folgen."

Jesus war erstaunt über den Glauben des Hauptmanns. Er sagte zu den Juden: „Einen solchen Glauben habe ich in Israel noch nicht erlebt."

Dann sagte er zum Hauptmann: „Geh nach Hause, es wird sein, wie du geglaubt hast."

Der Diener wurde in dieser Stunde gesund.

Ausgrabungen in Kafarnaum.

Die Heilung der Schwiegermutter des Petrus
Mt 8,14-15

Jesus ging in das Haus des Petrus. Er sah: Die Schwiegermutter des Petrus lag im Bett und hatte Fieber. Jesus berührte ihre Hand, da verschwand das Fieber. Die Frau stand auf und sorgte für Jesus und die Apostel.

Heilung von Besessenen und Kranken
Mt 8,16-17

Am Abend brachte man viele Besessene zu Jesus. Jesus vertrieb durch seine Worte die bösen Geister. Er heilte alle Kranken.

Es wurde wahr, was der Prophet Jesaja gesagt hatte: ‚Er hat unsere Leiden auf sich genommen. Er hat unsere Krankheiten getragen'.

Jesus nachfolgen
Mt 8,18-22

Ein Schriftgelehrter kam zu Jesus und sagte: „Meister, ich will mit dir gehen, überall hin."

Jesus antwortete ihm: „Die Füchse haben ihre Höhlen, die Vögel haben ihre Nester. Der Menschensohn hat keinen Ort, wo er bleiben kann."

Ein anderer sagte zu Jesus: „Herr, lass mich zuerst heimgehen und meinen Vater begraben."

Jesus sagte ihm: „Komm gleich mit mir."

Der Sturm auf dem See
Mt 8,23-27

Jesus und seine Jünger stiegen in ein Schiff, um über den See zu fahren. Plötzlich kam ein starker Sturm. Die Wellen waren hoch. Viel Wasser kam ins Boot. Jesus aber schlief. Die Apostel weckten Jesus und riefen: „Herr, rette uns, wir ertrinken!"

Jesus sagte zu ihnen: „Warum habt ihr Angst? Warum glaubt ihr nicht an mich?"

Dann befahl Jesus dem Wind und den Wellen. Da war es plötzlich ganz still. Die Leute staunten und sagten: „Wer ist dieser Mann? Sogar Sturm und See gehorchen ihm."

In Gadara (Gerasa)
Mt 8,28-34

Jesus und die Apostel fuhren mit dem Schiff zum anderen Ufer. Sie kamen in die Gegend von Gadara. Zwei Besessene kamen Jesus aus den Grabhöhlen entgegen. Sie waren gefährlich.

Gadara (Gerasa), Jesus heilt Besessene.

Sie schrien: „Was willst du, Sohn Gottes? Wir haben mit dir nichts zu tun. Bist du gekommen, um uns zu quälen?"
In einiger Entfernung war eine große Schweineherde.
Die bösen Geister baten: „Wenn du uns austreibst, dann schick uns in die Schweineherde."
Jesus sagte zu ihnen: „Geht!"
Die bösen Geister fuhren in die Schweinherde. Die Schweine stürmten den Abhang hinunter, stürzten sich in den See und ertranken.
Die Hirten liefen davon. Sie erzählten in der Stadt alles, was geschehen war.
Die Leute kamen zu Jesus. Sie baten ihn: „Verlass unsere Gegend."

Die Heilung des Gelähmten
Mt 9,1-8

Jesus kam in seine Stadt, nach Kafarnaum.
Man brachte einen Gelähmten auf einer Tragbahre zu Jesus.

Jesus sah ihren Glauben. Er sagte zu dem Gelähmten: „Hab Vertrauen. Deine Sünden sind verziehen."
Einige Schriftgelehrte dachten: ‚Der beleidigt Gott.'
Jesus wusste, was sie dachten. Er sagte zu ihnen: „Warum denkt ihr Böses? Was ist leichter zu sagen: Deine Sünden sind vergeben? Oder: Steh auf und geh!
Ihr sollt wissen: Der Menschensohn hat die Macht, Sünden zu verzeihen."
Zum Gelähmten sagte er: „Steh auf, nimm deine Tragbahre und geh nach Hause."
Der Mann stand auf und ging heim.
Die Leute staunten und lobten Gott für dieses Wunder.

Heilung des Gelähmten (Bild in der Kapelle in Kafarnaum).

Die Berufung des Matthäus
Das Mahl mit den Zöllnern
Mt 9,9-13

Der Mann Matthäus saß beim Zoll. Jesus sah ihn und sagte zu ihm: „Komm mit mir."
Matthäus stand auf und ging mit Jesus.
Jesus kam ins Haus von Matthäus zum Essen. Viele Sünder und Zöllner kamen auch. Sie aßen mit Jesus und seinen Aposteln.

Die Pharisäer sahen das. Sie sagten zu den Aposteln: „Warum isst Jesus mit Zöllnern und Sündern?"
Jesus hörte das und sagte: „Die Gesunden brauchen keinen Arzt. Die Kranken brauchen den Arzt.
Ihr sollt euch merken, was Gott sagt: ich will Barmherzigkeit und keine Opfer.
Ich bin nicht zu den Selbstgerechten gekommen. Ich will den Sündern helfen."

Fasten
Mt 9,14-17

Die Jünger des Johannes kamen zu Jesus. Sie fragten: „Warum fasten deine Jünger nicht?
Wir und die Pharisäer haben Fasttag."
Jesus antwortete mit einem Beispiel: „Wenn der Bräutigam da ist, sind die Hochzeitsgäste froh. Wenn ihnen der Bräutigam fortgenommen wird, werden sie fasten."
Dann lehrte Jesus sie mit Beispielen über die neue Lehre und das alte Gesetz:
„Man gibt kein neues Stoffstück auf ein altes Kleid. Das Stoffstück reißt und das Kleid ist noch mehr kaputt.
Neuen Wein füllt man nicht in alte Schläuche. Die Schläuche reissen und der Wein rinnt aus.
Dann kann man beides nicht mehr brauchen."

Die Tochter des Jairus
Die Heilung einer kranken Frau
Mt 9,18-26

Der Vorsteher einer Synagoge kam zu Jesus, kniete nieder und sagte: „Meine Tochter ist gestorben. Komm und mach sie wieder lebendig."
Jesus ging mit ihm. Seine Jünger gingen auch mit.
Eine Frau kam von hinten zu Jesus. Sie war schon zwölf Jahre krank. Sie berührte den Saum von seinem Gewand. Sie dachte: Wenn ich den Saum berühre, werde ich geheilt.
Jesus drehte sich um. Er sah die Frau und sagte: „Hab keine Angst. Dein Glaube hat dir geholfen."
Die Frau war sofort gesund.
Jesus kam in das Haus des Synagogenvorstehers. Die Menschen klagten und weinten, sie spielten Totenlieder.
Jesus sagte zu den Leuten: „Geht hinaus. Das Mädchen ist nicht gestorben. Es schläft."
Die Leute lachten über Jesus.
Man drängte die Leute hinaus. Jesus ging ins Zimmer. Er nahm die Hand des Mädchens. Das Mädchen stand sofort auf.
Dieses Wunder erzählte man in der ganzen Gegend.

Die Heilung von zwei Blinden
Mt 9,27-31

Jesus ging weiter. Zwei Blinde kamen zu ihm. Sie riefen: „Sohn Davids, erbarme dich unser." Jesus fragte sie: „Glaubt ihr, dass ich euch helfen kann?" Sie antworteten: „Ja, Herr."
Jesus berührte ihre Augen und sagte: „Ihr sollt sehen, weil ihr Glauben habt." Da konnten die Blinden sehen. Sie gingen fort und erzählten das Wunder überall.

Die Heilung eines Stummen
Mt 9,32-34

Man brachte einen Stummen zu Jesus. Der Stumme war besessen. Jesus jagte den bösen Geist davon. Da konnte der Stumme reden. Die Leute riefen: „Wir haben solche Wunder noch niemals gesehen."
Die Pharisäer aber murrten und schimpften über Jesus.

Die Sendungsrede
Mt 9,35 – 10, 42

Die große Ernte
Mt 9,35-38

Jesus wanderte durch alle Städte und Dörfer. Er lehrte in den Synagogen.
Er predigte das Evangelium. Er heilte die Kranken. Jesus sah die vielen Menschen. Er hatte Mitleid mit ihnen. Sie waren sehr müde und allein, wie Schafe ohne Hirten.
Er sagte zu seinen Jüngern: „Die Ernte ist groß, aber es gibt nur wenige Arbeiter. Bittet Gott, dass er Arbeiter für seine Ernte schicke."

Die Wahl der Apostel
Mt 10,1-4

Jesus rief seine zwölf Apostel zu sich. Er gab ihnen Macht, böse Geister zu vertreiben und Kranke zu heilen.
Die Namen der zwölf Apostel sind: Simon, genannt Petrus, und sein Bruder Andreas, Jakobus, der Sohn des Zebedäus, und sein Bruder Johannes, Philippus und Bartholomäus, Thomas und Matthäus, der Zöllner; Jakobus, der Sohn des Alphäus, und Thaddäus, Simon Kananäus und Judas Iskariot, der Jesus verraten hat.

Aufgaben und Verhalten bei der Mission
Mt 10,5-15

Jesus schickte die zwölf Apostel fort. Sie sollten die Menschen lehren. Jesus befahl ihnen: „Geht nicht zu den Heiden und Samaritanern. Geht zu den Juden in Israel. Predigt das Reich Gottes. Heilt Kranke, macht Tote lebendig, macht Aussätzige rein, vertreibt die bösen Geister. Ich habe euch meine Lehre umsonst unterrichtet, ihr sollt meine Lehre umsonst weitergeben. Nehmt nichts mit auf eurem Weg, kein Geld, kein zweites Hemd, keine Schuhe, keinen Wanderstab. Wer arbeitet, hat ein Recht auf Hilfe. Geht in eine Stadt, geht zu einem guten Menschen, bleibt in diesem Haus, bis ihr weitergeht. Wünscht dem Haus Frieden. Der Friede wird bei den Leuten bleiben, wenn sie gut sind. Wenn man euch in einem Haus oder in einer Stadt keine Wohnung geben will, dann geht fort. Diese Stadt wird am Tag des Gerichtes Strafe bekommen."

Den Glauben ohne Furcht bekennen
Mt 10,16-39

„Ich sende euch wie Schafe unter die Wölfe *(eure Aufgabe wird gefährlich sein)*. Seid deshalb klug. Gebt acht.
Die Menschen werden euch zum Gericht bringen. Sie werden euch in den Synagogen geißeln. Man wird euch vor Königen und Statthaltern verklagen, weil ihr zu mir gehört. Ihr sollt eure Treue zu mir beweisen. Macht euch bei Gericht keine Sorge, was ihr reden sollt. Gottes Geist wird euch helfen.
Alle werden euch hassen, weil ihr an mich glaubt. Wer aber treu bleibt, wird gerettet werden.
Der Schüler ist nicht mehr als der Meister. Haben sie mich verfolgt, so werden sie auch euch verfolgen. Fürchtet euch nicht vor euren Feinden. Alles, was heimlich getan wird, wird aufgedeckt. Alles Verborgene wird öffentlich bekannt. Predigt deshalb meine Lehre. Fürchtet euch nicht vor euren Feinden. Sie können euren Leib töten, sie können aber eurer Seele nicht schaden. Fürchtet Gott. Er kann Leib und Seele in der Hölle vernichten. Man kann zwei Spatzen um

ein paar Cent kaufen. Und doch vergisst Gott keinen. Fürchtet euch deshalb nicht. Ihr seid mehr wert als die Spatzen.

Predigt den Menschen von mir. Ich werde für euch dann den Vater bitten. Wer aber nicht an mich glaubt, dem kann ich nicht helfen.

Ihr müsst mich mehr lieben als Vater, Mutter, Sohn oder Tochter.

Wer mich liebt, nimmt sein Kreuz auf seine Schulter und folgt mir nach. Wer nicht treu ist, wird das ewige Leben verlieren. Wer aber treu ist und sein Leben opfert, wird ewig leben."

Lohn für die Aufnahme der Jünger
Mt 10,40-42

„Wer euch aufnimmt, nimmt mich auf. Wer mich aufnimmt, nimmt den auf, der mich gesandt hat. Wer jemanden aufnimmt, weil er mein Jünger ist, wird seinen Lohn bekommen."

Mt 11,1

Nach dieser Rede an die zwölf Jünger ging Jesus weiter. Er wollte in den Städten lehren und predigen.

Der Beginn der Entscheidung
Mt 11,2 – 12,50

Die Frage Johannes des Täufers
Mt 11,2-6

Johannes war im Gefängnis *(das hatte König Herodes befohlen, weil er den Ermahnungen des Johannes nicht folgen wollte)*.

Johannes hörte von den Taten Jesu. Er schickte seine Jünger zu Jesus. Sie sollten fragen: „Bist du der Erlöser oder müssen wir auf einen anderen warten?"

Jesus antwortete ihnen: „Geht zu Johannes und erzählt ihm, was ihr gesehen und gehört habt: Blinde sehen wieder, Lahme gehen, Aussätzige werden rein, Taube hören, Tote werden auferweckt. Armen wird das Evangelium gepredigt.

Selig ist, wer an mich glaubt."

Das Urteil Jesu über Johannes den Täufer
Mt 11,17-19

Die Jünger des Johannes gingen wieder fort.

Jesus sprach zu den Leuten über Johannes:

„Warum seid ihr in die Wüste gegangen? Was wolltet ihr sehen?

Ein Schilfrohr im Wind? Einen Mann mit feinen Kleidern?

Leute mit feinen Kleidern sind beim König.

Warum seid ihr in die Wüste gegangen?

Wolltet ihr einen Propheten sehen?

Ja, ich sage euch: Ihr habt einen Propheten gesehen. Von ihm ist in der Bibel geschrieben: Ich schicke meinen Boten. Er wird den Weg für den Erlöser bereiten.

Ihr könnt euch nicht entscheiden, was oder wem ihr glauben sollt. Ihr seid wie Kinder auf dem Marktplatz. Sie haben Hochzeitslieder und Klagelieder gespielt. Die anderen haben dazu nicht getanzt und nicht geklagt.

Ähnlich ist euer Urteil über Johannes und den Menschensohn.

Johannes ist gekommen, er isst nicht und trinkt nicht.

Ihr sagt: Er ist von einem bösen Geist besessen.

Der Menschensohn ist gekommen. Er isst und trinkt.

Ihr sagt: Dieser Fresser und Säufer, er ist ein Freund der Zöllner und Sünder.

Die Weisheit wird helfen, richtig zu entscheiden."

Das Gericht über Städte in Galiläa
Mt 11,20-24

Jesus hatte in einigen Städten viele Wunder getan. Sie aber bekehrten sich nicht.
Jesus machte ihnen deshalb Vorwürfe: „Weh dir, Chorazin! Weh dir, Betsaida! Auch du Kafarnaum wirst Strafe bekommen.
Ihr habt die Wunder gesehen, euch aber nicht bekehrt. Ihr werdet deshalb gestraft werden. Andere Städte haben keine Wunder gesehen. Gott wird ihnen barmherzig sein."

Der Dank Jesu an den Vater
Mt 11,25-27

Jesus sprach: „Ich preise dich, Vater, Herr des Himmels und der Erde. Die Klugen und Weisen verstehen dich nicht. Bescheidene Menschen aber lieben deine Lehre. Vater, du hast mit ihnen Freude.
Der Vater hat mir alles gegeben. Der Vater kennt seinen Sohn. Der Sohn kennt seinen Vater. Der Sohn offenbart den Menschen alles."

Korazim (Chorazin).

Vom leichten Joch Jesu
Mt 11,28-30

„Kommt alle zu mir, wenn ihr schwer zu tragen habt. Ich werde euch Ruhe schenken.
Nehmt mein Joch und tragt es, ich will euch helfen. Lernt von mir, denn ich bin gut und demütig. Ihr werdet Ruhe finden. Mein Joch ist leicht."

Das Abreißen der Ähren am Sabbat
Mt 12,1-8

Jesus ging am Sabbat durch die Kornfelder. Seine Jünger hatten Hunger. Sie rissen Ähren ab und aßen.
Die Pharisäer sahen das. Sie sagten zu Jesus: „Schau, was deine Jünger tun! Das ist am Sabbat verboten!"
Jesus antwortete ihnen: „Ihr wisst aus den Heiligen Schriften: König David und seine Begleiter hatten Hunger. Sie gingen in das Haus Gottes und aßen die heiligen Brote. Diese heiligen Brote durften nur die Priester essen.
Begreift: Ich bin mehr als der Tempel. Ihr sollt wissen: Ich will Barmherzigkeit und nicht Opfer.
Ihr dürft Unschuldige nicht verurteilen. Der Menschensohn ist Herr über den Sabbat."

Die Heilung eines Mannes am Sabbat
Mt 12,9-14

Jesus verließ die Pharisäer und ging in die Synagoge. Dort war ein Mann mit einer gelähmten Hand. Die Pharisäer fragten Jesus: „Darf man am Sabbat heilen?" Sie wollten Schuld bei Jesus finden und ihn anklagen.
Jesus sagte ihnen: „Wenn ihr ein Schaf habt, das am Sabbat in die Grube fällt, dann werdet ihr es sofort herausholen.
Ein Mensch ist viel mehr wert als ein Schaf. Deshalb ist es erlaubt, am Sabbat Gutes zu tun."

Jesus sagte zu dem Mann: „Streck deine Hand aus!"
Der Mann streckte die Hand aus, sie war sofort geheilt.
Da wurden die Pharisäer wütend und liefen hinaus.
Sie dachten daran, Jesus zu töten.

Jesus, der Knecht Gottes
Mt 12,15-21

Jesus ging von dort weg.
Viele Leute kamen zu ihm. Er heilte viele Kranke. Er verbot ihnen, öffentlich von den Heilungen zu reden.
So wurde wahr, was der Prophet Jesaja gesagt hat:
Gott spricht:
‚Seht, das ist mein Knecht. Ich habe ihn erwählt. Ich habe Freude mit ihm.
Gottes Geist ist mit ihm.
Er wird den Völkern das Recht verkünden.
Er wird Frieden bringen.
Er wird verzeihen und für Recht sorgen.
Die Völker werden auf ihn hoffen.'

Verteidigungsrede Jesu
Mt 12,22-37

Man brachte einen Besessenen zu Jesus. Er war blind und stumm. Jesus heilte ihn.
Der Geheilte konnte wieder sehen und reden.
Alle Leute staunten und fragten: „Vielleicht ist er (Jesus) der Sohn Davids?"
Die Pharisäer schimpften: „Jesus kann nur mit der Hilfe vom Satan, dem Anführer der bösen Geister andere böse Geister austreiben."
Jesus wusste, was sie dachten und sagte ihnen: „Wenn ein Reich, eine Stadt oder eine Familie nicht einig sind, werden sie zerstört werden.

Wenn der Satan den Satan vertreibt, wird sein Reich zerstört werden.
Auch eure Anhänger vertreiben böse Geister. Durch wen?
Sie selbst verurteilen durch ihr Tun euer falsches Denken.
Ich vertreibe die bösen Geister durch Gottes Geist.
Ich will euch Gottes Reich bringen. Wer aber gegen mich ist, der wird verloren sein.
Ich sage euch: Jede Sünde kann verziehen werden. Die Sünde gegen den Heiligen Geist aber kann nicht verziehen werden.
Ein Beispiel:
Ein Baum ist gut, dann hat er auch gute Früchte.
Ein Baum ist schlecht, dann sind auch seine Früchte schlecht.
Ihr seid falsch!
Ihr könnt nicht Gutes reden, wenn ihr böse seid!
Ein guter Mensch tut Gutes, weil das Gute in ihm ist.
Ein schlechter Mensch tut Böses, weil das Böse in ihm ist.
Gott wird jeden richten über das, was er gesagt hat."

Kein Zeichen
Mt 12,38-42

Schriftgelehrte und Pharisäer sagten zu Jesus: „Meister, wir wollen von dir ein Zeichen sehen."
Jesus antwortete: „Ihr seid böse und treulos, ihr verlangt ein Zeichen. Ihr werdet nur das Zeichen vom Propheten Jona bekommen. Jona war drei Tage und drei Nächte im Bauch des Fisches. Der Menschensohn wird drei Tage und drei Nächte im Inneren der Erde sein.
Die Menschen von Ninive haben sich nach der Predigt des Jona bekehrt, ihr aber werdet verurteilt werden."

Von der Rückkehr der unreinen Geister
Mt 12,43-45

„Wenn ein unreiner Geist einen Menschen verlassen hat, wandert er durch die Wüste. Er sucht einen Ort, wo er bleiben kann. Wenn er keinen findet, probiert er dorthin zurückzukommen, wo er früher war. Wenn der Platz sauber, geschmückt und leer ist, holt er sieben andere Geister, noch schlimmer als er selbst.
Sie gehen zu diesem Ort, dann wird es mit diesem Menschen schlimmer werden als vorher.
Dieser bösen Generation wird es genauso gehen."

Die wahren Verwandten Jesu
Mt 12,46-50

Jesus redete zum Volk. Seine Mutter und seine Verwandten standen vor dem Haus. Sie wollten mit Jesus sprechen. Jemand sagte zu Jesus: „Deine Mutter und deine Verwandten sind da. Sie wollen mit dir sprechen."

Kafarnaum, Haus des Petrus, Ausgrabungen.

Jesus aber antwortete: „Wer ist meine Mutter, wer sind meine Verwandten?"
Jesus zeigte auf seine Jünger und sagte: „Das sind meine Mutter und meine Verwandten.
Wer den Willen meines Vaters tut, ist für mich Bruder und Schwester und Mutter."

Die Rede über das Himmelreich
Mt 13,1-53

Das Gleichnis vom Sämann
Mt 13,1-9

Jesus ging vom Haus weg zum Ufer vom See Gennesaret. Viele Menschen kamen zu ihm. Da stieg Jesus in ein Boot und setzte sich. Die Menschen blieben am Ufer. Jesus lehrte die Menschen Gleichnisse. Jesus sagte:„Ein Sämann ging auf das Feld, um zu säen. Einige Körner fielen auf den Weg. Die Vögel kamen und fraßen sie. Andere Körner fielen auf steinigen Boden. Da war nur wenig Erde. Die Körner gingen sofort auf. Sie verdorrten aber in der Sonne, weil sie keine Wurzeln hatten. Andere Körner fielen in die Dornen. Die Dornen wuchsen und erstickten die Saat. Andere Körner fielen auf gute Erde. Sie wuchsen und brachten viel Frucht, hundertfach, sechzigfach oder dreißigfach."

Warum Gleichnisrede?
Mt 13,10-17

Die Jünger kamen zu Jesus und sagten: „Warum lehrst du mit Gleichnissen?"
Jesus antwortete: „Ihr dürft die Lehre vom Himmelreich verstehen. Viele aber verstehen sie nicht. Deshalb unterrichte ich in Gleichnissen.
Bei den Leuten wird die Weissagung vom Propheten Jesaja wahr:

,Ihr hört mit den Ohren, aber ihr versteht nicht.
Ihr schaut mit den Augen, aber ihr seht nicht.
Euer Herz ist hart. So könnt ihr euch nicht bekehren, und ich kann euch nicht retten.'
Freut euch, weil ihr meine Lehre hören und verstehen dürft."

Erklärung des Gleichnisses vom Sämann
Mt 13,18-23

Jesus sagte zu seinen Jüngern: „ Ich will euch das Gleichnis erklären: Ein Mensch hört die Lehre vom Reich Gottes, will aber nicht verstehen. Da kommt der Böse und nimmt alles aus dem Herzen. Das ist der Same auf dem Weg.
Andere hören Gottes Wort und nehmen es freudig auf. In Not und Gefahr aber fallen sie ab. Das ist der Same auf steinigem Boden. Andere hören Gottes Wort. Die Sorgen der Welt und die Gier nach Reichtum lassen aber den Glauben vergessen. Das ist der Same unter den Dornen.
Andere hören Gottes Wort, glauben es und tun viel Gutes. Das ist der Same auf guter Erde."

Das Gleichnis vom Unkraut und dem Weizen
Mt 13,24-30

Jesus erzählte ein anderes Gleichnis: „Das Himmelreich ist wie ein Mann, der guten Samen auf seinen Acker säte. Während die Leute schliefen, kam der Feind. Er säte Unkraut unter den Weizen und ging wieder weg. Die Saat ging auf, die Ähren wuchsen. Man konnte auch das Unkraut sehen. Die Knechte liefen zum Bauern und sagten: ‚Herr, du hast guten Samen auf deinen Acker gesät. Woher kommt das Unkraut?' Der Bauer antwortete: ‚Das hat mein Feind getan.' Da fragten die Knechte: ‚Sollen wir das Unkraut ausreißen?' Der Bauer antwortete: ‚Nein, sonst

Unkraut im Acker.

reißt ihr auch den Weizen aus. Lasst beides wachsen bis zur Ernte. Bei der Ernte werde ich den Erntearbeitern sagen: Sammelt zuerst das Unkraut und verbrennt es. Den Weizen bringt in meine Scheune.' "

Das Gleichnis vom Senfkorn
Mt 13,31-32

Jesus erzählte noch ein Gleichnis: „Das Himmelreich ist wie ein Senfkorn. Ein Mann säte es auf seinen Acker. Das Senfkorn ist das kleinste von allen Samenkörnern. Wenn es aber wächst, wird es größer als die anderen Gewächse. Es wird ein Baum. Die Vögel kommen und wohnen in seinen Zweigen."

Das Gleichnis vom Sauerteig
Mt 13,33

Ein anderes Gleichnis: „Das Himmelreich ist wie ein Sauerteig. Eine Frau nahm ihn und vermischte ihn mit Mehl. Das Ganze wurde durchsäuert."

Die Bedeutung der Gleichnisse
Mt 13,34-35

Jesus lehrte die Menschen in Gleichnissen. Das hatte schon ein Prophet gesagt: Ich will in Gleichnissen reden. Ich will offenbaren, was seit Beginn der Schöpfung verborgen war.

Erklärung des Gleichnisses vom Unkraut
Mt 13,36-43

Die Leute gingen nach Hause. Jesu Jünger kamen und baten: „Erkläre uns das Gleichnis vom Unkraut auf dem Acker."
Jesus antwortete: „Der Mann, der guten Samen sät, ist der Menschensohn. Der Acker ist die Welt. Der gute Samen sind die gläubigen Menschen. Das Unkraut sind die ungläubigen Menschen. Der Feind ist der Teufel.
Die Ernte ist das Ende der Welt. Die Erntearbeiter sind die Engel. Das Unkraut wird ausgerissen und im Feuer verbrannt. So wird es auch am Ende der Welt sein: Der Menschensohn wird seinen Engeln befehlen, die Ungläubigen zu holen und in das Feuer (die Hölle) zu stoßen. Dort wird Schmerz und Zorn sein. Die Gläubigen aber werden ewige Freude haben beim Vater im Himmel."

Die Gleichnisse vom Schatz und von der Perle
Mt 13,44-46

„Das Himmelreich ist wie ein Schatz. Der Schatz war in einem Acker vergraben. Ein Mann fand ihn und versteckte ihn wieder im Acker. Er freute sich sehr, verkaufte sein Eigentum und kaufte den Acker.
Das Himmelreich gleicht auch einem Kaufmann. Er suchte wertvolle Perlen. Er fand eine besonders wertvolle Perle. Er verkaufte sein Eigentum und kaufte die Perle."

Das Gleichnis vom Fischnetz
Mt 13,47-50

„Das Himmelreich gleicht auch einem Netz. Man warf es ins Meer, um Fische zu fangen. Als es voll war, zogen es die Fischer ans Ufer. Sie setzten sich, nahmen die guten Fische und legten sie in Körbe. Die schlechten Fische warfen sie weg. So wird es auch am Ende der Welt sein: Die Engel werden kommen. Sie werden die Bösen und die Gläubigen trennen. Die Bösen werden ins Feuer geworfen. Dort ist Schmerz und Zorn."

So arbeiteten Fischer am See Gennesaret.

Ende der Gleichnisrede
Mt 13,51-53

Jesus fragte seine Apostel: „ Habt ihr alles verstanden?"
Die Apostel antworteten: „Ja."
Jesus sagte ihnen: „Ihr müsst die Lehre vom Himmelreich verkünden. Diese Lehre ist wie ein kostbarer Schatz."
Dann wanderte Jesus weiter.

Weitere Taten – Belehrung der Jünger
Mt 13,54 – 17,27

Ablehnung Jesu in seiner Heimat
Mt 13,54-58

Jesus kam in seine Vaterstadt Nazaret. Er lehrte in der Synagoge. Alle staunten und sagten:
„Woher hat er diese Weisheit? Woher hat er die Kraft, Wunder zu tun? Er ist doch der Sohn des Zimmermanns! Wir kennen seine Mutter Maria und alle Verwandten!
Woher hat er die Weisheit für all sein Tun?"
Die Bewohner von Nazaret lehnten Jesus ab.
Jesus sagte zu ihnen: „Ein Prophet hat in seiner Heimat und in seiner Familie wenig Anerkennung. Das ist immer so."
Jesus konnte in Nazaret nur wenige Wunder wirken, weil die Menschen nicht glaubten.

Das Urteil des Herodes über Jesus
Mt 14,1-2

Herodes hörte, was von Jesus erzählt wurde. Er sagte zu seinen Begleitern: „Das ist Johannes der Täufer. Er ist von den Toten auferstanden, deshalb kann er so Wunderbares tun."

Die Enthauptung Johannes des Täufers
Mt 14,3-12

Herodes hatte Johannes gefangen nehmen lassen und ins Gefängnis gesperrt.
Schuld war Herodias. Herodes hatte Herodias, die Frau seines Bruders, zu sich genommen.
Johannes hat ihm gesagt: „Du hast nicht das Recht, Herodias zur Frau zu nehmen."
Herodes wollte ihn deshalb töten. Er fürchtete aber das Volk. Die Leute liebten den Propheten Johannes.
Herodes hatte Johannes verhaften, fesseln und in den Kerker sperren lassen.
Herodes hatte Geburtstag. Die Tochter der Herodias kam, um zu tanzen. Herodes und alle Gäste hatten Freude mit dem Tanz. Herodes wollte dem Mädchen alles geben, was sie sich wünschte. Er schwor dem Mädchen: „Ich gebe dir alles, was du dir wünschst."
Das Mädchen fragte seine Mutter. Die Mutter drängte sie, den Kopf Johannes des Täufers zu verlangen. Die Tochter ging zum König und verlangte: „Bring mir auf einer Schale den Kopf von Johannes dem Täufer."
Herodes wurde traurig. Er wollte sich aber nicht blamieren. Deshalb befahl er, Johannes zu enthaupten. Johannes wurde enthauptet. Man legte seinen Kopf auf eine Schüssel und gab sie dem Mädchen. Das Mädchen aber gab sie der Mutter.
Die Jünger des Johannes kamen und holten die Leiche, um sie zu begraben. Dann gingen sie zu Jesus und erzählten ihm alles.

Die Speisung der Fünftausend
Mt 14,13-21

Jesus erfuhr vom Tod Johannes des Täufers. Er fuhr mit dem Boot in eine einsame Gegend.

Er wollte allein sein. Aber die Leute kamen zu ihm, sie gingen ihm zu Fuß nach.

Jesus stieg aus dem Boot, sah die vielen Menschen. Er hatte Mitleid mit ihnen. Er heilte ihre Kranken.

Am Abend kamen die Jünger zu Jesus. Sie sagten ihm: „Der Ort ist einsam, es ist schon spät. Schick die Leute weg. Sie sollen in die Dörfer gehen und Essen kaufen."

Jesus antwortete seinen Jüngern: „Die Leute brauchen nicht weggehen. Gebt ihr ihnen zu essen."

Sie sagten ihm: „Wir haben nur fünf Brote und zwei Fische."

Tabgha, in der Kirche der Brotvermehrung.

Jesus bat: „Bringt sie mir."

Dann befahl Jesus: „Die Leute sollen sich ins Gras setzen."

Jesus nahm die fünf Brote und die zwei Fische. Er schaute zum Himmel und sprach das Lobgebet. Er brach die Brote und gab sie den Jüngern. Die Jünger gaben die Brote den Leuten. Alle aßen und wurden satt.

Die Jünger sammelten die übrig gebliebenen Brotstücke. Zwölf Körbe wurden voll.

5000 Männer hatten gegessen. Viele Frauen und Kinder waren auch satt.

Der Gang Jesu auf dem Wasser
Mt 14,22-33

Jesus befahl den Jüngern: „Steigt ins Boot und fahrt voraus ans andere Ufer."

Jesus wollte die Leute nach Hause schicken.

Dann stieg Jesus auf einen Berg. Er wollte in der Einsamkeit beten. Spät am Abend war Jesus noch immer allein auf dem Berg.

Das Boot war schon weit weg vom Land. Das Boot wurde von den Wellen stark hin und her geworfen. Es war Gegenwind. In der Nacht kam Jesus. Er ging über den See. Die Jünger erschraken und schrien: „Ein Gespenst kommt!" Jesus aber sprach: „Habt Vertrauen, ich bin es. Fürchtet euch nicht."

Petrus sagte: „Herr, wenn du es bist, dann befiehl, dass ich auf dem Wasser zu dir komme."

Jesus sagte: „Komm!"

Petrus stieg aus dem Boot und ging über das Wasser zu Jesus. Er spürte den starken Wind und bekam Angst. Er begann unterzugehen. Er schrie: „Herr, rette mich!"

Sofort nahm ihn Jesus bei der Hand. Er sagte zu ihm:

„Warum ist dein Glaube so klein? Warum hast du gezweifelt?"

Dann stiegen sie ins Boot und der Sturm hörte auf. Die Jünger im Boot staunten. Sie knieten nieder und sagten zu Jesus: „Wirklich! Du bist der Sohn Gottes."

Krankenheilungen in Gennesaret
Mt 14,34-36

Jesus und die Apostel fuhren zum Ufer und kamen nach Gennesaret. Die Leute erkannten Jesus. Sie schickten Boten in die Umgebung. Man brachte alle Kranken zu Jesus. Sie wollten wenigstens sein Gewand berühren. Jesus half allen und heilte sie.

Von Reinheit und Unreinheit
Mt 15,1-20

Die Pharisäer und einige Schriftgelehrte kamen aus Jerusalem zu Jesus. Sie fragten ihn: „Warum befolgen deine Jünger nicht das Gesetz des Mose? Sie waschen sich nicht die Hände vor dem Essen."

Jesus antwortete ihnen: „Warum befolgt ihr Gottes Gebote nicht, ihr wollt, dass eure Gesetze wichtiger sind.

Gott hat gesagt: Ehre Vater und Mutter; und: Wer Vater oder Mutter nicht ehrt, wird mit dem Tod bestraft werden.

Ihr aber sagt: Wenn man Vater oder Mutter etwas schuldet, nimmt man das Schuldgeld als Opfergabe. Dann braucht man Vater und Mutter nicht mehr ehren.

Ihr seid falsch. Ihr ändert die Gebote Gottes. Ihr wollt, dass nur eure Gesetze gültig sind.

Ihr Falschen!

Der Prophet Jesaja hat richtig von euch gesagt:

Dieses Volk ehrt mich mit den Lippen, sein Herz ist weit weg von mir.

Es ist sinnlos wie sie mich ehren.

Sie lehren nur Befehle von Menschen."

Jesus rief die Leute zu sich und sagte ihnen: „Was in den Mund des Menschen kommt, macht ihn nicht unrein. Wenn aber Böses im Menschen ist, und das Böse aus dem Menschen herauskommt, dann ist er unrein."

Die Jünger sagten zu Jesus: „Die Pharisäer sind zornig auf dich, sie ärgern sich."

Jesus sagte ihnen: „Lasst sie, sie sind wie blinde Blindenführer.

Kein Blinder kann einen Blinden führen. Sie fallen beide in die Grube."

Petrus bat Jesus: „Erkläre uns das Wort von unrein und rein."

Jesus antwortete: „Das Böse, das aus dem Herzen der Menschen kommt, macht ihn unrein.

Böse Gedanken, Mord, Ehebruch, Unzucht, Diebstahl, Lügen und Gotteslästerung sind Sünden. Essen mit ungewaschenen Händen ist keine Sünde."

Die Bitte der heidnischen Frau
Mt 15,21-28

Jesus kam in das Land bei den Städten Tyrus und Sidon. Da kam eine Frau zu ihm. Sie rief: „Hab Erbarmen mit mir, Herr, du Sohn Davids! Meine Tochter wird von einem bösen Geist gequält."

Jesus gab ihr keine Antwort.

Die Jünger baten Jesus: „Hilf ihr, sie schreit immer wieder."

Jesus sagte: „Ich bin nur zum Volk Israel gekommen."

Die Frau kam zu Jesus und kniete nieder. Sie bat ihn um Hilfe.

Jesus sagte: „Man muss das Brot den Kindern geben und nicht den Hunden."

Die Frau antwortete: „Herr, das ist richtig. Aber auch die Hunde bekommen die Brotreste, die vom Tisch fallen."
Jesus lobte den Glauben der Frau. Er half der Frau, weil ihr Glaube groß war.
Jesus vertrieb den bösen Geist.
Als die Frau nach Hause kam, war ihre Tochter gesund.

Die Heilung vieler Kranker
Mt 15,29-31

Jesus kam wieder zum See von Galiläa. Er stieg auf einen Berg und setzte sich nieder. Viele Leute kamen zu Jesus. Sie brachten Lahme, Krüppel, Blinde, Stumme und viele andere Kranke zu ihm. Jesus heilte sie. Stumme konnten plötzlich reden, Krüppel wurden gesund, Lahme konnten gehen, Blinde konnten sehen. Das Volk staunte. Alle lobten und ehrten Gott.

Die Speisung der Viertausend
(Die zweite Brotvermehrung)
Mt 15,32-39

Jesus rief die Jünger zu sich und sprach zu ihnen: „Ich habe Mitleid mit dem Volk. Sie sind schon drei Tage bei mir und haben nichts zu essen. Ich will sie nicht hungrig nach Hause schicken. Manche schaffen den weiten Weg nicht, weil sie zu schwach sind."
Die Jünger antworteten ihm: „Woher sollen wir hier in der Wüste Brot nehmen, damit so viele Menschen satt werden?"
Jesus fragte sie: „Wie viele Brote habt ihr?" Sie antworteten: „Sieben und einige Fische."
Jesus befahl den Leuten, sich niederzusetzen. Er nahm die sieben Brote und die Fische, sprach ein Dankgebet, brach die Brote und gab sie den Jüngern zum Verteilen. Die Jünger verteilten die Brote. Alle

Tabgha, Brotvermehrungskirche.

aßen und wurden satt. Man sammelte die übrigen Stücke. Sieben Körbe wurden voll. 4000 Männer hatten gegessen, dazu noch Frauen und Kinder.
Jetzt schickte Jesus die Menschen nach Hause. Er stieg mit den Jüngern in das Boot und fuhr über den See.

Kein Zeichen
Mt 16,1-4

Pharisäer und Sadduzäer kamen zu Jesus. Sie wollten ihn auf die Probe stellten (ihn mit einer Frage zu einer falschen Aussage verführen).

Sie baten Jesus: „Wir wollen ein Zeichen vom Himmel sehen."
Jesus antwortete ihnen: „Ihr seid eine böse und treulose Generation. Und ihr wollt ein Zeichen!
Ihr werdet kein Zeichen bekommen. Nur das Zeichen von Jona."
Jesus ließ sie stehen und ging weg.

Warnung vor den Pharisäern und Sadduzäern
Mt 16,5-12

Die Jünger kamen zum anderen Ufer. Sie hatten vergessen, Brot mitzunehmen. Sie waren voll Sorge, weil kein Brot da war. Da sprach Jesus zu ihnen: „Warum sorgt ihr euch schon wieder um Brot? Habt ihr alles vergessen? 5000 haben von fünf Broten gegessen. Viele Körbe voll mit Brotstücken waren übrig. 4000 haben von sieben Broten gegessen. Auch hier blieben Körbe mit Brotstücken Rest.
Ihr sollt euch nicht wegen des Brotes sorgen. Aber gebt acht vor der Lehre der Pharisäer und Sadduzäer. Glaubt meine Lehre und nicht die Lehre der Pharisäer."

Das Messiasbekenntnis des Petrus und die Antwort Jesu
Mt 16,13-20

Jesus kam mit den Aposteln nach Cäsarea Philippi. Er fragte seine Jünger: „Was sagen die Leute von mir?"
Sie antworteten: „Manche nennen dich Johannes den Täufer, manche Elija, manche Jeremia oder einen anderen Propheten."
Nun fragte er sie: „Was sagt ihr von mir?"
Simon Petrus antwortete: „ Du bist Christus, der Sohn des lebendigen Gottes."

Jesus sprach zu ihm: „Selig bist du, Simon, Sohn des Jona. Kein Mensch hat dir das gesagt. Mein Vater im Himmel hat es dir geoffenbart. Ich aber sage dir: Du bist Petrus (das heißt Felsen). Ich will meine Kirche auf diesen Felsen bauen (= Du sollst meine Kirche führen). Die Mächte des Bösen werden sie niemals besiegen. Ich werde dir die Schlüssel des Himmelreiches geben. Was du auf der Erde befehlen wirst, wird auch im Himmel befohlen sein. Was du auf der Erde lösen wirst, wird auch im Himmel gelöst sein."
Jesus befahl den Aposteln: „Sagt niemandem, dass ich der Messias (= der Gesalbte, Erlöser, Gottes Sohn) bin."

Die erste Ankündigung von Leiden und Auferstehung
Mt 16,21-23

Jesus begann von seinem Leiden zu reden. Er sprach zu den Jüngern: „Der Menschensohn wird nach Je-

Banias, Cäsarea Philippi.

rusalem gehen. Er wird von den Ältesten (= Führer im Hohen Rat), den Hohenpriestern und Schriftgelehrten viel erleiden, er wird getötet werden. Am dritten Tag wird er auferstehen." Da sagte Petrus zu Jesus: „Herr, das darf nicht sein!"

Jesus antwortete ihm: „Weg mit dir, Satan! Du willst mich in Versuchung führen! Du musst denken, was Gott will. Du darfst nicht denken, was die Menschen wollen."

Nachfolge

Mt 16,24-28

Dann sagte Jesus zu seinen Jüngern: „Wer mein Jünger sein will, darf nicht zuerst an sich selbst denken. Er muss sein Kreuz tragen und mir nachfolgen.

Man soll nicht nur für das Leben des Leibes sorgen. Man muss für das ewige Leben sorgen. Es nützt nichts, wenn man die ganze Welt gewinnt, aber sein Leben verliert. Man kann sein Leben nicht zurückkaufen.

Der Menschensohn wird in Herrlichkeit mit seinen Engeln kommen.

Er wird jeden Menschen richten, wie es seine Taten verdienen."

Die Verklärung Jesu

Mt 17,1-9

Jesus führte Petrus, Jakobus und Johannes auf einen hohen Berg.

Dort wurde Jesus verwandelt. Sein Gesicht leuchtete wie die Sonne. Seine Kleider wurden weiß wie Licht. Mose und Elija erschienen und redeten mit Jesus.

Petrus sagte zu Jesus: „Herr, es ist gut, dass wir hier sind. Wenn du willst, werde ich drei Hütten bauen: eine für dich, eine für Mose und eine für Elija."

Da kam eine leuchtende Wolke. Aus der Wolke rief eine Stimme:

„Das ist mein geliebter Sohn. Ihr sollt ihm folgen."

Die Apostel hörten die Stimme. Sie bekamen große Angst. Sie warfen sich mit dem Gesicht zu Boden. Jesus kam zu ihnen, berührte sie und sagte: „Steht auf, habt keine Angst."

Sie schauten. Sie sahen nur noch Jesus.

Sie gingen wieder den Berg hinunter. Jesus sagte ihnen: „Erzählt niemandem von dem, was ihr gesehen habt, bis der Menschensohn auferstanden ist."

Berg Tabor, Verklärungskirche.

In der Verklärungskirche.

Die Wiederkunft des Elija
Mt 17,10-13

Manche Juden zur Zeit Jesu meinten, der Prophet Elija wird am Ende der Welt wiederkommen und das Volk Israel vorbereiten auf das kommende Endgericht.

Die Heilung eines mondsüchtigen Buben
Mt 17,14-21

Jesus kam vom Berg. Viele Menschen warteten auf ihn. Ein Mann kam zu Jesus und bat: „Herr, hab Erbarmen. Ich habe einen Sohn. Er ist mondsüchtig und muss viel leiden. Oft fällt er ins Feuer und oft ins Wasser. Ich habe ihn schon zu deinen Jüngern gebracht. Sie konnten ihn nicht heilen."
Jesus sagte: „Bring ihn zu mir!"
Jesus drohte dem bösen Geist. Der böse Geist verließ den Buben. Sofort war der Bub gesund.
Zu Hause fragten die Jünger Jesus: „Warum konnten wir den bösen Geist nicht verjagen?" Jesus antwortete: „Euer Glaube ist zu schwach. Ich sage euch:

Euer Glaube muss stark sein, dann werdet ihr viel Gutes tun können."

Die zweite Ankündigung von Leiden und Auferstehung
Mt 17,22-23

Jesus war mit seinen Jüngern in Galiläa beisammen. Er sagte ihnen: „Der Menschensohn wird den Menschen ausgeliefert. Sie werden ihn töten. Aber am dritten Tag wird er auferstehen."
Da wurden die Jünger traurig.

Die Tempelsteuer
Mt 17,24-27

Jesus kam nach Kafarnaum. Die Steuerbeamten kamen zu Petrus. Sie fragten ihn: „Zahlt euer Meister die Tempelsteuer?" Petrus antwortete: „Ja."
Petrus ging ins Haus. Jesus sprach zu ihm: „Wir zahlen die Tempelsteuer. Wir müssen aber nicht zahlen. Kein König lässt den Sohn bezahlen. Er nimmt die Steuer von Fremden. Geh aber zum See und wirf die Angel aus. Du wirst einen Fisch finden. Er hat eine Silbermünze im Maul. Nimm sie und zahle die Steuer für dich und mich."

Die Rede über das Leben in der Gemeinde
Mt 18,1-35

Rangstreit der Jünger (Wer ist der Wichtigste)
Mt 18,1-5

Die Jünger kamen zu Jesus und fragten: „Wer ist der Größte im Himmelreich?"
Jesus rief ein Kind und stellte es in die Mitte. Er sagte: „Wer sich nicht bekehrt und wird wie ein Kind, kann nicht ins Himmelreich kommen. Wer so klein sein kann, wie das Kind, ist im Himmelreich der Größte.

Wer ein solches Kind aufnimmt – im Willen Jesu – der nimmt zugleich mich auf."

Warnung vor der Verführung und der Verachtung von Jüngern
Mt 18,6-11

„Wer einen von den Kleinen (einfachen bescheidenen Menschen), die an mich glauben, zum Bösen verführt, wird Strafe erfahren (Jesus sagt: der Verführer sollte mit einem Mühlstein um den Hals im Meer versenkt werden). Es wird Versuchungen geben. Aber wer Schuld ist an der Versuchung wird Strafe erfahren."
(Jesus erklärt Beispiele von Versuchung und das Vermeiden der Versuchung:
Wenn dich Hand oder Fuß zur Versuchung verführen, wirf sie weg. Es ist besser verletzt oder lahm zum ewigen Leben zu kommen, als mit zwei Händen und zwei Füßen in die Hölle zu kommen.)
„Verachtet nicht die Kleinen (die einfachen gläubigen Leute). Ihre Engel sind bei meinem Vater im Himmel."

Beduinenkinder.

Das Gleichnis vom verlorenen Schaf
Mt 18,10-14

„Was meint ihr? Jemand hat einhundert Schafe. Ein Schaf verirrt sich. Der Mann wird die neunundneunzig Schafe allein lassen und das verirrte Schaf suchen. Wenn er es findet, freut er sich darüber sehr. Er freut sich über das gefundene Schaf mehr als über die neunundneunzig, die sich nicht verirrt haben.
So will auch euer himmlischer Vater nicht, dass eines von den Kleinen verlorengeht."

Verantwortung für den Mitmenschen
Mt 18,15-20

„Wenn einer deiner Glaubensbrüder sündigt, dann ermahne ihn. Bekehrt er sich, so vergib ihm. Will er dir nicht folgen, dann soll ihn die Gemeinde ermahnen. Will er auch da nicht folgen, kann er nicht in eurer Gemeinschaft bleiben."
Ich sage euch: „Alles, was ihr auf der Erde befehlen werdet, wird auch im Himmel gültig sein. Was ihr auf Erden verzeihen werdet, wird auch im Himmel verziehen sein."
Ich sage euch auch: „Wenn zwei von euch gemeinsam um etwas bitten, werden sie es von meinem Vater im Himmel bekommen. Wo zwei oder drei in meinem Namen beisammen sind, da bin ich in ihrer Mitte."

Pflicht zur Verzeihung
Mt 18,21-22

Petrus fragte Jesus: „Herr, wie oft muss ich einem Menschen verzeihen, wenn er mich beleidigt hat? Siebenmal?"

Jesus sagte zu Petrus: „Nicht siebenmal, sondern siebenundsiebzigmal (= immer)."

Das Gleichnis vom unbarmherzigen Schuldner
Mt 18,23-35

Jesus erzählte ein Gleichnis: „Das Himmelreich gleicht einem König. Er wollte mit seinen Dienern abrechnen. Man brachte einen Mann zum König. Er war ihm zehntausend Talente schuldig (Talent war eine griechische Rechnungseinheit; sie war ca. 6000 Denare wert. Damals war ein Denar der Tageslohn eines Arbeiters.)
Der Mann konnte das Geld nicht zurückzahlen Der König befahl, ihn, seine Frau, seine Kinder und sein Eigentum zu verkaufen, um die Schuld zu bezahlen. Da kniete sich der Mann nieder und bat um Geduld. Er versprach, alles zurückzuzahlen. Der König hatte Mitleid mit ihm. Er schenkte ihm die Freiheit und verzieh ihm die Schuld.
Der Mann ging hinaus und traf einen anderen Diener. Der war ihm einhundert Denare schuldig. Er packte und würgte ihn. Er rief: „Bezahl deine Schulden." Der andere Diener kniete nieder und bat: „Hab Geduld. Ich werde dir später alles zurückzahlen." Der Mann wollte aber nicht warten. Er befahl, den Diener ins Gefängnis zu sperren, bis die Schuld bezahlt ist.
Die anderen Diener sahen das. Sie waren traurig. Sie gingen zum König und erzählten, was geschehen ist. Der König ließ den Mann kommen und sagte zu ihm: „Du böser Diener! Ich habe dir deine Schulden geschenkt, weil du mich gebeten hast. Du hättest mit deinem Mitarbeiter Erbarmen haben müssen." Der König ließ ihn verhaften und foltern. Er musste im Gefängnis bleiben, bis alles bezahlt ist.

Genauso wird Gott euch Menschen strafen, wenn ihr dem anderen nicht verzeiht."

Jesu Wirken in Judäa und in Jerusalem
Mt 19,1 – 25,46

Der Weg nach Jerusalem
Mt 19,1 – 20,34

Auf dem Weg nach Judäa
Mt 19,1-2

Jesus verließ Galiläa. Er ging in das Gebiet von Judäa auf der anderen Seite des Jordans.
Viele Menschen gingen mit ihm. Jesus heilte viele.

Ehescheidung und Ehelosigkeit
Mt 19,3-12

Pharisäer kamen zu Jesus. Sie wollten Jesus mit einer Frage schaden. Sie fragten: „Ist es erlaubt, eine Frau ohne Grund aus der Ehe zu entlassen (sich scheiden zu lassen)?" Jesus antwortete: „Gott hat den Menschen als Mann und Frau erschaffen. Er hat gesagt: Der Mann wird Vater und Mutter verlassen. Mann und Frau werden eins sein. Was Gott verbunden hat, darf der Mensch nicht trennen."
Die Pharisäer antworteten: „Mose hat erlaubt, eine Scheidungsurkunde zu geben, wenn man sich trennen will."
Jesus antwortete: „Mose hat das erlaubt, weil ihr so hartherzig seid. Am Anfang war das nicht so. Ich sage euch: Wer seine Frau aus der Ehe entlässt, obwohl sie unschuldig ist, und wieder heiratet, ist ein Ehebrecher."

Jesus lehrte seine Jünger vom Sinn der Ehe und vom ehelosen Leben.

Die Segnung der Kinder
Mt 19,13-15

Die Leute brachten Kinder zu Jesus. Sie baten ihn um Gebet und Segen. Die Jünger schickten die Leute weg. Jesus aber sprach: „Lasst die Kinder zu mir kommen. Verbietet es ihnen nicht. Für sie ist der Himmel da."
Dann segnete Jesus die Kinder und ging weiter.

Vom Reichtum und der Nachfolge
Mt 19,16-30

Ein junger Mann kam zu Jesus und fragte ihn: „Meister, was muss ich Gutes tun, um in den Himmel zu kommen?"
Jesus antwortete ihm: „Du fragst mich, was gut ist. Nur Gott im Himmel ist gut.
Wenn du in den Himmel kommen willst, musst du die Gebote befolgen."
Der Mann fragte: „Welche Gebote?"
Jesus sagte ihm: „Du sollst nicht töten, du sollst nicht die Ehe brechen, du sollst nicht stehlen, du sollst nicht lügen, ehre Vater und Mutter. Und: Du sollst deinen Nächsten lieben wie dich selbst."
Der junge Mann antwortete ihm: „Alle diese Gebote habe ich befolgt. Was fehlt noch?"
Jesus antwortete ihm: „Wenn du vollkommen sein willst, geh, verkauf deinen Besitz und gib das Geld den Armen. Dann hast du einen bleibenden Schatz im Himmel. Dann komm und bleib bei mir."
Da ging der junge Mann traurig fort. Er war nämlich sehr reich.
Jesus sagte seinen Jüngern: „Ein Reicher kann nur schwer in den Himmel kommen. Ich sage euch ein Beispiel: Ein Kamel geht leichter durch ein Nadelöhr als ein Reicher in den Himmel."

Die Jünger erschraken sehr und sagten zueinander: „Wer kann in den Himmel kommen?" Jesus antwortete: „Vieles ist den Menschen unmöglich. Gott aber kann alles."
Petrus fragte: „Wir haben alles verlassen und sind mit dir gegangen. Was werden wir dafür bekommen?"
Jesus sagte ihnen: „Wer Eigentum und Familie für Gott verlässt, wird auf der Erde belohnt und hat später das ewige Leben. Viele, die jetzt die Ersten sind, werden dann die Letzten sein. Die Letzten werden die Ersten sein."

Die Arbeiter im Weinberg
Mt 20,1-16

Jesus lehrte: „Das Himmelreich ist wie ein Gutsbesitzer. Er ging in der Früh auf den Markt, um Arbeiter für seinen Weinberg aufzunehmen. Er versprach ihnen einen Denar (= Geldstück; Tageslohn). Dann schickte er sie in seinen Weinberg. Am Vormittag ging er wieder auf den Markt. Viele saßen dort und warteten auf Arbeit. Er schickte auch sie in den Weinberg. Er versprach ihnen gerechten Lohn. Zu Mittag und am Nachmittag ging er wieder hin und machte es genauso. Gegen Abend kam er wieder auf den Markt. Einige Männer standen dort. Er fragte sie: ‚Warum habt ihr den ganzen Tag nicht gearbeitet?' Sie antworteten ihm: ‚Niemand hat uns aufgenommen.' Er schickte sie auch noch in den Weinberg.
Am Abend befahl der Herr des Weinberges seinem Verwalter: ‚Ruf die Arbeiter und bezahle sie. Zuerst nimm die letzen und dann die ersten.'
Alle kamen und bekamen einen Denar. Die ersten hofften, mehr zu bekommen. Sie bekamen auch einen Denar. Da murrten sie und sagten: ‚Die letzten haben nur eine Stunde gearbeitet. Wir haben den

ganzen Tag gearbeitet. Wir haben in der Hitze gearbeitet. Du hast uns den gleichen Lohn gegeben wie den letzten.'

Da sagte der Gutsherr: ‚Mein, Freund, dir geschieht kein Unrecht. Ich habe dir einen Denar versprochen. Er gehört dir. Nimm ihn und geh. Ich schenke den anderen genau soviel. Ich kann verschenken, was ich will. Bist du vielleicht neidig, weil ich gut bin?'

So werden die Letzten die Ersten sein und die Ersten die Letzten."

Die dritte Ankündigung von Leiden und Auferstehung
Mt 20,17-19

Jesus ging mit den Aposteln nach Jerusalem. Er sagte zu ihnen: „Wir gehen nach Jerusalem, dort wird der Menschensohn zum Tod verurteilt werden. Er wird verspottet, gegeißelt und gekreuzigt werden. Aber am dritten Tag wird er auferstehen."

Vom Herrschen und Dienen
Mt 20,20-28

Die Frau des Zebedäus kam mit ihren Söhnen zu Jesus. Sie kniete sich nieder und bat ihn: „Gib meinen Söhnen Ehrenplätze in deinem Reich." Jesus antwortete: „Ihr wisst nicht, was ihr erbittet. Könnt ihr leiden wie ich?" Sie sagten: „Wir können es." Jesus sagte ihnen: „Ihr werdet leiden, aber die Plätze im Reich Gottes bestimmt mein Vater im Himmel."

Die zehn anderen Apostel ärgerten sich über die zwei Brüder. Jesus rief sie zu sich und sagte: „Ihr wisst: Herrscher unterdrücken ihre Völker. Mächtige missbrauchen ihre Macht. Bei euch soll das anders sein: Wer bei euch groß sein will, soll den anderen dienen. Auch der Menschensohn lässt sich nicht bedienen. Er ist gekommen, um zu dienen und sein Leben zu opfern."

Die Heilung von zwei Blinden bei Jericho
Mt 20,29-34

Jesus und seine Begleiter verließen Jericho. Viele Leute gingen mit. An der Straße saßen zwei Bettler. Sie hörten, dass Jesus vorbeikam. Sie riefen laut: „Herr, hab Erbarmen mit uns!"

Die Leute ärgerten sich und befahlen ihnen: „Schweigt!"

Die Blinden aber schrien noch lauter: „Herr, hab Erbarmen mit uns!"

Jesus blieb stehen, er rief die Blinden zu sich und sagte: „Was soll ich euch tun?"

Sie antworteten: „Herr, wir möchten sehen können." Jesus hatte Mitleid mit ihnen. Er berührte ihre Augen. Sofort konnten sie sehen. Sie gingen mit Jesus.

Brunnen bei Jericho.

Die Auseinandersetzung mit den Gegnern in Jerusalem
Mt 21,1 – 23,39

Der Einzug in Jerusalem
Mt 21,1-11

Jesus kam mit seinen Begleitern nach Betfage am Ölberg, in der Nähe von Jerusalem. Er schickte zwei Jünger voraus und sagte ihnen: „Geht in das Dorf. Dort ist eine Eselin angebunden. Ein Fohlen ist bei ihr. Bringt sie mir. Wenn euch jemand fragt, dann sagt: ‚Der Herr braucht sie. Er wird sie bald zurückschicken.'"

So wurde das Wort des Propheten wahr: ‚Dein König kommt zu dir. Er liebt den Frieden. Er reitet auf einem Esel und seinem Fohlen.'

Die Jünger gingen. Sie machten alles, was Jesus verlangt hatte. Sie brachten die Eselin und das Fohlen. Sie legten ihre Kleider darauf. Jesus setzte sich auf die Eselin.

Jerusalem, Ölberg.

Viele Menschen legten ihre Kleider auf den Weg. Andere schnitten Zweige von den Bäumen und streuten sie auf die Straße.

Alle Leute riefen: „Hosanna dem Sohne Davids. Gesegnet sei er. Er kommt im Namen des Herrn. Hosanna in der Höhe!"

Jesus kam nach Jerusalem. Alle waren aufgeregt und fragten: „Wer ist das?"

Die Leute sagten: „Das ist der Prophet, Jesus von Nazaret in Galiläa."

Die Tempelreinigung
Mt 21,12-17

Jesus ging in den Tempel. Er jagte die Händler und Käufer aus dem Tempel. Er warf die Tische der Geldwechsler und die Stände der Taubenhändler um. Er sprach zu ihnen: „In der Bibel ist geschrieben: Mein Haus soll ein Haus des Gebetes sein. Ihr habt es zu einer Räuberhöhle gemacht."

Blinde und Lahme kamen im Tempel zu Jesus. Er heilte sie. Die Hohenpriester und die Schriftgelehrten sahen die Wunder. Sie hörten die Kinder rufen: „Hosanna, dem Sohne Davids." Die Hohenpriester und die Schriftgelehrten wurden zornig. Sie fragten Jesus: „Hörst du, was die Kinder rufen?"

Jesus antwortete: „Ja, ich höre es. Habt ihr nie gelesen: Die Kinder singen das Lob Gottes?" Er ließ sie stehen, verließ die Stadt und ging nach Betanien.

Die Verfluchung eines Feigenbaumes
Mt 21,18-22

Jesus ging in der Früh wieder in die Stadt. Er hatte Hunger. Auf dem Weg sah er einen Feigenbaum und ging hin. Der Feigenbaum hatte nur Blätter. Jesus sagte: „Man wird an diesem Baum niemals mehr Früchte finden." Der Feigenbaum verdorrte.

Modell des Tempels in Jerusalem, Tempelhallen.

Die Jünger sahen es, staunten und fragten: „Wieso konnte der Feigenbaum plötzlich verdorren?" Jesus sagte ihnen: „Habt Glauben und zweifelt nicht, dann werdet ihr viele Wunder tun. Bittet gläubig im Gebet. Ihr werdet alles bekommen, was ihr erbittet."

Die Frage nach der Vollmacht Jesu (Die Erlaubnis zur Predigt)
Mt 21,23-27

Jesus ging in den Tempel und lehrte. Die Ältesten und die Hohenpriester kamen zu Jesus und fragten ihn: „Wer hat dir erlaubt, hier zu reden? Wer hat dir die Vollmacht gegeben?"
Jesus antwortete ihnen: „Auch ich will euch etwas fragen: Wenn ihr mir antwortet, sage ich euch, wer mir das Recht zur Lehre gegeben hat.
Ich frage euch: Woher kommt die Taufe des Johannes? Vom Himmel oder von den Menschen?"
Sie überlegten: „Wenn wir sagen vom Himmel, dann wird Jesus uns fragen, warum wir nicht geglaubt haben. Wenn wir sagen von den Menschen, dann müssen wir uns vor den Leuten fürchten." Das Volk glaubte nämlich, dass Johannes ein Prophet war. Sie antworteten deshalb: „Wir wissen es nicht." Jesus erwiderte ihnen: „Dann sag ich euch auch nicht, wer mir das Recht gibt, das alles zu tun."

Das Gleichnis von den ungleichen Söhnen
Mt 21,28-32

Jesus sprach zu den Hohenpriestern und Ältesten vom Volk:
„Was meint ihr?
Ein Mann hatte zwei Söhne. Er ging zum ersten Sohn und sprach:
‚Mein Sohn. Geh und arbeite heute in meinem Weinberg.'
Der erste Sohn antwortete. ‚Ja, Herr.'
Aber er ging nicht hin.
Der Mann sprach zum zweiten Sohn genauso.
Der zweite Sohn antwortete: ‚Ich will nicht gehen.'
Später aber tat es ihm leid. Er ging in den Weinberg.
Wer von beiden hat den Willen des Vaters getan?"
Sie antworteten: „Der zweite."
Da sagte Jesus zu ihnen: „Zöllner und Sünder werden leichter ins Gottesreich kommen als ihr.
Johannes kam, um euch den rechten Weg zu zeigen. Ihr habt nicht geglaubt.
Zöllner und Sünder aber haben ihm geglaubt. Ihr habt das gesehen. Ihr habt euch aber nicht bekehrt. Ihr habt ihm nicht geglaubt."

Das Gleichnis von den bösen Weinbauern
Mt 21,33-46

Jesus lehrte ein Gleichnis:
„Ein Gutsbesitzer hatte einen Weinberg. Er machte einen Zaun und baute einen Turm. Dann verpachtete

er den Weinberg an Weinbauern und reiste in ein anderes Land.
Die Weinlese kam.
Der Herr schickte seine Knechte zu den Weinbauern. Sie sollten den Pachtzins holen.
Die Weinbauern aber schlugen die Knechte, töteten und steinigten sie. Der Herr schickte mehr Knechte. Auch sie wurden getötet.
Da schickte der Herr seinen Sohn. Er dachte: Meinen Sohn werden sie achten.
Die Weinbauern aber sahen den Sohn kommen. Sie sagten zueinander: ,Da kommt der Erbe. Wir wollen ihn töten. Dann werden wir seinen Besitz erben.'
Sie packten den Sohn, warfen ihn aus dem Weinberg und töteten ihn."

Weinstock.

Jesus fragte:
„Was wird der Herr mit den Weinbauern machen?"
Die Leute antworteten: „Er wird die Verbrecher bestrafen und andere Weinbauern aufnehmen. Sie werden dem Gutsbesitzer den Pachtzins geben."
Jesus sagte den Leuten: „Ihr glaubt den Lehren aus der Heiligen Schrift nicht. Das Reich Gottes wird euch weggenommen werden.
Andere Völker werden gläubig werden."
Die Hohenpriester und Pharisäer hörten dieses Gleichnis.
Sie wurden sehr zornig. Sie verstanden genau, was Jesus sagen wollte.
Sie wollten Jesus verhaften. Sie hatten aber Angst vor dem Volk, weil es Jesus liebte.

Das Gleichnis vom königlichen Hochzeitsmahl
Mt 22,1-14

Jesus erzählte noch ein Gleichnis:
„Das Himmelreich ist wie ein König.
Der König wollte für seinen Sohn die Hochzeit vorbereiten.
Er schickte seine Knechte fort. Sie sollten die Eingeladenen zum Hochzeitsmahl holen.
Die Eingeladenen aber wollten nicht kommen.
Der König schickte andere Knechte. Sie sollten den Eingeladenen sagen: ,Das Hochzeitsessen ist fertig. Alles ist vorbereitet. Kommt zur Hochzeit!'
Die Eingeladenen aber interessierten sich nicht. Sie gingen fort. Der eine ging auf seinen Acker, der andere ging in sein Geschäft. Andere überfielen die Knechte, schlugen und töteten sie.
Da wurde der König zornig. Er schickte Soldaten. Sie bestraften die Mörder und verbrannten ihre Stadt.
Dann sagte der König zu seinen Knechten: ,Das

Hochzeitsmahl ist vorbereitet. Die Eingeladenen aber waren nicht würdig zu kommen. Geht hinaus auf die Straße und ladet alle zur Hochzeit ein.'

Die Knechte gingen auf die Straße. Sie holten alle. Böse und Gute. Der Hochzeitssaal war voll mit Gästen.

Der König kam zu seinen Gästen. Er sah einen Mann ohne Festkleid. Er fragte ihn: ‚Freund! Wie bist du ohne Festkleid hereingekommen?'

Der Mann schwieg.

Da befahl der König seinen Dienern: ‚Bindet den Mann und werft ihn hinaus in die Finsternis. Dort wird Heulen und Zorn sein.'

Viele sind berufen, wenige aber auserwählt."

Die Frage nach der kaiserlichen Steuer
Mt 22,15-22

Die Pharisäer wollten Jesus zu einer falschen Aussage verführen.

Sie befahlen einigen Schülern und Freunden des Herodes, zu Jesus zu gehen. Sie mussten Jesus fragen: „Meister, wir wissen, dass du immer die Wahrheit lehrst. Wir wollen dich fragen: Dürfen wir dem Kaiser Steuer zahlen oder nicht?"

Jesus wusste, dass sie falsch waren und sagte:
„Ihr Heuchler!
Warum fragt ihr mich?
Gebt mir eine Münze zum Steuerzahlen."
Sie gaben ihm einen Denar.
Jesus fragte sie: „Von wem ist das Bild und die Schrift?"
Sie antworteten: „Vom Kaiser."
Da sagte Jesus zu ihnen: „Gebt dem Kaiser, was dem Kaiser gehört. Gebt Gott, was Gott gehört."
Die Pharisäer waren überrascht über diese Antwort und gingen weg.

Die Frage nach der Auferstehung der Toten
Mt 22,23-33

Einige von der Partei der Sadduzäer kamen zu Jesus. Sie glaubten nicht an die Auferstehung. Sie fragten ihn: „Meister, Mose hat gesagt: Wenn ein Mann stirbt, ohne Kinder zu haben, dann soll sein Bruder dessen Frau heiraten, damit sein Bruder Nachkommen hat.

Bei uns lebten sieben Brüder. Sie starben, einer nach dem anderen. Sie alle haben die Witwe des ersten Bruders geheiratet. Wer wird bei der Auferstehung ihr Mann sein? Sie war mit allen sieben Brüdern verheiratet." Jesus antwortete ihnen: „Ihr versteht die Schrift nicht und wisst nichts von Gott. Die Auferstandenen heiraten nicht mehr. Sie sind wie die Engel im Himmel. Wisst ihr nicht, was Gott zu Mose gesagt hat: Ich bin der Gott Abrahams, der Gott Isaaks und der Gott Jakobs? Er ist kein Gott der Toten, sondern ein Gott der Lebenden."

Die Leute waren erschrocken über Jesu Lehre.

Die Frage nach dem wichtigsten Gebot
Mt 22,34-40

Ein Gesetzeslehrer wollte Jesus prüfen.
Er fragte ihn:
„Meister, welches ist das wichtigste Gebot?"
Jesus antwortete ihm: „Du sollst den Herrn, deinen Gott lieben mit deinem ganzen Herzen, mit deiner ganzen Seele und mit all deinen Gedanken. Das ist das wichtigste und erste Gebot.
Gleich wichtig ist das zweite:
Du sollst deinen Nächsten lieben wie dich selbst.
In diesen beiden Geboten sind alle anderen Gesetze enthalten."

Die Frage nach dem Messias
Mt 22,41-46

Jesus fragte Pharisäer, die bei ihm waren: „Was denkt ihr vom Messias? Wessen Sohn ist er?"
Sie antworteten: „Der Sohn Davids."
Jesus sagte ihnen: „Aber David hat den Messias – erfüllt vom Geist Gottes – Herr genannt.
Wenn David den Messias ‚Herr' nennt, dann kann er nicht sein Sohn sein."
Niemand wusste eine Antwort.
Sie fürchteten sich, Jesus wieder etwas zu fragen und fragten von dieser Zeit an nicht mehr.

Worte gegen die Schriftgelehrten und Pharisäer
Mt 23,1-39

Jesus sprach zu den Leuten und zu seinen Jüngern:
„Die Pharisäer und die Schriftgelehrten lehren das Gesetz des Mose. Das sollt ihr befolgen.
Die Taten der Pharisäer dürft ihr nicht nachmachen. Sie befolgen nämlich die Gebote nicht. Sie befehlen den Menschen viele unwichtige Gesetze. Sie helfen den Menschen nicht. Sie prahlen vor den Menschen. Sie machen ihre Gebetsriemen lang und breit. Sie wollen beim Essen den Ehrenplatz haben. Sie wollen in den Synagogen die besten Plätze haben. Sie wollen von allen Leuten gegrüßt werden. Alle Leute sollen sie ‚Rabbi' (= Meister) nennen.
Ihr sollt euch nicht Meister nennen lassen. Nur einer ist euer Meister. Ihr alle seid Brüder, weil Gott euer Vater im Himmel ist. Ihr sollt euch auch nicht Lehrer nennen lassen. Nur einer ist euer Lehrer: Christus.
Ihr sollt bescheiden sein und den anderen dienen. Wer sich selbst erhöht, wird erniedrigt werden. Wer sich erniedrigt, wird erhöht werden.
Wehe euch, ihr Schriftgelehrten und Pharisäer! Ihr seid falsch! Ihr verschließt den Menschen das Himmelreich. Ihr geht nicht hinein. Ihr lasst auch die nicht hinein, die ins Himmelreich wollen.
Wehe euch, ihr Schriftgelehrten und Pharisäer! Ihr seid falsch! Ihr verführt die Leute zum Unglauben.
Wehe euch, ihr Schriftgelehrten und Pharisäer! Ihr seid wie blinde Führer. Ihr lehrt Falsches vom Schwören und von der Gültigkeit des Eides.
Wehe euch, ihr Schriftgelehrten und Pharisäer! Ihr wollt opfern, vergesst aber Gerechtigkeit, Barmherzigkeit und Treue.
Wehe euch, ihr Schriftgelehrten und Pharisäer! Ihr lebt maßlos und seid falsch.
Wehe euch, ihr Schriftgelehrten und Pharisäer! Auch ihr seid schuld am Tod der Propheten, nicht nur eure Väter.
Propheten und Weise sind zu euch gekommen. Ihr werdet einige töten, auch kreuzigen. Ihr werdet sie in den Synagogen schlagen und von Stadt zu Stadt verfolgen.
Ihr werdet Strafe erleiden für alles, was ihr Schlechtes getan habt."
Jesus sprach weiter:
„Jerusalem, ich wollte deine Kinder zu mir holen, so wie eine Henne ihre Küken unter ihre Flügel nimmt. Ihr aber habt nicht gewollt.
Deshalb sage ich euch:
Ihr werdet mich nicht mehr sehen, bis ihr ruft: ‚Gesegnet sei er, der kommt im Namen des Herrn.'"

Die Rede über die Endzeit
Mt 24,1 – 25,46

Jesus sagt die Zerstörung des Tempels voraus
Mt 24,1-2

Jesus ging aus dem Tempel fort. Seine Jünger kamen zu ihm. Sie zeigten auf die großen Bauten des Tem-

Tempel, Mauerreste.

pels. Jesus sagte ihnen: „Ihr seht den Tempel. Ich sage euch: Kein Stein wird auf dem anderen bleiben; alles wird zerstört werden."

Der Anfang der Not
Mt 24,3-14

Jesus war auf dem Ölberg. Er war mit seinen Jüngern allein. Seine Jünger fragten: „Sag uns, wann wird das geschehen? Welches Zeichen zeigt uns dein Wiederkommen? Wann ist das Ende der Welt?"
Jesus antwortete ihnen: „Lasst euch nicht in die Irre führen. Viele werden kommen und sagen: Ich bin der Messias. Sie werden viele Menschen verführen. Kriege werden sein. Bleibt tapfer. Das ist noch nicht das Ende. Viele Menschen und Länder werden Streit haben. Hungersnöte und Erdbeben werden sein. Das ist der Anfang der Not.
Man wir euch verhaften und töten. Viele werden euch hassen, weil ihr mir treu seid. Viele werden ein-ander hassen und verraten. Falsche Propheten werden kommen. Sie werden viele verführen. Viele werden gottlos leben und keine Liebe haben. Wer aber bis zum Ende treu bleibt, wird gerettet werden. Das Evangelium wird auf der ganzen Welt gepredigt werden. Alle Völker sollen es wissen. Dann wird das Ende kommen."

Der Höhepunkt der Not
Mt 24,15-28

„Der Prophet Daniel sprach schon von der Entweihung (Zerstörung) des heiligen Ortes (der Stadt Jerusalem). Wenn die Gefahr kommt, dann flieht. Wer in Judäa ist, soll in die Berge fliehen. Wer auf dem Dach ist, soll nicht mehr ins Haus gehen. Wer auf dem Feld ist, soll nicht mehr in die Stadt gehen und seine Sachen holen. Besondere Not werden die Frauen und Mütter erleben. Betet, dass ihr nicht im Winter oder am Sabbat fliehen müsst. Die Not wird sehr groß sein. Noch niemand hat eine so große Not erlebt. Wegen der Gläubigen aber wird Rettung kommen. Bleibt gläubig. Viele wollen euch falsch belehren. Sie werden euch sagen: Schaut, da ist der Messias. Glaubt es nicht. Falsche Menschen werden sagen: ‚Ich bin der Messias'. Auch falsche Propheten werden kommen. Sie werden Scheinwunder tun. Sie wollen auch die Gläubigen verführen. Aber das ist nicht möglich. Denkt daran. Ich habe euch alles vorausgesagt. Wenn jemand sagt: ‚Kommt! Der Messias ist in der Wüste!', dann geht nicht. Oder: ‚Schaut, der Messias ist im Haus!', dann glaubt es nicht. Einen Blitz kann man am Himmel vom Westen bis zum Osten sehen. So wird auch das Wiederkommen vom Menschensohn sein. Alle werden sein Wiederkommen sehen."

Das Kommen des Menschensohnes
Mt 24,29-31

„Nach dieser Not wird die Sonne finster werden. Der Mond wird nicht mehr scheinen. Die Sterne werden vom Himmel fallen. Dann wird man das Zeichen des Menschensohnes am Himmel sehen. Alle werden sich fürchten. Der Menschensohn wird mit großer Macht und Herrlichkeit auf den Wolken des Himmels kommen. Alle werden ihn sehen. Die Engel werden da sein. Sie werden die Gläubigen von überall her zusammenführen."

Mahnungen für das Kommen der Endzeit
Mt 24,32-42

Jesus sagte seinen Jüngern: „Lernt aus dem Beispiel vom Feigenbaum: Wenn seine Zweige saftig werden und Blätter bekommen, wisst ihr, der Sommer ist nahe. Wenn ihr die Not seht, sollt ihr wissen: Das Ende ist nahe. Ich sage euch: Die Menschen werden das Ende der Welt erleben. Himmel und Erde werden aus sein. Meine Worte aber bleiben immer.
Den Tag und die Stunde vom Weltende weiß niemand, nur der Vater im Himmel.
Wenn ich wiederkomme, wird es ähnlich sein wie zur Zeit Noachs. Die Menschen aßen, tranken und heirateten. Das taten sie so lange, bis Noach in die Arche stieg. Sie merkten nichts, bis die Flut kam und das Leben vernichtete. So wird es auch sein, wenn der Menschensohn wiederkommt.
Seid wachsam. Ihr wisst nicht, an welchem Tag der Herr kommt."

Das Gleichnis vom wachsamen Hausherrn
Mt 24,43-44

„Denkt daran: Der Hausherr weiß nicht, wann der Dieb kommt. Sonst würde er sein Haus bewachen. Seid deshalb bereit. Der Menschensohn kommt zu einer Stunde, in der ihr es nicht erwartet."

Das Gleichnis vom treuen und vom schlechten Knecht
Mt 24,45-51

„Wer ist der treue und kluge Verwalter? Der Herr hat ihm befohlen, für seine Diener zu sorgen und ihnen Essen zu geben. Glücklich ist der Verwalter, wenn der Herr heimkommt und sieht: Er hat seine Pflicht getan. Der Herr wird ihn zum Verwalter von seinem ganzen Besitz machen.
Es gibt aber auch schlechte Verwalter. Vielleicht denkt einer: Mein Herr kommt noch lange nicht. Er schlägt die Angestellten und trinkt, bis er betrunken ist. Plötzlich aber kommt der Herr unerwartet zurück. Der Herr wird den ungetreuen Verwalter schwer und hart bestrafen."

Das Gleichnis von den zehn Jungfrauen
Mt 25,1-13

Jesus erzählte ein Gleichnis: „Mit dem Himmelreich wird es wie mit zehn Jungfrauen sein. Sie nahmen ihre Lampen und gingen dem Bräutigam entgegen. Fünf waren dumm, fünf waren klug. Die dummen Jungfrauen nahmen ihre Lampen mit, aber kein Öl. Die klugen Jungfrauen nahmen ihre Lampen und Öl in Krügen mit.
Der Bräutigam kam lange nicht. Die Jungfrauen wurden müde und schliefen ein. Mitten in der Nacht wurde laut gerufen: ‚Der Bräutigam kommt! Geht ihm entgegen!' Alle Jungfrauen standen auf, um ihre Lampen anzuzünden. Die dummen Jungfrauen sagten zu den klugen: ‚Gebt uns von eurem Öl. Unsere Lampen werden bald verlöschen.' Die klugen Jungfrauen antworteten: ‚Für alle haben wir nicht genug

Öl. Geht zum Kaufmann und kauft Öl.' Die dummen Jungfrauen gingen weg, um Öl zu kaufen. Da kam der Bräutigam. Die klugen Jungfrauen waren bereit. Sie gingen mit dem Bräutigam in den Hochzeitssaal. Die Türe wurde geschlossen. Später kamen auch die anderen Jungfrauen. Sie riefen: ,Herr, Herr, mach auf!' Der Herr aber sagte zu ihnen: ,Ich kenne euch nicht.'

Seid also wachsam. Ihr wisst nicht, wann der Menschensohn wiederkommt."

Das Gleichnis vom anvertrauten Geld
Mt 25,14-30

Jesus sprach weiter: „Ein Mann wollte eine Reise machen. Er rief seine Diener und vertraute ihnen sein Geld an. Der eine bekam fünf Talente, der andere zwei Talente und noch ein anderer ein Talent. Der Herr gab jedem nach seinem Können. Dann reiste er fort.

Der Diener mit den fünf Talenten begann sofort zu arbeiten. Er machte gute Geschäfte. Er bekam noch fünf Talente dazu. Auch der Diener mit den zwei Talenten verdiente noch zwei Talente dazu.

Der Diener mit dem einen Talent grub ein Loch in die Erde und versteckte das eine Talent.

Nach langer Zeit kam der Herr zurück. Er wollte mit seinen Dienern abrechnen. Der erste Diener kam. Er zeigte die fünf verdienten Talente und sagte: ,Du hast mir fünf Talente gegeben. Ich habe noch fünf dazu verdient.'

Sein Herr sagte ihm: ,Fein! Du bist ein guter und treuer Diener. Du hast das Wenige gut verwaltet. Ich will dir viel anvertrauen. Komm zum Festmahl deines Herrn.'

Dann kam der zweite Diener. Er zeigte die zwei verdienten Talente und sagte: ,Du hast mir zwei Talente gegeben. Ich habe noch zwei dazu verdient.' Sein Herr sagte auch zu ihm: ,Fein! Du bist ein guter und treuer Diener. Du hast das Wenige gut verwaltet. Ich will dir viel anvertrauen. Komm zum Festmahl deines Herrn.' Da kam der dritte Diener mit dem einen Talent. Er sagte: ,Herr, ich weiß, du bist sehr streng. Du verlangst viel. Ich hatte Angst, deshalb habe ich dein Talent in der Erde versteckt. Hier ist dein Geld.' Sein Herr antwortete ihm: ,Du bist ein schlechter und fauler Diener. Du hast gewusst, dass ich viel verlange. Warum hast du mein Geld nicht auf die Bank gegeben? Dort bekommt man Zinsen.' Er befahl, dem Diener das Talent wegzunehmen und dem ersten Diener zu geben. Dann ließ er den faulen Diener hinauswerfen."

Das Weltgericht
Mt 25,31-46

„Der Menschensohn (Jesus) wird wiederkommen. Die Engel werden bei ihm sein. Alle werden seine Herrlichkeit sehen. Alle Völker werden sich versammeln. Der Menschensohn wird die Menschen trennen, wie der Hirt die Schafe von den Böcken trennt. Er wird die Schafe (die Guten, die Gläubigen) auf die rechte Seite stellen. Er wird die Böcke (die Bösen, die Ungläubigen) auf die linke Seite stellen. Dann wird Jesus zu den Guten sagen: ,Kommt in das Himmelreich. Mein Vater hat euch gesegnet. Euch gehört das Himmelreich seit Anfang der Welt. Ich war hungrig. Ihr habt mir zu essen gegeben. Ich war durstig. Ihr habt mir zu trinken gegeben. Ich hatte kein Heim, ihr habt mich aufgenommen. Ich hatte keine Kleider, ihr habt mich bekleidet. Ich war krank, ihr habt mich besucht. Ich war im Gefängnis, ihr seid zu mir gekommen.' Dann werden die Gläubigen fragen: ,Herr, wann haben wir das alles für dich getan?' Jesus wird ihnen antworten: ‚Ihr habt alles den Menschen getan. Ihr habt es zugleich auch für mich getan.'

Dann wird er zu den Bösen sagen: ‚Weg von mir! In das ewige Feuer! Es ist für den Teufel und seine Freunde da. Ich war hungrig, ihr habt mir nichts zu essen gegeben. Ich war durstig, ihr habt mir nichts zu trinken gegeben. Ich war ohne Heim, ihr habt mich nicht aufgenommen. Ich hatte keine Kleider, ihr habt mich nicht bekleidet. Ich war krank und im Gefängnis. Ihr habt mich nicht besucht.' Auch die Ungläubigen werden fragen: ‚Wann haben wir das alles nicht getan?' Der Herr wird ihnen antworten: ‚Ihr habt das alles den Menschen nicht getan. Ihr habt es auch mir nicht getan.' Die Ungläubigen werden ewige Strafe bekommen. Die Gläubigen werden das ewige Leben bekommen."

DAS LEIDEN und die AUFERSTEHUNG JESU
Mt 26,1 – 28,20

Der Beschluss des Hohen Rates
Mt 26,1-5

Nach seiner Rede sagte Jesus zu seinen Jüngern: „Ihr wisst, in zwei Tagen beginnt das Paschafest. Der Menschensohn wird an diesem Fest ausgeliefert und gekreuzigt werden."

Zur selben Zeit trafen sich die Hohenpriester und die Ältesten des Volkes. Sie trafen sich im Palast des Hohenpriesters Kajaphas. Sie beschlossen, Jesus mit List zu fangen und zu töten.

Sie sagten: „Aber nicht zum Fest. Wir wollen keinen Wirbel von den Leuten."

Die Salbung in Betanien
Mt 26,6-13

Jesus war in Betanien. Er war im Haus von Simon, dem Aussätzigen. Er war mit seinen Aposteln zum Essen eingeladen. Eine Frau kam mit kostbarem Salböl. Sie goss es über das Haar von Jesus. Die Jünger ärgerten sich deshalb. Sie sagten: „Das ist eine Verschwendung. Besser ist es, das Öl zu verkaufen und das Geld den Armen zu geben."

Jesus bemerkte ihren Unwillen. Er sagte zu ihnen: „Lasst die Frau in Ruhe. Sie hat ein gutes Werk für mich getan. Die Armen werden immer bei euch sein. Ich aber nicht. Sie hat Öl über mich gegossen. Sie hat meinen Leib für das Begräbnis vorbereitet.

Ich sage euch: Dort, wo das Evangelium verkündet wird, wird man auch von der Frau erzählen und sich erinnern, was sie getan hat."

Der Verrat durch Judas
Mt 26,14-16

Ein Apostel namens Judas Iskariot ging zu den Hohenpriestern und sagte: „Was wollt ihr mir geben, wenn ich Jesus verrate?"

Judas bekam dreißig Silberstücke. Nun wartete Judas auf eine Gelegenheit, Jesus zu verraten.

Im Abendmahlsaal.

Die Vorbereitung des Paschamahles
Mt 26,17-19

Am ersten Tag des Festes der ungesäuerten Brote gingen die Jünger zu Jesus. Sie fragten:
„Wo sollen wir das Paschamahl vorbereiten?"
Jesus sagte ihnen: „Geht in die Stadt zu dem und dem und sagt ihm: ,Der Meister sagt dir: Meine Zeit ist da, bei dir will ich mit meinen Jüngern das Paschamahl feiern.'"
Die Apostel taten, was Jesus ihnen aufgetragen hatte. Sie bereiteten das Paschamahl vor.

Das Mahl
Mt 26,20-29

Am Abend ging Jesus mit seinen zwölf Jüngern zu Tisch. Alle aßen. Jesus sagte: „Einer von euch wird mich verraten." Da erschraken die Jünger. Einer nach dem anderen fragte Jesus: „Herr, bin ich es?" Jesus antwortete: „Wer die Hand mit mir in die Schüssel taucht, der wird mich verraten. Der Menschensohn muss seinen Weg gehen. Aber wehe dem Menschen, der ihn verraten wird."
Judas fragte: „Bin ich es, Herr?"
Jesus sagte zu ihm: „Ja, du sagst es."
Jesus nahm beim Mahl das Brot. Er sprach das Lobgebet. Er brach das Brot, gab es seinen Jüngern und sagte: „Nehmt und esst, das ist mein Leib."
Dann nahm Jesus den Kelch, sprach das Dankgebet und gab den Kelch den Jüngern. Er sagte: „Trinkt alle daraus. Das ist mein Blut, das Blut des Bundes. Es wird für viele vergossen zur Vergebung der Sünden. Ich sage euch: Ich werde nicht mehr vom Wein trinken, bis wir alle im Reich des Vaters sind."

Der Gang zum Ölberg
Mt 26,47-56

Nach dem Lobgebet gingen sie zum Ölberg.
Jesus sagte seinen Jüngern: „In dieser Nacht werdet ihr an mir zweifeln, ihr werdet mich verlassen.
Nach der Auferstehung aber werde ich euch nach Galiläa vorausgehen."
Petrus sagte: „Wenn alle dich verlassen, ich nicht!"
Jesus sagte ihm: „Ich sage dir: In dieser Nacht, bevor der Hahn kräht, wirst du mich dreimal verleugnen."
Petrus sagte zu Jesus. „Auch wenn ich mit dir sterben muss, ich werde dich nicht verleugnen."
Das gleiche sagten auch alle anderen Jünger.

Das Gebet in Getsemani
Mt 26,36-46

Jesus kam mit seinen Jüngern in den Garten Getsemani. Er sagte zu ihnen: „Setzt euch und wartet hier. Ich will dort beten."
Jesus nahm Petrus, Jakobus und Johannes mit.

Ölberg, Gebet Jesu.

Jesus bekam Angst und wurde traurig. Er sagte zu den drei Aposteln: „Meine Seele ist todtraurig. Bleibt hier und wacht mit mir." Er ging ein Stück weiter, kniete nieder und betete: „Mein Vater, wenn es möglich ist, gehe dieser Kelch an mir vorbei (wenn es möglich ist, schütze mich vor diesem Leiden). Aber nicht wie ich will, sondern wie du willst, so soll es sein."

Jesus ging zu den Aposteln zurück. Sie schliefen. Er sagte zu Petrus: „Ihr könnt nicht eine Stunde mit mir wachen! Wacht und betet, damit ihr nicht in Versuchung geführt werdet."

Jesus ging zum zweiten Mal weg und betete: „Mein Vater, wenn dieser Kelch nicht an mir vorübergehen kann, wenn ich leiden muss, dann geschehe dein Wille."

Jesus kam zurück. Die Apostel schliefen, sie waren sehr müde.

Jesus ging zum dritten Mal weg und betete wieder. Dann ging er zu seinen Aposteln und sagte: „Ihr schlaft noch immer? Die Stunde ist gekommen. Jetzt wird der Menschensohn verhaftet werden. Steht auf, wir wollen gehen. Mein Verräter kommt."

Die Gefangennahme Jesu
Mt 26,47-56

Judas kam mit vielen Männern. Sie hatten Schwerter und Prügel mit. Die Hohenpriester und Ältesten des Volkes hatten sie geschickt.

Der Verräter hatte mit ihnen ein Zeichen ausgemacht: Ich werde Jesus mit einem Kuss begrüßen. Ihr wisst dann, wen ihr fangen müsst.

Judas ging zu Jesus und sagte: „Ich grüße dich, Rabbi (Meister)." Er küsste ihn.

Jesus sagte zu ihm: „Freund, deshalb bist du gekommen, um mich zu verraten!"

Die Männer gingen zu Jesus und fesselten ihn.

Einer von den Aposteln Jesu nahm das Schwert und schlug dem Diener des Hohenpriesters ein Ohr ab. Jesus sagte seinem Apostel: „Gib das Schwert weg. Wer mit dem Schwert kämpft, wird getötet werden. Glaube, mein Vater könnte mir viele Engel schicken, wenn ich ihn bitte.

Aber die Schrift muss wahr werden: Es muss alles so geschehen, damit die Welt erlöst wird."

Jesus sagte zu den Männern: „Ihr seid wie zu einem Räuber mit Schwertern und Prügeln gekommen, um mich zu verhaften. Ich war täglich im Tempel und lehrte. Ihr habt mich nicht verhaftet. Das alles geschieht, damit die Schriften der Propheten wahr werden."

Alle Apostel verließen Jesus und flohen.

Das Verhör vor dem Hohen Rat
Mt 26,57-68

Jesus war verhaftet. Man führte ihn zum Hohenpriester Kajaphas. Die Schriftgelehrten und die Ältesten waren auch da. Petrus folgte Jesus, aber weit entfernt. Er ging in den Hof vom Palast des Hohenpriesters. Er setzte sich zu den Dienern. Er wollte wissen, wie alles ausgeht.

Die Hohenpriester und der Hohe Rat suchten falsche Zeugen gegen Jesus. Sie wollten ihn zum Tod verurteilen.

Viele falsche Zeugen kamen, aber sie konnten Jesus nichts beweisen.

Zum Schluss kamen zwei Zeugen und sagten: „Er hat behauptet: Ich kann den Tempel Gottes niederreißen und in drei Tagen wieder aufbauen."

Der Hohepriester stand auf und fragte Jesus: „Warum sagst du nichts gegen diese Leute?"

Jesus aber schwieg.

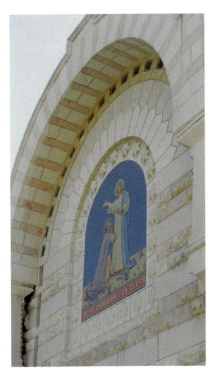

Kirche Galli cantu
(der Hahn krähte).

Der Hohepriester sagte zu ihm: „Ich beschwöre dich beim lebendigen Gott: Bist du der Messias? Der Sohn Gottes?"

Jesus sagte ihm: „Ja, du hast es gesagt.

Ihr werdet den Menschensohn zur Rechten Gottes sehen. Er wird auf den Wolken des Himmels kommen."

Der Hohepriester zerriss sein Gewand und sagte: „Du hast Gott beleidigt!

Wir brauchen keine Zeugen. Alle haben die Beleidigung Gottes gehört.

Was meint ihr?"

Alle antworteten: „Er ist schuldig und muss sterben."
Sie spuckten Jesus ins Gesicht und schlugen ihn. Sie gaben ihm Ohrfeigen. Sie spotteten: „Messias, du bist doch ein Prophet. Wer hat dich geschlagen?"

Die Verleugnung durch Petrus
Mt 26,69-75

Petrus saß draußen im Hof. Eine Magd kam zu ihm und sagte: „Du warst auch mit diesem Jesus aus Galiläa beisammen."

Petrus aber leugnete und sagte: „Ich weiß nicht, wovon du redest."

Petrus wollte zum Tor hinausgehen. Eine andere Magd sah ihn. Sie sagte zu den Leuten: „Der war mit Jesus aus Nazaret beisammen."

Petrus leugnete wieder. Er schwor: „Ich kenne den Menschen nicht!"
Einige Leute waren da. Sie kamen zu Petrus und sagten: „Wirklich, du gehörst auch zu den Freunden von Jesus. Du sprichst wie die Menschen in Galiläa. Das verrät dich."
Petrus begann zu schimpfen und er schwor: „Ich kenne den Menschen nicht!"
Da krähte der

Petrus verleugnet Jesus.

Hahn. Petrus erinnerte sich an das Wort Jesu: Du wirst mich dreimal verleugnen (sagen, mich nicht zu kennen), dann wird der Hahn krähen.
Petrus ging hinaus und weinte sehr.

Die Auslieferung an Pilatus
Mt 27,1-2

In der Früh beschlossen die Hohenpriester und die Ältesten des Volkes, Jesus töten zu lassen. Sie befahlen, Jesus zu fesseln und ihn zu Pilatus zu führen.

Das Ende des Judas

Mt 27,3-10

Judas hatte Jesus verraten. Er sah, dass man Jesus zum Tod verurteilt hatte. Er bereute seine Tat. Er brachte die dreißig Silberstücke den Hohenpriestern und Ältesten zurück. Er sagte: „Ich habe gesündigt. Ich habe einen Unschuldigen verraten." Sie aber antworteten ihm: „Das interessiert uns nicht. Das ist deine Sache." Da warf er das Geld in den Tempel. Er ging weg und erhängte sich.

Die Hohenpriester nahmen das Geld und sagten: „Man darf das Geld nicht zum Tempelschatz geben. Es ist Blutgeld." Sie kauften damit einen Acker. Der Acker wurde der Friedhof für die Fremden. Er bekam den Namen Blutacker.

Das Verhör bei Pilatus

Mt 27,11-26

Jesus stand vor dem Richter (Statthalter) Pontius Pilatus.

Pilatus fragte Jesus: „Bist du der König der Juden?"
Jesus antwortete: „Ja, du sagst es."
Die Hohenpriester und die Ältesten verklagten Jesus. Er aber antwortete nicht.
Da sagte Pilatus zu ihm: „Hörst du, was sie dir vorwerfen?"
Jesus aber beantwortete keine Frage. Der Richter (Statthalter) staunte sehr.

Zum Paschafest (Ostern) ließ der Statthalter immer einen Gefangenen frei. Das Volk konnte wählen. Damals war der gefürchtete Barabbas im Gefängnis.
Pilatus fragte die Leute: „Wen soll ich freilassen? Barabbas oder Jesus? Ihr nennt ihn Messias."
Pilatus wusste, dass Jesus aus Neid verhaftet worden war.

Pilatus saß auf dem Richterstuhl.
Seine Frau ließ ihm sagen: „Lass diesen Mann in Ruhe. Er ist unschuldig. Ich habe heute seinetwegen einen schrecklichen Traum gehabt."
Die Hohenpriester und die Ältesten überredeten die Leute, die Freilassung des Barabbas zu verlangen. Jesus aber töten zu lassen.
Der Statthalter fragte sie: „Wen von den beiden soll ich freilassen?"
Sie riefen: „Barabbas!"
Pilatus sagte zu ihnen: „Was soll ich mit Jesus machen? Ihr nennt ihn Messias."
Alle schrien: „Ans Kreuz mit ihm!"
Pilatus antwortete: „Welches Verbrechen hat er getan?"

Jerusalem, hier war der Gerichtssitz des Pilatus.

Sie schrien noch lauter: „Ans Kreuz mit ihm!"
Der Wirbel wurde immer größer. Pilatus ließ Wasser bringen.
Er wusch die Hände und sagte: „Ich habe keine Schuld am Blut dieses Menschen. Das ist eure Sache."
Da riefen alle: „Sein Blut komme über uns und unsere Kinder."
Pilatus ließ Barabbas frei. Er befahl, Jesus zu geißeln und zu kreuzigen.

Die Verspottung Jesu durch die Soldaten
Mt 27,27-31a

Die Soldaten nahmen Jesus. Sie führten ihn in den Hof des Gerichtsgebäudes. Sie zogen ihn aus und gaben ihm einen roten Mantel.
Sie flochten einen Dornenkranz und setzten ihn Jesus auf.
Sie gaben ihm einen Stock in die rechte Hand. Sie knieten nieder, verspotteten Jesus und riefen: „Hoch soll der König der Juden leben." Sie spuckten ihn an und schlugen ihn mit dem Stock. Dann zogen sie ihm den roten Mantel wieder aus und gaben ihm seine Kleider zurück.

Die Kreuzigung
Mt 27,31b-44

Sie führten Jesus zur Kreuzigung. Auf dem Weg trafen sie einen Mann aus Zyrene mit dem Namen Simon. Sie zwangen ihn, für Jesus das Kreuz zu tragen. Sie kamen nach Golgota, das heißt Schädelstätte. Sie gaben Jesus Wein zu trinken, der mit Galle vermischt war.
Jesus kostete, wollte aber nicht trinken.
Sie kreuzigten Jesus. Dann verlosten sie seine Klei-

Jesus wird verurteilt.

der. Sie setzten sich und bewachten Jesus. Über dem Kopf von Jesus war eine Tafel.
Auf ihr war die Schuld Jesu geschrieben: Das ist Jesus, der König der Juden.

Mit Jesus wurden auch zwei Räuber gekreuzigt, einer rechts und einer links von Jesus.
Viele Leute gingen vorbei. Sie spotteten und riefen: „Du willst den Tempel abreißen und in drei Tagen wieder aufbauen?

Steig vom Kreuz herunter, wenn du Gottes Sohn
bist."
Auch die Hohenpriester, Schriftgelehrten und Ältesten spotteten und sagten:
„Anderen hat er geholfen. Sich selbst kann er nicht
helfen.
Er will der König der Juden sein! Er soll vom Kreuz
steigen. Dann werden wir an ihn glauben. Er hat
doch auf Gott vertraut. Gott soll ihn retten, wenn er
ihn liebt.
Er hat doch gesagt: Ich bin Gottes Sohn."
Auch die beiden Räuber beschimpften Jesus.

Der Tod Jesu
Mt 27,45-56

Von der sechsten Stunde bis zur neunten Stunde war
es im ganzen Land finster. Um die neunte Stunde
schrie Jesus laut:
„Eli, eli, lama sabachtani?"
Das heißt:
„Mein Gott, mein Gott, warum hast du mich verlas-
sen?"
Einige hörten Jesus rufen und sagten:
„Er ruft Elija."
Gleich lief einer hin, tauchte einen Schwamm in
Essig. Er steckte ihn auf einen Stock und wollte Jesus
zu trinken geben.
Die anderen aber sagten:
„Nicht. Wir wollen sehen, ob Elija kommt und ihm
hilft."
Jesus schrie noch einmal laut und starb.

Der Vorhang des Tempels riss von oben bis unten
auseinander.
Die Erde bebte, Felsen zersprangen. Gräber öffneten

Grabeskirche, Tod Jesu.

sich. Tote wurden auferweckt. Sie kamen nach der
Auferstehung Jesu aus ihren Gräbern. Sie gingen in
die heilige Stadt Jerusalem. Sie erschienen vielen.
Der Hauptmann und die anderen Männer, die Jesus
bewachten, spürten das Erdbeben. Sie erschraken
über alles, was sie sahen.

Sie sagten:
„Jesus war wirklich Gottes Sohn."
Auch viele Frauen waren da. Sie schauten von weitem zu. Sie sind Jesus schon in Galiläa nachgefolgt und haben ihm gedient. Zu diesen Frauen gehörten Maria aus Magdala, Maria, die Mutter des Jakobus und des Josef, und die Mutter der Söhne des Zebedäus.

Das Begräbnis Jesu
Mt 27,57-61

Am Abend kam ein reicher Mann aus Arimathäa. Er hieß Josef. Er war auch ein Jünger Jesu. Er ging zu Pilatus und bat um den Leichnam Jesu. Pilatus befahl, ihm den Leichnam zu schenken. Josef nahm den toten Jesus und wickelte ihn in ein reines Leinentuch. Dann legte er Jesus in ein neues Grab. Er hatte das Grab für sich selbst in einen Felsen schlagen lassen. Vor den Eingang zum Grab wälzte er einen großen Stein. Dann ging er weg. Maria aus Magdala und eine andere Maria waren dabei. Sie saßen gegenüber vom Eingang ins Grab.

Die Bewachung des Grabes
Mt 27,62-66

Die Hohenpriester und die Pharisäer gingen am nächsten Tag zu Pilatus. Sie sagten: „Herr, es ist uns eingefallen: Dieser Jesus war ein Betrüger. Er hat behauptet: Ich werde nach drei Tagen auferstehen.
Befiehl, das Grab bis zum dritten Tag zu bewachen.
Es könnte sein: Seine Jünger kommen, stehlen den Leichnam und sagen den Leuten: Jesus ist von den Toten auferstanden.
Dieser letzte Betrug wäre schlimmer als alle anderen."

Pilatus antwortete ihnen: „Ihr sollt eine Wache haben. Geht und sichert das Grab." Sie gingen zum Grab und versiegelten den Stein. Sie ließen Wachen beim Grab.

Die Botschaft des Engels am leeren Grab
Mt 28,1-8

Es war nach dem Sabbat, am Morgen des ersten Wochentages. Maria aus Magdala und die andere Maria kamen zum Grab. Plötzlich war ein starkes Erdbeben. Ein Engel Gottes kam vom Himmel. Er ging zum Grab, wälzte den Stein weg und setzte sich darauf. Seine Erscheinung war wie ein Blitz. Sein Gewand war weiß wie Schnee. Die Wächter waren erschrocken und zitterten. Sie fielen wie tot auf den Boden. Der Engel sagte zu den Frauen: „Fürchtet euch nicht. Ich weiß, ihr sucht Jesus, den Gekreuzigten. Er ist nicht hier. Er wurde auferweckt, wie er gesagt hat. Kommt und schaut, wo er gelegen hat. Geht sofort zu den Jüngern und sagt ihnen: Jesus ist von den

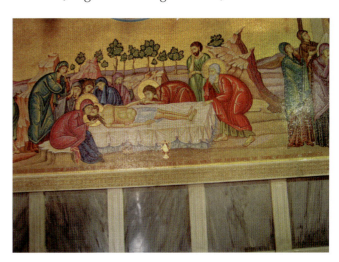

Grablegung Jesu, Bild in der Grabeskirche.

Toten auferweckt. Er geht euch nach Galiläa voraus. Ihr werdet Jesus dort sehen." Die Frauen gingen vom Grab fort. Sie spürten Furcht und Freude. Sie liefen, um den Jüngern diese Botschaft zu erzählen.

Jesus erscheint den Frauen
Mt 28,9-10

Plötzlich stand Jesus vor den Frauen und grüßte sie. Sie gingen zu Jesus, knieten nieder und berührten seine Füße.
Jesus sagte zu ihnen: „Fürchtet euch nicht! Geht zu meinen Jüngern. Sagt ihnen: Sie sollen nach Galiläa gehen. Dort werden sie mich sehen."

Der Betrug der Hohenpriester
Mt 28,11-15

Die Frauen waren noch auf dem Weg. Da kamen einige Wächter in die Stadt. Sie erzählten den Hohenpriestern alles, was geschehen war. Die Hohenpriester und die Ältesten wollten die Soldaten bestechen. Sie gaben ihnen viel Geld und sagten: „Erzählt den Leuten: Wir haben geschlafen. Die Jünger Jesu sind in der Nacht gekommen und haben den Leichnam gestohlen.
Wenn der Statthalter das erfährt, braucht ihr euch nicht fürchten. Wir werden ihn beruhigen und euch beschützen."
Die Soldaten nahmen das Geld. Sie erzählten, was ihnen die Hohenpriester befohlen hatten. Diese Lügengeschichte ist noch heute bei den Juden bekannt.

Der Auftrag des Auferstandenen
Mt 28,16-20

Die elf Jünger gingen nach Galiläa. Sie gingen auf einen Berg, wie Jesus befohlen hatte. Sie sahen Jesus und knieten nieder. Einige zweifelten. Da kam Jesus

zu ihnen und sagte: „Mir ist alle Macht gegeben, im Himmel und auf der Erde. Geht deshalb zu allen Menschen. Sie sollen meine Jünger werden. Tauft sie im Namen des Vaters und des Sohnes und des Heiligen Geistes. Lehrt sie alles befolgen, was ich euch geboten habe. Ich bin bei euch alle Tage bis zum Ende der Welt."

Sonnenspiegelung im See Gennesaret, wie ein Kreuz.

Das Evangelium nach Markus

Das Evangelium nach Markus ist das älteste Evangelium. Es wurde um 70 nach Christus in griechischer Sprache aufgeschrieben.

Es wurde aufgeschrieben von einem Johannes Markus aus Jerusalem. Im Haus seiner Mutter hat sich die urchristliche Gemeinde in Jerusalem versammelt.

Er war Mitarbeiter von Paulus, später von Petrus.

Er soll sein Evangelium in Rom geschrieben haben.

Markus berichtet in seinem Evangelium: die Wunderheilungen Jesu, die Gleichnisse, viele Jesu-Worte, die Leidensgeschichte.

Er beginnt sein Evangelium mit dem Kommen Johannes des Täufers. Er berichtet über das Wirken Jesu in Galiläa, seine Wanderung durch jüdisch-heidnisches Gebiet und die Belehrung der Jünger, über die Wanderung nach Jerusalem, und den Tod Jesu am Kreuz.

Sein Evangelium endet mit dem leeren Grab, das die Frauen am Ostermorgen sehen.

Markus zeigt in seinem Evangelium:

Gott zeigt uns seinen Willen durch Jesus. Jesus ist gekommen, um alle Menschen zu retten.

Er ist der Sohn Gottes und ruft die Menschen in das Reich Gottes.

Jesus nachfolgen bedeutet: Glauben, Bereitschaft zum Dienen und Mut zum Leiden.

Markus will den Heidenchristen Mut machen, Jesus treu zu bleiben – auch in der Verfolgung.

Die Vorbereitung des Wirkens Jesu
Mk 1,1 – 13

Johannes der Täufer
Mk 1, 1-8

Anfang des Evangeliums von Jesus Christus, dem Sohn Gottes:

Johannes der Täufer sollte die Leute auf Jesus vorbereiten. Von dieser Vorbereitung war schon beim Propheten Jesaja (im Alten Testament) geschrieben worden: Ich sende meinen Boten vor dir her. Er soll den Weg für dich bereiten. Eine Stimme ruft in der Wüste: Bereitet den Weg des Herrn. Macht die Straßen gerade!

Johannes der Täufer war in der Wüste. Er predigte: „Lasst euch taufen. Bekehrt euch, so könnt ihr Verzeihung der Sünden bekommen."

Viele Menschen aus Judäa und Jerusalem kamen zu Johannes. Sie sagten ihre Sünden und ließen sich im Jordan von ihm taufen.

Johannes trug ein Kleid aus Kamelhaaren und einen Ledergürtel. Seine Nahrung waren Heuschrecken und wilder Honig.

Er predigte: „Nach mir kommt einer, der ist stärker als ich (= Jesus). Ich bin nicht wert, mich zu bücken und ihm die Schuhriemen aufzumachen (= Dienerarbeit zu machen). Ich habe euch mit Wasser getauft. Er aber wird euch mit Heiligem Geist taufen."

Die Taufe Jesu
Mk 1,9-11

Jesus kam aus Nazaret in Galiläa zum Fluss Jordan. Er ließ sich von Johannes im Jordan taufen. Jesus stieg aus dem Wasser. Der Himmel öffnete sich. Der Heilige Geist kam wie eine Taube auf Jesus herab. Eine Stimme sprach vom Himmel: „Du bist mein lieber Sohn. Ich habe Freude mit dir."

Die Versuchung Jesu
Mk 1,12-13

Jesus ging in die Wüste. Er blieb 40 Tage in der Wüste. Der Satan (= Teufel) hat Jesus in Versuchung geführt. Jesus lebte bei den wilden Tieren. Engel kamen und dienten ihm.

DAS WIRKEN JESU IN GALILÄA
Mk 1,14-8,26

Erste Predigt in Galiläa
Mk 1,14-15

Man hatte Johannes ins Gefängnis geworfen. Jesus ging wieder nach Galiläa. Er lehrte das Evangelium Gottes. Er sprach: „Die Zeit ist erfüllt. Das Reich Gottes ist nahe. Kehrt um und glaubt an das Evangelium.“

Die Berufung der ersten Jünger
Mk 1,16-20

Jesus war am See Gennesaret in Galiläa. Er sah Simon und Andreas, den Bruder des Simon. Sie

Fischerboot am See Gennesaret.

waren Fischer. Sie warfen ihre Netze im See aus. Jesus sagte zu ihnen: „Kommt, geht mit mir. Ich werde euch zu Menschenfischern machen. (Ihr sollt nicht mehr als Fischer arbeiten. Ihr sollt die Menschen führen.)“ Sofort ließen sie ihre Netze liegen und gingen mit Jesus. Jesus ging weiter. Er sah Jakobus, den Sohn des Zebedäus, und seinen Bruder Johannes. Jesus rief auch sie. Sie verließen ihren Vater und seine Mitarbeiter und gingen mit Jesus.

Jesus in der Synagoge von Kafarnaum
Mk 1,21-28

Jesus und seine Jünger kamen nach Kafarnaum. Jesus ging am Sabbat (= Samstag) in die Synagoge (= Bethaus) und lehrte. Alle staunten über seine Lehre.
In der Synagoge saß ein Mann. Er war von einem bösen Geist besessen. Er begann zu schreien: „Ich mag dich nicht, Jesus von Nazaret. Du bist gekommen, um uns zu verderben. Ich weiß, wer du bist: der Sohn Gottes.“
Jesus drohte dem bösen Geist: „Schweig und verlass diesen Mann.“
Der böse Geist verließ den Mann mit lautem Geschrei.
Alle staunten über die Lehre Jesu und seine Macht, weil er den bösen Geist besiegt hatte. Man sprach von Jesus und seinem Tun in ganz Galiläa.

Die Heilung der Schwiegermutter des Petrus
Mk 1,29-31

Jesus ging von der Synagoge fort. Er ging mit Jakobus und Johannes ins Haus von Simon Petrus und Andreas. Die Schwiegermutter von Simon Petrus hatte Fieber. Die Jünger sprachen mit Jesus darüber. Jesus ging zur Frau, nahm sie bei der Hand und heilte sie. Sofort war das Fieber verschwunden. Die Frau stand auf, um für Jesus und die Jünger zu sorgen.

Die Heilung von Besessenen und Kranken
Mk 1,32-34

Am Abend brachte man Kranke und Besessene zu Jesus. Alle Menschen der Stadt waren vor dem Haus. Jesus heilte viele und vertrieb die bösen Geister. Er verbot den bösen Geistern zu reden. Sie wussten nämlich, wer Jesus ist.

Jesus geht fort von Kafarnaum
Mk 1,35-39

Jesus stand in der Früh auf. Er ging aus der Stadt. Er ging an einen einsamen Ort, um zu beten. Simon Petrus und die anderen Jünger gingen ihm nach. Sie fanden Jesus und sagten: „Alle suchen dich." Jesus antwortete: „Wir gehen auch in die Nachbarorte. Ich will auch dort predigen. Deshalb bin ich gekommen." Jesus wanderte durch Galiläa. Er predigte in Synagogen und vertrieb böse Geister.

Die Heilung eines Aussätzigen
Mk 1,40-45

Ein Aussätziger kam zu Jesus. Er kniete nieder und bat Jesus: „Wenn du willst, kannst du mich rein machen." Jesus hatte Mitleid mit dem Aussätzigen. Er berührte ihn und sagte: „Ich will – werde rein!" Sofort verschwand der Aussatz, und der Mann war gesund. Jesus befahl ihm: „Erzähle niemandem von deiner Heilung. Geh zu den Priestern und zeige dich ihnen.

Kafarnaum.

Opfere, wie Mose befohlen hat. Das ist der Beweis (für deine Heilung)."
Der Mann ging weg und erzählte überall von der Heilung. Alle staunten über Jesus. Jesus ging fort, aber viele Leute kamen zu ihm. Sie kamen von überall her.

Heilung eines Gelähmten
Mk 2,1-12

Einige Tage später kam Jesus wieder nach Kafarnaum. Er lehrte in einem Haus. Viele Leute versammelten sich im Haus und vor dem Haus. Alle wollten Jesus sehen und seine Predigt hören.
Vier Männer brachten einen Gelähmten. Sie konnten ihn nicht zu Jesus bringen, weil so viele Leute da waren. Sie machten deshalb das flache Dach auf und ließen den Gelähmten auf der Tragbahre von oben herunter. Der Kranke kam genau vor Jesus zu liegen.

Katzrin (Quazrin) altes Wohnhaus.

Jesus sah den Glauben des Kranken und sprach zu ihm: „Ich verzeihe dir deine Sünden."
Einige Schriftgelehrte (= Bibellehrer) aber dachten: „Wieso kann Jesus Sünden verzeihen? Er beleidigt Gott! Nur Gott kann Sünden verzeihen."
Jesus wusste, was die Schriftgelehrten dachten und sagte zu ihnen: „Warum denkt ihr Böses? Ihr sollt

wissen, dass ich Macht habe, Sünden zu verzeihen."
Und Jesus sagte zum Gelähmten: „Steh auf, nimm deine Tragbahre und geh nach Hause." Der Mann stand sofort auf. Er nahm seine Tragbahre und ging fort. Alle staunten. Sie lobten Gott und sagten: „Wir haben so ein Wunder noch nie gesehen."

Berufung des Levi (Matthäus) und das Mahl mit den Zöllnern
Mk 2,13-17

Jesus ging hinaus zum See. Viele Menschen kamen zu ihm. Jesus lehrte sie. Dann ging Jesus weiter. Er sah Levi (Matthäus), den Sohn des Alphäus, beim Zollhaus sitzen. Jesus sagte zu ihm: „Geh mit mir."
Da stand Levi (Matthäus) auf und ging mit Jesus.
Jesus und seine Jünger gingen zu Levi zum Essen. Viele Zöllner und Sünder waren auch da. Die Pharisäer sahen, dass Jesus mit Zöllnern und Sündern aß. Sie fragten die Jünger Jesu: „Warum isst Jesus mit Zöllnern und Sündern?" Jesus antwortete: „Die Gesunden brauchen keinen Arzt; die Kranken brauchen den Arzt. Ich bin gekommen, um die Sünder zu retten."

Die Frage nach dem Fasten
Mk 2,18-22

Die Jünger des Johannes und die Pharisäer fasteten. Leute kamen zu Jesus und fragten: „Warum fasten deine Jünger nicht?"
Jesus antwortete mit einem Beispiel: „Wenn der Bräutigam da ist, fasten die Hochzeitsgäste nicht. Wenn der Bräutigam fort ist, werden die Gäste fasten (= Meine Jünger fasten nicht, weil ich bei ihnen bin. Später werde ich nicht mehr da sein, dann werden meine Jünger fasten)."

Jesus sprach mit einem Beispiel: „Niemand näht ein Stück neuen Stoff auf ein altes Kleid, sonst zerreißt es, und das Loch wird noch größer.
Niemand füllt neuen Wein in alte Schläuche, sonst zerreißt der Wein die Schläuche. Dann sind Wein und Schläuche unbrauchbar. Neuer Wein gehört in neue Schläuche."

Das Abreißen der Ähren an einem Sabbat
Mk 2,23-28

Jesus ging am Sabbat durch die Kornfelder. Seine Jünger rissen Ähren ab, um zu essen. Die Pharisäer sagten zu Jesus: „Warum machen die Jünger, was am Sabbat verboten ist?" Jesus antwortete: „Habt ihr nicht gelesen, was David und seine Begleiter taten, als sie Hunger hatten? Sie gingen in das Haus Gottes und aßen die heiligen Brote. Diese heiligen Brote durften nur die Priester essen."
Jesus sagte ihnen: „Der Sabbat ist für den Menschen da und nicht der Mensch für den Sabbat. Der Menschensohn ist auch Herr über den Sabbat."

Die Heilung eines Mannes am Sabbat
Mk 3,1-6

Jesus ging in eine Synagoge. Ein Mann saß da. Er hatte einen gelähmten Arm. Die Pharisäer beobachteten, ob Jesus den Mann am Sabbat heilen wird. Sie wollten nämlich Jesus verklagen. Jesus sagte zu dem kranken Mann: „Stell dich in die Mitte."
Jesus fragte die Pharisäer: „Ist es erlaubt, am Sabbat Gutes zu tun? Ist es erlaubt, ein Leben zu retten?" Die Pharisäer aber schwiegen. Jesus schaute sie alle an. Er war traurig, weil sie nicht glauben wollten. Dann sagte Jesus zu dem Mann: „Streck deinen Arm aus." Der Mann streckte den Arm aus und konnte ihn wieder bewegen.

Die Pharisäer gingen hinaus. Sie waren zornig. Sie und die Freunde von Herodes beschlossen, Jesus zu töten.

Viele Menschen bei Jesus
Mk 3,7-12

Jesus ging mit seinen Jüngern wieder zum See. Viele Menschen aus Galiläa folgten ihm. Viele Menschen kamen auch aus Judäa, aus Jerusalem, vom Jordan, von Tyrus und Sidon. Alle Kranken drängten zu Jesus. Jesus heilte sie. Die vom bösen Geist besessen waren, fielen nieder, wenn sie Jesus sahen. Sie schrien: „Du bist der Sohn Gottes." Jesus aber verbot ihnen streng, davon zu sprechen.

Die Wahl der zwölf Apostel
Mk 3,13-19

Jesus ging auf einen Berg. Er rief seine Jünger. Jesus wählte zwölf (Apostel) aus. Sie sollten bei Jesus bleiben und später predigen. Er gab ihnen die Macht, böse Geister zu vertreiben.
Die zwölf Apostel waren: Simon Petrus, Jakobus, der Sohn des Zebedäus, und sein Bruder Johannes, Andreas, Philippus, Bartholomäus, Matthäus, Thomas, Jakobus, der Sohn des Alphäus, Thaddäus, Simon Kananäus und Judas Iskariot, der ihn dann verraten hat.

Jesus und seine Verwandten
Mk 3,20- 21

Jesus ging in ein Haus. Viele Menschen kamen zusammen. Jesus und seine Jünger konnten kaum essen. Jesu Verwandte kamen und wollten Jesus mit Gewalt zurückholen. Sie meinten, dass Jesus verrückt ist.

Die Verteidigungsrede Jesu
Mk 3,22-30

Schriftgelehrte und Pharisäer sagten: „Jesus arbeitet mit dem Teufel. Mit seiner Hilfe vertreibt er die anderen bösen Geister."
Jesus belehrte sie. Er erzählte ihnen ein Beispiel: „Es ist unmöglich, dass der Satan den Satan vertreibt. Wenn die Menschen in einem Land streiten, wird das Land schwach. Wenn eine Familie streitet, wird sie schwach. Wenn der Teufel und seine Freunde streiten, werden sie besiegt. Man kann auch in keinem Haus stehlen, das von einem starken Mann bewacht wird. Zuerst muss man den starken Mann fesseln, dann kann man stehlen.
Ich sage euch: Den Menschen werden alle Sünden vergeben. Wer aber nicht glauben will und gegen den Heiligen Geist sündigt, der wird keine Verzeihung bekommen."

Die wahren Verwandten Jesu
Mk 3,31-35

Die Mutter Jesu und seine Verwandten kamen zu Jesus. Sie blieben vor dem Haus stehen. Sie ließen Jesus herausrufen.
Viele Leute waren bei Jesus. Sie sagten zu ihm: „Deine Mutter und deine Verwandten sind draußen. Sie wollen dich sehen."
Jesus sagte zu ihnen: „Wer ist meine Mutter? Wer sind meine Brüder, meine Verwandten?"
Er schaute alle an und sagte: „Ihr alle seid meine Mutter, meine Brüder, meine Verwandten. Wer den Willen Gottes tut, ist für mich Bruder und Schwester und Mutter."

Die Gleichnisse vom Reich Gottes
Mk 4,1-34

Das Gleichnis vom Sämann
Mk 4,1-9

Jesus lehrte wieder beim See. Viele Menschen waren da. Jesus stieg in ein Boot und setzte sich. Die Menschen standen am Ufer. Jesus belehrte die Menschen. Er erzählte viele Gleichnisse.
Er sagte: „Ein Sämann ging auf das Feld, um zu säen. Einige Körner fielen auf den Weg. Vögel kamen und fraßen sie. Andere Körner fielen auf steinigen Boden. Da war wenig Erde. Die Halme wuchsen sofort, verdorrten aber bald, weil sie keine Wurzeln hatten. Andere Körner fielen in die Dornen. Die Dornen wuchsen und erstickten die Halme. Ein anderer Teil fiel auf gute Erde. Sie wuchsen und brachten viel Frucht, dreißigfach, sechzigfach, hundertfach."

Sinn des Gleichnisses
Mk 4,10-12

Die Leute gingen fort. Die zwölf Apostel und andere Freunde fragten Jesus um den Sinn der Gleichnisse. Jesus sagte ihnen: „Ihr versteht die Wahrheit vom Reich Gottes, weil ihr glaubt. Wer nicht glaubt, wird diese Wahrheit nicht verstehen."

Die Erklärung des Gleichnisses vom Sämann
Mk 4,13-20

Jesus sagte zu den Aposteln: „ Ihr sollt das Gleichnis verstehen. Der Sämann sät das Wort. Die Körner sind das Wort Gottes. Viele Menschen lernen Gottes Wort kennen. Aber sofort kommt der Teufel und nimmt es aus den Herzen. Das sind die Körner auf dem Weg. Ähnlich ist es bei anderen Menschen: Sie hören Gottes Wort und glauben eine kurze Zeit. Der Glaube aber ist nicht fest im Herzen. In der Versuchung fallen die Menschen vom Glauben ab. Das sind die Körner auf steinigem Boden.

Andere Menschen hören das Wort Gottes. Die Sorgen der Welt, die Begierde nach Reichtum und andere Wünsche sind der Grund, dass sie das Wort Gottes vergessen. Das sind die Körner unter den Dornen.

Viele hören das Wort Gottes. Sie befolgen es, leben gläubig und tun viel Gutes. Das sind die Körner auf guter Erde."

Vom rechten Hören (Befolgen)
Mk 4,21-25

Jesus sagte zu seinen Aposteln: „Zündet man ein Licht an und versteckt es? Nein! Man nimmt die Lampe und stellt sie auf einen Leuchter.
Ihr sollt jetzt lernen und meine Lehre befolgen. Ihr sollt meine Lehre später predigen. Wer meine Lehre befolgt, wird viel Gnade empfangen."

Das Gleichnis vom Wachsen der Saat
Mk 4,26-29

Jesus lehrte: „Das Reich Gottes ist wie ein Mann, der Samen auf seinen Acker sät. Dann schläft er und steht wieder auf. Es wird Tag und Nacht. Der Same wächst. Der Mann weiß nicht, wie. Zuerst kommt der Halm, dann die Ähre, dann kommen die Körner in der Ähre. Wenn das Getreide reif ist, holt man die Sichel. Die Zeit der Ernte ist da."

Das Gleichnis vom Senfkorn
Mk 4,30-32

Jesus lehrte: „Das Reich Gottes gleicht einem Senfkorn. Das Senfkorn ist das kleinste von allen Samenkörnern. Wenn es gesät ist, aufgeht und wächst, wird es größer als alle anderen Gewächse. Es hat viele Zweige. Die Vögel kommen und wohnen in seinen Zweigen."

Das Ende der Gleichnisrede
Mk 4,33-34

Jesus belehrte die Menschen in vielen Gleichnissen. Sie sollten so seine Lehre verstehen. Jesus erklärte seinen Jüngern die Gleichnisse, wenn sie allein waren.

Taten und Worte Jesu
Mk 4,35 – 8,26

Der Sturm auf dem See
Mk 4,35-41

Es war Abend. Jesus sagte zu seinen Aposteln: „Wir wollen zum anderen Ufer fahren." Die Apostel schickten die Leute weg. Sie stiegen ins Boot. Andere

Sturm am See.

Boote begleiteten sie. Plötzlich kam ein starker Sturm. Die Wellen waren hoch. Viel Wasser kam ins Boot. Jesus aber lag im Boot auf einem Polster und schlief. Die Apostel weckten Jesus und riefen: „Meister, rette uns, wir gehen unter!" Jesus stand auf. Er befahl dem Wind und sagte zum See: „Schweig, sei still!" Sofort war der Wind aus. Alles war still.

Jesus fragte die Apostel: „Warum habt ihr Angst? Habt ihr keinen Glauben?" Da fürchteten sie sich und sagten zueinander: „Wer ist dieser Mann? Sogar Wind und der See gehorchen ihm."

Die Heilung des Besessenen von Gerasa
Mk 5, 1-20

Jesus und die Apostel kamen ans andere Ufer des Sees in das Gebiet von Gerasa. Als Jesus aus dem Boot stieg, lief ihm ein Besessener entgegen. Er kam von den Grabhöhlen, dort wohnte er. Man konnte ihn nicht fesseln. Man hatte seine Hände und Füße schon gefesselt, aber er zerriss die Fesseln immer wieder. Bei Tag und Nacht war er in den Grabhöhlen und auf den Bergen. Er schrie immer und schlug sich mit Steinen.

Der Besessene sah Jesus kommen. Er lief zu ihm und warf sich nieder. Er schrie laut: „Was willst du von mir, Jesus, Gottes Sohn?"

Jesus befahl: „Böser Geist, verlass diesen Mann." Dann fragte Jesus: „Wie heißt du?" Der böse Geist antwortete: „Ich heiße Legion, denn wir sind viele." In der Nähe war eine Schweineherde. Die bösen Geister verließen den Mann und fuhren in die Schweine. Die Schweine stürmten vom Berg in den See. 2000 Tiere ertranken. Die Hirten flohen und erzählten alles in der Stadt und in den Dörfern.

Bald kamen Leute zu den Grabhöhlen.

See Gennesaret, Dalmanuta.

Sie wollten sehen, was geschehen war. Sie sahen den Besessenen bei Jesus sitzen. Er hatte ordentliche Kleider und war wieder normal und gesund. Da fürchteten sich die Leute. Sie baten Jesus fortzugehen. Jesus stieg ins Boot. Der Geheilte bat Jesus, mitgehen zu dürfen. Jesus aber sagte zu ihm: „Geh nach Haus und erzähle deiner Familie vom Erbarmen und der Hilfe Gottes." Der Mann ging weg. Er erzählte in der Dekapolis (Gebiet der zehn Städte), wie Jesus ihm geholfen hat. Alle staunten.

Die Auferweckung der Tochter des Jairus und die kranke Frau
Mk 5,21-43

Jesus fuhr mit dem Boot wieder ans andere Ufer. Viele Menschen waren versammelt. Jairus, der Vorsteher einer Synagoge, kam zu Jesus. Er kniete nieder und bat Jesus um Hilfe. Er sagte: „Meine Tochter wird bald sterben. Komm und hilf, damit sie gesund wird und lebt." Jesus ging mit. Viele Menschen umdrängten Jesus. Da war auch eine kranke Frau. Viele Ärzte hatten sie behandelt, sie hatte viel Geld bezahlt, aber niemand konnte ihr helfen. Ihre Krankheit wurde immer schlechter.

Die Frau hatte von Jesu Macht gehört. Sie kam im Gedränge von hinten zu Jesus. Sie dachte: Wenn ich sein Gewand berühre, werde ich geheilt. Die Frau berührte das Gewand Jesu. Sofort spürte sie, dass sie gesund war. Jesus drehte sich um und fragte: „Wer hat mein Gewand berührt?" Die Jünger sagten zu Jesus: „Du siehst, die Leute drängen sehr. Wir wissen nicht, wer dich berührt hat." Jesus schaute. Da kam die Frau. Sie kniete nieder, sie zitterte, sie wusste, was geschehen war. Sie sagte Jesus die ganze Wahrheit. Jesus sagte zur Frau: „Dein Glaube hat dich gesund gemacht. Geh in Frieden."

Leute kamen vom Haus des Jairus. Sie sagten zu ihm: „Deine Tochter ist gestorben. Du brauchst Jesus nicht mehr bitten." Jesus aber sagte zu Jairus: „Fürchte dich nicht. Glaube!" Jesus ging mit Petrus, Jakobus und Johannes zum Haus des Jairus. Die Leute weinten und machten Lärm (Trauermusik). Jesus sagte zu ihnen: „Warum schreit und weint ihr? Das Kind ist nicht gestorben. Es schläft." Da lachten und spotteten sie.

Jesus warf sie hinaus. Er nahm die drei Apostel und die Eltern mit ins Zimmer, wo das Kind lag. Jesus nahm die Hand vom Kind und sagte: „Mädchen, ich sage dir: Steh auf."

Sofort stand das Mädchen auf und ging umher. Es war zwölf Jahre alt. Die Leute staunten und fürchteten sich. Jesus verbot, von diesem Wunder zu erzählen. Dann befahl Jesus, dem Mädchen etwas zum Essen zu geben.

Die Ablehnung Jesu in seiner Heimat
Mk 6,1-6a

Jesus ging in seine Heimatstadt Nazaret. Seine Jünger begleiteten ihn. Jesus lehrte am Sabbat in der Synagoge. Viele Menschen hörten ihm zu. Sie staunten und sagten: „Woher weiß Jesus alles? Wieso ist er so weise? Wieso kann er Wunder machen? Wir kennen Jesus. Er ist der Zimmermann. Er ist der Sohn von Maria. Seine Verwandten wohnen bei uns."

Sie waren zornig über Jesus.

Jesus sagte zu ihnen: „ Ein Prophet wird überall geehrt. In seiner Heimat wird er nicht geehrt. Seine Verwandten und seine Familie ehren ihn auch nicht."

Jesus konnte in Nazaret kein Wunder wirken. Er heilte nur ein paar Kranke. Er war traurig über ihren Unglauben.

Die Aussendung der Apostel
Mk 6,6b-13

Jesus wanderte durch die Dörfer in Galiläa und lehrte. Er rief die zwölf Apostel. Er befahl ihnen, zwei und zwei fortzugehen und zu lehren. Er gab ihnen Macht, die bösen Geister zu vertreiben. Er befahl ihnen, auf den Weg nichts mitzunehmen, kein Brot, kein Geld, kein zweites Hemd. Sie sollen nur den Wanderstab und Sandalen mitnehmen.

Die Apostel gingen fort. Sie predigten und mahnten zur Umkehr. Sie vertrieben viele böse Geister. Sie salbten Kranke mit Öl und heilten sie.

Das Urteil des Herodes über Jesus
Mk 6, 14-16

König Herodes hörte von Jesus. Jesus war schon überall bekannt. Man sagte: „Johannes der Täufer ist von den Toten auferstanden, deshalb macht er solche Wunder." Andere sagten: „Er ist Elija (ein Prophet aus dem Alten Testament)." Andere sagten: „Er ist ein Prophet, wie die Propheten aus dem Alten Testament." Herodes aber sagte: „Ich ließ Johannes enthaupten. Er ist auferstanden."

Die Enthauptung Johannes des Täufers
Mk 6,17-29

Herodes hatte Johannes ins Gefängnis sperren lassen. Schuld war Herodias. Herodias war die Frau seines Bruders Philippus. Herodes hatte sie geheiratet. Johannes hatte zu Herodes gesagt: „Du darfst die Frau deines Bruders nicht heiraten." Herodias war deshalb sehr böse und wollte den Tod des Johannes. Herodes aber fürchtete sich, Johannes zu töten. Herodes wusste, dass Johannes ein frommer und heiliger Mann war. Herodes schützte Johannes oft. Er sprach oft mit ihm.
Herodes hatte Geburtstag. Viele Hofbeamte, Offiziere und Bürger aus Galiläa waren zu einem Festessen eingeladen. Die Tochter der Herodias tanzte. Herodes und den Gästen gefiel der Tanz sehr gut. Der König sagte zu dem Mädchen: „Wünsch dir, was du willst. Ich werde es dir geben." Das Mädchen ging hinaus und fragte seine Mutter: „Was soll ich mir wünschen?" Herodias antwortete: „Den Kopf von Johannes dem Täufer." Das Mädchen lief zum König und sagte: „Lass mir den Kopf des Johannes auf einer Schale bringen."
Der König wurde traurig. Er wollte aber sein Versprechen halten. Er befahl deshalb einem Soldaten, ins Gefängnis zu gehen und den Kopf des Johannes zu holen. Der Soldat enthauptete Johannes. Er brachte den Kopf auf einer Schale und gab ihn dem Mädchen. Das Mädchen gab ihn seiner Mutter.
Die Jünger des Johannes erfuhren vom Tod des Johannes. Sie holten seinen Leichnam und legten ihn in ein Grab.

Die Rückkehr der Jünger und die Speisung der Fünftausend
Mk 6,30-44

Die Apostel kamen wieder zu Jesus. Sie erzählten ihm, was sie getan und gelehrt hatten. Jesus sagte zu ihnen: „Kommt mit zu einem einsamen Ort. Wir wollen allein sein. Ihr sollt euch ausruhen."
Es waren nämlich immer viele Leute bei ihnen. Sie hatten nicht Zeit zum Essen.
Jesus und die Apostel fuhren mit dem Boot an einen ruhigen Platz. Viele Leute sahen das und liefen auch dorthin. Als Jesus ausstieg, waren schon viele Leute da. Jesus hatte Mitleid mit ihnen.
Er lehrte sie vieles. Am Abend kamen seine Apostel zu ihm und sagten: „Es ist schon spät. Die Leute sollen fortgehen und Essen kaufen." Jesus antwortete: „Gebt ihr ihnen Essen." Die Apostel sagten: „Sollen wir fortgehen und für 200 Denare (= Münzen, Geldstücke) Brot kaufen?"
Jesus fragte sie: „Wie viele Brote habt ihr? Geht und schaut." Sie schauten und antworteten: „Fünf Brote und zwei Fische." Jesus befahl, die Leute sollen sich in Gruppen zusammensetzen. Am Platz war viel

Tabgha, Brotvermehrungskirche, Mosaik:
Fünf Brote und zwei Fische.

Gras. Die Leute setzten sich in Gruppen zusammen, immer 50 oder 100 Leute.

Jesus nahm die fünf Brote und die zwei Fische. Er schaute zum Himmel, sprach den Segen und brach die Brote. Er gab die Brote den Aposteln zum Austeilen. Jesus befahl auch, die zwei Fische auszuteilen. Alle Leute aßen und wurden satt.

Zum Schluss sammelte man den Rest der Brote und Fische ein. Zwölf Körbe wurden voll. Fünftausend Männer waren da und haben von den Broten gegessen.

Der Gang Jesu auf dem Wasser
Mk 6,45-52

Jesus befahl den Aposteln, mit dem Boot ans andere Ufer nach Betsaida zu fahren. Jesus wollte die Leute wegschicken. Jesus verabschiedete sich von den Leuten, dann ging er auf den Berg. Er wollte beten.

Am Abend war das Boot mitten auf dem See. Jesus war allein am Ufer. Jesus sah, dass sich die Apostel beim Rudern sehr plagen mussten. Es war starker Gegenwind. Es war um die vierte Nachtwache (zwischen 3 Uhr und 6 Uhr in der Früh). Jesus ging auf dem See zu ihnen. Die Apostel sahen Jesus auf dem Wasser gehen und schrien: „Ein Gespenst ist da." Sie erschraken. Jesus aber sprach zu ihnen: „Habt Vertrauen. Ich bin es. Habt keine Angst." Dann stieg Jesus zu ihnen ins Boot. Der Wind hörte auf. Sie waren erschrocken und staunten. Sie hatten auch das Wunder der Brotvermehrung noch nicht richtig verstanden.

Krankenheilungen in Gennesaret
Mk 6,53-56

Sie fuhren über den See und kamen nach Gennesaret. Die Leute aus der Umgebung kamen und brachten die Kranken zu Jesus. Immer, wenn Jesus in ein Dorf, in eine Stadt oder zu einem Hof kam, trug man die Kranken ins Freie. Man bat Jesus um Hilfe. Er sollte erlauben, dass die Kranken wenigstens den Saum seines Gewandes berühren dürfen. Alle, die Jesus berührten, wurden geheilt.

Von Reinheit und Unreinheit
Mk 7,1-23

Die Pharisäer und einige Schriftgelehrte waren aus Jerusalem gekommen. Sie waren bei Jesus. Sie sahen, dass einige Jünger aßen, ohne die Hände zu waschen. Die Pharisäer und die anderen Juden essen nämlich nur, wenn sie die Hände gewaschen haben, so befiehlt es ein Gesetz. Auch wenn sie vom Markt kommen, waschen sie vor dem Essen die Hände.

Die Pharisäer und Schriftgelehrten haben viele Gesetze aus der Überlieferung der früheren Zeit und befolgen sie: Sie waschen Becher, Krüge und Kessel.

Die Pharisäer und Schriftgelehrten fragten Jesus: „Warum befolgen deine Apostel nicht die Gesetze? Warum essen sie Brot mit unreinen Händen?"
Jesus antwortete: „Der Prophet Jesaja hatte Recht. Er nennt euch Heuchler (falsche Menschen). Er schreibt: Dieses Volk ehrt Gott nur mit den Lippen.
Sein Herz aber ist ungläubig.
Mich nur mit Lippen zu ehren, ist sinnlos.
Sie lehren nur Gesetze von Menschen.
Ihr vergesst Gottes Gebote und befehlt viele menschliche Gesetze. Ihr sagt: Gottes Gebote sind nicht wichtig. Unsere Menschengesetze aus der Überlieferung sind wichtiger. Das ist falsch!
Mose hat zum Beispiel gesagt: Ehre deinen Vater und deine Mutter.
Und: Wer Vater und Mutter verflucht, soll sterben.
Ihr aber sagt: Was du Vater und Mutter schuldig bist, sollst du als Opfergabe nehmen. Sie gehört für den Tempel. – So lehrt ihr, dass man Vater und Mutter nicht mehr helfen muss.
Damit zeigt ihr: Eure überlieferten Gesetze sind euch wichtiger als Gottes Gebote.

Jerasch, Dekapolis, Gebiet der Zehn Städte.

Ähnlich macht ihr es bei anderen Sachen."
Jesus sagte zu den Leuten: „Merkt euch, was ich sage: Wer Böses denkt und tut, sündigt."

Später baten die Apostel Jesus um eine Erklärung seiner Predigt. Jesus antwortete: „Die Pharisäer wollen mir nicht glauben. Die Speisen machen den Menschen nicht unrein. Böse Gedanken aber, Unkeuschheit, Diebstahl, Mord, Ehebruch, Geiz, Bosheit, Betrug, Neid, Verleumdung und Hochmut sind Sünden. Sie machen den Menschen unrein."

Der Glaube der heidnischen Frau
Mk 7,24-30

Jesus wanderte in das Gebiet von Tyrus. Er ging in ein Haus, weil er allein sein wollte. Eine Frau lief zu ihm und bat ihn um Hilfe. Sie hatte zu Hause eine Tochter, die von einem bösen Geist besessen war. Die Frau war eine Heidin. Sie bat Jesus um Hilfe für ihre Tochter. Jesus sagte zu ihr: „Zuerst sollen die Kinder satt werden. Man darf ihnen das Brot nicht wegnehmen und es den Hunden geben." Die Frau sagte: „Herr, du hast recht. Aber es fällt immer ein wenig unter den Tisch für die Hunde."
Jesus sagte zur Frau: „Was du sagst, zeigt deinen Glauben. Geh nach Hause, deine Tochter ist gesund." Als die Frau nach Hause kam, war die Tochter gesund.

Die Heilung eines Taubstummen
Mk 7,31-37

Jesus kam zum See von Galiläa ins Gebiet der zehn Städte. Man brachte einen Taubstummen zu Jesus. Man bat Jesus, ihm die Hand aufzulegen. Jesus nahm

Jesus heilt den Taubstummen, (Bild an der Außenwand der ehemaligen Gehörlosenschule, St. Pölten).

Die Speisung der Viertausend
Mk 8,1-10

Viele Leute waren bei Jesus. Sie hatten nichts mehr zu essen. Jesus rief die Apostel und sagte: „Ich habe Mitleid mit den Leuten. Sie sind schon drei Tage bei mir und haben nichts zu essen. Viele werden ohne Essen auf dem Heimweg schwach werden."
Die Apostel antworteten: „In der Gegend wohnt niemand. Woher sollen wir Brot nehmen?" Jesus fragte sie: „Wie viele Brote habt ihr?" Sie antworteten: „Sieben." Jesus befahl den Leuten, sich auf den Boden zu setzen. Er nahm die sieben Brote und sprach ein Dankgebet. Er gab die Brote den Aposteln zum Austeilen. Die Apostel brachten das Brot den Leuten. Ein paar Fische waren auch da. Jesus segnete sie und ließ sie auch austeilen. Die Leute aßen und wurden satt. Man sammelte die übrigen Stücke. Sieben Körbe wurden voll. Ungefähr 4000 Menschen haben gegessen. Dann schickte Jesus die Leute nach Hause. Jesus stieg mit seinen Aposteln ins Boot und fuhr nach Dalmanuta.

Jesus gibt den jüdischen Führern kein Glaubenszeichen
Mk 8, 11-13

Pharisäer kamen zu Jesus und begannen zu streiten. Sie wollten Jesus prüfen. Sie verlangten ein Zeichen vom Himmel (= ein Wunder). Jesus seufzte und sagte: „Ihr glaubt nicht. Ich werde euch deshalb kein Zeichen geben." Er ließ die Pharisäer stehen, stieg ins Boot und fuhr fort.

Warnung vor den Pharisäern und Herodes
Mk 8,14-21

Die Apostel vergaßen, Brot mitzunehmen. Sie hatten nur ein Brot im Boot. Jesus ermahnte sie: „Glaubt mir.

den Taubstummen von der Menge weg. Er legte ihm die Finger in die Ohren und berührte seine Zunge mit Speichel. Dann schaute Jesus zum Himmel und sagte: „Effata", das heißt: Öffne dich!
Die Ohren des Taubstummen öffneten sich und seine Zunge löste sich und er konnte richtig reden.
Jesus verbot den Leuten, von dem Wunder zu erzählen. Sie aber erzählten überall von der Hilfe Jesu. Alle staunten und sagten: „Er macht alles gut. Er hilft den Tauben hören und den Stummen sprechen."

Glaubt nicht der Lehre der Pharisäer." Die Apostel aber machten sich Sorgen um das Brot. Jesus merkte das und sagte: „Warum macht ihr euch Sorgen? Habt ihr meine Hilfe schon wieder vergessen? Begreift ihr immer noch nicht? Ihr habt Augen zum Sehen und Ohren zum Hören. Denkt doch! Ich habe mit fünf Broten fünftausend Leute satt gemacht und zwölf Körbe blieben Rest. Ich habe mit sieben Broten viertausend Leute satt gemacht und sieben Körbe blieben Rest." Dann sagte er zu ihnen: „Versteht ihr immer noch nicht?"

Die Heilung eines Blinden in Betsaida
Mk 8,22-26

In Betsaida war ein Blinder. Man brachte ihn zu Jesus und bat ihn um Heilung. Jesus nahm den Blinden bei der Hand und führte ihn aus dem Dorf. Dann bestrich er seine Augen mit Speichel, legte ihm die Hände auf und fragte: „Kannst du sehen?" Der Blinde antwortete: „Ich sehe Menschen – so groß wie Bäume." Jesus legte noch einmal die Hände auf die Augen des Blinden. Nun konnte der Blinde richtig sehen. Jesus schickte ihn nach Hause.

AUF DEM WEG NACH JERUSALEM
Mk 8,27 – 10,52

Das Messias-Bekenntnis des Petrus
Mk 8,27-30

Jesus ging mit seinen Aposteln in die Dörfer bei Cäsarea Philippi. Er fragte die Apostel: „Was sagen die Leute von mir?" Die Apostel antworteten: „Manche Leute sagen, du bist Johannes der Täufer. Andere sagen, du bist Elija. Andere sagen, du bist ein anderer Prophet."

Jesus fragte sie: „Was sagt ihr von mir?"
Simon Petrus antwortete: „Du bist der Messias (Christus, der Sohn Gottes)."
Jesus ermahnte seine Apostel, darüber mit niemandem zu sprechen.

Die erste Ankündigung von Leiden und Auferstehung
Mk 8,31-33

Jesus begann von seinem Leiden zu sprechen: „Der Menschensohn muss viel leiden. Die Ältesten, Hohenpriester und Schriftgelehrten werden ihn töten. Er aber wird nach drei Tagen auferstehen."
Petrus sagte zu Jesus: „Herr, das darf nicht sein."
Jesus schaute seine Apostel an und tadelte Petrus: „Weg mit dir, du bist wie Satan! Du musst denken, was Gott will. Du darfst nicht denken, was die Menschen wollen."

Von der Nachfolge und Bereitschaft zum Opfer
Mk 8,34 – 9,1

Jesus rief seine Apostel und die Leute zu sich. Er sagte: „Wer zu mir gehören will, darf nicht an sich selbst denken. Er soll sein Kreuz auf sich nehmen und mir nachfolgen. Man soll nicht nur für das Leben in der Welt sorgen, man soll vielmehr für das ewige Leben sorgen. Die Seele ist der größte Wert. Die Seele ist mehr wert als die Welt. Wer mir und meinen Worten nicht glaubt, den wird der Menschensohn nicht retten, wenn er mit den Engeln wiederkommt."
Und Jesus sagte zu ihnen: „Amen, ich sage euch: Wer glaubt, wird das Reich Gottes und seine Herrlichkeit sehen."

Die Verklärung Jesu
Mk 9,2-10

Sechs Tage später führte Jesus Petrus, Jakobus und Johannes auf einen hohen Berg. Jesus wurde vor ihren Augen verwandelt: Seine Kleider wurden strahlend weiß. Es erschienen Elija und Mose. Sie redeten mit Jesus.

Petrus sagte zu Jesus: „Rabbi (Meister), es ist gut, dass wir da sind. Wir wollen drei Hütten bauen – eine für dich, eine für Mose und eine für Elija."

Die Apostel fürchteten sich sehr.

Eine Wolke kam am Himmel. Eine Stimme rief aus der Wolke: „Das ist mein geliebter Sohn. Ihr sollt ihm folgen."

Später schauten die Apostel herum. Sie sahen Jesus wieder allein.

Sie gingen vom Berg hinunter. Jesus sagte zu ihnen: „Erzählt niemandem, was ihr gesehen habt bis zu meiner Auferstehung." Die Apostel fragten: „Was bedeutet: von den Toten auferstehen?"

Berg Tabor.

Die Wiederkunft des Elija
Mk 9,11-13

Die Apostel fragten: „Warum warten die Schriftgelehrten auf Elija?" Jesus antwortete: „Elija war schon da. Sie aber haben ihn abgelehnt."

Die Heilung eines besessenen Jungen
Mk 9,14-29

Jesus, Petrus, Jakobus und Johannes kamen zu den anderen Aposteln. Viele Menschen waren da. Sie stritten mit den Schriftgelehrten. Die Leute sahen Jesus. Sie liefen aufgeregt zu ihm und begrüßten ihn. Er fragte sie: „Warum streitet ihr?"

Ein Mann antwortete: „Meister, ich habe meinen Sohn zu dir gebracht. Er ist von einem bösen Geist besessen. Er muss viel leiden. Ich habe deine Jünger um Hilfe gebeten. Aber sie können nicht helfen."

Jesus sagte zu ihnen: „Warum glaubt ihr nicht?" Dann befahl er, den Kranken zu bringen. Man führte ihn zu Jesus. Der Kranke fiel vor Jesus nieder und wälzte sich auf dem Boden.

Jesus fragte den Vater: „Wie lange ist dein Sohn krank?" Der Vater sagte: „Schon seit Kindheit. Oft fällt er ins Wasser oder ins Feuer. Habe Mitleid mit uns und hilf uns."

Jesus sagte zu ihm: „Der Glaube kann alles." Da rief der Vater: „Ich glaube, hilf mir besser glauben."

Jesus vertrieb den bösen Geist. Sofort war der Knabe gesund.

Jesus und die Jünger kamen nach Hause. Sie fragten ihn: „Warum konnten wir den bösen Geist nicht vertreiben?" Jesus antwortete ihnen: „Ihr müsst fester glauben und viel beten."

Die zweite Ankündigung von Leiden und Auferstehung
Mk 9,30-32

Jesus und seine Jünger gingen weiter und wanderten durch Galiläa. Jesus wollte mit seinen Jüngern allein sein und sie belehren. Er sagte zu ihnen: „Die Menschen werden den Menschensohn töten. Drei Tage nach seinem Tod aber wird er auferstehen." Die Jünger verstanden nicht, was Jesus sagte. Sie hatten aber Angst, ihn zu fragen.

Der Streit der Jünger
Mk 9,33-37

Sie kamen nach Kafarnaum und gingen ins Haus. Jesus fragte die Jünger: „Was habt ihr auf dem Weg gesprochen?" Sie schwiegen. Sie hatten nämlich gestritten, wer der Größte sei.
Jesus setzte sich. Er sagte zu seinen Aposteln: „Wer der Erste sein will, soll der Letzte sein und allen dienen."
Dann stellte Jesus ein Kind in die Mitte. Er nahm das Kind in die Arme und sagte: „Wer ein Kind in meinem Namen aufnimmt, nimmt mich auf. Wer mich aufnimmt, nimmt auch den Vater auf, der mich gesandt hat."

Der fremde Wundertäter
Mk 9,38-41

Johannes sagte zu Jesus: „Meister, wir haben gesehen, dass ein Mann in deinem Namen böse Geister verjagte. Wir wollten es ihm verbieten, weil er nicht dein Jünger ist." Jesus antwortete: „Lasst ihn. Wer in meinem Namen Wunder tut, wird nicht schlecht von mir reden. Er gehört auch zu mir. Wer euch hilft, weil ihr zu mir gehört, wird seinen Lohn bekommen."

Jesus warnt vor der Verführung
Mk 9,42-48

„Wer einen von den Kleinen, die an mich glauben, zum Bösen verführt, sollte mit einem Mühlstein um den Hals ins Meer geworfen werden.
Wenn dich etwas zum Bösen verführt, wirf es weg. Es ist besser, sich von allen Versuchungen zu trennen, als ewige Strafe in der Hölle zu leiden."

Vom Salz
Mk 9,49-50

„Das Salz ist etwas Gutes.
Wenn das Salz seine Kraft zum Salzen verliert, kann man es nicht mehr brauchen.
Habt Salz (die Kraft zum Guten) in euch und haltet Frieden miteinander."

Wanderung nach Judäa
Mk 10,1

Jesus kam nach Judäa in das Gebiet auf der anderen Seite des Jordan. Viele Leute kamen zu ihm. Jesus lehrte sie wie immer.

Von der Ehescheidung
Mk 10,1-12

Pharisäer kamen zu Jesus und fragten ihn: „Darf ein Mann seine Frau aus der Ehe entlassen?"
Sie wollten Jesus prüfen.
Jesus antwortete ihnen: „Was hat Mose befohlen?"
Die Pharisäer antworteten: „Mose hat erlaubt, die Frau aus der Ehe zu entlassen (sich scheiden zu lassen). Man muss aber einen Scheidungsbrief schreiben."
Jesus antwortete: „Mose hat dieses Gebot befohlen, weil ihr dickköpfig seid. Am Anfang war das nicht so. Gott hat Mann und Frau erschaffen. Der Mann wird

Vater und Mutter verlassen. Mann und Frau werden eins werden. Was Gott verbunden hat, darf der Mensch nicht trennen."

Zu Hause fragten die Jünger noch einmal. Jesus sagte: „Wer seine Frau entlässt und eine andere heiratet, begeht Ehebruch. Auch eine Frau begeht Ehebruch, wenn sie sich scheiden lässt und einen anderen Mann heiratet."

Segnung der Kinder
Mk 10,13-16

Man brachte Kinder zu Jesus. Jesus sollte die Kinder segnen. Die Jünger aber schickten die Leute fort. Jesus sprach zu ihnen: „Lasst die Kinder zu mir kommen. Verbietet es ihnen nicht. Ihnen gehört das Reich Gottes.

Amen, ich sage euch: Wer das Reich Gottes nicht annimmt wie ein Kind, wird nicht hineinkommen."
Jesus nahm die Kinder in seine Arme, legte ihnen die Hände auf und segnete sie.

Von Reichtum und Nachfolge
Mk 10,17-31

Ein Mann lief zu Jesus. Er kniete nieder und fragte ihn: „Guter Meister, was muss ich tun, um das ewige Leben zu bekommen?"
Jesus antwortete: „Nur Gott ist gut. Du kennst die Gebote: Du sollst nicht töten, du sollst nicht Ehe brechen, du sollst nicht stehlen, du sollst nicht lügen, du sollst nichts rauben, du sollst Vater und Mutter ehren."
Der junge Mann antwortete Jesus: „Meister, diese Gebote habe ich immer befolgt."
Jesus schaute den jungen Mann voll Liebe an und sagte: „Verkaufe alles, was du hast. Gib dein Geld den Armen. Dann hast du einen Schatz im Himmel. Dann komm und geh mit mir."
Der Mann war erschrocken und ging traurig weg. Er war nämlich sehr reich.
Jesus schaute seine Jünger an und sagte: „Reiche Leute kommen schwer in das Reich Gottes."
Da waren die Jünger erschrocken. Jesus sagte noch einmal:
„Es ist schwer, in das Reich Gottes zu kommen. Leichter geht ein Kamel durch das Nadelöhr als ein Reicher in den Himmel (Ein enges Seitentor in der Stadtmauer von Jerusalem nennt man Nadelöhr.)"
Die Apostel erschraken sehr und sagten zueinander: „Wer kann dann gerettet werden?" Jesus sah sie an und sagte: „Den Menschen ist vieles unmöglich. Für Gott ist alles möglich."

Petrus sagte zu Jesus: „Du weißt, wir haben alles verlassen und sind mit dir gegangen."

Jesus antwortete: „Amen, ich sage euch: Wer Haus, Brüder, Schwestern, Mutter, Vater, Kinder oder Äcker für Gott und das Evangelium verlässt, wird auf Erden belohnt werden. Er wird später das ewige Leben bekommen.

Viele, die jetzt die Ersten sind, werden die Letzten sein.

Die Letzten werden die Ersten sein."

Die dritte Ankündigung von Leiden und Auferstehung
Mk 10,32-34

Jesus ging mit den Aposteln nach Jerusalem. Die Leute staunten, die Apostel aber hatten Angst.

Jesus rief die Apostel und sprach zu ihnen vom kommenden Leiden. Er sagte: „Wir gehen jetzt nach Jerusalem. Dort werden die Hohenpriester und Schriftgelehrten den Menschensohn zum Tod verurteilen. Er wird verspottet, gegeißelt und getötet werden. Aber nach drei Tagen wird er auferstehen."

Vom Herrschen und Dienen
Mk 10,35-45

Jakobus und Johannes, die Söhne des Zebedäus, kamen zu Jesus und sagten:

„Meister, wir haben eine Bitte."

Jesus fragte: „Was soll ich für euch tun?"

Sie antworteten ihm: „Gib uns Ehrenplätze in deinem Reich."

Jesus antwortete: „Könnt ihr mit mir leiden und sterben?"

Sie antworteten: „Ja."

Da sagte Jesus zu ihnen: „Ihr werdet leiden und sterben. Ich kann euch aber keine Ehrenplätze im Himmel versprechen. Die Plätze im Reich Gottes bestimmt mein Vater im Himmel."

Die zehn anderen Apostel ärgerten sich über Jakobus und Johannes. Jesus rief alle zu sich und sagte: „Die Herrscher regieren die Völker und bezwingen sie. Sie lassen den Menschen ihre Macht spüren. Bei euch soll das anders sein. Ihr sollt den anderen dienen. Der Menschensohn ist gekommen, um zu dienen und sein Leben zu opfern."

Die Heilung eines Blinden bei Jericho
Mk 10,46-52

Jesus, seine Apostel und viele Leute kamen nach Jericho. In der Nähe saß an der Straße ein blinder Bettler. Der Blinde hieß Bartimäus. Er hörte, dass Jesus von Nazaret vorbeigeht. Er rief laut: „Jesus, Sohn Davids, hab Erbarmen mit mir!" Die Leute ärgerten sich und befahlen ihm, still zu sein. Er aber schrie noch lauter: „Jesus, Sohn Davids, hab Erbarmen mit mir!" Jesus blieb stehen und sagte: „Ruft ihn her." Die Leute riefen den Blinden und sagten: „Hab Mut. Jesus ruft dich." Da ging er zu Jesus.

Jesus fragte ihn: „Was soll ich tun für dich?" Der Blinde antwortete: „Rabbi (= Meister), ich möchte wieder sehen."

Jesus sagte zu ihm: „Geh! Dein Glaube hat dich gesund gemacht."

Sofort konnte der Blinde sehen. Er ging mit Jesus.

DIE LETZTEN TAGE JESU IN JERUSALEM
Mk 11,1 – 13,37

Der Einzug in Jerusalem
Mk 11,1-11

Jesus und die Apostel kamen in die Nähe von Jerusalem nach Betfage und Betanien am Ölberg. Jesus

Am Ölberg.

schickte zwei Jünger voraus. Er sagte ihnen: „Geht in das Dorf. Dort werdet ihr ein Eselsfohlen (= junger Esel) finden. Es ist noch niemand auf ihm gesessen. Bringt es her. Wenn euch jemand fragt: Was tut ihr da? Dann antwortet: Der Herr braucht es. Er schickt es dann wieder zurück." Die Jünger gingen in das Dorf. Sie fanden das Eselsfohlen an einer Tür angebunden. Sie banden es los. Einige Leute fragten sie: „Warum macht ihr das?" Sie antworteten: „Der Herr braucht das Eselsfohlen." Da ließ man sie gehen.
Sie brachten den Esel zu Jesus. Sie legten ihre Kleider auf den Esel und Jesus setzte sich darauf. Viele Leute legten ihre Kleider auf den Boden. Sie rissen Zweige ab und streuten sie auf die Straße.
Die Leute begleiteten Jesus und riefen:
„Hosanna!
Gesegnet sei er.
Er kommt im Namen des Herrn.
Gesegnet sei das Reich Davids. Jesus wird es als König regieren.
Hosanna sei Gott in der Höhe!"
Jesus ging nach Jerusalem und in den Tempel.

Am Abend ging er mit seinen Aposteln wieder nach Betanien.

Die Verfluchung des Feigenbaums
Mk 11,12-14

Jesus ging in der Früh von Betanien fort. Er hatte Hunger. Jesus sah einen Feigenbaum. Er ging hin und suchte Früchte. Er fand aber nur Blätter. Da sagte Jesus zum Baum: „Niemand wird von dir mehr Früchte essen." Die Apostel hörten, was Jesus sagte.

Die Tempelreinigung
Mk 11,15-19

Jesus und die Apostel kamen nach Jerusalem. Jesus ging in den Tempel. Er trieb die Händler und Käufer aus dem Tempel. Er warf die Tische der Geldwechsler und die Stände der Taubenhändler um. Er belehrte sie: „Mein Haus ist ein Haus des Gebetes. Ihr aber habt daraus eine Räuberhöhle gemacht." Die Hohenpriester und Schriftgelehrten hörten das. Sie suchten eine Möglichkeit, Jesus zu töten. Sie fürchteten ihn, weil viele Leute an ihn glaubten. Am Abend ging Jesus wieder fort von der Stadt.

Vom Glauben
Mk 11,20-25

Jesus und die Apostel kamen am nächsten Morgen beim Feigenbaum vorbei. Er war verdorrt. Petrus sagte: „Herr, der Feigenbaum ist verdorrt."
Jesus sagte zu seinen Aposteln: „Ihr müsst fest an Gott glauben. Wenn ihr guten Glauben habt und nicht zweifelt, werdet ihr viele Wunder tun. Ich sage euch: Betet, bittet und glaubt. Gott wird euch helfen. Verzeiht einander, dann wird auch euer Vater im Himmel eure Sünden verzeihen."

Die Frage nach der Vollmacht Jesu
(Die Erlaubnis zur Predigt)
Mk 11,27-33

Jesus und die Apostel kamen wieder nach Jerusalem und gingen in den Tempel. Die Hohenpriester, Schriftgelehrten und Ältesten fragten Jesus: „Mit welchem Recht tust du alles? Wer hat dir erlaubt, das zu tun?"

Jesus antwortete ihnen: „Auch ich will euch fragen. Antwortet mir. Dann werde auch ich antworten."

Jesus fragte: „Ist die Taufe des Johannes von Gott oder von den Menschen?" Da überlegten sie und sagten zueinander: „Wenn wir antworten von Gott, wird Jesus sagen: Warum habt ihr Johannes nicht geglaubt? Wenn wir antworten von den Menschen, dann müssen wir das Volk fürchten." Die Leute glaubten nämlich, dass Johannes ein wahrer Prophet war.

Die Hohenpriester und Schriftgelehrten sagten deshalb zu Jesus: „Wir wissen es nicht."

Da antwortete Jesus: „Dann sage auch ich euch nicht, mit welchem Recht ich das alles tue."

Das Gleichnis von den bösen Winzern
Mk 12,1-12

Jesus erzählte ein Gleichnis: „Ein Mann hatte einen Weinberg. Er machte einen Zaun, grub einen Keller und baute einen Turm. Er verpachtete den Weinberg an Winzer und reiste in ein anderes Land.

Die Weinlese kam. Der Herr schickte einen Knecht zu den Winzern. Er sollte die Pacht holen. Die Winzer aber schlugen den Knecht und schickten ihn mit leeren Händen fort. Der Herr schickte noch andere Knechte. Aber auch sie wurden geschlagen und be-schimpft. Andere Knechte wurden auch geschlagen oder getötet. Zuletzt schickte der Herr seinen geliebten Sohn. Er dachte: ‚Die Winzer werden ihn achten.‘ Die Winzer aber sagten zueinander: ‚Da kommt der Erbe. Wir wollen ihn töten, dann gehört der Weinberg uns.‘ Sie packten den Sohn, töteten ihn und warfen ihn aus dem Weinberg hinaus.

Was wird der Herr des Weinbergs tun? Er wird kommen, die Winzer bestrafen und den Weinberg anderen Leuten geben."

Die Pharisäer und Schriftgelehrten wurden wütend. Sie verstanden genau, was Jesus lehren wollte. Sie wollten Jesus verhaften. Sie hatten aber Angst, weil die Leute Jesus liebten. Die Pharisäer und Schriftgelehrten drehten sich um und gingen fort.

Die Frage um die Steuer für den Kaiser
Mk 12,13-17

Einige Pharisäer und Freunde des Herodes kamen zu Jesus. Sie sollten mit Jesus sprechen und ihn dann verklagen. Sie kamen und sagten: „Meister, wir wissen, du liebst die Wahrheit. Du lehrst den Weg Gottes. Wir wollen dich fragen: Darf man dem Kaiser Steuer zahlen oder nicht? Sollen wir zahlen oder nicht zahlen?"

Jesus wusste, dass sie falsch waren und fragte: „Warum seid ihr falsch und fragt mich? Bringt mir einen Denar (eine Münze). Ich will die Münze sehen."

Man brachte Jesus eine Münze. Jesus fragte: „Wem gehört das Bild und die Aufschrift?" Sie antworteten: „Dem Kaiser."

Da sagte Jesus: „Gebt dem Kaiser, was dem Kaiser gehört.

Gebt Gott, was Gott gehört."

Sie schämten sich und gingen fort.

Die Frage nach der Auferstehung der Toten
Mk 12,18-27

Die Sadduzäer glaubten nicht an die Auferstehung. Einige kamen zu Jesus und fragten ihn: „Eine Frau hat geheiratet. Der Mann starb. Sie hat wieder geheiratet. So war das öfter. Sie hatte sieben Männer. Zuletzt starb auch die Frau. Wir fragen dich: Wer wird bei der Auferstehung ihr Mann sein?"
Jesus antwortete ihnen: „Ihr irrt euch. Ihr kennt die Schrift nicht. Ihr kennt die Macht Gottes nicht. Die Auferstandenen heiraten nicht mehr. Sie leben wie die Engel im Himmel.
Ihr glaubt nicht an die Auferstehung. Ihr könnt im Buch Mose davon lesen. Beim brennenden Dornbusch sprach Gott zu Mose: Ich bin der Gott Abrahams, Isaaks und Jakobs. Gott ist nicht ein Gott der Toten, sondern der Lebenden.
Eure Lehre ist ein Irrtum."

Die Frage nach dem wichtigsten Gebot
Mk 12,28-34

Ein Schriftgelehrter hatte den Streit mit Jesus bemerkt. Er war deshalb schadenfroh. Er ging zu Jesus und fragte ihn: „Welches Gebot ist das wichtigste?" Jesus antwortete: „Das wichtigste Gebot ist: Es ist ein Gott. Du sollst den Herrn, deinen Gott lieben von ganzem Herzen, ganzer Seele, mit deinem Denken und all deiner Kraft. Das zweite Gebot heißt: Du sollst deinen Nächsten lieben wie dich selbst. Kein anderes Gebot ist wichtiger als die beiden."
Der Schriftgelehrte sagte: „Sehr gut, Meister! Du hast richtig geantwortet. Es ist ein Gott. Wir müssen ihn mit unserem Herzen, unserem Denken und unserem Verstand lieben. Wir müssen den Nächsten lieben wie uns selbst, das ist wichtiger, als irgendein Opfer."
Jesus lobte den Schriftgelehrten, weil er klug geantwortet hat. Er sagte zu ihm: „Du wirst das Reich Gottes bald verstehen."
Da fragte niemand mehr.

Gebote, Mosebrunnen in Bern.

Die Frage nach dem Messias
Mk 12,35-37a

Jesus lehrte im Tempel und sagte: „Warum sagen die Schriftgelehrten: ‚Der Messias ist der Sohn Davids?' David nennt den Messias ‚Herr'. Er kann deshalb nicht sein Sohn sein." (Was die Schriftgelehrten sagen, stimmt nicht. Jesus ist Gottes Sohn. Jesus ist auch Nachkomme Davids. Maria, die Mutter Jesu, war nämlich aus dem Königshaus Davids).

Worte gegen die Schriftgelehrten
Mk 12,37b-40

Viele Menschen waren versammelt. Sie wollten Jesu Lehre hören. Jesus lehrte: „Folgt den Schriftgelehrten nicht. Sie sind Heuchler. Sie prahlen, sie wollen Ehrenplätze in den Synagogen. Sie wollen Ehrenplätze bei Festessen. Aber sie stehlen den Witwen das Eigentum. Ihre langen Gebete sind nur scheinheilig. Sie werden Gottes Urteil bekommen."

Mauerreste vom Tempel.

Das Opfer der Witwe
Mk 12,41-44

Jesus setzte sich beim Opferkasten nieder. Viele Leute warfen Geld hinein. Viele Reiche gaben viel hinein. Da kam auch eine arme Witwe. Sie warf zwei kleine Kupfermünzen hinein. Jesus rief seine Jünger und sagte ihnen: „Diese arme Witwe hat mehr geopfert als alle anderen. Alle haben nur von ihrem Reichtum gegeben. Sie aber hat nur das Notwendigste zum Leben und opferte alles."

Die Rede über die Endzeit
Mk 13,1 – 37

Ankündigung der Zerstörung des Tempels
Mk13,1-2

Jesus ging vom Tempel fort. Ein Jünger staunte über die Größe und Schönheit des Tempels. Jesus sagte zu ihm: „Siehst du diese großen Bauten? Kein Stein wird auf dem anderen bleiben. Alles wir zerstört werden."

Vom Anfang der Not
Mk13,3-13

Jesus war auf dem Ölberg. Er saß gegenüber vom Tempel. Petrus, Jakobus, Johannes und Andreas fragten Jesus: „Wann wird der Tempel zerstört? Gib uns ein Zeichen dafür."
Jesus sagte zu ihnen: „Gebt acht! Lasst euch nicht verführen. Viele werden kommen und lehren: ‚Ich bin der Messias.' Sie werden die Menschen in die Irre führen.
Ihr werdet von Kriegen und Kriegsgerüchten hören. Erschreckt nicht. Das ist noch nicht das Ende. Ein Volk wird mit dem anderen streiten. Ein Land wird gegen das andere kämpfen. Es werden viele Erdbeben und Hungersnöte sein. Das ist der Anfang der Not."

Jesus sagte zu seinen Aposteln: „Man wird euch einsperren, auspeitschen und zu den Richtern schleppen, weil ihr an mich glaubt. Ihr sollt Zeugnis geben von mir. Das Evangelium wird allen Menschen verkündet werden.
Wenn ihr vor Gericht steht, habt keine Sorge, was ihr sagen sollt. Gott Heiliger Geist wird euch helfen.
Viele Menschen werden einander hassen, verraten und in den Tod schicken. Ihr werdet von vielen gehasst werden, weil ihr an mich glaubt. Wer aber Gott treu bleibt, wird gerettet werden."

Der Höhepunkt der Not
Mk 13,14-23

„Der Tempel ist ein heiliger Platz. Er wird entweiht und zerstört werden.
Die Bewohner von Judäa sollen in die Berge fliehen. Sie sollen schnell fliehen und nichts mitnehmen. Mütter und ihre Kinder werden leiden. Die Not wird sehr groß sein. Sie wird nicht immer dauern. Gott wird die Gläubigen retten.
Falsche Propheten werden kommen. Viele werden behaupten: Ich bin der Messias. Sie werden Scheinwunder machen. Sie wollen die gläubigen Menschen täuschen.
Ihr aber, gebt acht! Ich habe euch alles vorausgesagt."

Das Kommen des Menschensohnes
Mk13,24-27

„Nach der großen Not wird die Sonne finster werden. Der Mond wird nicht mehr scheinen. Die Sterne werden vom Himmel fallen. Dann wird der Menschensohn mit Macht und Herrlichkeit auf den Wol-

Blick auf Jersualem vom Ölberg zum Tempelplatz.

ken des Himmels kommen. Er wird seine Engel senden. Die Engel werden alle Menschen von überall her zusammenführen."

Mahnung für das Ende
Mk 13,28-37

Jesus ermahnte seine Apostel: „Denkt an den Feigenbaum: Ihr seht die Blätter wachsen. Ihr wisst, der Sommer kommt.
Genauso sollt ihr denken: Die Zeichen der Not sind da. Das Ende der Welt kommt.
Himmel und Erde werden vergehen. Meine Lehre wird ewig bleiben.
Wann aber das Ende der Welt ist, weiß niemand, nur der Vater im Himmel."
Jesus ermahnte seine Apostel: „Gebt acht und bleibt wach (aufmerksam). Ihr wisst nicht, wann die Zeit vom Ende der Welt da ist."
Jesus erzählte ein Gleichnis: „Ein Mann will eine Reise machen. Er befiehlt seinen Knechten, sein Haus zu bewachen. Jeder Knecht bekommt eine Auf-

gabe. Einer muss die Türe bewachen, bis der Herr wiederkommt. Niemand weiß, wann der Hausherr wieder kommt. Vielleicht kommt er abends, um Mitternacht oder in der Früh. Die Knechte müssen wachen, ihre Arbeiten machen und warten.

Was ich euch sage, sage ich allen: Seid wachsam!"

DAS LEIDEN UND DIE AUFERSTEHUNG JESU
Mk 14,-16,20

Der Beschluss des Hohen Rates
Mk 14,1-2

Es war zwei Tage vor dem Paschafest (Ostern). Die Hohenpriester und Schriftgelehrten wollten Jesus heimlich verhaften, um ihn zu töten. Sie sagten: „Wir können ihn nicht am Festtag verhaften, sonst macht das Volk einen Wirbel."

Die Salbung in Betanien
Mk 14,3-9

Jesus war in Betanien im Haus des Simon. Er war zum Essen eingeladen. Da kam eine Frau. Sie brachte in einem Gefäß kostbares Salböl mit. Sie öffnete das Gefäß und goss Öl über das Haar von Jesus. Einige Gäste murrten und sagten: „Wozu das Geld verschwenden? Das Öl kostet dreihundert Denare. Man soll es verkaufen und das Geld den Armen geben." Sie machten der Frau Vorwürfe. Jesus sagte: „Lasst die Frau in Ruhe. Sie hat ein gutes Werk an mir getan. Arme sind immer bei euch, ihr könnt ihnen immer Gutes tun. Ich aber bin nicht immer bei euch. Diese Frau hat mich schon für das Begräbnis gesalbt. Ich sage euch: Man wird das Evangelium predigen. Man wird auch von der Frau und ihrem guten Werk erzählen."

Der Verrat durch Judas
Mk 14,10-11

Der Apostel Judas Iskariot ging zu den Hohenpriestern. Er wollte Jesus verraten. Die Hohenpriester freuten sich darüber. Sie versprachen, dem Judas Geld zu geben. Judas wartete auf eine Gelegenheit, um Jesus zu verraten.

Die Vorbereitung des Pascha(Oster)mahles
Mk 14,12-16

Der erste Tag des Festes der ungesäuerten Brote war da. An diesem Tag wurde auch das Paschalamm (Osterlamm) geschlachtet. Die Apostel fragten Jesus: „Wo sollen wir das Paschamahl vorbereiten?" Jesus schickte zwei Apostel in die Stadt und sagte: „Geht in die Stadt. Ihr werdet einen Mann mit einem Wasserkrug treffen. Geht mit ihm ins Haus. Bittet den Hausherrn: ‚Der Meister bittet um einen Raum. Er möchte mit seinen Jüngern das Paschamahl feiern.' Der Hausherr wird euch einen großen Saal zeigen. Er ist schon hergerichtet für das Festmahl. Dort sollt ihr alles vorbereiten."

Die Jünger gingen in die Stadt. Alles stimmte, was Jesus gesagt hatte. Sie bereiteten das Paschamahl vor.

Das Mahl
Mk 14,17-25

Am Abend kamen Jesus und die Apostel in den Saal. Sie saßen beim Tisch und aßen. Jesus sagte: „Einer von euch wird mich verraten." Da wurden die Apostel traurig. Sie fragten Jesus: „Bin ich es, Herr?" Jesus sagte: „Wer mit mir aus der Schüssel isst, wird mich verraten. Der Menschensohn befolgt den Willen Gottes. Der Verräter aber wird Strafe bekommen."

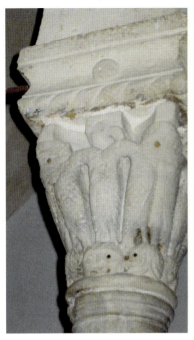
Säule im Abendmahlsaal.

Jesus nahm beim Mahl das Brot, er sprach das Lobgebet und brach es. Er gab das Brot den Aposteln und sprach: „Nehmt, das ist mein Leib." Dann nahm Jesus den Kelch mit Wein. Er sprach das Dankgebet. Er gab den Kelch den Aposteln und alle tranken daraus. Jesus sprach: „Das ist mein Blut, das Blut des Bundes. Es wird für viele vergossen werden. Ich werde nicht mehr von der Frucht des Weinstocks trinken bis zur Vollendung des Gottes Reiches."

Jesus und die Apostel gehen auf den Ölberg
Mk 14,26-31

Nach dem Lobgebet gingen alle zum Ölberg. Jesus sagte zu seinen Aposteln: „ Ihr werdet mich alle verlassen. So ist es schon in den Heiligen Schriften geschrieben: Der Hirt wird erschlagen. Die Schafe werden sich zerstreuen.
 Aber nach meiner Auferstehung werdet ihr mich in Galiläa wiedersehen." Petrus sagte zu Jesus: „Ich werde dich nie verlassen!"
Jesus antwortete ihm: „Du wirst mich heute Nacht dreimal verleugnen, bis der Hahn zweimal kräht."

Petrus sagte: „Lieber sterbe ich mit dir. Aber ich will dich nicht verleugnen." Das sagten auch die anderen Apostel.

Das Gebet in Getsemani
Mk 14,32-42

Jesus und die Apostel kamen auf den Ölberg. Sie gingen in den Garten Getsemani. Jesus sagte zu seinen Aposteln: „Wartet hier. Ich werde beten." Jesus nahm Petrus, Jakobus und Johannes mit. Jesus bekam Angst. Er sagte zu ihnen: „Ich bin traurig. Bleibt da und wacht." Jesus ging ein Stück weg. Er kniete nieder und betete: „Vater, du kannst alles. Nimm dieses Leiden von mir. Tu aber nicht, was ich will, sondern was du willst."
Jesus ging zu den drei Aposteln. Sie schliefen. Jesus sagte zu Petrus: „Simon, du schläfst? Kannst du nicht eine Stunde wach bleiben? Wacht und betet, damit ihr nicht versucht werdet." Dann ging Jesus weg und betete wieder.
Jesus kam zurück. Die Apostel schliefen wieder, sie waren sehr müde. Jesus kam zum dritten Mal zu ihnen zurück und sagte: „Ihr schlaft noch immer. Steht auf. Die Stunde ist gekommen. Der Menschensohn wird verraten und gefangen. Schaut, mein Verräter kommt."

Die Gefangennahme Jesu
Mk 14, 43-52

Judas kam mit vielen Männern. Sie hatten Schwerter und Prügel. Die Hohenpriester, die Schriftgelehrten und Ältesten hatten sie geschickt. Judas hatte mit ihnen ein Zeichen ausgemacht: ‚Ich werde Jesus küssen. Ihn sollt ihr fangen und fortführen. Lasst ihn nicht fliehen.'

Judas kam und ging zu Jesus. Er sagte: „Rabbi!" Judas küsste Jesus. Da verhafteten sie Jesus. Ein Apostel aber nahm sein Schwert. Er schlug einem Diener des Hohenpriesters das Ohr ab.

Jesus sagte zu den Männern: „Ihr kommt mit Schwertern und Prügeln. Ihr fangt mich wie einen Räuber. Ich habe täglich im Tempel gelehrt. Da habt ihr mich nicht verhaftet."

Die Apostel bekamen Angst und liefen fort. Ein junger Mann hatte nur ein Tuch um seinen Körper. Er wollte Jesus nachgehen.

Die Männer aber fingen ihn. Da ließ er das Tuch zurück und floh nackt.

Jesus vor dem Hohen Rat
Mk 14,53-65

Jesus wurde zum Hohenpriester geführt. Die Hohenpriester, die Ältesten und Schriftgelehrten waren da. Petrus kam in den Hof des Hohenpriesters. Er saß bei den Dienern und wärmte sich beim Feuer.

Die Hohenpriester und der Hohe Rat wollten Jesus zum Tod verurteilen. Sie hatten aber keinen Grund. Viele falsche Zeugen kamen. Ihre Aussagen waren aber nicht gleich. Manche falsche Zeugen sagten: „Jesus sagte, ich werde den Tempel niederreißen und einen anderen in drei Tagen aufbauen." Aber auch diese Aussagen waren nicht gleich. Der Hohepriester stand auf. Er ging in die Mitte und fragte Jesus: „Warum antwortest du nicht?" Jesus aber schwieg. Der Hohepriester fragte wieder: „Bist du der Messias, der Sohn Gottes?" Jesus sagte: „Ich bin es. Der Menschensohn wird bei Gott Vater im Himmel sein. Er wird auf den Wolken des Himmels wiederkommen."

Da zerriss der Hohepriester sein Gewand und rief: „Wir brauchen keine Zeugen. Er hat Gott gelästert.

Was verdient er?" Da schrien alle: „Er muss sterben!" Sie verdeckten Jesus das Gesicht, spuckten ihn an, verspotteten ihn und schlugen ihn.

Die Verleugnung durch Petrus
Mk 14,66-72

Petrus war im Hof. Eine Magd des Hohenpriesters kam. Sie sah Petrus und sagte: „ „Du warst auch bei Jesus aus Nazaret." Petrus leugnete und sagte: „Ich weiß nicht, was du redest." Dann ging er in den Vorhof. Eine andere Dienerin sah ihn und sagte: „Der gehört auch zu Jesus." Petrus aber leugnete wieder. Später sagten die Leute wieder zu Petrus: „Du gehörst wirklich zu Jesus, du bist auch aus Galiläa." Da fluchte Petrus und schwor: „Ich kenne diesen Jesus nicht!" Da krähte der Hahn zum zweiten Mal. Petrus erinnerte sich, was Jesus gesagt hatte: ‚Bevor der Hahn zweimal kräht, wirst du mich dreimal verleugnen.' Da begann Petrus zu weinen.

Weg zum Haus des Hohenpriesters.

Der Prozess vor Pilatus
Mk 15,1-15

In der Früh befahl der Hohe Rat (die Hohenpriester, die Ältesten und Schriftgelehrten), Jesus zu fesseln und zu Pilatus zu führen.
Pilatus fragte Jesus: „Bist du der König der Juden?"
Jesus antwortete: „Ja, ich bin es."
Die Hohenpriester verklagten Jesus.
Pilatus fragte Jesus wieder: „Warum antwortest du nicht? Sie verklagen dich." Jesus aber antwortete nicht mehr. Da staunte Pilatus.
Zum Fest gab Pilatus immer einen Gefangenen frei. Das Volk durfte wählen. Damals war ein Mann namens Barabbas mit anderen Räubern im Gefängnis. Er hatte gemordet. Die Leute gingen zu Pilatus und baten, einen Gefangenen freizugeben. Pilatus fragte die Leute: „Soll ich euch Jesus, den König der Juden, freigeben?" Pilatus merkte nämlich, dass die Hohenpriester Jesus aus Neid ausgeliefert hatten. Die Hohenpriester aber hatten die Leute bestochen, sie sollten um Barabbas bitten.
Pilatus fragte die Leute wieder: „Was soll ich mit Jesus tun? Ihr nennt ihn König der Juden."
Da schrien alle: „Kreuzige ihn!"
Pilatus antwortete: „Welches Verbrechen hat er gemacht?"
Die Leute schrien aber lauter: „Kreuzige ihn!"
Da ließ Pilatus den Barabbas frei. Er gab den Befehl, Jesus zu geißeln und zu kreuzigen.

Die Verspottung Jesu durch die Soldaten
Mk 15,16-20a

Die Soldaten führten Jesus ins Gerichtsgebäude. Sie gaben ihm einen Purpurmantel. Sie flochten eine Krone aus Dornen. Sie setzten Jesus die Krone auf. Sie verspotteten Jesus und sagten: „Wir grüßen dich, König der Juden." Sie schlugen ihn mit einem Stock auf den Kopf und spuckten ihn an. Sie knieten nieder und verspotteten ihn. Dann nahmen sie ihm den Purpurmantel wieder weg und gaben ihm die eigenen Kleider.

Die Kreuzigung
Mk 15,20b-32

Die Soldaten führten Jesus hinaus, um ihn zu kreuzigen. Simon von Zyrene, der Vater von Alexander und Rufus, kam vom Feld. Die Soldaten zwangen ihn, das Kreuz Jesu zu tragen.
Sie brachten Jesus zu einem Ort namens Golgota, das heißt Schädelstätte. Sie gaben Jesus Wein mit Myrrhe gemischt. Jesus trank aber nicht. Dann kreuzigten sie Jesus. Sie verlosten seine Kleider. Sie gaben jedem, was er gewann. Es war die dritte Stunde (9 Uhr). Auf einer Tafel war geschrieben, warum Jesus gekreuzigt wurde: Jesus, der König der Juden.
Mit Jesus wurden auch zwei Räuber gekreuzigt. Einer rechts, einer

Jesus wird ans Kreuz genagelt, Altar in der Grabeskirche.

links. Leute gingen vorüber und verspotteten Jesus: „Du reißt den Tempel nieder und baust ihn in drei Tagen wieder auf. Hilf dir selbst. Steig vom Kreuz herunter."

Auch die Hohenpriester und Schriftgelehrten spotteten und sagten: „Jesus hat anderen geholfen. Sich selbst kann er nicht helfen, der Messias, der König von Israel. Er soll vom Kreuz heruntersteigen. Dann werden wir glauben." Auch die beiden Räuber beschimpften Jesus.

Der Tod Jesu
Mk 15,33-41

Die sechste Stunde kam. Da wurde es finster. Die Finsternis dauerte bis zur neunten Stunde. In der neunten Stunde rief Jesus: „Eloi, Eloi, lema sabachtani?" Das heißt: Mein Gott, mein Gott, warum hast du mich verlassen? Einige hörten das und sagten: „Jesus ruft Elija." Ein Soldat füllte einen Schwamm mit Essig. Er steckte den Schwamm auf einen Stock

Das leere Grab.

und gab Jesus zu trinken. Der Soldat sagte: „Wir wollen sehen, ob Elija kommt und Jesus hilft." Jesus aber schrie laut und starb.

Der Vorhang des Tempels zerriss von oben bis unten. Der Hauptmann sah den Tod Jesu. Er rief: „Wirklich, dieser Mensch war der Sohn Gottes."

Es waren auch Frauen da. Sie schauten von weitem zu: Maria aus Magdala, Maria, die Mutter von Jakobus und Josef, und Salome. Sie hatten Jesus schon in Galiläa begleitet und ihm gedient. Viele andere Frauen waren da, die Jesus nach Jerusalem begleitet hatten.

Das Begräbnis Jesu
Mk 15,42-47

Es war der Tag vor dem Sabbat. Es war Abend. Da kam Josef von Arimathäa, ein vornehmer Ratsherr. Er wartete auch auf das Reich Gottes. Er ging zu Pilatus und bat um den Leichnam Jesu. Pilatus war überrascht, dass Jesus schon tot war. Er rief den Hauptmann und fragte ihn, ob Jesus schon tot ist. Der Hauptmann bestätigte den Tod Jesu. Da schenkte Pilatus Josef den Leichnam Jesu. Josef kaufte Leinen. Er nahm den Leichnam Jesu vom Kreuz und wickelte ihn in das Leinen. Sie legten Jesus in ein Felsengrab. Sie wälzten einen Stein vor das Grab. Maria aus Magdala und Maria, die Mutter Josefs, beobachteten, wohin man den Leichnam Jesu legte.

Die Botschaft des Engels vom leeren Grab
Mk 16,1-8

Der Sabbat war vorbei. Maria aus Magdala, Maria, die Mutter des Jakobus, und Salome kauften Salböl. Sie wollten zum Grab gehen und Jesus salben. Am ersten Tag der Woche (Sonntag) kamen sie in der Früh zum Grab. Die Sonne ging auf. Sie sagten zueinander: „Wer wird uns den Stein vom Grab wegwälzen?" Sie schauten. Der Stein war schon weggewälzt. Er war sehr groß. Sie gingen in das Grab hinein. Sie sahen auf der rechten Seite einen jungen Mann mit weißen Kleidern sitzen. Sie erschraken sehr. Der junge Mann aber sprach zu den Frauen: „Fürchtet euch nicht. Ihr sucht Jesus von Nazaret, den Gekreuzigten, er wurde auferweckt. Er ist nicht hier. Schaut, wo Jesus gelegen hat. Geht jetzt und sagt seinen Jüngern und dem Petrus: Jesus geht euch voraus nach Galiläa. Dort werdet ihr Jesus sehen, wie er gesagt hat."

Die Frauen gingen aus dem Grab und liefen fort. Sie hatten große Angst. Sie erzählten niemand von der Auferstehung, weil sie sich sehr fürchteten.

Die Erscheinungen des Auferstandenen
Mk 16,9-20

Nach der Auferstehung am ersten Wochentag erschien Jesus zuerst Maria aus Magdala.
Sie ging zu den Aposteln und erzählte ihnen davon. Die Apostel waren traurig und weinten. Sie konnten nicht glauben, was Maria aus Magdala erzählte.
Dann erschien Jesus zwei Jüngern. Sie waren auf dem Weg auf das Land.
Sie gingen zu den Aposteln und erzählten von Jesus. Die Apostel glaubten auch ihnen nicht.
Die elf Apostel waren bei Tisch. Da erschien ihnen Jesus. Er ermahnte sie, weil sie der Erzählung von der Auferstehung nicht glauben wollten.
Dann befahl er ihnen: „Geht zu allen Menschen. Erzählt allen das Evangelium. Wer glaubt und sich taufen lässt, wird gerettet. Wer nicht glaubt, wird nicht gerettet werden. Wer glaubt, wird in meinem Namen viele Wunder tun können."

Nachdem Jesus zu ihnen gesprochen hatte, wurde er in den Himmel aufgenommen. Er ist jetzt bei Gott Vater im Himmel.
Die Apostel aber gingen fort und predigten überall. Jesus half ihnen. Er bezeugte ihre Worte durch Wunder.

Auferstehungsstatue (Deutschordenskirche Wien, 2013).

Evangelium nach Lukas

Die altkirchliche Überlieferung nennt „Lukas, den geliebten Arzt" als Schreiber des dritten Evangeliums. Das Evangelium nach Lukas und die Apostelgeschichte sind in den Jahren 80 bis 90 n. Chr. geschrieben worden; geschrieben für Heiden und Heidenchristen.

Im Lukas-Evangelium lesen wir über die Kindheit Jesu, viele Gleichnisse, schöne Gebete (Lobgesang von Maria, Zacharias, Simeon).

Lukas zeigt uns in seinem Evangelium auch die Sorge Jesu um die Armen, Ausgestoßenen, Rechtlosen.

Opfer des Zacharias
(Bild in der Heimsuchungskirche En Karim).

DAS VORWORT
Lk 1,1-4

Viele Männer haben schon über das Leben Jesu geschrieben. Alles ist so aufgeschrieben, wie es die ersten Augenzeugen gesehen und erlebt haben. Auch ich habe mich entschlossen, alles genau zu prüfen und aufzuschreiben. Das Evangelium ist niedergeschrieben, um die Wahrheit der christlichen Predigt zu beweisen.

DIE VORGESCHICHTE
Lk 1,5 – 2,52

Der Engel Gabriel verkündet die Geburt Johannes des Täufers
Lk 1,5-25

Herodes war König von Judäa. Damals lebte ein Priester namens Zacharias. Seine Frau hieß Elisabet. Beide waren sehr fromm und befolgten treu alle Gebote Gottes. Sie hatten aber keine Kinder und beide waren schon alt.

Zacharias kam nach Jerusalem, um Gott im Tempel zu opfern. Das Volk stand beim Opfer im Vorhof des Tempels und betete. Da erschien dem Zacharias ein Engel Gottes. Zacharias erschrak und fürchtete sich sehr, als er den Engel sah. Der Engel aber sprach zu ihm: „Fürchte dich nicht, Zacharias. Gott hat dein Gebet erhört. Deine Frau Elisabet wird einen Sohn bekommen. Du sollst ihm den Namens Johannes geben. Er wird dir große Freude machen. Viele Leute werden sich über seine Geburt freuen. Er wird berühmt sein. Er wird vom Heiligen Geist begnadet sein. Viele Israeliten wird er zu Gott bekehren."

Zacharias fragte den Engel: „Wie soll ich das verstehen? Meine Frau und ich sind schon alt." Der Engel erwiderte ihm: „Ich bin Gabriel. Ich bin bei Gott. Gott schickte mich. Ich soll mit dir reden und dir diese frohe Botschaft bringen.

Du hast meinen Worten nicht geglaubt, deshalb sollst du stumm sein.

Du wirst nicht sprechen können bis zu dem Tage, an dem alles geschehen wird."

Das Volk wartete auf Zacharias. Die Leute wunderten sich, dass er so lange im Tempel blieb. Als Zacharias herauskam, konnte er kein Wort zum Volk sprechen. Da bemerkten die Leute, dass Zacharias im Tempel eine Erscheinung gehabt hatte. Zacharias gab den Leuten ein Zeichen mit der Hand und blieb stumm. Als sein Dienst vorüber war, kehrte er nach Hause zurück.

Elisabet aber empfing einen Sohn. Sie lebte fünf Monate lang zurückgezogen.

Sie sagte: „Der Herr hat mir geholfen. Er hat mit Gnade auf mich geschaut. Er hat mich von der Schande der Kinderlosigkeit befreit."

Die Verheißung der Geburt Jesu
Lk 1,26-38

Es war sechs Monate nach der Verkündigung der Geburt des Johannes. Gott schickte den Engel Gabriel in die Stadt Nazaret in Galiläa zu einer Jungfrau. Ihr Name war Maria. Sie war mit dem Mann Josef aus dem Haus Davids verlobt. Der Engel kam zu ihr und sprach: „Gegrüßt seist du, voll der Gnade, der Herr ist mit dir." Maria erschrak und überlegte, was der Gruß bedeuten soll.

Verkündigungsgrotte in Nazaret.

Der Engel sagte zu ihr: „Fürchte dich nicht, Maria. Du hast bei Gott Gnade gefunden. Du wirst ein Kind bekommen, einen Sohn gebären. Du sollst ihm den Namen Jesus geben.

Er wird berühmt sein und Sohn Gottes genannt werden. Seine Herrschaft wird ohne Ende sein."

Maria sagte zu dem Engel: „Wie soll das geschehen? Ich lebe mit keinem Mann zusammen." Der Engel antwortete ihr: „Der Heilige Geist wird auf dich herabkommen. Die Kraft Gottes wird mit dir sein. Deshalb wird auch dein Kind heilig sein. Es wird Sohn Gottes genannt werden. Auch deine Verwandte Elisabet hat einen Sohn empfangen, obwohl sie schon sehr alt ist. Für Gott ist nichts unmöglich."

Da sagte Maria: „Ich bin die Magd des Herrn. Mit mir geschehe, was du gesagt hast." Da verließ sie der Engel.

Maria besucht Elisabet
Lk 1,39-56

Einige Tage später eilte Maria in eine Stadt in den Bergen von Judäa. Sie ging in das Haus des Zacharias und begrüßte Elisabet. Als Elisabet den Gruß Marias hörte, bewegte sich das Kind in ihrem Leib. Da sprach Elisabet – erfüllt vom Heiligen Geist: „Gesegnet bist du mehr als alle anderen Frauen. Gesegnet ist die Frucht deines Leibes. Es ehrt mich, dass die Mutter meines Herrn zu mir kommt. Als ich deinen Gruß hörte, bewegte sich das Kind in meinem Leib voll Freude.

Du hast geglaubt, was der Herr dir gesagt hat."

Da sagte Maria:

„Meine Seele preist den Herrn.

Mein Geist jubelt über Gott, meinen Retter.

Er hat auf seine demütige Magd geschaut.

Alle Menschen werden mich seligpreisen.

Der mächtige Gott hat Großes an mir getan.
Sein Name ist heilig.
Gott erbarmt sich aller Menschen, die ihn ehren.
Seine Taten sind machtvoll.
Stolze erniedrigt er.
Demütige erhöht er.
Er beschenkt die Hungernden mit seinen Gaben.
Reiche bekommen nichts.
Er hat sich seines Volkes erbarmt, wie er Abraham und den Vätern versprochen hat.
Seine Barmherzigkeit ist ewig."
Maria blieb drei Monate bei Elisabet. Dann ging sie nach Hause zurück.

Die Geburt des Johannes
Lk 1,57-80

Elisabet bekam einen Sohn. Ihre Nachbarn und Verwandten freuten sich mit ihr. Am achten Tag kamen die Nachbarn und Verwandten. Sie wollten dem Kind einen Namen geben. Sie wollten ihm den Namen seines Vaters – Zacharias – geben. Seine Mutter aber sagte: „Nein, das Kind soll Johannes heißen." Die Leute wunderten sich darüber, weil kein Verwandter Johannes hieß. Sie fragten den Vater, wie das Kind heißen soll. Zacharias verlangte eine Schreibtafel. Darauf schrieb er: Sein Name ist Johannes.
Im gleichen Augenblick konnte Zacharias wieder sprechen. Er pries Gott.
Alle erschraken. Man erzählte im ganzen Bergland in Judäa von diesen wunderbaren Dingen. Alle überlegten und fragten: „Was wird aus diesem Kind werden? Gott ist mit ihm."
Sein Vater Zacharias wurde vom Heiligen Geist erfüllt. Er betete die prophetischen Worte:
„Gott, der Herr Israels, sei gepriesen.
Er hat sein Volk besucht und es erlöst.

Er hat einen Retter geschickt aus der Familie Davids. Er hat es durch den Mund seiner heiligen Propheten versprochen.
Er will uns retten vor unseren Feinden und ihrem Hass.
Er hat das Erbarmen mit unseren Vätern bei uns vollendet. Er hat an seinen heiligen Bund gedacht. Er hat an den Eid gedacht, den er unserem Vater Abraham versprochen hat.
Er befreit uns aus der Hand unserer Feinde.
Er will uns helfen, ihm alle Tage heilig und gerecht zu dienen.
Du, Kind, wirst Prophet des Höchsten heißen.
Du wirst dem Herrn vorausgehen und ihm den Weg bereiten.
Du wirst das Volk auf ihn vorbereiten. Sie werden sein Heil erfahren durch die Vergebung der Sünden. Gott schenkt uns barmherzige Liebe. Gott hat uns besucht, um uns von Sünde und Tod zu erlösen. Er führt uns auf den Weg des Friedens."

Johanneskirche in En Karim.

Johanneskirche in En Karim.

Johannes wurde groß, Gottes Geist war mit ihm. Er lebte in der Wüste, bis er den Auftrag bekam, in Israel zu lehren.

Die Geburt Jesu
Lk 2,1-20

Kaiser Augustus befahl, alle Bewohner seines Reiches in die Steuerlisten aufzuschreiben. Das war die erste Aufschreibung. Zu dieser Zeit war Quirinius Statthalter in Syrien. Jeder ging in seine Stadt zum Aufschreiben.

Josef ging von Nazaret in Galiläa nach Judäa in die Stadt Davids, Betlehem.

Josef war aus der Familie des Königs David. Josef ließ sich in Betlehem mit Maria aufschreiben.

Maria gebar in Betlehem ihren Sohn. Sie wickelte ihn in Windeln und legte ihn in eine Krippe, weil in der Herberge kein Platz für sie war.

Auf dem Feld waren Hirten bei der Herde. Der Engel des Herrn kam zu ihnen. Sie fürchteten sich sehr. Der

Engel aber sprach zu ihnen: „Fürchtet euch nicht. Ich verkünde euch eine große Freude. Alle Menschen werden sie erfahren: Heute ist in der Stadt Betlehem der Retter geboren worden, Christus, der Herr. Das soll euch ein Zeichen sein: Ihr werdet ein Kind finden. Es ist in Windeln gewickelt und liegt in einer Krippe."

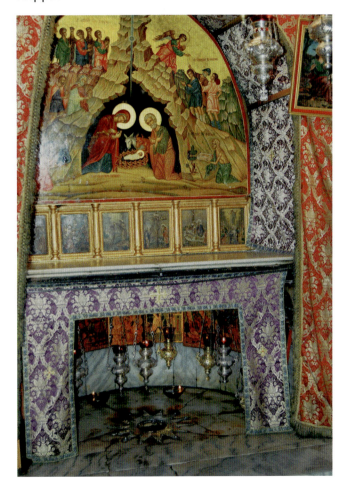

Stern und Krippenbild in der Geburtskirche.

Auf dem Hirtenfeld.

Plötzlich war bei dem Engel eine große Engelschar. Sie lobte Gott und sprach:
„Ehre sei Gott in der Höhe.
Friede auf der Erde den Menschen, die Gott lieb hat."
Die Engel verließen die Hirten und kamen zurück in den Himmel.
Die Hirten sagten: „Kommt, wir gehen nach Betlehem. Wir wollen schauen, was dort geschehen ist."
Sie liefen nach Betlehem und fanden Maria, Josef und das Kind in der Krippe. Sie erzählten, was ihnen von diesem Kind gesagt worden war. Alle staunten über die Worte der Hirten. Maria merkte sich, was die Hirten sagten. Sie dachte darüber nach. Die Hirten aber gingen wieder fort. Sie lobten Gott für alles, was sie gehört und gesehen hatten.

Simeon und Hanna geben Zeugnis von Jesus
Lk 2,21-40

Nach acht Tagen wurde das Kind beschnitten. Es bekam den Namen Jesus, wie der Engel befohlen hatte.

Vierzig Tage nach der Geburt Jesu kam der Tag der Reinigung (er war im Gesetz des Mose befohlen). Maria und Josef brachten das Kind nach Jerusalem in den Tempel, um es Gott zu weihen. Sie wollten auch opfern, wie es das Gesetz des Herrn befahl: ein Paar Turteltauben oder zwei junge Tauben.
In Jerusalem lebte ein Mann namens Simeon. Er war gerecht und fromm. Er wartete auf die Erlösung Israels. Der Heilige Geist hatte ihm geoffenbart, dass er vor seinem Tod den Messias sehen wird. Jetzt führte ihn der Heilige Geist in den Tempel. Als Josef und Maria kamen, nahm Simeon das Kind in seine Arme. Er lobte Gott und sprach:
„Nun lässt du, Herr, deinen Diener in Frieden sterben. Meine Augen haben das Heil aller Völker gesehen. Er ist das Licht zur Erleuchtung der Heiden, die Herrlichkeit für das Volk Israel."
Josef und Maria staunten über die Worte des Simeon. Simeon segnete sie. Er sprach zu Maria, der Mutter Jesu: „Durch dieses Kind werden viele in Israel zum Glauben kommen. Viele werden ihm widersprechen.

Modell vom Tempel und den Tempelhallen.

Du selbst wirst viel Leid ertragen müssen (ein Schwert wird durch deine Seele dringen)."
Damals lebte eine Prophetin namens Hanna. Sie war schon sehr alt. Sie lebte schon 84 Jahre als Witwe. Sie war immer im Tempelbezirk. Sie diente Gott Tag und Nacht mit Fasten und Beten. Auch Hanna kam. Sie lobte Gott und freute sich über den Erlöser. Sie erzählte allen, die auf die Erlösung warteten, von dem Kind.
Josef und Maria hatten alles getan, was das Gesetz befahl. Sie gingen nach Galiläa in die Stadt Nazaret zurück. Das Kind wuchs und wurde stark. Es war weise und die Gnade Gottes war mit ihm.

Der zwölfjährige Jesus im Tempel
Lk 2,41-52

Maria und Josef reisten jedes Jahr zum Paschafest (Ostern) nach Jerusalem. Als Jesus zwölf Jahre alt war, durfte er mitgehen. Nach den Feiertagen gingen die Leute wieder nach Hause. Jesus blieb in Jerusalem. Seine Eltern aber merkten es nicht. Sie meinten, Jesus sei irgendwo in der Pilgergruppe (Wallfahrer). Sie reisten einen Tag weit. Dann suchten sie Jesus bei den Verwandten und Bekannten. Sie fanden ihn aber nicht. Sie gingen deshalb nach Jerusalem zurück und suchten Jesus dort. Nach drei Tagen fanden sie Jesus im Tempel. Er saß bei den Lehrern, hörte ihnen zu und fragte sie. Alle staunten über sein Verständnis und seine Antworten. Als seine Eltern Jesus sahen, sagte Maria zu ihm: „Kind, warum hast du das gemacht? Dein Vater und ich haben dich mit großen Sorgen gesucht." Jesus antwortete: „Warum habt ihr mich gesucht? Wisst ihr nicht, dass ich im Haus meines Vaters sein muss?" Sie verstanden aber nicht, was Jesus meinte. Dann ging Jesus mit Josef und Maria nach Nazaret zurück. Er war ein gehorsamer Sohn.

Maria, seine Mutter, merkte sich genau, was alles geschehen war. Jesus aber wurde größer und weiser. Gott und die Menschen hatten Freude mit ihm.

Gebet und Feier an der Tempelmauer.

Von der Zeit zwischen dem 12. und 30. Lebensjahr Jesu ist im Evangelium nichts geschrieben. Wir wissen aber, dass Jesus in Nazaret gelebt hat. Josef ist in dieser Zeit gestorben. Jesus arbeitete als Zimmermann [Mk 6,3]. Er blieb bei seiner Mutter, bis er 30 Jahre alt war. Mit 30 Jahren durften die Juden als Lehrer unterrichten. Als Jesus 30 Jahre alt war, ging er von Nazaret fort, predigte in Galiläa, Judäa und Samaria und wirkte viele Wunder.

DIE VORBEREITUNG DES WIRKENS JESU
Lk 3,1 – 4,13

Johannes der Täufer
Lk 3,1-20

Johannes, der Sohn des Zacharias, lebte in der Wüste.
Gott rief ihn. Er wanderte zum Jordan und predigte: „Lasst euch taufen. Bekehrt euch, damit ihr Verzeihung für eure Sünden bekommt."
So wurde wahr, was im Buch des Propheten Jesaja geschrieben steht:
‚Eine Stimme ruft in der Wüste: Bereitet dem Herrn den Weg.

Macht die Straßen gerade! Jedes Tal soll ausgefüllt werden. Jeder Berg soll abgetragen werden. Was schief ist, soll gerade werden. Alle Menschen werden Gottes Heil schauen.'

Viele Leute kamen zu Johannes. Sie wollten sich taufen lassen. Er sagte zu ihnen: „Ihr seid falsch. Ihr werdet das kommende Gericht erleben. Tut Gutes. So könnt ihr eure Umkehr beweisen."

Die Leute fragten ihn: „Was sollen wir tun?"

Johannes antwortete: „Wer zwei Kleider hat, soll eines hergeben.

Wer genug zum Essen hat, soll teilen."

Zöllner und Soldaten kamen auch zu Johannes. Sie baten um die Taufe.

Johannes ermahnte sie: „Ihr dürft nur verlangen, was erlaubt ist. Ihr sollt die Leute nicht ausnützen und nicht quälen. Ihr sollt mit eurem Lohn zufrieden sein."

Manche Leute dachten: „Vielleicht ist Johannes der Erlöser?"

Johannes aber belehrte sie: „Ich taufe euch mit Wasser. Ein anderer wird kommen. Er ist stärker als ich. Ich bin nicht würdig, ihm die Schuhriemen aufzumachen. Er wird euch mit dem Heiligen Geist taufen. Er wird die Guten und die Bösen trennen."

So predigte Johannes und ermahnte alle Leute.

Johannes ermahnte auch den König Herodes, weil er Herodias, die Frau seines Bruders geheiratet hatte. Er ermahnte ihn auch wegen anderer böser Taten.

Herodes befahl deshalb, Johannes ins Gefängnis zu werfen.

Die Taufe Jesu
Lk 3,21-22

Gemeinsam mit vielen Leuten kam Jesus zum Fluss Jordan. Er ließ sich von Johannes taufen.

Jesus betete. Der Himmel öffnete sich. Der Heilige Geist kam wie eine Taube auf Jesus.

Eine Stimme sprach vom Himmel: „Du bist mein geliebter Sohn. Ich habe Freude mit dir."

Die Vorfahren Jesu
Lk 3,23-38

Jesus war dreißig Jahre alt. Er begann in der Öffentlichkeit zu lehren.

Man dachte: Jesus ist der Sohn des Josef.

Die Vorfahren von Josef waren:

Josef stammte von Heli, dieser von Mattat, von Levi, von Melchi, von Jannai, von Josef, von Mattitja, von Amos, von Nahum, von Hesli, von Naggai, von Mahat, von Mattitja, von Schimi, von Josech, von Joda, von Johanan, von Resa, von Serubbabel, von Schealtiël, von Neri, von Melchi, von Addi, von Kosam, von Elmadam, von Er, von Joschua, von Elieser, von Jorim, von Mattat, von Levi, von Simeon, von Juda, von Josef, von Jonam, von Eljakim, von Melea, von Menna, von Mattata, von Nathan, von David, von Isai, von Obed, von Boas, von Salma, von Nachschon, von Amminadab, von Admin, von Arni, von Hezron, von Perez, von Juda, von Jakob, von Isaak, von Abraham, von Terach, von Nahor, von Serug, von Regu, von Peleg, von Eber, von

Adam (Altar im Stift Stams, Tirol).

Schelach, von Kenan, von Arphachschad, von Sem, von Noah, von Lamech, von Metuschelach, von Henoch, von Jered, von Mahalalel, von Kenan, von Enosch, von Set, von Adam, von Gott.

Die Versuchung Jesu
Lk 4,1-13

Jesus war erfüllt vom Heiligen Geist. Er ging vom Jordan weg in die Wüste.
Jesus wurde vom Teufel in Versuchung geführt.
Jesus fastete vierzig Tage. Dann hatte er Hunger.
Der Teufel sagte zu ihm: „Bist du der Sohn Gottes? Befiehl, dass aus diesem Stein Brot wird."
Jesus antwortete: „Der Mensch lebt nicht nur vom Brot. Er muss auch die Worte Gottes befolgen."
Der Teufel führte Jesus auf einen Berg. Er zeigte ihm alle Reiche der Welt. Er sagte zu ihm: „Ich gebe dir alle Macht und Herrlichkeit. Du aber musst mich anbeten."
Jesus sagte ihm: „In der Bibel steht: Du sollst nur Gott anbeten. Nur ihm darfst du dienen."
Der Teufel führte Jesus nach Jerusalem. Er stellte ihn oben auf das Tempeldach. Er sagte zu Jesus: „Bist du der Sohn Gottes? Dann spring hinunter. Die Engel werden dich beschützen."
Jesus antwortete: „Die Heilige Schrift sagt: Du sollst den Herrn, deinen Gott nicht versuchen."
Da verschwand der Teufel.

DAS WIRKEN JESU IN GALILÄA
Lk 4,14 – 9,50

Erstes Auftreten in Galiläa
Lk 4,14-15

Jesus war erfüllt von der Kraft Gottes. Er ging zurück nach Galiläa. Überall erzählte man von seinem Kommen. Jesus lehrte in den Synagogen. Alle ehrten ihn.

Die Ablehnung Jesu in seiner Heimat
Lk 4,16-30

Jesus kam nach Nazaret. Er ging – wie immer – am Sabbat in die Synagoge. Er stand auf, um vorzulesen. Man gab ihm das Buch des Propheten Jesaja. Er las aus dem Buch:
‚Der Geist des Herrn ist mit mir. Er hat mich geschickt. Ich soll den Armen die gute Botschaft bringen. Ich soll den Gefangenen die Freiheit bringen, die Blinden sollen sehen können.
Ich soll den Menschen die Freiheit bringen. Es wird ein Gnadenjahr des Herrn sein.'
Jesus machte das Buch zu. Er gab es dem Synagogendiener. Alle schauten auf Jesus.
Er sagte zu den Leuten: „Heute ist wahr geworden, was in der Heiligen Schrift geschrieben ist."
Die Leute gaben Jesus Beifall.
Sie staunten, weil er weise sprach.
Sie sagten: „Er ist doch der Sohn von Josef!"
Jesus antwortete ihnen: „Ihr verlangt von mir, ich soll bei euch die gleichen Wunder machen wie in Kafar-

Abhang von Nazaret.

naum. Ich aber sage euch: Ihr Menschen aus Nazaret glaubt mir nicht.

Ich sage euch: Kein Prophet wird in seiner Heimat
anerkannt.

Elija predigte, man glaubte ihm nicht. Nur eine
Witwe aus Sidon half ihm. Elischa lehrte auch. Man
glaubte ihm nicht. Nur Naaman, der Mann aus Syrien glaubte und wurde geheilt."

Die Leute in der Synagoge wurden zornig. Sie sprangen voll Wut auf. Sie stießen Jesus aus der Stadt und
drängten ihn zum Bergrand. Dort wollten sie Jesus
hinunterstoßen. Jesus aber ging durch die Mitte der
Leute und ging fort.

Jesus in der Synagoge von Kafarnaum
Lk 4,31-37

Jesus ging nach Kafarnaum, eine Stadt in Galiläa.
Jesus lehrte die Menschen am Sabbat. Sie
waren erstaunt über seine Lehre. Jesus sprach mit
göttlicher Vollmacht.

In der Synagoge war ein Mann. Er war von einem
bösen Geist besessen. Er schrie: „Was willst du von

Kazrin, Reste einer Synagoge.

mir, Jesus von Nazaret! Willst du mich zerstören? Ich
weiß, wer du bist. Du bist der Sohn Gottes!"

Jesus befahl dem bösen Geist: „Schweig und verlass
den Mann." Da verschwand der böse Geist. Der Besessene war sofort geheilt. Alle Leute staunten, weil
Jesus den bösen Geist besiegt hatte. In ganz Galiläa
sprach man von Jesu Taten.

Die Heilung der Schwiegermutter des Petrus
Lk 4,38-39

Jesus ging in das Haus des Simon Petrus. Die Schwiegermutter des Simon hatte hohes Fieber.

Die Leute baten Jesus: „Hilf ihr."

Jesus ging zu ihr und befahl dem Fieber zu weichen.
Die Frau war gesund. Sie stand auf und sorgte für
alle.

Heilung von Besessenen und Kranken
Lk 4,40-41

Am Abend brachten die Leute die Kranken zu Jesus.
Jesus heilte alle. Er vertrieb auch die bösen Geister.
Die bösen Geister schrien: „Du bist der Sohn Got-
tes!"

Jesus befahl ihnen zu schweigen. Sie wussten, dass
Jesus der Messias ist.

Fortgehen von Kafarnaum
Lk 4,42-44

Jesus ging in der Früh aus der Stadt. Er ging an einen
einsamen Ort. Aber die Leute suchten ihn. Sie fanden ihn und wollten ihn nicht fortgehen lassen.

Jesus sagte ihnen: „Ich muss auch in anderen Städten
das Evangelium vom Reich Gottes lehren. Deshalb
bin ich gekommen."

Jesus predigte in den Synagogen von Judäa.

Die Berufung der ersten Jünger
Lk 5,1-11

Jesus stand beim See Gennesaret. Viele Leute kamen. Alle wollten das Wort Gottes hören.
Jesus sah zwei Boote am Ufer liegen. Die Fischer waren ausgestiegen. Sie wuschen ihre Netze.
Jesus stieg in das Boot des Simon. Er bat Simon, ein wenig vom Ufer wegzufahren.
Jesus setzte sich.
Dann lehrte er das Volk.
Nach der Predigt sagte Jesus zu Simon: „Fahr hinaus auf den See. Werft eure Netze aus." Simon antwortete: „Meister, wir haben die ganze Nacht gearbeitet und nichts gefangen. Ich will aber die Netze auswerfen, weil du es befiehlst."
Die Jünger warfen die Netze aus. Sie fingen sehr viele Fische. Die Netze begannen bald zu zerreißen. Andere Fischer mussten kommen, um ihnen zu helfen. Sie füllten beide Boote mit Fischen.
Simon Petrus und die anderen Männer staunten, weil sie so viel gefangen hatten.

Simon Petrus sagte zu Jesus: „Herr, geh weg von mir. Ich bin ein sündiger Mensch." Er und seine Begleiter waren erstaunt und erschrocken, weil sie so viele Fische gefangen hatten. Ähnlich dachten auch Jakobus und Johannes. Sie arbeiteten gemeinsam mit Simon Petrus.
Jesus sagte zu Simon Petrus: „Fürchte dich nicht. Ihr sollt nicht mehr mit Fischen arbeiten, sondern mit Menschen."
Da zogen die Jünger die Boote ans Ufer. Sie ließen alles liegen und gingen mit Jesus.

Die Heilung eines Aussätzigen
Lk 5,12-16

Jesus war in einer Stadt. Dort lebte ein Mann, der aussätzig war. Als er Jesus sah, bat er ihn:
„Herr, wenn du willst, kannst du mich rein (gesund) machen."
Jesus berührte ihn und sagte: „Ich will, sei rein."
Sofort war der Aussatz verschwunden. Jesus befahl ihm: „Erzähl niemandem von deiner Heilung. Geh

Am See Gennesaret.

zu den Priestern und zeige dich ihnen. Opfere das Reinigungsopfer, wie es Mose befohlen hat. Das ist ein Beweis für deine Heilung."

Alle Leute wunderten sich. Sie kamen von überall her. Sie wollten Jesus hören und geheilt werden. Jesus aber ging an einen einsamen Ort. Dort wollte er beten.

Die Heilung des Gelähmten
Lk 5,17-26

Jesus lehrte in Kafarnaum in einem Haus. Viele Leute aus Galiläa und Judäa waren da. Auch Pharisäer und Gesetzeslehrer waren dabei. Alle wollten Jesus sehen und seine Predigt hören.

Einige Männer brachten einen Gelähmten auf einer Tragbahre. Sie wollten ihn ins Haus zu Jesus bringen. Sie konnten aber nicht hinein, weil so viele Leute da waren. Sie stiegen deshalb auf das flache Dach und machten es auf. Sie ließen den Kranken von oben herunter. Nun lag er genau vor Jesus. Jesus sah ihren

Kazrin, Hausbau zur Zeit Jesu.

Glauben. Er sagte zu dem Kranken: „Ich verzeihe dir deine Sünden."

Die Pharisäer aber dachten: ‚Dieser Jesus beleidigt Gott.'

Jesus wusste genau, was sie dachten. Er sagte zu ihnen: „Warum denkt ihr Böses? Ihr sollt glauben, dass ich Sünden verzeihen kann." Zum Beweis sprach er zum Gelähmten: „Steh auf, nimm deine Tragbahre und geh nach Hause." Sofort stand der Kranke auf, nahm seine Tragbahre und ging hinaus. Er lobte und pries Gott. Alle Leute staunten und priesen Gott. Sie sagten: „Wir haben so ein Wunder noch nie gesehen."

Die Berufung des Levi und das Mahl mit den Zöllnern
Lk 5,27-32

Jesus ging vom Haus weg. Ein Mann namens Levi (Matthäus) saß beim Zoll. Jesus sagte zu ihm: „Geh mit mir."

Levi stand auf, ließ alles liegen und ging mit Jesus.

Er hat Jesus in sein Haus zu einem Festessen eingeladen. Viele Zöllner und andere Gäste waren auch da.

Die Pharisäer und Schriftgelehrten ärgerten sich. Sie sagten zu den Jüngern Jesu: „Es ist unmöglich, dass Jesus mit den Zöllnern und Sündern gemeinsam isst und trinkt!"

Jesus antwortete ihnen: „Ich bin gekommen, um die Sünder zur Umkehr zu rufen."

Die Frage um das Fasten
Lk 5,33-39

Die Pharisäer sagten zu Jesus: „Die Jünger von Johannes fasten und beten viel. Auch die Jünger der

Pharisäer fasten und beten. Deine Jünger aber essen und trinken."

Jesus antwortete ihnen: „Wenn der Bräutigam da ist, werden die Hochzeitsgäste nicht fasten.

Wenn ihnen der Bräutigam genommen wird, werden sie fasten."

Jesus erzählte ihnen ein Gleichnis: „Niemand wird ein Stoffstück vom neuen Kleid auf ein altes Kleid nähen. Sonst sind beide kaputt.

Man füllt auch den neuen Wein nicht in alte Schläuche. Der neue Wein zerreißt die alten Schläuche."

Jesus lehrte sie mit diesem Beispiel: Wichtig ist der Sinn seiner Lehre. Man soll sie befolgen.

Das Abreißen der Ähren am Sabbat
Lk 6,1-5

Jesus ging am Sabbat durch die Kornfelder. Seine Jünger rissen Ähren ab und aßen sie.

Einige Pharisäer fragten sie: „Was macht ihr? Das ist am Sabbat verboten!"

Jesus sagte ihnen: „Ihr habt gelesen: König David und seine Begleiter waren hungrig. Er ging in das Haus Gottes. Dort waren die heiligen Brote. Diese Brote dürfen nur die Priester essen. David nahm die heiligen Brote, aß sie und gab sie auch seinen Begleitern."

Dann sagte Jesus: „Der Menschensohn ist Herr über den Sabbat."

Die Heilung eines Mannes am Sabbat
Lk 6,6-11

Jesus ging am Sabbat in eine Synagoge und lehrte. Dort war ein Mann mit einer gelähmten Hand. Die Pharisäer und alle Leute beobachteten Jesus genau. Sie wollten wissen, ob Jesus am Sabbat heilt.

Sie suchten einen Grund, Jesus zu verklagen.

Jesus wusste ihre bösen Gedanken. Er sagte zu dem Mann: „Steh auf und stell dich in die Mitte." Der Mann kam zu Jesus. Jesus fragte die Leute: „Darf man am Sabbat Gutes oder Böses tun? Darf man am Sabbat Leben retten oder nicht?"

Jesus schaute alle an. Dann sagte er zu dem Mann: „Streck deine Hand aus."

Sofort war die Hand geheilt. Da wurden die Pharisäer wütend. Sie überlegten, was sie gegen Jesus tun könnten.

Die Wahl der zwölf Apostel
Lk 6,12-16

Jesus ging auf einen Berg, um zu beten. Er betete die ganze Nacht. In der Früh rief er die Jünger zu sich. Er wählte zwölf aus und nannte sie Apostel. Das waren: Simon mit dem Namen Petrus und sein Bruder Andreas; Jakobus und Johannes; Philippus und Bartholomäus; Matthäus und Thomas; Jakobus, der Sohn des Alphäus, und Simon, der Eiferer; Judas, der Sohn eines Jakobus und Judas Iskariot, der zum Verräter wurde.

Der Andrang des Volkes
Lk 6,17-19

Jesus stieg mit den Aposteln vom Berg herunter. Unten blieb er mit vielen seiner Jünger stehen. Viele Menschen aus Judäa, Jerusalem und anderen Gegenden kamen zu Jesus.

Sie wollten seine Lehre hören und von ihren Krankheiten geheilt werden.

Jesus heilte sie, er heilte auch die Besessenen. Alle wollten Jesus berühren und gesund werden.

DIE FELDREDE
Lk 6,20-49

Seligpreisungen und Weherufe
Lk 6,20-26

Jesus schaute seine Jünger an und sagte:
„Freut euch (seid selig), ihr Armen. Euch gehört das Reich Gottes.
Freude euch, wenn ihr jetzt hungert. Ihr werdet satt werden.
Freude euch, wenn ihr jetzt weint. Ihr werdet lachen.
Freude euch, wenn euch die Menschen hassen und beschimpfen, weil ihr an mich glaubt.
Freut euch! Euer Lohn im Himmel wird groß sein.
Denkt an die Propheten. Auch sie wurden verfolgt.
Aber:
Wehe euch, ihr Reichen. Ihr werdet keinen Trost bekommen.
Wehe euch, ihr Satten. Ihr werdet hungern.
Wehe euch, ihr Stolzen. Ihr werdet weinen.
Wehe euch, wenn euch die Menschen loben. Sie haben auch die falschen Propheten gelobt."

Von der Vergeltung und von der Liebe zu den Feinden
Lk 6,27-36

Jesus sprach zu seinen Jüngern und zu allen Leuten:
„Liebt eure Feinde!
Tut Gutes den Menschen, die euch hassen.
Segnet die Menschen, die euch verfluchen.
Betet für die Menschen, die euch verfolgen.
Ihr sollt euch nicht rächen. Es ist besser, zu verzeihen und Gutes zu tun.
Wenn jemand bittet, soll man ihm geben.
Was ihr von den Menschen wollt, das tut auch ihnen.
Es gibt Menschen, die euch lieben. Ihr liebt sie auch.

Dafür verdient ihr kein Lob. Das kann jeder. Auch der Ungläubige.
Es gibt Menschen, die euch Gutes tun. Ihr helft ihnen auch.
Dafür verdient ihr keinen Dank. Das machen auch die Ungläubigen.
Ihr sollt nicht nur eure Freunde lieben. Ihr sollt auch eure Feinde lieben. Ihr sollt Gutes tun und helfen ohne Lohn.
Euer Lohn im Himmel wird dann groß sein. So werdet ihr Kinder des himmlischen Vaters.
Seid barmherzig wie euer Vater im Himmel."

Vom Richten
Lk 6,37-42

„Richtet nicht, dann werdet auch ihr nicht gerichtet. Verurteilt nicht, dann werdet auch ihr nicht verurteilt. Verzeiht einander die Schuld. Gebt und helft, dann werdet auch ihr reichlich bekommen."
Jesus erzählte ein Beispiel und sagte:
„Kann ein Blinder einen Blinden führen? Nein. Beide werden in die Grube fallen.
Der Schüler ist nicht klüger als der Lehrer. Wenn er alles gelernt hat, wird er nur wie sein Lehrer sein."
Jesus sprach weiter: „Man soll nicht die Fehler der Mitmenschen sehen und die eigenen Sünden vergessen (den Splitter im Auge des Bruders sehen, den Balken im eigenen Auge aber nicht bemerken).
Richtig ist: Zuerst sich selbst bekehren! Dann dem anderen helfen, besser zu werden!"

Wahre Frömmigkeit
Lk 6,43-46

„Kein guter Baum hat schlechte Früchte. Kein schlechter Baum hat gute Früchte. Man erkennt den Baum an seinen Früchten. Man kann von Disteln keine Feigen pflücken. Man kann von Dornen keine Trauben ernten.

Ein guter Mensch tut Gutes, weil in seinem Herzen Gutes ist. Ein böser Mensch tut Böses, weil in seinem Herzen Böses ist.

Ihr sagt zu mir: ‚Herr, Herr'. Ihr tut aber nicht, was ich euch sage."

Vom Haus auf dem Felsen
Lk 6,47-49

„Ich zeige euch, wie ein Mensch ist, der zu mir kommt und tut, was ich lehre.

Er ist wie ein Mann, der ein Haus baut. Er hebt die Erde tief aus und stellt das Haus auf einen Felsen. Hochwasser und große Wellen können dem Haus nicht schaden, weil es gut gebaut ist.

Wer meine Lehre hört, aber nicht befolgt, ist wie ein Mann, der sein Haus ohne festen Grund baut. Hohe Wellen kommen, das Haus stürzt sofort ein."

Zeichen und Worte Jesu
Lk 7,1 – 9,59

Der Hauptmann von Kafarnaum
Lk 7,1-10

Jesus ging in die Stadt Kafarnaum. Ein römischer Hauptmann hatte einen Diener. Der Hauptmann achtete den Diener. Der Diener aber war sehr krank. Der Hauptmann hatte schon viel von Jesus gehört. Er schickte einige Juden zu Jesus. Sie sollten Jesus um Hilfe für den Diener bitten.

Die Juden gingen zu Jesus und baten ihn um Hilfe. Sie sagten: „Bitte, hilf dem Hauptmann. Er ist gut. Er liebt unser Volk. Er hat unsere Synagoge gebaut." Jesus ging mit ihnen. Freunde vom Hauptmann kamen Jesus entgegen.

Sie sagten: „Der Hauptmann schickt uns zu dir. Er lässt dir sagen: Ich bin nicht wert, dass du in mein Haus kommst.

Ich bin auch nicht würdig, selbst zu dir zu kommen. Aber sprich nur ein Wort, dann wird mein Diener gesund.

Auch ich muss Vorgesetzten folgen.

Meine Soldaten müssen mir folgen.

Was ich befehle, müssen sie machen."

Jesus hörte, was der Hauptmann sagte. Er staunte. Er schaute zu den Leuten und sagte: „Der Hauptmann ist ein gläubiger Mensch. So großen Glauben habe ich in Israel nicht gefunden."

Die Freunde des Hauptmanns gingen nach Hause. Zu Hause sahen sie: Der Diener war gesund.

Die Auferweckung eines jungen Mannes in Nain
Lk 7,11-17

Jesus ging in die Stadt Nain. Seine Jünger und viele Leute gingen mit ihm. Jesus kam zum Stadttor. Man trug einen Toten heraus. Es war der einzige Sohn seiner Mutter. Die Frau war Witwe.

Blick auf Nain.

Viele Leute aus der Stadt begleiteten sie.
Jesus sah die Frau und hatte Mitleid mit ihr.
Er sagte zu ihr: „Weine nicht!"
Dann ging Jesus zur Bahre und berührte sie.
Die Träger blieben stehen.
Jesus sagte: „Junger Mann, ich sage dir: Steh auf!"
Der Tote setzte sich auf und begann zu sprechen.
Jesus gab ihn seiner Mutter zurück.
Die Leute fürchteten sich. Sie lobten Gott und sagten:
„Ein großer Prophet ist zu uns gekommen. Gott schenkt seinem Volk Gnade."
Man erzählte überall von diesem Wunder.

Die Frage Johannes des Täufers
Lk 7,18-23

Johannes hat die Taten Jesu von seinen Jüngern erfahren. Er rief zwei seiner Jünger und schickte sie zu Jesus. Sie sollten ihn fragen: „Bist du der Messias oder müssen wir auf einen anderen warten?"
Die beiden Männer kamen zu Jesus. Sie sagten: „Johannes der Täufer hat uns geschickt. Er lässt dich fragen: Bist du der Messias. Oder müssen wir auf einen anderen warten?"
Jesus heilte viele Menschen, vertrieb die bösen Geister, half Menschen sehen.
Jesus sagte den beiden Jüngern: „Geht und erzählt Johannes, was ihr gesehen habt: Blinde sehen, Lahme gehen, Aussätzige werden rein, Taube hören, Tote stehen auf. Armen wird das Evangelium verkündet. Selig ist, wer an mich glaubt."

Das Urteil über Johannes den Täufer
Lk 7,24-35

Die beiden Jünger gingen fort.
Jesus sprach zu den Leuten über Johannes: „Warum seid ihr in die Wüste gegangen? Was wolltet ihr sehen? Ein Schilfrohr im Wind? Oder einen Mann in schönen Kleidern?
Leute mit schönen Kleidern und gutem Essen sind im Königshaus.
Was wolltet ihr sehen? Einen Propheten? Ja, ihr habt einen Propheten gesehen.
Von ihm steht in der Schrift: Ich sende meinen Boten. Er kommt vor mir. Er wird den Weg bereiten.
Johannes der Täufer ist ein berühmter Mensch. Er hat vom Erlöser gepredigt.
Viele haben durch Johannes den Willen Gottes erkannt. Sie ließen sich taufen. Pharisäer und Gesetzeslehrer haben ihm nicht geglaubt. Sie wollten sich nicht taufen lassen.
Ihr wisst nicht, was ihr wollt!
Johannes ist gekommen. Er isst kein Brot und trinkt keinen Wein. Ihr sagt, er hat einen bösen Geist.
Der Menschensohn isst und trinkt. Da sagt ihr, er ist ein Fresser und Säufer, ein Freund der Zöllner und Sünder.
Wer weise ist, wird richtig entscheiden."

Die Begegnung Jesu mit der Sünderin
Lk 7,36-50

Ein Pharisäer namens Simon hat Jesus zum Essen eingeladen.
Jesus ging in sein Haus und setzte sich nieder.
Eine Sünderin aus der Stadt kam. Sie hatte ein Gefäß mit Salböl. Sie ging zu Jesus.
Sie weinte. Ihre Tränen fielen auf die Füße Jesu.
Sie trocknete Jesu Füße mit ihren Haaren.
Sie küsste die Füße Jesu und salbte sie mit Öl.
Simon dachte:
,Wenn Jesus ein Prophet ist, muss er wissen, diese Frau ist eine Sünderin. Warum darf sie ihn berühren?'

Jesus wusste, was Simon dachte. Er sagte zu ihm:
„Ich erzähle dir ein Beispiel:
Zwei Männer hatten Schulden bei einem Geldverleiher. Einer 500, der andere 50 Denare.
Sie konnten ihre Schuld nicht bezahlen.
Der Geldverleiher schenkte den beiden die Schuld.
Wer liebt den Geldverleiher mehr?"
Simon antwortete: „Der mehr bekommen hat."
Jesus sagte: „Du hast Recht."
Dann sprach Jesus zu Simon und zur Frau:
„Ich bin in dieses Haus gekommen. Du hast mir kein Wasser für die Füße gegeben. Die Frau aber hat meine Füße mit ihren Tränen gewaschen und mit ihren Haaren getrocknet.
Du hast mein Haar nicht gesalbt, sie aber hat mir die Füße gesalbt.
Ich sage dir:
Der Frau sind viele Sünden vergeben, weil sie mir so viel Liebe gezeigt hat."

*Bild in der Verkündigungskirche, Nazaret;
Jesus und die Sünderin.*

Jesus sagte zur Frau: „Ich verzeih dir die Sünden.
Dein Glaube hat dir geholfen.
Geh in Frieden."

Frauen begleiten Jesus
Lk 8,1-3

Jesus wanderte in viele Dörfer und Städte. Er predigte überall. Die zwölf Apostel waren bei ihm. Einige Frauen gingen auch mit. Er hatte sie von Besessenheit oder Krankheiten geheilt. Die Frauen hießen: Maria Magdalena – Jesus hatte sie von sieben bösen Geistern befreit, Johanna, die Frau eines Hofbeamten von Herodes, und Susanna. Auch andere Frauen waren da. Sie unterstützten Jesus und die Apostel mit ihrem Besitz.

Das Gleichnis vom Sämann
Lk 8,4-8

Viele Leute kamen zu Jesus. Er erzählte ihnen dieses Gleichnis:
„Ein Sämann ging aufs Feld und säte. Ein Teil der Körner fiel auf den Weg. Sie wurden zertreten, die Vögel fraßen sie.
Ein anderer Teil der Körner fiel auf Felsen. Sie gingen auf, verdorrten aber schnell. Sie hatten kein Wasser.
Ein anderer Teil fiel in die Dornen. Die Dornen und die Saat wuchsen. Die Dornen erstickten die Saat.
Ein anderer Teil der Körner fiel auf guten Boden. Sie gingen auf und brachten viele Frucht. Hundertfach."
Jesus sagte am Ende der Predigt: „Ihr sollt bereit sein, meine Lehre zu glauben."

Sinn und Zweck der Gleichnisse
Lk 8,9-10

Die Jünger Jesu fragten: „Was bedeutet das Gleichnis?"

Jesus sagte ihnen: „Ihr sollt die Lehre vom Gottes Reich kennen. Alle anderen erfahren die Lehre in Gleichnissen. Sie sind nicht bereit zum Glauben."

Die Deutung des Gleichnisses vom Sämann
Lk 8,11-15

„Das ist der Sinn vom Gleichnis:
Der Samen ist das Wort Gottes.
Der Same auf dem Weg: Menschen hören das Wort Gottes. Der Teufel kommt und reißt es aus dem Herzen. Diese Menschen glauben nicht und werden nicht gerettet.
Der Same auf dem Felsen: Menschen hören das Wort Gottes mit Freude. Sie glauben eine Zeitlang. In der Zeit der Versuchung aber fallen sie ab vom Glauben.
Der Same unter den Dornen: Menschen hören das Wort Gottes. Aber bei Unterhaltung, ihrem Reichtum und in den täglichen Sorgen vergessen sie Gottes Wort.
Der Same auf gutem Boden: Menschen nehmen Gottes Wort an, sie befolgen es und tun Gutes."

Vom rechten Folgen
Lk 8,16-18

„Ein Licht im Haus versteckt man nicht. Es soll allen leuchten.
Gott kennt euch. Er weiß von euren Taten. Merkt euch meine Lehre und befolgt sie."

Die wahren Verwandten Jesu
Lk 8,19-21

Die Mutter Jesu und seine Brüder (Verwandten) kamen zu Jesus. Sie konnten nicht zu ihm. Viele Leute waren da.
Man sagte Jesus: „Deine Mutter und deine Verwandten sind draußen. Sie wollen dich sehen."

Jesus antwortete: „Alle, die mein Wort hören, es befolgen und Gutes tun, sind meine Mutter und meine Brüder."

Der Sturm auf dem See
Lk 8,22-25

Jesus stieg mit seinen Jüngern in ein Boot. Er sagte zu ihnen: „Wir wollen zum anderen Ufer fahren." Sie fuhren weg. Jesus schlief während der Fahrt. Plötzlich kam ein Wirbelsturm.
Viel Wasser kam ins Boot. Die Apostel waren in großer Gefahr. Sie gingen zu Jesus, weckten ihn auf und riefen: „Meister! Meister! Wir gehen unter!"
Jesus stand auf. Er befahl dem Wind und den Wellen. Sofort war alles still.
Jesus sagte zu seinen Jüngern: „Wo ist euer Glaube?" Sie aber fragten mit Schrecken und Staunen: „Wer ist dieser Mensch? Auch Wind und Wasser folgen ihm."

Die Heilung des Besessenen von Gerasa
Lk 8,26-39

Jesus und die Jünger kamen in das Gebiet von Gerasa.
Ein besessener Mann aus der Stadt lief zu Jesus. Er lebte in Grabhöhlen. Er sah Jesus, fiel nieder und schrie: „Was willst du von

Leben in einer Höhle (hier: Bild von einer Höhle bei Avdad).

mir, Jesus, Sohn Gottes? Ich bitte dich: Quäle mich nicht."

Jesus hatte dem bösen Geist befohlen, den Mann zu verlassen.

Der böse Geist hatte den Mann jahrelang gequält. Man konnte den Mann nicht fesseln. Er zerriss immer wieder die Ketten. Der böse Geist war stark. Es waren auch andere böse Geister bei ihm.

Auf dem Berg war eine Schweineherde. Die bösen Geister baten Jesus: „Erlaube uns, in die Schweineherde zu fahren." Jesus erlaubte es. Die bösen Geister verließen den Mann und fuhren in die Schweine. Die Schweine stürzten sich in den See und ertranken.

Die Hirten flohen. Sie erzählten in der Stadt und in den Dörfern, was geschehen war.

Die Leute kamen zu Jesus, sie wollten sehen, was geschehen ist. Sie sahen: Der Mann war gesund. Er dachte wieder richtig, war gut angezogen, saß bei Jesus.

Alle erzählten von der Heilung des Besessenen.

Die Leute baten Jesus, Gerasa zu verlassen. Sie hatten Angst.

Jesus stieg ins Boot und fuhr weg.

Der Geheilte wollte bei Jesus bleiben.

Jesus sagte ihm: „Geh zurück in dein Haus. Erzähle allen, was Gott für dich getan hat."

Der Mann erzählte überall von der Heilung durch Jesus.

Die Auferweckung der Tochter des Jairus und die Heilung der kranken Frau
Lk 8,40-56

Als Jesus zurückkam, empfingen ihn viele Leute. Alle warteten auf ihn.

Da kam ein Mann namens Jairus zu Jesus. Er war der Vorsteher der Synagoge. Er hatte eine zwölfjährige Tochter. Er kam zu Jesus, kniete sich vor Jesus nieder und bat ihn: „Komm in mein Haus. Meine Tochter liegt im Sterben."

Viele Leute umdrängten Jesus. Da war auch eine kranke Frau. Sie blutete schon seit zwölf Jahren. Sie hatte den Ärzten viel Geld bezahlt. Niemand konnte ihr helfen. Sie drängte sich zu Jesus und berührte den Saum seines Gewandes. Da war sie plötzlich gesund. Jesus drehte sich um und fragte: „Wer hat mich berührt?" Niemand wusste es. Petrus sagte: „Die Leute schieben und drängen. Sie erdrücken dich fast." Jesus aber sagte: „Jemand hat mich berührt." Er meinte die Frau. Sie kam zitternd zu Jesus und kniete sich nieder. Sie erzählte allen Menschen, warum sie Jesus berührt hatte und gesund geworden ist. Jesus sagte zu ihr: „Du bist gesund geworden, weil du an mich geglaubt hast. Geh in Frieden."

Ein Mann aus dem Haus des Jairus kam. Er sagte zu Jairus: „Deine Tochter ist gestorben. Der Meister kann dir nicht mehr helfen."

Jesus aber sagte zu Jairus: „Fürchte dich nicht. Glaube, dann wird sie gerettet."

Jesus ging mit Petrus, Johannes, Jakobus, sowie Vater und Mutter des Mädchens in das Haus. Alle Leute weinten. Sie machten Trauermusik. Jesus sprach zur lärmenden Menge: „Weint nicht. Das Mädchen ist nicht gestorben, es schläft."

Die Leute lachten und spotteten. Sie wussten, dass das Mädchen tot war.

Jesus nahm das Mädchen bei der Hand und rief: „Mädchen, steh auf."

Da lebte das Mädchen wieder und stand auf. Jesus befahl den Eltern, dem Mädchen etwas zum Essen zu geben. Alle waren erstaunt. Jesus aber verbot ihnen, von diesem Wunder zu erzählen.

Die Aussendung der zwölf Apostel
Lk 9,1-6

Jesus rief die Apostel. Er gab ihnen die Kraft und Vollmacht, böse Geister auszutreiben und Kranke zu heilen.
Er gab ihnen den Auftrag: „Lehrt vom Reich Gottes und heilt die Menschen."
Sie sollen auf dem Weg nichts mitnehmen, keinen Wanderstab, keine Vorratstasche, kein Brot, kein Geld und kein zweites Hemd.
Jesus sagte ihnen: „Bleibt in dem Haus, wenn ihr lehrt, bis ihr wieder fortgeht.
Wenn euch die Leute in einer Stadt nicht aufnehmen, dann verlasst sie."
Die zwölf Apostel wanderten von einem Dorf ins andere. Sie verkündeten das Evangelium und heilten Kranke.

Das Urteil des Herodes über Jesus
Lk 9,7-9

Herodes Antipas erfuhr von den Wundern und der Predigt Jesu. Er wusste nicht, was er davon denken sollte. Manche sagten, Johannes ist vom Tod auferstanden.
Andere meinten, Elija ist gekommen. Wieder andere meinten: Einer von den alten Propheten ist wieder da. Herodes aber sagte: „Johannes wurde enthauptet. Wer ist nun dieser Mann wirklich?" Herodes wurde neugierig. Er wollte Jesus sehen.

Die Rückkehr der Apostel und die Speisung der Fünftausend
Lk 9,10-17

Die Apostel kamen zurück. Sie erzählten Jesus, was sie getan und gelehrt hatten. Jesus ging mit ihnen in die Nähe der Stadt Betsaida. Er wollte mit ihnen allein sein. Viele Leute sahen das und liefen ihnen nach.
Jesus war freundlich zu den Menschen. Er sprach zu ihnen vom Reich Gottes und machte viele gesund.
Am Abend kamen die Apostel zu Jesus und sagten: „Schick die Leute weg. Sie sollen in den Dörfern und Höfen um Quartier und Essen fragen."
Jesus sagte zu ihnen: „Gebt ihr ihnen zu essen."
Sie sagten: „Wir haben nur fünf Brote und zwei Fische. Wir müssten fortgehen und Essen für die Leute kaufen." Es waren ungefähr fünftausend Männer.
Da sagte Jesus: „Die Leute sollen sich setzen. Immer fünfzig in einer Gruppe." Alle setzten sich.
Jesus nahm die fünf Brote und die zwei Fische. Er schaute zum Himmel und segnete sie. Dann brach er sie und gab sie den Jüngern zum Verteilen. Alle aßen und wurden satt. Man sammelte die übrigen Stücke ein. Es waren zwölf Körbe voll.

Das Messiasbekenntnis und die erste Ankündigung von Leiden und Auferstehung
Lk 9,18-22

Jesus war mit seinen Aposteln allein. Er betete.
Dann fragte er die Apostel: „Was sagen die Leute von mir?"
Die Apostel antworteten: „Manche sagen, du bist Johannes der Täufer.
Andere sagen: Du bist Elija.
Andere meinen: Ein alter Prophet ist auferstanden."
Jesus fragte die Apostel:
„Was sagt ihr von mir?"
Petrus antwortete:
„Du bist der Messias, der Sohn Gottes."
Jesus verbot ihnen, jemand davon zu erzählen.

Dann sagte Jesus weiter:
„Der Menschensohn muss viel leiden. Die Hohenpriester und die Bibellehrer werden ihn ablehnen. Er wird getötet werden. Er wird aber am dritten Tag auferstehen."

Nachfolge Jesu
Lk 9,23-27

Jesus sagte allen: „ Wer mein Jünger sein will, muss mich mehr lieben als sich selbst. Er muss täglich sein Kreuz tragen. So soll er mir nachfolgen.
Wer sein Leben retten will, wird es verlieren. Wer den Weg mit mir geht, wird ewiges Leben bekommen. Es hilft nichts, wenn man die ganze Welt erobert, aber dabei sich selbst schadet.
Wer treu ist im Glauben an mich, dem wird der Menschensohn bei seiner Wiederkunft seine Treue lohnen."

Die Verklärung Jesu
Lk 9,28-36

Jesus ging mit Petrus, Johannes und Jakobus auf einen Berg, um zu beten. Dort wurde Jesus verklärt. Sein Gesicht strahlte, sein Gewand leuchtete weiß.
Plötzlich waren zwei Männer da und redeten mit Jesus. Das waren Mose und Elija. Sie erschienen herrlich. Sie sprachen vom Lebensende Jesu in Jerusalem.
Petrus und seine Begleiter waren eingeschlafen. Sie wurden aber wach. Sie sahen Jesus im strahlenden Licht. Sie sahen auch die zwei Männer bei Jesus.
Petrus sagte zu Jesus: „Meister, es ist gut, dass wir hier sind. Wir wollen drei Hütten bauen. Eine für dich, eine für Mose und eine für Elija."
Eine große Wolke kam. Die Apostel fürchteten sich. Eine Stimme rief aus der Wolke: „Das ist mein geliebter Sohn. Ihr sollt ihm folgen."

In der Verklärungskirche, Berg Tabor.

Dann war Jesus wieder allein.
Die Apostel erzählten damals niemandem, was sie gesehen hatten.

Die Heilung eines besessenen Burschen
Lk 9,37-43a

Jesus kam vom Berg. Viele Menschen kamen ihm entgegen. Ein Mann schrie: „Meister, ich bitte dich, hilf meinem Sohn! Es ist mein einziger Sohn. Er ist von einem bösen Geist besessen. Der Geist quält ihn immer. Er muss viel leiden. Ich habe schon deine Jünger um Hilfe gebeten, aber sie konnten nicht helfen."
Jesus sagte: „Ihr glaubt mir immer noch nicht!"
Er sagte zum Vater: „Bring deinen Sohn zu mir."
Der böse Geist warf den Burschen zu Boden und zerrte ihn hin und her.
Jesus aber befahl dem unreinen Geist. Er heilte den Burschen. Er gab ihn dem Vater zurück.
Alle staunten über die Macht und Größe Gottes.

Die zweite Ankündigung von Leiden und Auferstehung
Lk 9,43b-45

Die Leute staunten über die Taten Jesu.
Jesus aber sagte zu seinen Jüngern: „Merkt euch, was ich euch sage: Der Menschensohn wird den Menschen ausgeliefert werden."
Die Jünger verstanden nicht. Sie begriffen diese Worte Jesu nicht. Sie wollten aber auch nicht fragen.

Der Rangstreit der Jünger
Lk 9,46-48

Die Jünger überlegten: „Wer von uns ist der Größte, der Wichtigste?"
Jesus wusste, was sie dachten.
Er nahm deshalb ein Kind und stellte es neben sich.
Er sagte seinen Jüngern: „Wer dieses Kind aufnimmt, weil er meinen Willen tun will, der nimmt mich auf. Wer mich aufnimmt, nimmt auch meinen Vater auf. Er hat mich gesandt.
Wer von euch der Kleinste ist (bescheiden, dienend), der ist groß."

Der fremde Wundertäter
Lk 9,49-50

Johannes sagte zu Jesus: „Ein Mann verjagte in deinem Namen böse Geister. Er ist nicht dein Jünger. Deshalb wollten wir es ihm verbieten." Jesus antwortete: „Lasst ihn. Wer nicht gegen euch ist, ist für euch."

AUF DEM WEG NACH JERUSALEM
Lk 9,51 – 19,27

Jesus ist auf dem Weg zu seinem Ziel, nach Jerusalem. Dort erwarten ihn Tod und Auferstehung.

Seine Jünger sind das wandernde Volk Gottes. Jesus zeigt seinen Jüngern den Weg zum ewigen Leben.

Wahre Jüngerschaft
Lk 9,51 – 13,21

Die ungastlichen Samariter
Lk 9,51-56

Jesus wusste, dass er bald sterben muss. Er ging nach Jerusalem. Er schickte Boten voraus. Sie kamen in ein Dorf in Samaria. Sie sollten für Jesus ein Quartier besorgen. Die Leute wollten aber Jesus nicht aufnehmen, weil er nach Jerusalem ging. Jakobus und Johannes hörten das. Sie sagten: „Herr, sollen wir befehlen, dass die Leute Strafe bekommen?"
Jesus aber ermahnte sie zum Verzeihen. Sie gingen in ein anderes Dorf.

Nachfolge Jesu
Lk 9,57-62

Auf dem Weg trafen sie einen Mann. Er sagte zu Jesus: „Ich will mit dir gehen und immer bei dir bleiben." Jesus antwortete ihm: „Die Füchse haben ihren Bau. Die Vögel haben ihr Nest. Der Menschensohn aber hat keine Wohnung."
Zu einem anderen sagte Jesus: „Komm mit mir!" Er antwortete: „Ich will zuerst heimgehen und meinen toten Vater begraben." Jesus sagte: „Andere sollen die Toten ehren. Du aber sollst vom Reich Gottes predigen."
Ein anderer Mann sagte zu Jesus: „Herr, ich will bei dir bleiben. Ich will mich aber zuerst von meiner Familie verabschieden." Da antwortete Jesus: „Du sollst nicht zu deiner Familie umkehren. Du sollst für das Reich Gottes sorgen."

Die Aussendung der 72 Jünger
Lk 10, 1-16

Jesus wählte zweiundsiebzig Jünger aus. Er schickte sie zu zweit in alle Städte und Orte. Dorthin wollte er selbst gehen. Jesus sagte zu den Jüngern: „Die Ernte ist groß, aber es gibt nur wenig Arbeiter. Bittet den Herrn der Ernte, Arbeiter für seine Ernte zu schicken.

Geht zu den Leuten. Ich schicke euch wie Schafe zu den Wölfen. Nehmt kein Geld, kein Essen und keine Schuhe mit. Beeilt euch. Wenn ihr in ein Haus geht, dann grüßt: Friede diesem Haus. Wenn ein friedliebender Mensch dort wohnt, wird euer Friedensgruß wahr werden. Wenn niemand im Haus den Frieden liebt, werdet ihr selbst den Frieden erfahren. In einem Haus des Friedens bleibt. Esst und trinkt, was man euch gibt. Wer nämlich arbeitet, soll auch Lohn bekommen. Wenn ihr in einer Stadt freundlich empfangen werdet, so esst, was man euch gibt. Heilt die Kranken und predigt den Leuten: Das Reich Gottes ist nahe.

Wenn ihr in einer Stadt nicht freundlich empfangen werdet, dann predigt auf der Straße: ‚Wir schütteln auch den Staub dieser Straßen von unseren Füßen' (den Staub von den Füßen schütteln = mit jemandem keine Gemeinschaft haben wollen). Ihr sollt wissen: Das Gottesreich ist nahe."

Jesus sprach weiter zu seinen Jüngern: „Ich sage euch: Die Stadt Sodom hatte viele Sünden. Gott aber wird gegen Sodom am Gerichtstag barmherziger sein als gegen diese Stadt."

Jesus rief: „Unglück kommt über dich, Stadt Chorazin. Weh dir, Stadt Betsaida! Die Städte Tyrus und Sidon haben nicht so viele Wunder gesehen wie ihr. Sonst hätten sie Buße getan.

Korazin (Chorazin), Modell.

Tyrus und Sidon werden am Gerichtstag Barmherzigkeit erfahren. Euch aber wird es schlecht gehen. Und du, Kafarnaum? Du hast Gottes Zeichen und Wunder gesehen. Du wirst aber nicht in den Himmel kommen, sondern in die Hölle hinabgestoßen werden."

Jesus sagte den zweiundsiebzig Jüngern: „Wer euch folgt, folgt auch mir. Wer euch ablehnt, will von mir nicht lernen. Wer aber mich ablehnt, will nicht zum Vater gehören, der mich gesandt hat."

Der Lohn für die Jünger
Lk 10,17-20

Die zweiundsiebzig Jünger kamen zurück. Sie erzählten voll Freude: „Herr, auch die bösen Geister folgen uns, wenn wir deinen Namen nennen."

Jesus sagte ihnen: „Ich sah Satan wie einen Blitz vom Himmel fallen. Ich habe euch die Macht gegeben, das Böse zu besiegen. Es wird euch nicht schaden. Darüber sollt ihr euch nicht freuen. Ihr sollt euch aber freuen, dass euer Name im Himmel bei Gott aufgeschrieben ist."

Der Dank Jesu an den Vater
Lk 10,21-22

Jesus betete in dieser Stunde voll Freude, erfüllt vom Heiligen Geist: „Ich preise dich, Vater, Herr des Himmels und der Erde.
Menschen, die klug und weise sein wollen, hast du deine Lehre nicht geoffenbart. Du hast deine Lehre den bescheidenen Menschen geoffenbart. Das war dein Wille.
Mein Vater hat mir alles gegeben. Niemand weiß, wer der Sohn ist, nur der Vater. Niemand weiß, wer der Vater ist, nur der Sohn und der, dem der Sohn es offenbart."

Die Seligpreisung der Jünger
Lk 10,23-24

Jesus sagte zu seinen Jüngern: „Glücklich seid ihr, weil ihr den Messias seht. Viele Propheten und Könige wollten ihn sehen und seine Lehre hören. Sie haben ihn nicht gesehen und nicht gehört. Ihr aber dürft ihn sehen und hören."

Das Beispiel vom barmherzigen Samariter
Lk 10,25-37

Ein Gesetzeslehrer stand auf. Er wollte Jesus prüfen und fragte ihn: „Meister, was muss ich tun, um das ewige Leben zu bekommen?" Jesus fragte ihn: „Was ist im Gesetz geschrieben? Was liest du dort?"
Der Gesetzeslehrer antwortete: „Du sollst den Herrn, deinen Gott, lieben mit ganzem Herzen und ganzer Seele, mit all deiner Kraft und deinem ganzen Denken. Du sollst deinen Nächsten lieben wie dich selbst."
Jesus sagte ihm: „Du hast richtig geantwortet. Mach das, dann wirst du ewig leben."

Von Jerusalem nach Jericho.

Der Gesetzeslehrer war aber noch nicht zufrieden. Er fragte Jesus: „Wer ist mein Nächster?"
Da erzählte Jesus ein Gleichnis: „Ein Mann ging von Jerusalem nach Jericho hinunter. Er wurde von Räubern überfallen. Sie stahlen ihm alles und schlugen ihn nieder. Sie gingen weg und ließen ihn halbtot liegen. Ein Priester ging denselben Weg. Er sah den Verwundeten, ließ ihn liegen und ging weiter. Auch ein Levit (= Tempeldiener) kam vorbei. Er sah den Verwundeten und ging auch weiter. Da kam ein Mann aus Samaria. Er machte eine Reise. Er sah den Verwundeten und hatte Mitleid. Er ging zu ihm, goss Öl und Wein in seine Wunden und verband sie. Dann hob er den Verwundeten auf sein Reittier. Er brachte ihn in eine Herberge und pflegte ihn. Am anderen Tag gab er dem Wirt zwei Denare und sagte: „Sorge für ihn. Wenn du mehr brauchst, werde ich bezahlen, wenn ich wiederkomme."
Jesus fragte den Gesetzeslehrer: „Was meinst du: Welcher von den drei Reisenden war für den Verwundeten der Nächste?"

Der Gesetzeslehrer antwortete: „Der, der barmherzig war und ihm geholfen hat." Jesus sagte zu ihm: „Geh und mach es genauso."

Maria und Marta
Lk 10,38-42

Jesus wanderte mit seinen Jüngern weiter. Er kam in ein Dorf. Eine Frau namens Marta lud Jesus in ihr Haus ein. Marta hatte eine Schwester mit dem Namen Maria. Sie setzte sich bei Jesus nieder und hörte ihm zu. Marta aber war sehr bemüht, für Jesus zu sorgen. Sie kam zu Jesus und sagte: „Herr, siehst du nicht, dass ich alle Arbeit allein machen muss? Sag meiner Schwester, sie soll mir helfen." Jesus antwortete: „Marta, Marta, du machst dir viele Sorgen und Mühen. Es ist aber nur eines notwendig, das Wort Gottes zu hören. Maria hat dies gewählt. Das darf man ihr nicht wegnehmen."

Das Gebet des Herrn
Lk 11,1-4

Jesus ging an einen einsamen Ort, um zu beten. Nach dem Gebet bat einer seiner Jünger: „Herr, lehre uns beten. Auch Johannes hat seine Jünger beten gelehrt." Jesus sagte ihnen: „Wenn ihr betet, dann sprecht: Vater, dein Name werde geheiligt. Dein Reich komme. Gib uns täglich das Brot, das wir brauchen.

Tafel mit dem Gebet „Vaterunser".

Vaterunser-Kirche am Ölberg.

Vergib uns unsere Sünden; denn auch wir verzeihen jenen, die uns Böses tun.
Führe uns nicht in Versuchung."

Das Gleichnis vom bittenden Freund
Lk 11,5-8

Dann sagte Jesus seinen Jüngern: „Einer von euch hat einen Freund. Er geht um Mitternacht zu ihm und sagt: ‚Freund, borg mir drei Brote. Ich habe Besuch bekommen, kann ihm aber nichts zum Essen geben.' Wird der Mann drinnen antworten: ‚Lass mich in Ruhe, die Tür ist geschlossen, meine Kinder schlafen bei mir, ich kann nicht aufstehen und dir etwas geben?' Nein! Ich sage euch: Er wird vielleicht nicht aus Freundschaft aufstehen. Aber er wird aufstehen, damit er Ruhe hat und seinem Freund geben, was er braucht."

Vom Vertrauen beim Beten
Lk 11,9-13

„Ich sage euch: Bittet, dann wird euch gegeben. Sucht, dann werdet ihr finden. Klopft an, es wird euch geöffnet. Wer bittet, bekommt. Wer sucht, der findet. Wer anklopft, dem wird aufgemacht.

Kein Vater wird seinem Sohn eine Schlange geben, wenn er um einen Fisch bittet. Er wird ihm keinen Skorpion geben, wenn er um ein Ei bittet. Auch ihr sündigen Menschen gebt euren Kindern, was gut ist. Noch viel sicherer ist: Euer Vater im Himmel wird euch den Heiligen Geist geben, wenn ihr darum bittet."

Verteidigungsrede Jesu
Lk 11,14-23

Jesus trieb bei einem stummen Menschen den bösen Geist aus. Da konnte der Stumme reden. Alle Leute staunten. Einige aber schimpften: "Jesus ist mit dem Teufel befreundet. Deshalb kann er böse Geister vertreiben." Andere wollten Jesus in Versuchung führen. Sie verlangten von Jesus ein Zeichen vom Himmel (einen Beweis für seine göttliche Kraft).

Jesus aber wusste ihre heimlichen Gedanken und sagte zu ihnen: "Wenn in einem Land Unfriede und Streit sind, zerstört sich dieses Land selbst. Ein Haus nach dem anderen stürzt ein. Und wenn im Reich des Teufels Streit ist, wird sein Reich nicht bestehen bleiben. Ihr sagt: ,Ich vertreibe böse Geister mit der Hilfe vom Teufel.' Eure Freunde vertreiben auch böse Geister. Wer hilft ihnen? Urteilt selbst. Ich vertreibe die bösen Geister mit der Kraft Gottes. Ihr sollt verstehen. Das Reich Gottes ist schon zu euch gekommen.

Wenn ein starker Mann seinen Hof bewacht, ist sein Besitz sicher. Es kann aber ein Stärkerer kommen. Er kämpft und besiegt ihn. Er nimmt ihm die Waffen weg, raubt seinen Besitz und verteilt ihn. Wer nicht für mich ist, ist gegen mich."

Von der Rückkehr der bösen Geister
Lk 11,24-26

Jesus lehrte weiter: "Wenn ein böser Geist einen Menschen verlassen hat, wandert er durch die Wüste. Er sucht einen Ort, wo er bleiben kann. Wenn er keinen Ort findet, sagt er sich: ,Ich will in mein Haus zurückkehren, das ich verlassen habe.' Er kommt zurück. Vielleicht findet er sein Haus geputzt und geschmückt. Dann holt er noch sieben andere böse Geister. Sie sind noch schlechter als er. Sie alle bleiben nun in diesem Menschen. Mit diesem Menschen wird es noch schlimmer sein als vorher."

Zweierlei Seligpreisungen
Lk 11,27-28

Nach dieser Rede rief eine Frau: "Selig ist die Frau, die dich geboren und genährt hat."

Jesus antwortete ihr: "Selig sind alle, die das Wort Gottes annehmen und es befolgen."

Die Verweigerung eines Zeichens
Lk 11,29-32

Immer mehr Menschen kamen zu Jesus. Sie wollten Wunderzeichen sehen. Jesus sagte: "Die Menschen sind böse. Sie verlangen ein Zeichen. Sie werden kein anderes Zeichen bekommen als das Zeichen des Jona (Jona hat den Leuten von Ninive Buße gepredigt). Jona war für die Leute von Ninive ein Zeichen zur Umkehr. So wird der Menschensohn den Leuten von heute ein Zeichen sein. Die Königin des Südens wird die Menschen dieser Zeit verurteilen. Sie kam nämlich einen weiten Weg, um die Weisheit Salomos zu hören. Ich aber bin mehr als Salomo.

Die Leute aus Ninive werden die Menschen dieser Zeit verurteilen. Sie haben sich nach der Predigt des Jona bekehrt. Ich aber bin mehr als Jona."

Vom Licht und vom Auge
Lk 11,33-36

„Niemand zündet eine Lampe an und versteckt sie. Man stellt die Lampe auf einen Leuchter. So können alle das Licht sehen. Dein Auge hilft dir, das Licht zu sehen. Wenn dein Auge offen ist für Gottes Wahrheit, wirst auch du hell sein. Wenn dein Auge aber Gottes Wahrheit nicht sehen will, dann wirst auch du finster sein. Pass auf! Wenn du offen bist für Gottes Wahrheit, dann wirst du hell sein wie im Schein einer Lampe."

Worte gegen die Pharisäer und Schriftgelehrten
Lk 11,37-54

Nach dieser Rede kam ein Pharisäer zu Jesus und bat ihn zum Essen. Jesus ging mit ihm und setzte sich nieder. Der Pharisäer sah, dass Jesus vor dem Essen seine Hände nicht wusch. Er war deshalb erstaunt. Jesus sprach zu ihm: „Ihr Pharisäer! Ihr macht Becher und Teller sauber. In eurem Herzen aber ist Gier und Bosheit. Ihr seid Narren! Gott hat das Äußere und Innere geschaffen. Ihr sollt den Armen helfen, dann befolgt ihr Gottes Liebe.
Wehe („Wehe": Jesus droht mit diesem Wort den Pharisäern und Gesetzeslehrern) euch, ihr Pharisäer! Ihr zahlt den zehnten Teil von eurem Geld und eurem Besitz. Ihr vergesst aber die Liebe zu Gott. Ihr sollt euch um Gottes Liebe sorgen.
Wehe euch, ihr Pharisäer! Ihr wollt in der Synagoge die ersten Plätze haben. Ihr wollt auf der Straße gegrüßt werden.
Wehe euch! Ihr seid wie ein Grab, das man nicht sieht."
Da sagte ein Gesetzeslehrer: „Meister, mit dieser Rede beleidigst du auch uns."

Jesus antwortete: „Wehe auch euch, ihr Gesetzeslehrer! Ihr gebt den Menschen viele Vorschriften und Gesetze. Ihr helft ihnen aber nicht. Wehe euch, ihr Gesetzeslehrer! Ihr baut den Propheten Denkmäler. Eure Väter aber haben diese Propheten getötet. So zeigt ihr, dass ihr mit dem Tun eurer Väter einverstanden seid.
Im Buch der Weisheit Gottes ist geschrieben: Ich werde Propheten und Apostel zu ihnen schicken. Sie werden sie töten und verfolgen. Die heutigen Menschen müssen das vergossene Prophetenblut verantworten: das Blut Abels vom Anfang der Welt bis zum Blut des Propheten Zacharias. Er wurde im Tempelvorhof zwischen Altar und Tempel ermordet. Ich sage euch: Diese Generation wird das verantworten müssen.
Wehe euch, ihr Gesetzeslehrer! Durch falsche Lehre habt ihr den Menschen den Weg zur Wahrheit Gottes weggenommen. Ihr selbst wollt nicht glauben. Ihr wollt aber auch, dass die anderen Gottes Wahrheit nicht kennenlernen."
Jesus ging aus dem Haus fort. Die Schriftgelehrten und Pharisäer plagten Jesus mit vielen Fragen. Sie passten auf, ob Jesus etwas Falsches sagte. Sie wollten ihn dann verklagen.

Warnung vor der Heuchelei der Pharisäer
Lk 12,1-3

Tausende Menschen kamen zu Jesus. Das Gedränge war gefährlich. Jesus sagte zu seinen Jüngern: „Lasst euch vom falschen Denken und der Heuchelei der Pharisäer nicht verführen. Alles, was heimlich getan wird, wird entdeckt. Alles, was verborgen ist, wird bekannt. Alles, was ihr lehrt, wird öffentlich gepredigt werden."

Aufforderung zum furchtlosen Bekenntnis
Lk 12,4-12

„Meine Freunde, ich sage euch: Fürchtet euch nicht vor den Menschen. Sie können euren Leib töten. Sie können euch aber sonst nicht schaden. Fürchtet euch vor Gott: Er hat auch die Macht, euch in die Hölle zu werfen. Gott sollt ihr fürchten. Fünf Spatzen kann man um ein paar Groschen verkaufen. Gott vergisst aber keinen von ihnen. Bei euch sind sogar alle Haare gezählt. Ihr seid mehr wert als alle Spatzen zusammen. Ich sage euch: Wer bei den Menschen bekennt, dass er zu mir gehört, den werde ich auch später zu mir rufen. Wer sich aber vor den Menschen schämt, dass er zu mir gehört, den werde auch ich beim Gerichtstag nicht kennen.
Wenn jemand Böses über den Menschensohn redet, kann er Verzeihung bekommen. Wer aber gegen den Heiligen Geist sündigt, wird keine Verzeihung bekommen.

Vögel ...

Man wird euch vor Gerichte der Synagogen und vor staatliche Machthaber schleppen und verklagen. Habt keine Sorge, was ihr zu eurer Verteidigung sagen sollt. Gottes Heiliger Geist wird euch helfen, richtig zu antworten."

Das Gleichnis vom reichen Bauern
Lk 12,13-21

Ein Mann bat Jesus: „Meister, befiehl meinem Bruder, das Erbe mit mir zu teilen." Jesus sagte ihm: „Es ist nicht meine Aufgabe, euren Erbschaftsstreit zu schlichten."
Jesus sagte zu den Leuten: „Seid nicht habsüchtig und geizig. Das Vermögen eines Menschen ist nicht wichtig für sein Leben."
Jesus erzählte ein Gleichnis: „Ein reicher Bauer hatte große Felder. Er bekam viel Getreide. Da überlegte der Bauer: ‚Was soll ich machen? Wo soll ich meine Ernte aufheben?' Er überlegte: ‚Ich will meine Scheune abreißen und eine größere bauen. Dort kann ich alles Getreide und meinen anderen Besitz aufheben. Dann kann ich zu mir selber sagen: Ich habe einen großen Vorrat für viele Jahre. Ich kann mich ausruhen, essen, trinken und sorglos leben.' - Gott aber sprach zu dem Mann: ‚Du Narr. Noch in dieser Nacht wirst du sterben.' Wem wird dann alles gehören?
So geht es jedem Menschen, der nur für sich Schätze sammelt, Gott aber vergisst."

Von der falschen und der rechten Sorge
Lk 12,22-32

Jesus sagte zu seinen Jüngern: „Sorgt nicht um euer Leben, sorgt euch nicht, was ihr essen sollt. Sorgt nicht um euren Leib, sorgt euch nicht, was ihr anziehen sollt. Euer Leben ist wichtiger als die Nahrung. Euer Leib ist wichtiger als die Kleidung.

Schaut auf die Raben: Sie säen nicht. Sie ernten nicht. Sie haben auch keine Scheune. Gott sorgt für sie.

Gott liebt euch viel mehr als die Vögel. Ihr könnt mit euren Sorgen euer Leben nicht länger machen. Ohne Gott könnt ihr nichts tun.

Schaut die Lilien an: Sie weben nicht. Sie nähen nicht. Salomos Kleider waren nicht so schön wie sie. Gras und Blumen werden gemäht und ins Feuer geworfen. Gott schmückt sie trotzdem wunderbar. Habt mehr Glauben! Gott wird für euch viel besser sorgen. Macht euch nicht so viele Sorgen um das Essen und Trinken. Habt keine Angst! Die Menschen in der Welt nehmen diese Dinge sehr wichtig. Warum? Euer Vater weiß, was ihr braucht.

Sorgt für das Reich Gottes; dann wird euch das andere dazugegeben werden.

Fürchtet euch nicht! Gott, euer Vater, wird euch das Reich Gottes geben."

Der wahre Schatz
Lk 12,33-34

„Verkauft euren Besitz und gebt das Geld den Armen. Sammelt euch einen Schatz im Himmel, der immer bleibt. Kein Dieb wird ihn finden. Die Motten werden ihn nicht fressen. Prüft genau: Wo euer Schatz ist, da ist auch euer Herz."

Das Gleichnis vom treuen und vom schlechten Knecht
Lk 12,35-48

„Schlaft nicht, sondern wartet auf die Rückkehr eures Herrn. Der Herr ist auf einer Hochzeit. Wenn er heimkommt und anklopft, soll ihm der Diener gleich aufmachen. Glücklich sind die Diener, die auf ihren Herrn warten. Der Herr wird diese Diener einladen und sie selbst bedienen. Es ist nicht wichtig, ob der Herr früh oder spät kommt. Wichtig ist, dass die Diener für ihn wach und bereit sind. Sie sind glücklich. Denkt auch über dieses Beispiel nach: Ein Hausherr weiß nicht, um wie viel Uhr ein Dieb in sein Haus einbrechen will. Wenn er es wüsste, würde er wach bleiben. So könnte kein Dieb einbrechen.

Genauso ist es mit euch: Ihr sollt immer und zu jeder Stunde bereit sein. Der Menschensohn kommt in einer Stunde, in der ihr es nicht erwartet."

Petrus sagte: „Herr, sagst du dieses Gleichnis nur uns oder auch allen anderen Leuten?"

Jesus antwortete: „Wer ist der treue und kluge Verwalter? Der Herr hat ihm befohlen: Sorge gut für meine Diener. Gib ihnen, was sie zum Leben brauchen. Glücklich ist der Verwalter, wenn der heimkehrende Herr sieht: Er hat seine Pflicht treu getan. Ich sage euch: Der Herr wird diesem Verwalter seinen ganzen Besitz anvertrauen.

Es gibt aber auch andere Verwalter. Vielleicht denkt einer: Mein Herr kommt noch lange nicht zurück. Er schlägt die Diener und Mägde. Er isst und trinkt, bis er betrunken ist. Dann wird der Herr überraschend heimkommen. Er wird den untreuen Verwalter hart und schwer bestrafen.

Wenn ein Knecht den Willen seines Herrn kennt und trotzdem faul und ungehorsam ist, wird er viele Schläge bekommen. Wer den Willen seines Herrn nicht erkennt und Böses tut, wird weniger Schläge bekommen. Wem viel gegeben ist, der hat große Verantwortung. Wer viel bekommen hat, von dem wird viel verlangt werden."

Vom Frieden und vom Streit
Lk 12,49-53

„Ich bin in die Welt gekommen und werde leiden. Mein Kommen bringt nicht nur Frieden zu den Menschen. Mein Kommen wird die Menschen auch spalten (trennen). Die einen werden glauben, die anderen nicht. So wird Streit sein bei den Menschen."

Von den Zeichen der Zeit
Lk 12,54-57

Viele Zuhörer waren da. Jesus sagte zu ihnen: „Wenn ihr die Wolken im Westen seht, sagt ihr: ‚Es gibt Regen.' Und der Regen kommt. Wenn der Südwind weht, sagt ihr: ‚Es wird heiß.' Und es wird wirklich heiß. Ihr Heuchler! Ihr könnt die Zeichen auf der Erde und am Himmel deuten. Warum könnt ihr die Zeichen dieser Zeit nicht verstehen? Warum könnt ihr nicht selbst richtig urteilen?"

Von der Versöhnung
Lk 12,58-59

„Denk daran: Du gehst mit deinem Gegner (Feind) zum Gericht. Bemühe dich auf dem Weg, mit ihm eine friedliche Lösung zu finden. Findest du keine Lösung, wird dich dein Feind vor dem Richter verklagen. Der Richter wird dich ins Gefängnis sperren lassen. Du musst dann im Gefängnis bleiben, bis du alle Schulden bezahlt hast."

Mahnung zur Umkehr
Lk 13,1-9

Einige Leute kamen zu Jesus und erzählten: „Galiläer kamen nach Jerusalem und wollten opfern. Pilatus ließ sie beim Opfern töten." Jesus sagte zu ihnen:

„Glaubt ihr, dass nur diese Pilger Sünder waren, die anderen Menschen aus Galiläa nicht? Nein, im Gegenteil: Wenn ihr euch nicht bekehrt, werdet ihr genauso sterben. Oder denkt daran: Der Turm von Schiloach stürzte ein. Achtzehn Menschen wurden erschlagen. Meint ihr, dass nur sie Schuld hatten, alle anderen Bewohner von Jerusalem aber nicht? Nein, im Gegenteil: Wenn ihr euch nicht bekehrt, werdet ihr genauso sterben."

Jesus erzählte ihnen ein Gleichnis:
„Ein Mann hatte in seinem Weinberg einen Feigenbaum. Der Mann kam, suchte Früchte, fand aber keine. Da sagte der Mann zu seinem Gärtner: ‚Jetzt komme ich schon drei Jahre und suche Früchte beim Feigenbaum. Ich finde aber keine. Hau den Baum um. Er verbraucht unnütz Platz im Weinberg.' Der Gärtner aber bat ihn: ‚Herr, lass den Baum noch dieses Jahr stehen. Ich will den Boden aufgraben und düngen. Vielleicht bringt der Baum dann Früchte. Wenn er aber im nächsten Jahr auch keine Feigen trägt, kannst du ihn umhauen lassen.'"

Die Heilung einer Frau am Sabbat
Lk 13,10-17

Jesus lehrte am Sabbat in einer Synagoge. In der Synagoge war auch eine kranke Frau. Sie war seit achtzehn Jahren krumm und konnte nicht gerade stehen. Jesus rief die Frau und sagte: „Du sollst von deinen Leiden frei sein." Jesus legte der Frau die Hände auf. Sofort konnte sie gerade stehen. Sie lobte Gott mit Freude.

Der Synagogenvorsteher aber war zornig, weil Jesus am Sabbat geheilt hatte. Er sagte zu den Leuten: „Sechs Tage sind für die Arbeit. Kommt an diesen sechs Tagen und lasst euch heilen. Am Sabbat aber ist das verboten."

Jesus sagte ihm: „Ihr Heuchler! Jeder von euch bindet am Sabbat seinen Ochsen oder Esel von der Krippe los und führt ihn zur Tränke. Warum soll diese Frau nicht am Sabbat von ihrem Leiden frei werden?"
Bei diesen Worten schämten sich die Feinde Jesu. Die Leute aber freuten sich über das Wunder.

Das Gleichnis vom Senfkorn
Lk 13,18-19

Jesus erzählte ein Gleichnis: „Wem ist das Reich Gottes ähnlich? Welches Beispiel soll ich euch sagen? Das Reich Gottes ist wie ein Senfkorn. Ein Mann säte es in seinem Garten. Es wuchs und wurde ein Baum. Die Vögel des Himmels wohnten in seinen Zweigen."

Das Gleichnis vom Sauerteig
Lk 13,20-21

Jesus erzählte weiter: „Das Reich Gottes ist wie ein Sauerteig. Eine Frau gab ihn in einen großen Trog voll Mehl. Das Ganze wurde durchsäuert."

Von der neuen Ordnung im Reich Gottes
Lk 13,22 – 19,27

Von der engen und der verschlossenen Türe
Lk 13,22-30

Jesus wanderte von einer Stadt in die andere, von einem Dorf zum anderen. Er lehrte überall.
Ein Mann fragte Jesus: „Herr, werden nur wenige gerettet?"
Jesus antwortete ihm: „Bemüht euch mit allen Kräften, durch die enge Tür zu kommen. Viele werden probieren hineinzukommen. Es wird nicht allen möglich sein. Der Herr des Hauses wird dann die Türe schließen. Ihr steht dann draußen, klopft an die Tür und ruft: ‚Herr, mach auf!' Der Herr aber wird euch antworten: ‚Ich weiß nicht, woher ihr kommt.' Ihr werdet dann sagen: ‚Wir haben mit dir gegessen und getrunken. Du hast auf unseren Straßen gelehrt.' Der Herr wird euch nochmals sagen: ‚Ich weiß nicht, woher ihr kommt. Weg von mir! Ihr habt Böses getan.' Dann werdet ihr verzweifelt und zornig sein. Ihr werdet Abraham, Isaak, Jakob und alle Propheten im Reich Gottes sehen. Ihr aber könnt nicht ins Reich Gottes kommen. Viele Menschen werden von Osten und Westen, Norden und Süden ins Reich Gottes kommen. Viele von ihnen sind spät zu mir gekommen. Und doch werden sie zuerst ins Reich Gottes kommen. Andere kennen mich schon lange. Sie werden aber zuletzt ins Reich Gottes kommen."

Der Abschied von Galiläa
Lk 13,31-35

Zu dieser Zeit kamen einige Pharisäer zu Jesus und sagten: „Geh weg von hier. Herodes will dich töten." Jesus antwortete ihnen: „Geht zu Herodes und sagt diesem Fuchs: Ich vertreibe die bösen Geister und

Herodion.

mache Kranke gesund. Ich habe heute und morgen zu tun. Am dritten Tag bin ich am Ziel. Heute, morgen und übermorgen muss ich weiterwandern. Schon immer wurden die Propheten Gottes in Jerusalem getötet.

Jerusalem, Jerusalem, du tötest die Propheten. Du steinigst die Boten Gottes. Oft wollte ich euch zu mir rufen, euch lehren und schützen. So wie eine Henne ihre Jungen ruft und unter ihren Flügeln schützt. Ihr aber wolltet nicht.

Ich sage euch: Ihr werdet mich nicht sehen, bis die Zeit kommt, in der ihr ruft: Gesegnet sei er, er kommt im Namen des Herrn."

Die Heilung eines Wassersüchtigen am Sabbat
Lk 14,1-6

Jesus ging in das Haus eines reichen Pharisäers zum Essen. Es war Sabbat. Alle beobachteten Jesus genau. Ein wassersüchtiger Mann war da. Jesus fragte die Gesetzeslehrer und Pharisäer: „Darf man am Sabbat heilen oder nicht?" Sie schwiegen. Da berührte Jesus den Mann, heilte ihn und ließ ihn fortgehen. Jesus sagte zu den Gesetzeslehrern und Pharisäern: „Wenn euer Sohn oder ein Ochs in den Brunnen fällt, zieht ihr ihn sofort heraus, auch am Sabbat." Da konnten sie Jesus nichts antworten.

Mahnung zur Bescheidenheit
Lk 14,7-11

Jesus bemerkte, wie sich die Gäste die Ehrenplätze aussuchten. Er belehrte sie: „Wenn du zu einem Festmahl eingeladen bist, dann setz dich nicht auf den Ehrenplatz. Vielleicht kommt jemand, der vornehmer ist als du. Dann kommt dein Gastgeber und sagt dir: ‚Mach Platz.' Dann wirst du dich schämen und dich auf den letzten Platz setzen. Wenn du eingeladen bist, dann setz dich auf den letzten Platz. Dann wird der Gastgeber kommen und dir einen besseren Platz geben. Das ist dann für dich eine Ehre.

Wer sich selbst ehrt, wird beschämt werden. Wer bescheiden ist, wird belohnt werden."

Von den rechten Gästen
Lk 14,12-17

Dann sagte Jesus zum Gastgeber: „Du gibst mittags und abends ein Essen. Lade nicht nur deine Freunde, Verwandten oder reiche Nachbarn ein. Sie werden dich auch einladen. Dann bist du für deine Einladung schon belohnt. Wenn du ein Essen gibst, dann lade Arme, Lahme und Blinde ein. Sie können dich nicht einladen. Gott wird dich bei deiner Auferstehung belohnen."

Das Gleichnis vom Festmahl
Lk 14,15-24

Ein Gast hatte die Rede Jesu gehört und verstanden. Er sagte zu Jesus: „Glücklich, wer im Reich Gottes sein darf."

Jesus sagte ihm: „Ein Mann hatte ein großes Festessen vorbereitet. Viele Leute waren eingeladen. Das Fest sollte beginnen.

Der Herr schickte seine Diener fort. Sie sollten den Eingeladenen sagen: ‚Kommt, alles ist vorbereitet.' Keiner wollte kommen. Jeder hatte eine Entschuldigung oder eine Ausrede. Der erste sagte zum Diener: ‚Ich habe einen Acker gekauft. Ich muss hingehen und ihn anschauen. Bitte entschuldige mich!' Ein anderer sagte: ‚Ich habe fünf Paar Ochsen gekauft. Ich gehe und will sie mir anschauen. Bitte entschuldige mich!' Wieder ein anderer sagte: ‚Ich habe geheiratet. Ich kann nicht kommen.' Die Diener gingen zurück und erzählten alles ihrem Herrn. Da wurde der

Herr zornig. Er befahl seinen Dienern: ‚Geht schnell auf die Straßen und Gassen der Stadt. Holt die Armen und Gebrechlichen, die Blinden und Lahmen.' Bald sagte der Diener seinem Herrn: ‚Ich habe alles gemacht, wie du befohlen hast. Aber es ist immer noch Platz.' Da sagte der Herr zum Diener: ‚Geh auf die Landstraße vor der Stadt und bitte alle Leute, zu kommen. Ich will, dass mein Haus voll wird.'
Ich aber sage euch: Viele waren eingeladen und wollten nicht kommen. Keiner von ihnen wird mit mir gemeinsam Mahl feiern.“

Vom Ernst der Nachfolge
Lk 14,25-35

Viele Menschen begleiteten Jesus. Jesus drehte sich um und sagte ihnen: „Wer zu mir gehören will, darf nicht zuerst an Vater, Mutter, Frau, Kinder, Brüder und Schwestern denken. Er darf auch nicht zuerst an sich selbst denken. Wer sich selbst mehr liebt als mich, kann nicht mein Jünger sein. Wer nicht sein Kreuz trägt und mir nachfolgt, kann nicht mein Jünger sein.“
Jesus erzählte ein Beispiel: „Wer einen Turm bauen will, muss zuerst rechnen, ob er genug Geld hat. Sonst ist vielleicht das Fundament fertig, und er kann nicht fertig bauen. Da werden ihn alle verspotten und sagen: Er hat den Bau begonnen und kann ihn nicht fertig machen.“
Jesus erzählte noch ein ähnliches Beispiel: „Ein König will gegen einen anderen König kämpfen. Er muss vorher prüfen: Ich habe zehntausend Soldaten. Mein Feind hat zwanzigtausend Soldaten. Kann ich gegen ihn kämpfen? Kann er es nicht, dann schickt er einen Boten und bittet um Frieden.
Niemand kann mein Jünger sein, wenn er nicht auf alles verzichten will.

Das Salz ist gut. Wenn aber das Salz seinen Geschmack verliert, kann man es nicht wieder salzig machen. Man kann es nicht mehr brauchen und wirft es weg. Ihr sollt gut zuhören und meine Lehre befolgen.“

Das Gleichnis vom verlorenen Schaf und von der verlorenen Drachme (= Geldstück)
Lk 15,1-10

Zöllner und Sünder kamen zu Jesus. Sie wollten zuhören. Die Pharisäer und Schriftgelehrten ärgerten sich und sagten: „Jesus ist zu den Sündern freundlich. Er isst auch mit ihnen.“
Jesus erzählte ihnen ein Gleichnis: „Ein Mann hat hundert Schafe. Er verliert eines. Er lässt die neunundneunzig in der Wüste allein. Er sucht das verlorene Schaf, bis er es findet. Wenn er es gefunden hat, nimmt er es voll Freude auf seine Schultern. Er ruft seine Freunde und Nachbarn zusammen und sagt: ‚Freut euch mit mir: Mein Schaf war verloren. Ich habe es wieder gefunden.' Ich sage euch: Im Him-

Verlorenes Schaf,
Bild in der Verkündigungskirche, Nazaret.

mel ist über einen Sünder, der sich bekehrt, mehr Freude als über neunundneunzig (Selbst)Gerechte, die glauben, dass sie keine Buße brauchen.
Oder: Eine Frau hat zehn Drachmen. Sie verliert eine. Sie macht Licht und kehrt im ganzen Haus. Sie sucht, bis sie das Geldstück findet. Wenn sie das Geldstück gefunden hat, ruft sie ihre Freundinnen und Nachbarinnen. Sie sagt ihnen: ‚Freut euch mit mir. Ich habe das Geld verloren und jetzt wieder gefunden.‘
Ich sage euch: Genauso freuen sich die Engel Gottes, wenn ein Sünder sich bekehrt.“

Das Gleichnis vom verlorenen Sohn
Lk 15,11-32

Jesus erzählte noch ein Gleichnis: „Ein Vater hatte zwei Söhne. Der jüngere Sohn sagte zum Vater: ‚Vater, gib mir mein Erbteil.‘ Da teilte der Vater das Erbe.
Wenige Tage später ging der jüngere Sohn von zu Hause fort. Er wanderte in ein fernes Land. Dort ver-

Verlorener Sohn,
Bild in der Verkündigungskirche, Nazaret.

schwendete er sein Vermögen. Als er kein Geld mehr hatte, kam eine große Hungersnot. Es ging ihm sehr schlecht. Er ging zu einem Mann und bettelte um Arbeit. Der Mann schickte ihn auf das Feld zum Schweinehüten. Der junge Mann hätte gerne vom Schweinefutter gegessen. Aber niemand gab ihm etwas. In seiner Not begann er nachzudenken. Er sagte sich: ‚Mein Vater hat viele Arbeiter. Sie haben genug zum Essen. Ich aber muss vor Hunger sterben. Ich will zu meinem Vater gehen und ihm sagen: Vater! Ich habe gesündigt gegen Gott und gegen dich: Ich bin nicht wert, dein Sohn zu sein. Lass mich als Arbeiter bei dir sein.‘
Der Sohn wanderte nach Hause. Der Vater sah ihn kommen. Er hatte Mitleid mit ihm. Er lief dem Sohn entgegen, umarmte und küsste ihn. Der Sohn aber sagte: ‚Vater, ich habe gesündigt gegen Gott und gegen dich. Ich bin nicht wert, dein Sohn zu sein.‘
Der Vater aber befahl seinen Dienern: ‚Holt das beste Gewand. Zieht es ihm an. Gebt ihm einen Ring an seine Hand. Zieht ihm Schuhe an. Bringt das Mastkalb und schlachtet es. Wir wollen ein Festessen feiern. Mein Sohn war für mich wie tot. Jetzt lebt er. Er war verloren. Jetzt ist er gefunden.‘
Sie begannen, ein Freudenfest zu feiern.
Der ältere Sohn war auf dem Feld. Er kam heim und hörte Musik und Tanz. Er rief einen Diener und fragte, was los ist. Der Diener antwortete: ‚Dein Bruder ist gekommen. Dein Vater hat das Mastkalb schlachten lassen. Er freut sich sehr, weil sein Sohn gesund heimgekommen ist.‘ Da wurde der ältere Sohn zornig. Er wollte nicht ins Haus gehen. Sein Vater kam zu ihm und redete mit ihm freundlich. Der Sohn aber sagte dem Vater: ‚Ich habe viele Jahre bei dir gearbeitet. Ich habe dir immer gefolgt. Du hast mir keinen Ziegenbock geschenkt, damit ich mit meinen Freun-

den feiern konnte. Jetzt aber ist dein Sohn heimgekommen. Er hat sein Geld beim schlechten Leben verschwendet. Du hast für ihn das Mastkalb geschlachtet.' Der Vater sagte seinem älteren Sohn: ,Mein Kind, du bist immer bei mir. Alles, was ich habe, gehört auch dir. Heute aber müssen wir feiern und uns freuen: Dein Bruder war für uns wie tot. Jetzt lebt er. Er war verloren und ist wieder gefunden.'"

Das Gleichnis vom klugen Verwalter
Lk 16,1-8

Jesus sagte zu seinen Jüngern: „Ein Mann hatte einen Verwalter. Man verklagte ihn, dass er das Geld seines Herrn verschwende. Der Herr rief den Verwalter und sagte: ,Ich habe Schlechtes von dir gehört. Ich will deine Kassa prüfen. Du kannst nicht mein Verwalter bleiben.'
Der Verwalter überlegte: ,Ich darf nicht Verwalter bleiben. Was soll ich tun? Schwer arbeiten mag ich nicht, beim Betteln schäme ich mich. Ich weiß, was ich tue. Dann werden mich die Leute einladen, wenn ich nicht mehr Verwalter bin.'
Er ließ die Schuldner seines Herrn kommen. Er fragte den ersten: ,Wie viel bist du meinem Herrn schuldig?' Der antwortet: ,Hundert Bat Öl (1 Bat = 40 Liter).' Der Verwalter sagte ihm: ,Nimm deinen Schuldschein. Setz dich und schreib: Fünfzig.'
Dann fragte er einen anderen: ,Wie viel bist du schuldig?' Der antwortete: ,Hundert Kor Weizen (1 Kor = 400 Liter).' Er sagte zu ihm: ,Nimm deinen Schuldschein und schreib achtzig.'"
Jesus lobte die Klugheit des unehrlichen Verwalters und sagte: „Die Menschen ohne Glauben sind untereinander oft klüger als die Gläubigen."

Den Reichtum richtig verwenden
Lk 16,9-13

„Ich sage euch: Auch mit Geld kann man Gutes tun. Wer bei kleinen Dingen treu ist, verwaltet auch vieles treu.
Wer bei kleinen Dingen untreu ist, wird auch vieles verschwenden.
Wenn ihr bei irdischen Dingen nicht treu seid, kann euch Gott seine großen Güter (Reich Gottes) nicht anvertrauen. Wenn ihr fremdes Eigentum nicht richtig verwaltet, kann euch Gott sein Erbe nicht geben. Kein Sklave kann zwei Herren dienen. Er wird entweder den einen hassen und den anderen lieben; oder er wird dem einen helfen und den anderen ablehnen. Ihr könnt nicht Gott dienen und zugleich dem Geld."

Das Urteil Jesu über die Pharisäer
Lk 16,14-15

Die Pharisäer liebten das Geld sehr. Sie hörten die Belehrung Jesu und verspotteten ihn.
Da sagte Jesus zu den Pharisäern: „Ihr erzählt den Leuten, dass ihr gerecht seid. Gott aber kennt euer Herz. Was die Leute bewundern, ist für Gott ein Ekel."

Vom Gesetz und von der Ehescheidung
Lk 16,16-18

„Ihr hattet nur das Gesetz und die Lehre der Propheten. Dann kam Johannes. Seitdem wird das Evangelium vom Reich Gottes gepredigt. Jeder will mit Gewalt hineindrängen.
Vom Gesetz Gottes wird kein Wort ungültig werden. Leichter werden Himmel und Erde vergehen.

Wer sich von seiner Frau scheiden lässt und wieder heiratet, begeht Ehebruch. Wer eine Geschiedene heiratet, begeht auch Ehebruch."

Das Beispiel vom reichen Mann und vom armen Lazarus
Lk 16,19-31

„Es war ein reicher Mann. Er hatte vornehme Kleider aus Seide und teuren Stoffen. Er lebte alle Tage fröhlich und in großem Überfluss. Vor der Tür des Reichen lag ein Armer namens Lazarus. Er hatte viele eitrige Wunden. Lazarus hatte Hunger. Er hätte gerne von den Resten und Abfällen des Festmahles gegessen. Aber niemand gab ihm etwas. Nur die Hunde kamen und leckten an seinen Wunden.
Der Arme starb. Engel trugen ihn zu Abraham. Dort bekam er seinen Platz. Auch der Reiche starb. Er wurde begraben. In der Hölle litt er große Schmerzen. Er schaute nach oben. Er sah Abraham auf seinem Ehrenplatz (im Himmel). Lazarus war bei ihm.
Da rief er: ‚Vater Abraham, hab Erbarmen. Schick Lazarus zu mir. Er soll seinen Finger ins Wasser tauchen und meine Zunge kühlen. Ich leide große Schmerzen in diesem Feuer.' Abraham antwortete: ‚Du hast im Leben alles Gute bekommen. Lazarus hatte nur Schlechtes. Lazarus wird jetzt getröstet. Du aber musst leiden. Zwischen uns und euch gibt es keine Verbindung. Niemand kann von uns zu euch kommen. Es kann auch niemand von euch zu uns kommen.'
Da sagte der Reiche: ‚Vater Abraham, ich bitte dich: Schick Lazarus in mein Elternhaus. Dort leben noch fünf Brüder. Er soll sie warnen, damit sie nicht an diesen schrecklichen Ort kommen und Qualen leiden müssen.' Abraham aber sagte: ‚Sie haben das Gesetz von Mose und die Lehre der Propheten. Das sollen sie befolgen.' Der Reiche antwortete: ‚Das ist nicht genug. Wenn aber ein Toter wiederkommt, werden sie umkehren.'
Abraham sagte: ‚Wenn sie Mose und den Propheten nicht folgen, werden sie auch nicht glauben, wenn einer von den Toten aufersteht.'"

Warnung vor der Verführung
Lk 17,1-3a

Jesus sagte zu seinen Jüngern:
„Es gibt kein Leben ohne Verführungen. Unglücklich aber ist der, der daran schuld ist. Für ihn wäre es besser, ihn mit einem Mühlstein um den Hals ins Meer zu werfen. So könnte er niemanden zum Bösen verführen. Merkt euch das."

Von der Pflicht zur Vergebung
Lk 17,3b-4

„Wenn dein Mitmensch sündigt, dann ermahne ihn. Wenn er seine Sünde bereut, dann verzeih ihm. Vielleicht macht er siebenmal am Tag Böses. Wenn er siebenmal zu dir sagt: ‚Ich will besser werden', dann verzeih ihm."

Von der Macht des Glaubens
Lk 17,5-6

Die Apostel baten Jesus: „Mach unseren Glauben stark!"
Jesus antwortete mit einem Beispiel: „Auch wenn euer Glaube (Vertrauen) so klein ist wie ein Senfkorn, könnt ihr dem Maulbeerbaum befehlen: ‚Reiße deine Wurzeln aus und wachse im Meer weiter.' Der Maulbeerbaum wird euch folgen."

Das Gleichnis von der Arbeit eines Sklaven
Lk 17,7-10

„Ein Herr hat einen Sklaven. Der Sklave pflügt oder hütet das Vieh. Dann kommt er vom Feld heim. Der Herr wird ihm nicht sagen: ‚Setz dich nieder und iss.‘ Nein, der Herr wird ihm sagen: ‚Mach mir das Essen und bediene mich. Wenn ich gegessen und getrunken habe, kannst auch du essen und trinken.‘ Der Herr wird seinem Sklaven nicht danken, weil er seine Pflicht macht.

So sollt es auch ihr machen. Wenn ihr eure Pflicht getan habt, sollt ihr denken: Ich will geduldig und bescheiden bleiben. Ich habe nur meine Pflicht getan.“

Der dankbare Samariter
Lk 17,11-19

Jesus war auf dem Weg nach Jerusalem. Er kam zur Grenze von Samaria und Galiläa. In einem Dorf kamen ihm zehn aussätzige Männer entgegen. Sie blieben in der Ferne stehen und riefen laut: „Jesus, Meister, hab Erbarmen mit uns!“ Jesus sah sie und befahl ihnen: „Geht und zeigt euch den Priestern.“ Sie gingen. Auf dem Weg wurden sie geheilt. Einer von den Geheilten kam zu Jesus zurück. Er lobte Gott mit lauter Stimme. Er kniete bei Jesus nieder und dankte ihm. Dieser Mann war aus Samaria.
Jesus fragte: „Sind nicht zehn Männer geheilt worden? Wo sind die anderen neun? Keiner kommt, um zu danken und Gott zu ehren. Nur der Mann aus Samaria ist da.“ Jesus sagte zu ihm: „Steh auf und geh. Dein Glaube hat dir geholfen.“

Vom Kommen des Gottesreiches
Lk 17,20-21

Die Pharisäer fragten Jesus: „Wann kommt das Reich Gottes?“ Jesus antwortete: „Das Reich Gottes kommt ohne äußere Zeichen. Man kann nicht sagen: Schaut! Dort ist es! Oder: Da ist es! Ich sage euch: Das Reich Gottes ist schon in eurer Mitte.“

Das Kommen des Menschensohnes
Lk 17,22-37

Jesus sagte zu den Jüngern: „Ihr werdet euch sehnen, den Menschensohn zu sehen. Ihr werdet ihn aber nicht sehen. Wenn euch die Leute sagen: Dort ist er! Hier ist er! So glaubt nicht und lauft nicht hin.
Der Blitz leuchtet von einem Ende des Himmels zum anderen. So wird auch das Kommen des Menschensohnes sichtbar werden. Vorher aber muss der Menschensohn noch viel leiden. Die Menschen werden ihn ablehnen. Wenn der Menschensohn wiederkommt, wird es ähnlich sein wie zur Zeit Noachs. Noach lebte auf der Erde. Die Menschen aßen und tranken und heirateten. Dann ging Noach in die Arche. Die Flut kam und tötete alle. Es wird auch so ähnlich sein wie zur Zeit des Lot: Die Menschen aßen und tranken, kauften und verkauften, pflanzten und bauten. Lot ging aus Sodom weg. Feuer und Schwefel kamen vom Himmel und alle starben. So wird es auch beim Kommen des Menschensohnes sein. Wer auf dem Dach ist, soll nicht ins Haus gehen, um seine Sachen zu holen. Wer auf dem Feld ist, soll nicht heimgehen. Denkt an die Frau des Lot. Wer nur an das Leben auf Erden denkt, wird das ewige Leben verlieren. Wer bereit ist, sein Leben zu verlieren, wird es gewinnen.“

Das Gleichnis vom gottlosen Richter und der Witwe
Lk 18,1-8

Jesus sagte seinen Jüngern, dass sie immer beten und beim Beten nicht müde werden sollen. Er erzählte dazu ein Gleichnis: „In einer Stadt lebte ein Richter. Er fürchtete Gott nicht. Auch die Menschen interessierten ihn nicht. In dieser Stadt lebte auch eine Witwe. Sie kam immer wieder zum Richter und sagte: ‚Hilf mir gegen meinen Feind. Hilf mir, mein Recht zu bekommen.‘ Der Richter wollte lange Zeit nicht helfen. Dann aber dachte er: ‚Ich fürchte Gott nicht. Die Menschen interessieren mich nicht. Ich will aber der Witwe helfen, dass sie ihr Recht bekommt. Sie gibt mir keine Ruhe. Vielleicht kommt sie und schlägt mich!‘“

Jesus sprach weiter: „Überlegt, was der ungerechte Richter sagt. Wenn ihr Tag und Nacht zu Gott betet, wird er euch helfen. Er wird euch gern helfen. Wird aber der Menschensohn bei seinem Wiederkommen gläubige Menschen finden?“

Der Pharisäer und der Zöllner
Lk 18,9-14

Manche Zuhörer Jesu prahlten. Sie meinten, fromm zu sein, und verachteten die anderen Menschen. Jesus erzählte deshalb ein Beispiel: „Zwei Männer gingen in den Tempel, um zu beten. Der eine war ein Pharisäer, der andere war ein Zöllner. Der Pharisäer stellte sich hin und betete: ‚Gott, ich danke dir, dass ich besser bin als die anderen Menschen. Ich bin besser als die Räuber, Betrüger, Ehebrecher und besser als dieser Zöllner. Ich faste zweimal in der Woche. Ich opfere im Tempel den zehnten Teil meines Besitzes.‘

An der „Klagemauer“ = Westmauer des Tempels.

Der Zöllner aber blieb hinten stehen. Er hatte Angst, zum Himmel zu schauen. Er schlug die Hände an seine Brust und betete: ‚Gott, sei mir Sünder gnädig.‘ Ich sage euch: Gott hat das Gebet des Zöllners erhört. Der Pharisäer aber kann keine Verzeihung bekommen. Wer sich selbst erhöht, wird erniedrigt. Wer sich selbst erniedrigt, wird erhöht werden. (Wer sagt, keine Sünden zu haben, wird schuldig gesprochen werden. Wer aber seine Sünden vor Gott bereut und bekennt, wird von Gott Verzeihung bekommen.)“

Segnung der Kinder
Lk 18,15-17

Man brachte Kinder zu Jesus und bat um Segen für sie. Die Jünger wollten die Leute nach Hause schicken. Jesus aber rief die Kinder zu sich und sagte: „Lasst die Kinder zu mir kommen. Verbietet es ihnen nicht. Menschen wie

diesen Kindern gehört das Himmelreich. Ich sage euch: Wenn ihr nicht arm und hilfsbedürftig werdet wie die Kinder, werdet ihr nicht ins Reich Gottes kommen."

Von Reichtum und Nachfolge
Lk 18,18-30

Ein vornehmer Mann fragte Jesus: „Guter Meister, was muss ich tun, um das ewige Leben zu bekommen?"
Jesus antwortete: „Warum nennst du mich gut? Nur Gott ist gut. Du kennst die Gebote: Du sollst nicht die Ehe brechen, nicht töten, nicht stehlen, nichts Unwahres über andere sagen, Vater und Mutter ehren."
Der vornehme Mann antwortete: „ Diese Gebote habe ich immer schon befolgt."
Jesus sagte ihm: „Eines fehlt dir noch: Verkauf alles, was du hast. Verteile das Geld an die Armen. Dann hast du einen Schatz im Himmel. Dann komm und bleib bei mir." Der Mann wurde sehr traurig, denn er war sehr reich.
Jesus schaute ihn an und sagte: „Ein Reicher kann schwer ins Gottesreich kommen. Leichter geht ein Kamel durch das Nadelöhr(tor), als ein Reicher ins Gottesreich."
Da fragten die Leute: „Wer kann gerettet werden?"
Jesus antwortete: „Was für die Menschen unmöglich ist, ist für Gott möglich."

Petrus sagte: „Herr, du weißt, wir haben unser Eigentum verlassen und sind mit dir gegangen."
Jesus antwortete seinen Jüngern:
„Wer aus Liebe zu Gott auf Eigentum und Familie verzichtet, wird schon auf Erden belohnt werden. Er wird im Himmel das ewige Leben bekommen."

Die dritte Ankündigung von Leiden und Auferstehung
Lk 18,31-34

Jesus rief seine zwölf Apostel zu sich und sagte ihnen: „Wir gehen jetzt nach Jerusalem. Dort wird alles wahr werden, was die Propheten über den Menschensohn geschrieben haben. Er wird verhaftet, verspottet, geschlagen und angespuckt werden. Man wird ihn geißeln und töten. Am dritten Tag aber wird er auferstehen."
Die Jünger verstanden das alles nicht. Sie konnten Jesu Worte nicht begreifen.

Die Heilung eines Blinden bei Jericho
Lk 18,35-43

Jesus kam in die Nähe von Jericho. Ein Blinder saß am Wegrand und bettelte. Er hörte die vielen Menschen vorbeigehen und fragte, was los ist. Die Leute sagten ihm: „Jesus von Nazaret geht vorüber." Der Blinde rief laut: „Jesus, hab Erbarmen mit mir." Die Leute ärgerten sich und befahlen ihm zu schweigen. Er aber schrie noch lauter: „Jesus, hab Erbarmen mit mir." Jesus blieb stehen und ließ ihn zu sich führen. Der Blinde stand vor Jesus. Jesus fragte ihn: „Was soll ich für dich tun?" Der Blinde antwortete: „Herr, ich möchte wieder sehen können."

Jesus sagte ihm: „Du sollst wieder sehen. Dein Glaube hat dir geholfen." Sofort konnte der Mann wieder sehen. Er lobte Gott und ging mit Jesus. Alle Zuschauer lobten Gott.

Jesus im Haus des Zöllners Zachäus
Lk 19,1-10

Jesus kam nach Jericho. Er ging durch die Stadt. In Jericho wohnte ein Mann namens Zachäus. Er war Oberzöllner und hatte viel Geld. Er wollte Jesus gern sehen. Er konnte aber nicht über die vielen Menschen sehen. Er war nämlich klein. Er lief deshalb voraus und kletterte auf einen Maulbeerfeigenbaum. Er wollte Jesus beim Vorbeigehen sehen. Jesus kam zum Baum, schaute hinauf und sagte: „Zachäus, komm schnell herunter. Ich muss heute in dein Haus kommen." Da stieg Zachäus schnell vom Baum. Er nahm Jesus freudig in sein Haus auf. Die Leute sahen das, murrten und sagten: „Jesus ist Gast bei einem Sünder!"
Zachäus aber sagte zu Jesus: „Herr, die Hälfte meines Vermögens will ich den Armen geben. Wenn ich von jemandem zu viel verlangt habe, will ich viermal so viel zurückgeben."
Jesus sagte zu Zachäus: „Heute ist ein Freudentag für dieses Haus. Auch dieser Mann ist ein Sohn Abrahams. Der Menschensohn ist gekommen, um das Verlorene zu suchen und zu retten."

Das Gleichnis vom anvertrauten Geld
Lk 19,11-27

Jesus war nahe bei Jerusalem. Viele Zuhörer meinten, jetzt würde Jesus das Reich Gottes gründen. Deshalb erzählte Jesus noch ein Gleichnis.

Jesus sagte: „Ein Fürst reiste fort, um König zu werden. Dann wollte er wieder heimkommen. Er rief seine zehn Diener. Er gab jedem ein Goldstück und sagte: ‚Macht damit Geschäfte, bis ich wiederkomme.' Die Bewohner aus seinem Land aber hassten ihn. Sie schickten Boten zu ihm und ließen ihm sagen: ‚Wir wollen nicht, dass du unser König wirst.' Trotzdem wurde der Mann König. Er kam nach Hause und rief seine Diener. Er wollte prüfen, wie viel jeder bei seinem Geschäft dazu verdient hat. Der erste kam und sagte: ‚Herr, ich habe für dein Geld zehnmal so viel verdient.' Der König sagte zu ihm: ‚Sehr gut. Du bist ein guter Diener. Du hast mit einer kleinen Summe treu gearbeitet. Du sollst Herr über zehn Städte sein.' Der zweite Diener kam und sagte: ‚Herr, dein Geld ist jetzt fünfmal so viel wert.' Der König sagte zu ihm: ‚Du sollst über fünf Städte befehlen.' Ein anderer Diener kam und sagte: ‚Herr, ich gebe dir dein Geld zurück. Ich habe es in ein Tuch eingebunden und gut aufgehoben. Ich hatte Angst. Du bist nämlich ein strenger Mann. Du willst Geld haben, ohne einzuzahlen. Du willst ernten, ohne zu säen.' Der König antwortete: ‚Du bist ein schlechter Diener. Du hast gewusst, dass ich Geld will, ohne einzahlen, dass ich ernte, ohne zu säen. Warum hast du das Geld nicht auf die Bank gebracht? Jetzt könnte ich Zinsen bekommen.'
Der König sagte zu den anderen Dienern: ‚Nehmt ihm das Geld weg. Gebt es dem Diener mit den zehn Goldstücken.' Die Leute sagten: ‚Herr, der hat schon zehn.'
Der König antwortete: ‚Wer sich bemüht, wird mehr bekommen. Wer sich nicht bemüht, dem wird alles weggenommen.' Dann befahl der König, seine Feinde zu holen und sie zu töten."

DIE LETZTEN TAGE IN JERUSALEM
Lk 19,28 – 21,38

Der Einzug in Jerusalem
Lk 19,28-40

Jesus ging nach Jerusalem.
Er kam in die Nähe von Betfage und Betanien am Ölberg.
Er schickte zwei Jünger voraus und sagte: „Geht in das Dorf. Ihr werdet dort einen jungen Esel finden. Er ist angebunden. Auf ihm ist noch niemand gesessen. Bringt ihn her!
Wenn jemand fragt: Warum macht ihr das?
Dann sagt: Der Herr braucht ihn."
Die beiden Jünger taten, was Jesus gesagt hatte.
Sie banden den jungen Esel los. Die Leute fragten: „Warum macht ihr das?" Die Jünger antworteten: „Der Herr braucht ihn."

Blick vom Ölberg zur Stadtmauer, Goldenes Tor.

Die Jünger führten den Esel zu Jesus. Sie legten ihre Kleider auf den Esel und halfen Jesus hinauf.
Jesus ritt auf dem Esel. Die Jünger legten ihre Kleider auf die Straße. Jesus kam vom Ölberg herunter. Die Jünger lobten Gott mit Freude. Sie dankten für alle Wunder, die sie erlebt haben.
Sie riefen: „Gesegnet sei der König. Er kommt im Namen des Herrn.
Im Himmel ist Frieden und Herrlichkeit."
Einige Pharisäer sagten zu Jesus: „Meister, befiehl, dass deine Jünger schweigen."
Jesus antwortete ihnen: „Wenn meine Jünger schweigen, werden die Steine schreien."

Die Ankündigung der Zerstörung Jerusalems
Lk 19,41-44

Jesus kam näher zur Stadt. Er sah auf die Stadt und weinte über sie. Er sagte: „Du hast nicht erkannt, was dir Frieden bringt. Jetzt ist es zu spät. Feinde werden kommen, dich einschließen und bedrängen. Sie werden dich zerstören und die Bewohner töten. Kein Stein wird auf dem anderen bleiben.
Du hast die Zeit der Gnade nicht erkannt."

Die Tempelreinigung
Lk 19,45-48

Jesus ging in den Tempel. Er begann, die Händler hinauszutreiben. Er sagte zu ihnen: „In der Schrift steht: Mein Haus ist ein Haus des Gebetes. Ihr habt daraus eine Räuberhöhle gemacht."
Jesus lehrte täglich im Tempel. Die Hohenpriester, die Schriftgelehrten und die anderen Führer des Volkes wollten ihn umbringen. Sie wussten aber nicht, wie sie es machen sollten.
Die Leute liebten Jesus und hörten ihm gern zu.

Die Frage nach der Vollmacht Jesu
Lk 20,1-8

Jesus lehrte im Tempel und verkündete das Evangelium. Die Hohenpriester und Schriftgelehrten kamen mit den Ältesten zu Jesus und fragten: „Wer hat dir erlaubt, hier zu reden?"
Er antwortete ihnen: „Auch ich will euch fragen: Ist die Taufe des Johannes vom Himmel oder von den Menschen?" Sie überlegten: Wenn wir sagen vom Himmel, wird Jesus fragen: Warum habt ihr nicht geglaubt. Wenn wir sagen, von den Menschen, wird uns das Volk steinigen. Sie glauben, Johannes ist ein Prophet. Sie antworteten deshalb: „Wir wissen es nicht."
Jesus erwiderte ihnen: „Dann sage ich euch auch nicht, mit welchem Recht ich alles tue."

Das Gleichnis von den bösen Weinbauern
Lk 20,9-19

Jesus erzählte dem Volk ein Gleichnis: „Ein Mann hatte einen Weinberg. Er verpachtete den Weinberg an die Winzer (Weinbauern). Er reiste für längere Zeit in ein anderes Land. Die Weinlese kam. Der Mann schickte einen Knecht zu den Winzern. Sie sollten ihm seinen Teil des Ernteertrages geben. Die Winzer aber schlugen den Knecht und jagten ihn fort und gaben ihm nichts. Da schickte der Herr noch andere Knechte. Die Winzer schlugen und beschimpften sie und warfen sie hinaus. Der Besitzer des Weinbergs überlegte: Ich schicke ihnen meinen geliebten Sohn. Vielleicht haben sie Achtung vor ihm.
Die Winzer sahen den Sohn kommen. Sie sagten zueinander: ‚Das ist der Erbe. Wir wollen ihn töten, dann gehört der Weinberg uns.'

Sie warfen ihn aus dem Weinberg hinaus und töteten ihn."
Jesus fragte seine Zuhörer:
„Was wird der Besitzer des Weinberges mit den Winzern machen?
Er wird kommen, die Winzer töten und den Weinberg anderen geben."
Die Leute sagten: „Das darf nicht sein!"
Jesus schaute sie an und sagte: „Ihr glaubt nicht. Euer Unglaube wird bestraft werden."
Die Hohenpriester und Schriftgelehrten verstanden, dass Jesus mit diesem Gleichnis sie gemeint hat. Sie wollten Jesus deshalb verhaften. Sie hatten aber Angst vor dem Volk.

Die Frage nach der kaiserlichen Steuer
Lk 20,20-26

Die Pharisäer beobachteten Jesus genau. Sie schickten Spione zu Jesus. Sie waren falsch. Sie sollten Jesus fragen und zu einer falschen Antwort verführen. Sie wollten ihn dann bei Pilatus verklagen.
Die Spione kamen zu Jesus und fragten ihn: „Meister, wir wissen, dass du die Wahrheit lehrst. Du zeigst allen den Weg Gottes. Wir wollen dich fragen: Dürfen wir dem römischen Kaiser Steuer zahlen oder nicht?"
Jesus aber wusste, dass sie falsch waren. Er antwortete ihnen: „Zeigt mir die Steuermünze."
Sie gaben ihm einen Denar. Jesus fragte sie: „Wem gehört dieses Bild und die Aufschrift?"
Sie antworteten: „Dem Kaiser." Da sprach Jesus zu ihnen: „Gebt die Münze dem Kaiser, weil sie ihm gehört. Gebt Gott, was Gott gehört."
Sie waren von der Antwort sehr überrascht und schwiegen.

Die Frage nach der Auferstehung der Toten
Lk 20,27-40

Einige Sadduzäer kamen zu Jesus. Sie glaubten nicht an die Auferstehung. Sie fragten Jesus: „Eine Witwe hat – nach dem Gesetz des Mose – öfter geheiratet. Sie hat mehrere Männer gehabt. Welchem Mann wird die Frau nach der Auferstehung gehören?" Jesus antwortete ihnen: „Ihr versteht die Schrift nicht und wisst nichts von Gott. Die Auferstandenen heiraten nicht mehr. Sie sind wie die Engel im Himmel. Ihr glaubt nicht an die Auferstehung von den Toten. Gott aber sprach zu Mose: Ich bin der Gott Abrahams, der Gott Isaaks und der Gott Jakobs. Er ist kein Gott der Toten, sondern ein Gott der Lebenden."
Einige Schriftgelehrte sagten: „Meister, du hast gut geantwortet."
Niemand wagte es, Jesus noch mehr zu fragen.

Die Frage nach dem Messias
Lk 20,41-44

Jesus fragte die Schriftgelehrten: „Warum behaupten einige, der Messias ist der Sohn Davids?
David selbst sagt im Buch der Psalmen: Der Herr sprach zu meinem Herrn, ich werde dich ehren und deine Feinde besiegen.
David nennt den Messias „Herr". Deshalb kann der Messias nicht sein Sohn sein."

Worte gegen die Schriftgelehrten
Lk 20,45-47

Viele Menschen waren da. Jesus sagte zu seinen Jüngern und allen Leuten:
„Seid vorsichtig bei den Schriftgelehrten. Sie tragen gerne lange Gewänder, wollen auf der Straße gegrüßt werden, verlangen in der Synagoge die vordersten Plätze, wollen beim Festessen die Ehrenplätze haben. Sie stehlen aber den Witwen ihre Häuser. Sie sind falsch beim Beten. Gottes Urteil für sie wird hart sein."

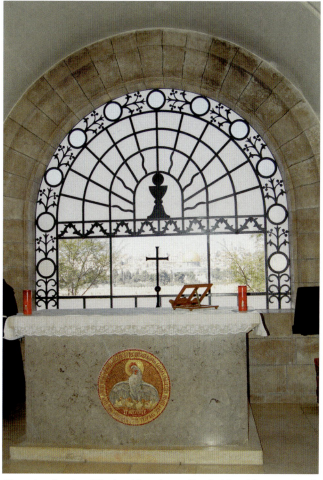

Fenster in der Kirche Dominus flevit (der Herr weinte), Ölberg.

Das Opfer der Witwe
Lk 21,1-4

Jesus war im Tempel. Er sah, wie die Reichen ihre Gaben in den Opferkasten legten.
Er sah auch eine arme Witwe. Sie warf zwei kleine Münzen in den Opferkasten.
Jesus sagte: „Diese arme Witwe hat mehr in den Opferkasten geworfen als alle anderen.
Alle haben von ihrem Überfluss gegeben. Diese Frau hat oft nichts zum Leben. Aber sie hat alles geopfert."

Die Rede über die Endzeit
Lk 21,5-36

Die Ankündigung der Zerstörung des Tempels
Lk 21,5-6

Einige Apostel bewunderten den Tempel, die schönen Steine und den Schmuck. Jesus sagte ihnen: „Alles, was ihr seht, wird zerstört werden. Kein Stein wird auf dem anderen bleiben."

Vom Anfang der Not
Lk 21,7-19

Die Apostel fragten Jesus: „Meister, wann wird das geschehen? Mit welchem Zeichen werden wir den Beginn erkennen?"
Jesus antwortete: „Lasst euch nicht verwirren und täuschen. Viele werden in meinem Namen kommen und sagen: ‚Ich bin der Messias.' Folgt diesen Menschen nicht.
Lasst euch durch Kriege und Streit nicht schrecken. Das muss zuerst geschehen. Aber das Ende kommt nicht sofort.
Ein Volk wird gegen das andere kämpfen, ein Reich wird gegen das andere Krieg führen. Erdbeben, Krankheiten und Hungersnot werden kommen. Viel Schreckliches wird geschehen auf der Erde und am Himmel.
Man wird euch zum Gericht bringen und ins Gefängnis werfen, weil ihr an mich glaubt. Dann könnt ihr von mir sprechen. Ihr braucht keine Angst haben, was ihr zur Verteidigung sagen sollt. Ich werde euch helfen. Eure Feinde werden staunen.
Auch eure Verwandten und Freunde werden euch zum Gericht schleppen. Manche von euch werden getötet werden. Alle werden euch verspotten und hassen, weil ihr an mich glaubt. Gott aber wird euch schützen und helfen. Bleibt treu, dann werdet ihr das ewige Leben bekommen."

Vom Gericht über Jerusalem
Lk 21,20-24

„Jerusalem wird von einem Heer eingeschlossen werden. Dann wisst ihr: Die Stadt wird bald zerstört werden. Die Bewohner sollen fliehen und die Stadt verlassen.

Gewaltige Mauern des Tempels.

Es kommen die Tage der Vergeltung. Alles wird wahr werden, was in der Schrift steht.
Große Not wird im Land sein. Viele wird man töten. Die Gefangenen werden in alle Länder verschleppt werden."

Vom Kommen des Menschensohnes
Lk 21,25-28

Jesus sprach zu seinen Jüngern:
„Sonne, Mond und Sterne werden finster sein.
Die Völker werden sich fürchten.
Das Meer wird brausen.
Die Menschen werden große Angst haben. Sie werden sich fürchten vor allem, was auf der Erde und im Himmel passiert.
Dann wird der Menschensohn mit großer Macht und Herrlichkeit kommen.
Wenn das geschieht, habt Mut. Eure Erlösung ist nahe."

Mahnung vor dem Ende
Lk 21,29-36

Jesus sagte ein Beispiel: „Schaut auf den Feigenbaum und die anderen Bäume. Wenn die Blätter treiben, wisst ihr: Bald ist Sommer.
Wenn alles geschieht, was ich euch gesagt habe, wisst ihr: Das Reich Gottes ist nahe.
Himmel und Erde werden vergehen, aber meine Worte werden bleiben.
Meidet die Sünde. Lasst euch von den Sorgen des Alltags nicht verwirren. Ihr sollt für diesen Tag immer vorbereitet sein. Wacht und betet allezeit, damit ihr ohne Furcht zum Menschensohn kommen könnt."

DAS LEIDEN UND DIE AUFERSTEHUNG JESU
Lk 22,1-24,53

Der Beschluss des Hohen Rates
Lk 22,1-2

Das Fest der Ungesäuerten Brote, das Paschafest (Ostern), war nahe.
Die Hohenpriester und die Schriftgelehrten suchten eine Möglichkeit, Jesus heimlich zu verhaften. Sie fürchteten das Volk.

Der Verrat durch Judas
Lk 22,3-6

Judas war einer der zwölf Apostel. Der Teufel war mit ihm. Er ging zu den Hohenpriestern und den Hauptleuten. Er überlegte mit ihnen, wie er Jesus ausliefern kann.
Sie freuten sich darüber und versprachen ihm Geld. Judas war einverstanden. Er suchte eine Möglichkeit, Jesus auszuliefern. Das Volk sollte davon nichts wissen.

Die Vorbereitung des Paschamahles
Lk 22,7-13

Der Tag der Ungesäuerten Brote kam. An diesem Tage musste das Paschalamm geschlachtet werden. Jesus schickte Petrus und Johannes in die Stadt. Er sagte: „Geht und bereitet das Paschamahl für uns vor. Wir wollen es gemeinsam essen."
Sie fragten: „Wo sollen wir es vorbreiten?"
Jesus antwortete: „Geht in die Stadt. Ihr werdet einen Mann sehen. Er trägt einen Wasserkrug. Geht mit ihm ins Haus und sagt zu ihm: Der Meister lässt dich fragen: Wo ist der Raum für das Paschamahl?
Der Hausherr wird euch einen großen Raum im Obergeschoss zeigen. Dort sind schon Polster vor-

bereitet. Ihr sollt dort alles für das Mahl vorbreiten."
Die Apostel gingen. Alles war, wie Jesus gesagt hatte.
Sie bereiteten das Paschamahl vor.

Das Mahl
Lk 22,14-23

Jesus und seine Apostel kamen zum Paschamahl.
Jesus sagte ihnen: „Ich hab mich schon lang gefreut,
das Ostermahl mit euch zu essen. Bald werde ich lei-
den. Ich werde es nicht mehr essen, bis zum ewigen
Mahl im Reich Gottes." Jesus nahm den Kelch mit
Wein, sprach das Dankgebet und sagte: „Nehmt den
Wein, verteilt ihn bei euch. Ich werde mit euch nicht
mehr davon trinken, bis das Reich Gottes kommt."

Im Abendmahlsaal.

Jesus nahm Brot, sprach das Dankgebet, gab das Brot
seinen Jüngern und sagte: „Das ist mein Leib, der für
euch hingegeben (geopfert) wird. Tut das zu meinem
Gedächtnis."
Jesus nahm nach dem Mahl den Kelch. Er sagte:
„Dieser Kelch ist der Neue Bund, mein Blut, das für
euch vergossen wird."
„Wisst, der Mann, der mich verraten wird, sitzt bei
mir am Tisch. Der Menschensohn muss den Weg des
Leidens gehen. Aber wehe dem Menschen, der ihn
verraten wird."
Einer fragte: „Wer wird dich verraten?"

Vom Herrschen und Dienen
Lk 22,24-30

Die Jünger begannen zu streiten: „Wer ist der Größte
(= der Wichtigste)?"
Jesus sagte ihnen: „Könige befehlen den Völkern.
Mächtige lassen sich gerne Wohltäter nennen. Bei
euch soll das anders sein. Der Größte von euch soll
der Kleinste sein, der Führende soll allen anderen
dienen.
Wer ist wichtiger? Wer bei Tisch sitzt? Oder wer be-
dient?
Ich bin bei euch, aber ich bin wie ein Diener für
euch.
Ihr seid in allen Schwierigkeiten bei mir geblieben.
Ihr werdet das Reich Gottes bekommen, wie es mein
Vater will. Ihr werdet bei mir im Reich Gottes sein."

Ankündigung der Verleugnung
und der Umkehr des Petrus
Lk 22,31-34

„Simon (Petrus)! Der Teufel hat verlangt, euch durcheinander zu bringen. Ich habe für dich gebetet. Dein

Glaube soll stark bleiben. Du wirst dich wieder be-kehren, dann stärke deine Brüder."

Petrus sagte: „Herr, ich gehe mit dir auch ins Ge-fängnis. Ich bin auch bereit, mit dir zu sterben."

Jesus antwortete ihm: „Du wirst heute Nacht dreimal behaupten, mich nicht zu kennen. Dann wird der Hahn krähen."

Die Stunde der Entscheidung
Lk 22,35-38

Jesus sagte zu seinen Jüngern:

„Man wird mich behandeln wie einen Verbrecher. Alles, was in der Schrift von mir gesagt worden ist, wird wahr werden. Ihr habt bis jetzt ohne Sorgen in Frieden bei mir gelebt. Bald wird das anders. Man wird euch hassen und töten wollen."

Da sagten die Apostel: „Herr, wir haben zwei Schwerter hier."

Jesus antwortete ihnen: „Lasst das. Es ist genug."

Kirche der Nationen, Ölberg.

Das Gebet am Ölberg
Lk 22,39-46

Jesus verließ die Stadt. Er ging auf den Ölberg. Seine Jünger kamen mit. Jesus sagte zu ihnen: „Betet, damit ihr nicht in Versuchung kommt."

Jesus ging ein wenig weg von ihnen, kniete nieder und betete: „Vater, wenn du willst, nimm diesen Kelch von mir (= lass mich nicht leiden). Nicht mein Wille soll geschehen. Dein Wille soll geschehen."

Ein Engel kam. Er gab Jesus neue Kraft.

Jesus betete noch mehr. Er hatte Angst. Sein Schweiß war wie Blut. Es tropfte auf die Erde.

Nach dem Gebet stand Jesus auf. Er ging zu den Jün-gern. Sie schliefen. Die Sorgen hatten sie müde ge-macht.

Jesus sagte zu ihnen: „Ihr schlaft! Steht auf und betet, damit ihr nicht versucht werdet."

Die Gefangennahme
Lk 22,47-53

Judas kam mit vielen Männern. Judas begrüßte Jesus mit einem Kuss.

Jesus sagte zu ihm: „Judas. Mit einem Kuss verrätst du den Menschensohn!"

Die Apostel wollten Jesus helfen und fragten: „Sollen wir dich mit dem Schwert verteidigen?"

Einer von ihnen schlug dem Diener vom Hohen-priester das rechte Ohr ab.

Jesus sagte: „Hört auf!" Jesus heilte den Mann.

Jesus sagte zu den Hohenpriestern, der Tempelwache und den Ältesten: „Ihr seid wie zu einem Räuber ge-kommen mit Schwertern und Prügeln. Ich war täg-lich bei euch im Tempel. Ihr hattet Angst, mich zu verhaften. Jetzt ist eure Stunde. Jetzt hat das Böse die Macht."

Die Verleugnung durch Petrus
Lk 22,54-62

Sie verhafteten Jesus und führten ihn ins Haus des Hohenpriesters.
Petrus ging ihnen nach.
Im Hof war ein Feuer. Petrus setzte sich zu den Leuten. Eine Magd sah ihn beim Feuer. Sie schaute ihn an und sagte: „ Der war auch bei Jesus."
Petrus leugnete (= sagte nein) und sagte: „Frau, ich kenne ihn nicht."
Dann sah ihn ein anderer und meinte: „Du gehörst auch zu Jesus." Petrus sagte: „Nein, ich nicht!"
Eine Stunde später sagte wieder einer: „Wirklich, du warst auch mit ihm beisammen. Du bist auch aus Galiläa." Petrus antwortete: „Ich weiß nicht, wovon du redest."
Im gleichen Moment krähte der Hahn.

Verleugnung durch Petrus.

Jesus drehte sich um und schaute Petrus an.
Petrus erinnerte sich, was Jesus ihm gesagt hatte.
‚Du wirst mich dreimal verleugnen. Dann wird der Hahn krähen.'
Petrus ging hinaus und weinte sehr.

Die Verspottung durch die Wächter
Lk 22,63-65

Die Wächter verspotteten Jesus. Sie schlugen ihn. Sie verdeckten sein Gesicht. Sie fragten ihn: „Du bist ein Prophet! Wer hat dich geschlagen?" Sie spotteten viel.

Das Verhör vor dem Hohen Rat
Lk 22,66-71

Am Tag versammelte sich der Hohe Rat (= die Ältesten des Volkes, die Hohenpriester und die Schriftgelehrten). Sie ließen Jesus holen. Sie sagten zu ihm: „Bist du der Messias? Dann sag uns das!" Jesus antwortete: „Ihr glaubt mir doch nicht, auch wenn ich euch sage, dass ich der Messias bin. Der Menschensohn wird zur Rechten des allmächtigen Gottes sitzen."
Alle sagten: „Du bist der Sohn Gottes?"
Jesus antwortete: „Ja, ich bin es."
Da riefen alle: „Wir brauchen keine Zeugen! Wir haben von ihm selbst die Beleidigung Gottes gehört!"

Die Auslieferung an Pilatus
Lk 23,1-5

Der Hohe Rat – die Hohenpriester und Schriftgelehrten – führten Jesus zu Pilatus. Sie verklagten ihn und sagten:
„Dieser Mensch verführt das Volk
Er verbietet, dem Kaiser Steuer zu zahlen. Er sagt, er ist der Messias und König."

Pilatus fragte Jesus: „Bist du der König der Juden?"
Jesus antwortete: „Ja, du sagst es."
Pilatus sagte zu den Hohenpriestern und den Leuten:
„Dieser Mensch hat keine Verbrechen gemacht. Er ist nicht schuldig."
Sie aber blieben hart und sagten:
„Er bringt mit seiner Lehre alle durcheinander im ganzen Land – von Galiläa bis hier nach Jerusalem."

Die Verspottung durch Herodes
Lk 23,6-12

Pilatus fragte: „Ist der Mann aus Galiläa?"
Sie bejahten. Da ließ Pilatus Jesus zu Herodes führen.
Herodes war zum Fest in Jerusalem.
Herodes freute sich sehr, Jesus zu sehen. Er wollte ihn schon lange sehen.
Er hatte viel von ihm gehört und hoffte, ein Wunder zu sehen.
Er fragte viel. Jesus aber antwortete nicht.
Die Hohenpriester und Schriftgelehrten standen dabei. Sie verklagten Jesus.
Herodes und die Soldaten verachteten Jesus und verspotteten ihn.
Herodes ließ ihm ein Schmuckgewand geben. Mit diesem Gewand schickte er Jesus zu Pilatus zurück.
Herodes und Pilatus wurden an diesem Tag Freunde. Vorher waren sie Feinde.

Die Verhandlung vor Pilatus
Lk 23,13-25

Pilatus rief die Hohenpriester, den Hohen Rat und das Volk zusammen. Er sagte zu ihnen:
„Ihr habt mir diesen Menschen gebracht. Ihr habt ihn verklagt. Ihr sagt, er bringt das Volk durcheinander. Ich habe ihn gefragt. Ich finde keine Schuld. Auch

Über diese Stiegen (noch original) führte man Jesus zu Pilatus.

Herodes fand keine Schuld. Er hat ihn wieder zurückgeschickt. Ihr seht: Jesus hat die Todesstrafe nicht verdient. Ich will ihn geißeln lassen und dann frei geben."
Zum Fest musste Pilatus immer einen Gefangenen frei lassen. Barabbas und Jesus waren gefangen.
Alle schrien: „Weg mit Jesus! Gib Barabbas frei!"
Barabbas war wegen Mord im Gefängnis.
Pilatus sprach noch einmal mit ihnen. Er wollte Jesus freilassen.

Alle aber schrien: „Kreuzige ihn! Kreuzige ihn!"
Pilatus fragte zum dritten Mal: „Welches Verbrechen hat er gemacht?
Er ist unschuldig. Er verdient den Tod nicht. Ich lasse ihn geißeln. Dann lasse ich ihn frei."
Sie aber schrien immer mehr. Sie verlangten die Kreuzigung Jesu.
Da befahl Pilatus die Kreuzigung Jesu. Er ließ Barabbas frei.
Jesus aber wurde zur Kreuzigung geführt.

Die Kreuzigung
Lk 23,26-43

Man führte Jesus fort. Auf dem Weg packte man einen Mann namens Simon aus Zyrene. Er kam vom Feld. Er musste Jesus das Kreuz tragen helfen.
Viele Leute gingen mit. Frauen klagten und weinten. Jesus drehte sich um und sagte:
„Ihr Frauen von Jerusalem, weint nicht über mich. Weint über euch und eure Kinder. Es werden furcht-

Durch die Via dolorosa (Kreuzweg).

bare Tage kommen. Das Böse der Menschen ist furchtbar."
Man führte mit Jesus auch zwei Verbrecher zur Hinrichtung.
Sie kamen an den Ort, der Schädelstätte heißt. Dort wurden Jesus und die Verbrecher gekreuzigt. Einer rechts und einer links von Jesus.
Jesus betete: „Vater, verzeih ihnen. Sie wissen nicht, was sie tun."
Sie verlosten die Kleider Jesu und verteilten sie. Die Leute standen dabei und schauten zu.
Der Hohe Rat spottete:
„Anderen hat er geholfen. Er soll sich jetzt selbst helfen, wenn er der Messias ist."
Auch die Soldaten verspotteten Jesus. Sie gingen zu ihm, gaben ihm Essig und sagten:
„Bist du der König der Juden? Dann hilf dir selbst."
Über Jesus hing eine Tafel. Da war geschrieben: Das ist der König der Juden.
Ein Verbrecher spottete:
„Bist du der Messias? Dann hilf dir und uns."
Der andere Verbrecher aber ermahnte ihn und sagte:
„Du sollst Gott fürchten. Wir haben mit Recht unsere Strafe verdient.
Jesus aber hat nichts Böses getan."
Dann sagte er zu Jesus:
„Jesus, denk an mich, wenn du in dein Reich kommst."
Jesus antwortete ihm: „Du wirst noch heute mit mir im Himmel sein."

Der Tod Jesu
Lk 23,44-49

Um die sechste Stunde wurde das Land finster. Die Finsternis dauerte bis zur neunten Stunde. Die Sonne wurde dunkel. Der Vorhang im Tempel zerriss.

Jesus rief laut: „Vater, in deine Hände lege ich meinen Geist, mein Leben."
Dann starb Jesus.
Der Hauptmann sah, was geschehen war. Er ehrte Gott und sagte:
„Dieser Mensch war wirklich gerecht."
Alle, die zur Kreuzigung gekommen waren, sahen, was geschah. Sie schlugen an ihre Brust und gingen heim.
Die Bekannten Jesu standen entfernt vom Kreuz. Auch die Frauen aus Galiläa standen dort und sahen alles.

Das Begräbnis Jesu
Lk 23,50-56

Josef aus Arimathäa gehörte auch zum Hohen Rat. Er hatte den Tod Jesu nicht gewollt. Er war nämlich gut und gerecht. Er ging zu Pilatus und bat um den Leichnam Jesu. Er nahm Jesus vom Kreuz. Er wickelte ihn in ein Leinentuch und legte ihn in ein Felsengrab. In dem Grab war noch niemand begraben. Das war am Vorbereitungstag für Ostern, knapp vor dem Sabbat. Die Frauen aus Galiläa gingen beim Begräbnis mit. Sie sahen, wie der Leichnam ins Grab gelegt wurde. Sie gingen heim. Sie bereiteten gut riechende Öle und Salben vor. Am Sabbat befolgten sie das Gesetz und blieben zu Hause.

Die Botschaft der Engel im leeren Grab
Lk 24,1-12

Am ersten Wochentag gingen die Frauen mit den gut riechenden Salben in der Früh zum Grab.
Sie sahen, dass der Stein vom Grab weggewälzt war. Sie gingen ins Grab. Sie fanden den Leichnam Jesu nicht. Sie verstanden das nicht. Da kamen zwei Männer mit leuchtenden Gewändern zu ihnen. Die

Rollstein.

Frauen erschraken. Die Männer aber sagten: „Jesus lebt. Warum sucht ihr ihn bei den Toten? Denkt, was Jesus früher in Galiläa gesagt hat. Der Menschensohn wird verhaftet und gekreuzigt werden. Er wird am dritten Tag auferstehen." Da erinnerten sich die Frauen an die Worte Jesu. Sie gingen vom Grab fort. Sie erzählten den elf Aposteln und den anderen Jüngern alles. Diese Frauen waren: Maria aus Magdala, Johanna und die Mutter des Jakobus und noch andere Frauen. Sie erzählten alles den Aposteln. Die Apostel aber glaubten den Frauen nicht.
Petrus aber stand auf. Er lief zum Grab. Er beugte sich vor. Er sah nur die Leinenbinden im Grab liegen. Er ging nach Hause und wunderte sich über das, was geschehen war.

Die Begegnung mit dem Auferstandenen auf dem Weg nach Emmaus
Lk 24,13-35

Am gleichen Tag gingen zwei Jünger in das Dorf Emmaus. Es war ungefähr sechzig Stadien (zwölf Kilo-

Καὶ ἐπέγνωσαν αὐτόν

Emmaus.

meter) von Jerusalem entfernt. Die Jünger sprachen miteinander über alles, was geschehen war. Plötzlich kam Jesus und ging mit ihnen. Sie erkannten ihn aber nicht. Jesus fragte sie: „Was redet ihr da miteinander?" Da blieben die Jünger traurig stehen. Kleopas antwortete ihm: „Bist du der einzige, der nicht weiß, was in Jerusalem geschehen ist?"

Jesus fragte sie: „Was?" Die Jünger antworteten: „Der Tod Jesu von Nazaret. Er war ein Prophet. Er hat Großes getan. Die Hohenpriester aber haben seinen Tod befohlen. Sie haben ihn ans Kreuz schlagen lassen. Das war vor drei Tagen. Einige Frauen haben uns heute sehr erschreckt. Sie waren heute in der Früh beim Grab Jesu. Sie fanden aber seinen Leichnam nicht. Sie kamen zurück und erzählten: ‚Wir haben Engel gesehen. Die Engel erzählten, dass Jesus lebt.' Einige Jünger gingen dann auch zum Grab. Sie fanden alles genauso, wie die Frauen erzählt haben. Jesus selbst aber sahen sie nicht."

Da sagte Jesus zu ihnen: „Warum versteht ihr nicht? Warum glaubt ihr nicht, was die Propheten gesagt haben? Der Messias musste leiden und so in die Herrlichkeit seines Vaters zurückgehen."

Jesus erklärte die Heilige Schrift. Er erklärte ihnen alles, was Mose und die Propheten von ihm geschrieben haben.

So kamen sie nach Emmaus. Jesus wollte weitergehen. Sie aber baten ihn und sagten: „Bleib bei uns. Es wird bald Abend. Der Tag ist bald aus." Da ging Jesus mit ihnen ins Haus. Sie setzten sich zum Essen nieder. Jesus nahm das Brot, sprach den Segen und gab es ihnen. Da erkannten sie plötzlich: Das ist Jesus! Jesus aber war nicht mehr zu sehen.

Sie sagten zueinander: „Wir spürten große Freude, als er mit uns redete und uns die Heilige Schrift erklärte." Sie wanderten in derselben Stunde nach Jerusalem zurück. Dort waren die elf Apostel und andere Jünger versammelt. Sie erzählten den beiden: „Der Herr ist wirklich auferstanden! Er ist dem Petrus erschienen (Petrus hat ihn gesehen)." Da erzählten auch die beiden Jünger, was sie auf dem Weg nach Emmaus erlebt hatten. Sie erzählten, dass sie Jesus beim Brotbrechen erkannt haben.

Die Erscheinung des Auferstandenen in Jerusalem
Lk 24, 36-53

Die Apostel und die Jünger redeten über die Erscheinungen Jesu. Da stand Jesus plötzlich in ihrer Mitte. Sie hatten Angst. Sie waren erschrocken. Sie glaubten, einen Geist zu sehen. Jesus fragte sie: „Warum seid ihr erschrocken? Warum habt ihr Zweifel in eurem Herzen? Schaut meine Hände und Füße an. Ich bin es! Ein Geist hat kein Fleisch und keine Knochen." Jesus zeigte ihnen seine Hände und Füße. Sie staunten und freuten sich. Jesus fragte sie: „Habt ihr etwas zu essen?" Sie gaben ihm ein Stück gebrate-

Ölberg, Himmelfahrtskapelle.

nen Fisch. Jesus nahm es und aß es. Alle schauten. Dann sagte Jesus zu ihnen: „Als ich bei euch war, habe ich euch viel erklärt. Ich habe euch gesagt: Alles muss geschehen, was in den Büchern des Mose, der Propheten und in den Psalmen von mir geschrieben ist." Jesus erklärte ihnen die Heilige Schrift. Er sagte ihnen: „Es ist geschrieben: Der Messias wird leiden und am dritten Tag von den Toten auferstehen. Im Namen Jesu wird dann allen Völkern gepredigt: Bekehrt euch, damit ihr Verzeihung für eure Sünden bekommt. Ihr seid meine Zeugen. Ich werde euch den Heiligen Geist senden, den mein Vater versprochen hat. Bleibt in der Stadt, bis ihr die Kraft des Heiligen Geistes bekommen habt."

Jesus führte die Apostel in die Nähe von Betanien. Er hob seine Hände und segnete sie. Segnend verließ er sie und wurde zum Himmel emporgehoben. Die Apostel knieten nieder und beteten. Dann gingen sie mit großer Freude nach Jerusalem zurück. Sie waren immer im Tempel. Sie lobten und priesen Gott.

Ölberg, Ort der Himmelfahrt Jesu.

Das Evangelium nach Johannes

Johannes war der Sohn des Fischers Zebedäus und der Bruder von Jakobus.
Er war „der Jünger, den Jesus liebte."
Das Evangelium ist Ende des ersten Jahrhunderts geschrieben worden.
Johannes berichtet von den Reisen Jesu nach Jerusalem, von seinem Aufenthalt in Samarien.
Johannes zeigt uns: Jesus ist der Sohn Gottes, Licht und Leben für die Menschen. Wer an ihn glaubt, wird das ewige Leben haben.

Vorwort
Joh 1,1-18

Gottes Sohn ist ewig.
Er war bei Gott.
Und er war Gott.
Gottes Sohn war immer bei Gott.
Durch ihn wurde alles geschaffen.
Ohne Gott ist nichts.
Gottes Sohn gibt das Leben.
Dieses Leben ist das Licht für die Menschen.
Das Licht leuchtete in der Finsternis.
Die Finsternis (die Sünder) aber wollte es nicht verstehen.
Gott sandte Johannes den Täufer zu den Menschen.
Er sollte Zeugnis geben für Jesus, das Licht.
Die Menschen sollten durch seine Predigt zum Glauben kommen.
Das wahre Licht, Jesus, kam in die Welt.
Die Welt war sein Eigentum, aber die Menschen nahmen ihn nicht auf.
Wer Jesus aufnimmt, wird ein Kind Gottes, weil er an Jesus glaubt.
Gottes Sohn ist Mensch geworden. Er hat bei den Menschen gewohnt. Wir haben seine Herrlichkeit ge-

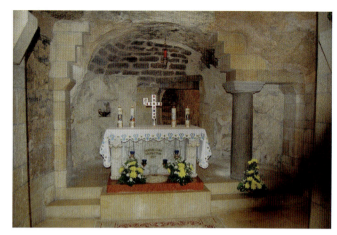

Verkündigungsgrotte in Nazaret.

sehen, die Herrlichkeit von Gottes Sohn voll Gnade und Wahrheit.
Johannes predigte von Jesus und rief: „Ich habe euch von Jesus gepredigt: Er kommt später als ich, er lebt aber seit Ewigkeit."
Wir haben von Jesus viele Gnaden empfangen.
Mose hat uns das Gesetz gegeben.
Jesus Christus aber brachte uns Gnade und Wahrheit.
Niemand hat Gott gesehen.
Jesus, Gottes Sohn, aber kam, um uns den Vater zu offenbaren.

Das Öffentliche Wirken Jesu
Joh 1,19 – 12,50

Die Anfänge des Wirkens Jesu
Joh 1,19 – 4,54

Die Aussage von Johannes dem Täufer
Joh 1,19-28

Johannes lehrte am Fluss Jordan. Priester aus Jerusalem kamen zu Johannes. Sie fragten ihn: „Wer bist du?"

Johannes antwortete: „Ich bin nicht der Messias".
Sie fragten weiter: „Bist du Elija oder ein anderer Prophet?"
Johannes antwortete: „Nein."
Da fragten sie wieder: „Wer bist du? Wir müssen Antwort nach Jerusalem bringen. Was sagst du von dir?"
Johannes sagte: „Ich bin die Stimme eines Rufers (ich bin ein Bote) in der Wüste.
Schon der Prophet Jesaja hat gesagt: ‚Macht den Weg des Herrn eben.'"
Pharisäer sind auch zu Johannes gekommen. Sie fragten: „Warum taufst du, wenn du nicht der Messias bist?"
Johannes antwortete: „Ich taufe mit Wasser. In eurer Mitte aber ist Jesus. Ihr kennt ihn nicht. Er kommt nach mir.
Ich bin nicht würdig, ihm die Schuhriemen aufzumachen."
Das war in Betanien beim Jordan. Dort taufte Johannes.

Jordan, Taufstelle.

Das Zeugnis von Johannes dem Täufer
Joh 1,29-34

Johannes der Täufer sah Jesus kommen.
Er sagte seinen Zuhörern: „Seht, das Lamm Gottes. Es nimmt die Sünden der Welt weg.
Von Jesus ist geschrieben: Er kommt nach mir. Er lebt aber seit Ewigkeit.
Ich habe Jesus nicht gekannt. Gott aber hat mir befohlen, mit Wasser zu taufen, um Jesus beim Volk Israel bekanntzumachen.
Gott hat mich belehrt: Der Heilige Geist wird auf Jesus kommen. Jesus wird alle mit dem Heiligen Geist taufen."

Um diese Zeit kam Jesus aus Nazaret in Galiläa und ließ sich von Johannes im Jordan taufen. Als er aus dem Wasser stieg, sah er, wie der Himmel aufriß und der Geist Gottes wie eine Taube auf ihn herabkam. Zugleich hörte er eine Stimme vom Himmel her sagen: "Du bist mein Sohn, dir gilt meine Liebe, dich habe ich erwählt".

MARKUS 1,9-11

Taufstelle, Erinnerung an Taufe Jesu.

Johannes bezeugte den Leuten: „Ich sah den Heiligen Geist wie eine Taube vom Himmel kommen. Er kam auf Jesus herab.
Ich habe das gesehen. Ich bezeuge: Jesus ist Gottes Sohn."

Die ersten Jünger Jesu
Joh 1,35-51

Am nächsten Tag stand Johannes mit zwei Jüngern da. Als Jesus kam, sagte er: „Seht, das Lamm Gottes."

Da gingen die beiden Jünger zu Jesus. Jesus drehte sich um und fragte:

„Was wollt ihr?"

Sie sagten zu ihm: „Meister, wo wohnst du?"

Jesus antwortete: „Kommt und schaut."

Die beiden Jünger gingen mit Jesus und blieben einen Tag bei ihm. Es war vier Uhr am Nachmittag. Die Jünger hießen Andreas und Johannes.

Andreas hatte einen Bruder namens Simon. Er sprach zu ihm: „Wir haben den Messias (Erlöser) gefunden." Er führte ihn zu Jesus. Jesus schaute ihn an und sprach: „Du bist Simon, der Sohn eines Johannes. Du sollst Kephas heißen, das bedeutet Fels (= Petrus)."

Am nächsten Tag wollte Jesus nach Galiläa gehen. Da traf er Philippus und sprach zu ihm: „Geh mit mir." Philippus war aus Betsaida. Von dort waren auch Andreas und Petrus.

Philippus traf Natanael und erzählte ihm: „Wir haben den Erlöser gefunden. Jesus aus Nazaret ist der Mann, von dem Mose und die Propheten geschrieben haben."

Natanael wunderte sich und fragte: „Kann aus Nazaret etwas Gutes kommen?"

Philippus nahm Natanael mit zu Jesus. Jesus sagte zu Natanael: „Du bist ein echter Israelit."

Natanael staunte.

Sie sprachen viel miteinander. Natanael sprach: „Meister, du bist der Sohn Gottes."

Jesus sagte ihm: „Ihr werdet noch vieles erleben."

Hochzeit in Kana
Joh 2,1-12

In Kana in Galiläa war eine Hochzeit. Die Mutter Jesu war dort. Jesus und seine Jünger waren auch zur Hochzeit eingeladen. Die Leute hatten zu wenig Wein. Maria sagte zu Jesus: „Sie haben keinen Wein

Hochaltar in der Kirche in Kana, das erste Wunder Jesu.

mehr." Jesus antwortete: „Was willst du von mir? Meine Stunde ist noch nicht gekommen."

Maria sagte zu den Dienern: „Tut, was Jesus euch sagt."

Draußen standen sechs Wasserkrüge aus Stein. Sie waren sehr groß. Jeder Krug fasste hundert Liter.

Die Juden brauchten sie für die Reinigung.

Jesus befahl den Dienern: „Füllt die Krüge mit Wasser." Die Diener füllten die Krüge bis zum Rand. Jesus sprach zu ihnen: „Schöpft aus dem Krug und bringt es dem Speisemeister." Die Diener taten es. Der Speisemeister kostete das Wasser und staunte. Es war Wein geworden. Der Speisemeister wusste nicht, woher der Wein kam. Die Diener aber wussten es. Der Speisemeister rief den Bräutigam und sagte: „Jeder gibt zuerst den guten Wein. Wenn die Leute genug getrunken haben, gibt er den schlechteren Wein. Du aber hast den guten Wein bis jetzt aufgehoben."

Jesus machte in Kana in Galiläa sein erstes Wunder. Er offenbarte seine Herrlichkeit. Seine Jünger glaubten an ihn.

Nach der Hochzeit ging Jesus mit seiner Mutter, seinen Verwandten und seinen Jüngern nach Kafarnaum. Sie blieben ein paar Tage dort.

Die Vertreibung der Händler aus dem Tempel
Joh 2,13-22

Bald war das Paschafest der Juden (Ostern). Jesus ging nach Jerusalem. Im Tempelvorhof waren Händler. Sie verkauften Rinder, Schafe und Tauben. Auch Geldwechsler waren bei ihren Tischen. Jesus machte aus Stricken eine Geißel. Er trieb die Verkäufer mit den Schafen und Rindern aus dem Tempel. Er warf die Tische der Geldwechsler um. Zu den Taubenhändlern sagte er: „Räumt alles weg. Das Haus meines Vaters darf keine Markthalle sein!"

Die Jünger erinnerten sich, was in der Heiligen Schrift geschrieben war: Ich will für Ordnung sorgen in deinem Haus.

Die Juden aber fragten Jesus: „Warum darfst du das tun? Gib uns ein Zeichen!"

Jesus antwortete ihnen: „Reißt diesen Tempel nieder. Ich werde ihn in drei Tagen wieder aufbauen."

Die Juden sagten: „Sechsundvierzig Jahre brauchte man zum Tempelbau. Du willst ihn in drei Tagen aufbauen?"

Jesus aber meinte seine Auferstehung. Nach der Auferstehung erinnerten sich seine Jünger, was Jesus gesagt hatte. Sie glaubten der Heiligen Schrift und dem Wort Jesu.

Jesus beim Paschafest in Jerusalem
Joh 2,23-25

Jesus blieb während des Paschafestes in Jerusalem. Viele Leute glaubten an ihn, weil sie seine Wunder sahen. Jesus kannte sie alle, die Gläubigen und die Ungläubigen. Er wusste, was sie dachten.

Das Gespräch mit Nikodemus
Joh 3,14-21

Nikodemus war ein Pharisäer. Er war ein Ratsherr der Juden in Jerusalem. Er kam in der Nacht zu Jesus und sagte: „Meister, wir wissen, du bist ein Lehrer. Du kommst von Gott. Niemand kann ohne Gott solche Wunder tun."

Jesus antwortete ihm: „Wer nicht von oben (Gott) geboren wird, kann nicht ins Reich Gottes kommen." Nikodemus antwortete: „Es ist unmöglich, dass ein Mensch noch einmal geboren wird."

Jesus sagte ihm: „Wer sich taufen lässt, kann in das Reich Gottes kommen.

Ihr müsst glauben, was ich vom Himmel rede. Der Menschensohn (Jesus) ist vom Himmel gekommen. Er wird wieder in den Himmel zurückgehen.

Mose hat die Schlange in der Wüste an einer Stange aufgehängt (erhöht). So wird auch der Menschensohn erhöht werden (gekreuzigt, auferstehen, verherrlicht werden). Alle, die an den Menschensohn glauben, werden das ewige Leben bekommen.

Gott hat die Welt so sehr geliebt, dass er seinen einzigen Sohn hingab. Jeder, der an ihn glaubt, geht nicht verloren, sondern hat das ewige Leben.
Wer an Jesus glaubt, wird gerettet werden. Wer nicht glaubt, wird gerichtet werden."

Der Täufer und der Messias
Joh 3,22-36

Jesus war mit seinen Jüngern in Judäa. Er blieb dort und taufte. Auch Johannes taufte in der Nähe. Die Jünger des Johannes stritten mit einem Mann über die Taufe.
Sie gingen zu Johannes und sagten: „Meister, Jesus tauft auch. Alle Leute laufen zu ihm." Johannes antwortete: „Es ist gut so. Ihr wisst, dass ich gesagt habe: Ich bin nicht der Messias. Ich muss sein Kommen vorbereiten. Ich freue mich über Jesus sehr. Er ist vom Himmel gekommen. Gott hat ihn geschickt und er verkündet Gottes Wort. Gott Vater liebt ihn.
Wer an ihn glaubt, hat das ewige Leben. Wer nicht an ihn glaubt, wird das ewige Leben nicht haben. Er verdient Gottes Zorn."

Der Jakobsbrunnen
Joh 4,1-42

Jesus kam nach Samaria. In Samaria kam er zu einer Stadt namens Sychar. Dort war der Jakobsbrunnen. Jesus setzte sich beim Brunnen nieder, weil er müde war. Es war Mittag. Die Jünger gingen in die Stadt, um Lebensmittel zu kaufen.
Eine Frau aus Samaria kam zum Brunnen, um Wasser zu holen. Jesus bat sie: „Gib mir zu trinken."
Die Samariterin sagte: „Das verstehe ich nicht. Du bist ein Jude. Ich bin eine Samariterin. Warum bittest du mich um Wasser?"
Juden und Samariter waren nämlich Feinde.

Jesus belehrte die Frau. Er sprach vom lebendigen Wasser. Er meinte mit dem lebendigen Wasser die göttliche Wahrheit und die Gnade Gottes.
Die Frau bat: „Herr, gib mir dieses Wasser. Dann muss ich nicht immer zum Brunnen kommen und Wasser schöpfen."
Jesus befahl ihr, ihren Mann zu holen. Die Frau antwortete: „Ich habe keinen Mann."
Da sagte Jesus: „Das ist richtig. Du hast schon den sechsten Mann."

Jakobsbrunnen.

Die Frau erschrak und sagte: „Herr, du bist ein Prophet."

Jesus belehrte die Frau über das wahre Gebet. Er sprach von Gott und vom Erlöser.

Die Frau sagte: „Ich weiß, dass der Messias kommen wird."

Jesus sagte ihr: „Ich bin der Messias."

Die Jünger kamen zurück. Sie wunderten sich, weil Jesus mit der Samariterin redete. Aber sie sagten nichts.

Die Frau ließ den Wasserkrug stehen und lief in die Stadt. Sie sagte zu den Leuten: „Kommt zum Brunnen. Dort ist ein Mann, der alles weiß. Vielleicht ist er der Erlöser."

Die Jünger baten Jesus: „Meister, iss." Jesus aber sprach: „Ich brauche jetzt nicht essen. Ich muss den Willen meines Vaters tun."

Viele Samariter kamen aus der Stadt. Sie glaubten an Jesus, weil die Frau gesagt hatte: „Er hat mir alles gesagt, was ich getan habe."

Die Samariter baten Jesus, bei ihnen zu bleiben. Er blieb zwei Tage dort. Er predigte ihnen und viele glaubten. Sie sagten zur Frau: „Wir glaubten an ihn, weil du es gesagt hast. Jetzt haben wir ihn selbst gesehen. Wir wissen, er ist wirklich der Retter der Welt."

Der Sohn des königlichen Beamten
Joh 4,43-54

Nach zwei Tagen ging Jesus von Samaria nach Galiläa. Die Menschen in Galiläa freuten sich. Sie hatten gesehen, was Jesus in Jerusalem getan hatte. Viele waren zum Paschafest in Jerusalem gewesen.

Jesus kam wieder nach Kana, wo die Hochzeit war. In Kafarnaum lebte ein Beamter des Königs. Sein Sohn war schwer krank. Er lag im Sterben. Der Vater ging zu Jesus und bat ihn um die Heilung seines Sohnes. Jesus sprach zu ihm: „Geh nach Hause, dein Sohn lebt."

Der Mann glaubte dem Worte Jesu und ging. Auf dem Weg traf er seine Knechte. Sie sagten ihm: „Dein Sohn lebt." Er fragte sie, wann sein Sohn gesund geworden ist. Sie antworteten: „Gestern mittags ist das Fieber verschwunden." In dieser Stunde hatte Jesus zu ihm gesagt: „Dein Sohn lebt."

Der Beamte und seine Familie wurden gläubig.

Die Heilung eines Gelähmten am Sabbat in Jerusalem
Joh 5,1-18

Jesus ging nach Jerusalem, um ein Fest der Juden zu feiern. In Jerusalem ist der Schafteich. Er ist beim Schaftor und heißt hebräisch Betesda. Er hat fünf Hallen. Viele Kranke, Blinde und Gelähmte lagen dort. Sie warteten auf Heilung. Manche Leute wurden dort gesund. Beim Teich lag auch ein Mann, der seit achtunddreißig Jahren gelähmt war. Jesus sah ihn und hatte Mitleid mit ihm. Er fragte ihn: „Willst du gesund werden?"

Der Kranke antwortete: „Herr, ich habe niemanden, der mich zum Teich trägt, wenn sich das Wasser bewegt. Bis ich zum Wasser komme, steigt schon ein anderer hinein. Ich kann deshalb nicht gesund werden."

Jesus sagte zu ihm: „Steh auf, nimm deine Matte und geh." Sofort wurde der Mann gesund. Er nahm seine Matte und ging. Dieser Tag war ein Sabbat, der Ruhetag der Juden.

Die Juden sagten zum Geheilten: „Heute ist Ruhetag. Du darfst deine Matte nicht tragen." Der Mann antwortete: „Der Mann, der mich heilte, hat es befohlen." Er wusste nicht, dass ihn Jesus geheilt hatte.

Betesda, Teich in Jerusalem.

Jesus traf den Geheilten später im Tempel. Er sprach zu ihm: „Du bist gesund geworden. Sündige nicht, damit dir nichts Schlimmes passiert."
Der Mann erzählte den Juden, dass ihn Jesus geheilt hatte. Viele Juden verfolgten deshalb Jesus, weil er am Sabbat geheilt hatte.
Jesus lehrte sie: „Was der Vater tut, tue auch ich."
Manche verfolgten Jesus noch mehr. Jesus hatte nicht nur am Sabbat geheilt, sondern auch Gott seinen Vater genannt.

Jesus ist der Sohn des Vaters
Joh 5,19-47

Jesus lehrte: „Der Sohn Jesus tut, was er vom Vater sieht. Was Gott Vater tut, tut auch Gott Sohn. Der Vater liebt nämlich den Sohn. Ihr werdet über die Taten Gottes staunen. Der Vater macht Tote lebendig. Der Sohn kann es deshalb auch. Der Vater wird aber die Welt nicht richten. Gott Sohn wird der Richter sein. So müssen alle den Sohn wie den Vater ehren.

Wer den Sohn entehrt, entehrt auch den Vater. Wer meine Lehre befolgt, glaubt dem Vater. Der Gläubige wird das ewige Leben haben. Alle werden die Stimme des Sohnes bei der Auferstehung hören. Die Guten werden Lohn, die Bösen aber Strafe empfangen.
Ich tue nicht, was ich will; ich tue immer, was Gott will. Gott Vater hat mich geschickt."
Jesus predigte weiter zum Volk. Er sprach: „Ich kann von mir selbst kein Zeugnis geben.
Ihr habt die Leute zu Johannes dem Täufer geschickt. Seine Predigt war eine Bestätigung dieser Wahrheit. Das sage ich euch, damit ihr gerettet werdet.
Ich habe noch ein wichtigeres Zeugnis.
Das sind die Werke meines Vaters. Er hat sie mir aufgetragen.
Der Vater hat mich gesandt, damit ich euch die Wahrheit lehre.
Auch die heiligen Schriften beweisen die Wahrheit. Trotzdem wollt ihr nicht glauben.
Ihr habt die Liebe Gottes nicht in euch.
Ich bin im Namen meines Vaters gekommen, aber ihr lehnt mich ab."

Die Brotvermehrung am See Gennesaret
Joh 6,1-15

Jesus ging ans andere Ufer vom See Gennesaret. Der See heißt auch See von Tiberias oder galiläisches Meer.
Viele Menschen kamen zu Jesus. Sie sahen seine Wunder und die Krankenheilungen.
Jesus ging auf einen Berg. Er setzte sich mit seinen Jüngern nieder.
Bald war das Paschafest der Juden.
Jesus sah die vielen Leute. Er fragte Philippus: „Wo sollen wir Brot kaufen, damit alle Leute zu essen

haben?" Das sagte Jesus, weil er Philippus prüfen wollte. Jesus aber wusste, was er tun wird.

Philippus antwortete Jesus: „Brot für zweihundert Denare ist zu wenig. Niemand wird genug bekommen." Andreas, der Bruder des Simon Petrus, sagte zu Jesus: „Hier ist ein Kind. Es hat fünf Brote und zwei Fische. Das ist aber viel zu wenig für die vielen Menschen." Jesus sagte: „Die Leute sollen sich niedersetzen." Es war viel Gras da. Die Leute setzten sich. Es waren ungefähr fünftausend Männer.

Brotvermehrungskirche in Tabgha.

Jesus nahm die Brote, sprach ein Dankgebet und teilte die Brote aus. Mit den Fischen machte er es auch so. Jeder konnte essen, soviel er wollte. Dann waren alle satt. Jesus sagte seinen Jüngern: „Sammelt die übriggebliebenen Stücke. Nichts soll kaputt werden." Man sammelte die Stücke und füllte zwölf Körbe. Die Leute sahen das Wunder, staunten und sagten: „Jesus ist ein wahrer Prophet." Sie wollten Jesus mit Gewalt zum König machen. Jesus aber ging auf den Berg zurück, um allein zu sein.

Jesus geht auf dem Wasser
Joh 6,16-21

Es war schon spät. Die Jünger Jesu gingen zum See. Sie stiegen in ein Boot. Sie wollten über den See nach Kafarnaum fahren. Es war dunkel. Jesus war nicht da. Plötzlich kam ein Sturm. Es gab gefährliche Wellen.

Die Apostel waren ungefähr fünfundzwanzig bis dreißig Stadien (Stadion, Stadien, 1 Stadion = 185 bis 200 Meter) weit gefahren. Sie sahen Jesus über den See gehen. Er kam näher zum Boot. Da bekamen sie Angst. Jesus aber rief: „Ich bin es. Fürchtet euch nicht." Sie wollten Jesus ins Boot holen. Das Boot war sofort beim Ufer, wohin sie fahren wollten.

Jesus lehrt in der Synagoge von Kafarnaum
Das Himmelsbrot
Joh 6,22-59

Christus, das Brot des Lebens
Joh 6,22-47

Am nächsten Tag wunderten sich die Leute, weil nur das Boot der Apostel fehlte. Jesus war aber nicht bei seinen Aposteln im Boot gewesen. Andere Boote kamen von Tiberias herüber. Jesus und die Apostel waren nicht da. Da stiegen alle in die Boote, um nach Kafarnaum zu fahren. Sie wollten Jesus suchen. Sie fanden Jesus am anderen Seeufer und fragten: „Rabbi, wann bist du gekommen?"

Jesus antwortete ihnen: „Ihr sucht mich, weil ihr Brot gegessen habt und satt geworden seid. Bemüht euch nicht um dieses Brot. Ich werde euch eine Speise für das ewige Leben geben. Glaubt an mich, mein Vater hat mich geschickt."

Die Leute fragten Jesus: „Wie können wir Gottes Werke tun?"

Jesus antwortete ihnen: „Glaubt an mich, dann tut ihr Gottes Werke."

Die Leute sagten: „Gib uns ein Zeichen. Mach ein Wunder, damit wir besser glauben können. Was wirst du machen?

Unsere Väter haben in der Wüste das Manna gegessen. In der Heiligen Schrift ist geschrieben: Er gab ihnen Brot vom Himmel zu essen."

Jesus sprach zu ihnen: „Ich sage euch: Mose hat euch das Himmelsbrot nicht gegeben. Gott aber wird euch das wahre Himmelsbrot geben.

Gottes Brot kommt vom Himmel. Es gibt euch das wahre Leben."

Da baten die Leute: „Herr, gib uns immer dieses Brot."

Jesus antwortete: „Ich bin das Brot des Lebens. Wer zu mir kommt, wird nicht hungern. Wer an mich glaubt, wird nicht durstig sein.

Ich sage euch: Ihr habt mich gesehen, doch ihr glaubt mir nicht.

Ich bin vom Himmel gekommen, um den Willen meines Vaters zu tun. Es ist der Wille meines Vaters, dass alle, die an mich glauben, das ewige Leben haben."

Die Juden murrten, weil Jesus gesagt hat: „Ich bin das Brot, das vom Himmel gekommen ist."

Sie sagten: „Das ist Jesus. Wir kennen seine Mutter und seinen Vater. Es ist unmöglich, dass er vom Himmel gekommen ist."

Jesus sagte ihnen: „Murrt nicht! Ich sage euch: Wer glaubt, hat das ewige Leben."

Die wahre Speise und der wahre Trank
Joh 6,48-59

„Ich bin das Brot des ewigen Lebens. Eure Väter haben in der Wüste das Manna gegessen. Sie sind gestorben. Wer aber das Himmelsbrot isst, wird nicht sterben. Ich bin das lebendige Brot. Es kommt vom

Berg der Seligpreisungen, Jesus lehrt vom Himmelsbrot.

Himmel. Wer von diesem Brot isst, wird in Ewigkeit leben. Das Brot, das ich euch gebe, ist mein Fleisch (mein Leib). Ich opfere es für das Leben der Menschen."

Da stritten die Juden miteinander, weil sie Jesus nicht verstanden.

Jesus sprach weiter: „Wer mein Fleisch nicht isst und mein Blut nicht trinkt, hat das ewige Leben nicht. Wer mein Fleisch isst und mein Blut trinkt, hat das ewige Leben. Ich werde ihn am letzten Tag auferwecken.

Mein Fleisch ist eine wahre Speise. Mein Blut ist ein wahrer Trank. Wer mein Fleisch isst und mein Blut trinkt, bleibt in mir und ich bleibe in ihm. Gott, der lebendige Vater hat mich geschickt. Alle, die mich essen, werden Leben haben.

Mein Fleisch ist das wahre Himmelsbrot. Eure Väter haben das Brot vom Himmel (das Manna) gegessen, sie sind gestorben. Wer das wahre Himmelsbrot isst, wird ewig leben."

Diese Worte lehrte Jesus in der Synagoge von Kafarnaum.

Der Unglaube des Volkes, die Spaltung der Jünger
Joh 6,60-71

Viele Jünger hörten die Rede Jesu und sagten: „Seine Worte sind hart. Das kann man nicht verstehen!"

Jesus wusste, dass auch seine Jünger murrten.

Er fragte sie: „Warum wollt ihr nicht begreifen? Was werdet ihr sagen, wenn ihr den Menschensohn im Himmel seht? Dort, wo er vorher war.

Meine Worte sind Geist und Leben.

Aber einige von euch wollen nicht glauben."

Viele Jünger gingen fort und kamen nicht mehr zu Jesus.

Jesus fragte die zwölf Apostel: „Wollt ihr auch weggehen?"

Petrus antwortete: „Herr, zu wem sollen wir gehen? Du hast Worte des ewigen Lebens.

Wir glauben und haben erkannt: Du bist der Heilige Gottes (der Sohn Gottes)."

Jesus antwortete traurig: „Ihr seid meine zwölf Apostel. Einer von euch aber ist ein Verräter." Jesus dachte an Judas Iskariot.

Beim Laubhüttenfest in Jerusalem
Joh 7,1-52

Flucht vor der Öffentlichkeit
Joh 7,1-13

Jesus wanderte durch Galiläa. Er blieb nicht gern in Judäa, weil man ihn dort töten wollte.

Das Laubhüttenfest war nahe. Da sagten seine Verwandten zu ihm: „Geh weg von Galiläa. Predige in Judäa, damit dich alle Leute sehen. Alle sollen wissen, dass du der Messias bist." Die Verwandten glaubten aber selbst nicht an ihn.

Jesus antwortete: „Ich habe noch Zeit. Viele Leute hassen mich, weil sie die Sünde lieben. Geht allein zum Fest. Ich komme später."

Jesus blieb noch in Galiläa.

Die Juden feierten das Laubhüttenfest. Jesus zeigte sich nicht. Die Leute suchten ihn und fragten: „Wo ist er?" Alle redeten von ihm. Manche meinten: „Er ist gut." Andere sagten: „Er verführt das Volk." Die Leute sprachen nur heimlich von ihm. Sie fürchteten die Pharisäer.

Jesus im Tempel
Joh 7,14-36

Am Ende der Festtage kam Jesus in den Tempel und lehrte.

Viele wunderten sich und sagten: „Er hat keine Ausbildung gehabt und versteht die Schrift."

Jesus sprach zu ihnen: „Meine Lehre kommt nicht von mir, sondern von Gott. Wer den Willen Gottes tut, wird erkennen: Diese Lehre ist von Gott und nicht von mir. Ich suche nicht meine Ehre, sondern die Ehre des Vaters. Mose hat euch das Gesetz gegeben. Ihr aber befolgt es nicht. Warum wollt ihr mich töten?" Das Volk antwortete: „Du hast einen bösen Geist. Niemand will dich töten."

Jesus sprach weiter: „Ihr wollt mich töten, weil ich am Sabbat einen Menschen heilte."

Da redeten einige aus Jerusalem untereinander: „Man will ihn töten. Er redet frei und offen. Man tut ihm nichts. Vielleicht ist er der Messias."

Jesus rief im Tempel: „Ihr kennt mich alle und wisst, wer ich bin! Gott hat mich geschickt. Ich kenne ihn. Ihr aber kennt ihn nicht. Ich bin von Gott."

Da wollten sie ihn verhaften. Sie fürchteten sich aber, ihn zu ergreifen. Viele Menschen glaubten nämlich an ihn.

Gebet an der Westmauer (Klagemauer in Jerusalem).

Die Pharisäer schickten ihre Diener, um Jesus zu verhaften. Jesus aber sprach zu ihnen: „Ich bleibe nur noch kurze Zeit da. Dann gehe ich zum Vater zurück. Ihr werdet mich suchen und nicht mehr finden." Sie verstanden ihn aber nicht.

Streitgespräch im Hohen Rat
Joh 7,37-52

Es war am Tag des großen Festes (am letzten Tag vom achttägigen Laubhüttenfest). Jesus predigte im Tempel. Er rief: „Wer durstig ist, komme zu mir und trinke. Es soll trinken, wer an mich glaubt."

Die Heilige Schrift sagt: Gottes Geist werden alle empfangen, die an Jesus glauben. Diesen Geist sollen alle nach der Auferstehung Jesu empfangen.

Einige vom Volk sagten: „Er ist wirklich der Prophet." Andere meinten: „Er ist der Messias." Andere aber meinten: „Der Messias kommt nicht aus Galiläa. In der Heiligen Schrift ist geschrieben: Der Messias kommt aus dem Hause Davids. Er kommt aus Betlehem. Dort war auch David." Einige wollten Jesus verhaften. Sie fürchteten sich aber.

Die Diener gingen zu den Hohenpriestern und Pharisäern zurück. Die Pharisäer schimpften: „Warum habt ihr ihn nicht verhaftet?" Sie antworteten: „Niemand kann so predigen wie er."

Die Pharisäer schimpften: „Ihr habt euch auch verführen lassen. Niemand von uns glaubt ihm.

Die Leute laufen ihm nach, weil sie das Gesetz nicht verstehen."

Nikodemus war auch vom Hohen Rat. Er war früher heimlich bei Jesus.

Er sagte: „Ihr kennt das Gesetz. Wir dürfen niemanden verurteilen, wenn wir ihn nicht verhört haben. Wir müssen prüfen, was er tut."

Die Pharisäer spotteten: „Bist du auch aus Galiläa?

Lies die Schriften. Dort ist geschrieben: Der Prophet kommt nicht aus Galiläa."
Dann gingen alle nach Hause.

Die Ehebrecherin
Joh 8,1-11

Jesus ging zum Ölberg. In der Früh kam er wieder in den Tempel. Viele Leute kamen zu Jesus. Jesus setzte sich nieder und lehrte sie.
Die Bibellehrer und Pharisäer brachten eine Ehebrecherin zu Jesus. Sie stellten die Frau in die Mitte und sagten zu Jesus:
„Diese Frau ist eine Ehebrecherin. Das Gesetz des Mose befiehlt: Sie muss gesteinigt werden.
Was meinst du?"
Die Pharisäer hofften, dass Jesus falsch antwortet. Dann wollten sie ihn verklagen.
Jesus aber bückte sich und schrieb mit dem Finger auf dem Boden.
Die Pharisäer fragten weiter. Jesus sagte ihnen:
„Wer keine Sünde hat, darf den ersten Stein werfen."
Dann schrieb er weiter auf dem Boden. Nun schlichen alle nacheinander davon. Jesus blieb mit der Frau allein.
Jesus sprach zur Frau:
„Wo sind alle? Haben sie dich nicht verurteilt?"
Die Frau antwortete: „Nein".
Jesus sagte zu ihr: „Ich verurteile dich auch nicht. Geh. Sündige nicht mehr."

Streitgespräch Jesu mit den Juden
Joh 8,12-59

Jesus lehrte wieder im Tempel.
Er sprach: „Ich bin das Licht der Welt. Wer mir nachfolgt, wird nicht im Finstern sein. Er hat das Licht des Lebens."

So war der Tempel in Jerusalem.

Die Pharisäer stritten mit ihm. Sie glaubten nicht, dass Jesus vom Vater kommt, dass Jesus der Sohn Gottes ist. Sie fürchteten sich aber, ihn zu verhaften.
Jesus lehrte weiter:
„Ihr werdet mit euren Sünden sterben, weil ihr nicht an mich glaubt."
Da fragten sie ihn wieder: „Wer bist du?"
Jesus antwortete ihnen: „Gott hat mich geschickt, um sein Wort zu verkünden.
Wenn ihr den Menschensohn erhöht habt, werdet ihr erkennen: Ich bin es!
Ihr werdet erkennen: Ich tue nichts im eigenen Namen. Ich tue das, was der Vater mir sagt.
Er verlässt mich nicht."
Nach dieser Rede glaubten viele an Jesus.

Die Nachkommen Abrahams
Joh 8,31-59

Jesus sprach zu den gläubigen Juden: „Wer meine Lehre befolgt, ist mein Jünger. Er wird die Wahrheit verstehen. Die Wahrheit wird ihn erlösen."

Manche sprachen: „Wir sind keine Sklaven. Wir brauchen keine Erlösung."

Jesus antwortete: „Jeder Sünder ist ein Sklave. Er ist Sklave der Sünde. Ihr seid Kinder (Nachkommen) Abrahams. Ihr müsst wie Abraham Gutes tun. Ihr wollt mich aber töten, weil ich die Wahrheit spreche. So macht ihr Abraham keine Freude.

Ihr nennt Gott euren Vater. Dann müsst ihr auch mich lieben. Gott hat mich zu euch geschickt.

Ihr seid Freunde des Teufels. Der Teufel aber ist der Vater der Lüge. Ich rede die Wahrheit und ihr glaubt mir nicht. Wer kann mir eine Sünde beweisen?"

Da schrien die Juden: „Du bist ein Samariter und hast einen bösen Geist."

Jesus antwortete: „Ich habe keinen bösen Geist. Ich ehre meinen Vater. Ich denke nicht an meine Ehre. Gott wird für meine Ehre sorgen. Wer meine Lehre befolgt, wird ewiges Glück im Himmel haben."

Viele antworteten ihm: „Du hast einen bösen Geist. Abraham und die Propheten sind gestorben. Du aber redest von ewigem Glück. Bist du mehr als Abraham? Die Propheten sind auch gestorben. Bist du mehr als sie?"

Teich Schiloach.

Jesus antwortete: „Ich ehre mich nicht. Mein Vater ehrt mich. Ihr nennt meinen Vater euren Gott. Aber ihr kennt ihn nicht. Ich aber kenne ihn."

Da sagten sie: „Du bist noch nicht fünfzig Jahre alt und hast Abraham nicht gesehen."

Jesus antwortete: „Bevor Abraham lebte, war ich." Da nahmen sie Steine und wollten ihn steinigen. Jesus aber ging aus dem Tempel.

Die Heilung des Blindgeborenen – Jesus ist das Licht der Welt
Joh 9,1-41

Jesus sah einen Mann, der seit Geburt blind war. Die Jünger fragten Jesus: „Meister, hat er gesündigt oder seine Eltern? Warum wurde er blind geboren?" Jesus antwortete: „Weder er noch seine Eltern haben gesündigt. Gottes Werke werden durch ihn sichtbar werden. Wir müssen Gottes Werke tun, solange Zeit ist. Später kann man nichts mehr machen."

Jesus machte einen Teig aus Speichel und Erde. Jesus legte dem Blinden den Teig auf die Augen. Er sagte zum Blinden: „Geh und wasch dich im Teich Schiloach" (das heißt übersetzt: Gesandter, Bote; Jesus ist der Gesandte Gottes). Der Blinde ging fort, wusch sich und kam sehend zurück.

Die Nachbarn und andere Leute fragten: „Ist das der Bettler?" Einige sagten: „Er ist es." Andere meinten: „Er schaut ihm nur ähnlich." Der Mann selbst aber sagte: „Ich bin es."

Da fragten ihn die Leute: „Wieso kannst du sehen?" Er antwortete: „Der Mann Jesus machte einen Teig. Er legte den Teig auf meine Augen und sagte zu mir: Geh zum Schiloach und wasch dich! Ich ging zum Teich, wusch mich und konnte sehen."

Die Leute fragten: „Wo ist dieser Mann Jesus?" Der Geheilte sagte: „Ich weiß es nicht."

Sie führten den Geheilten zu den Pharisäern. Es war Sabbat. Auch die Pharisäer fragten ihn, wieso er sehen kann. Der Mann antwortete: „Jesus legte einen Teig auf meine Augen. Dann wusch ich mich. Jetzt kann ich sehen." Einige Pharisäer meinten: „Jesus ist ein Sünder, weil er den Sabbat nicht heiligt." Andere aber sagten: „Kein Sünder kann solche Zeichen (Wunder) tun." So stritten sie. Sie fragten den Blinden noch einmal: „Was sagst du von Jesus? Er hat dich sehend gemacht."

Der Mann antwortete: „Er ist ein Prophet."

Die Juden glaubten nicht, dass der Mann blind war und geheilt wurde. Sie riefen seine Eltern und fragten: „Ist das euer Sohn? Wurde er blind geboren? Wieso kann er jetzt sehen?"

Seine Eltern antworteten: „Ja, er ist unser Sohn. Er wurde blind geboren. Wieso er jetzt sehen kann und wer ihn geheilt hat, wissen wir nicht. Fragt ihn selbst. Er ist alt genug zum Antworten." So sprachen seine Eltern, weil sie die Juden fürchteten. Die Juden wollten alle bestrafen, die Jesus Messias nannten. Deshalb sagten die Eltern des Geheilten: „Er ist alt genug, fragt ihn selbst."

Die Pharisäer riefen den Geheilten zum zweiten Mal. Sie fragten ihn: „Ehre Gott! Wir wissen, dass dieser Jesus ein Sünder ist." Der Geheilte antwortete: „Ich weiß nicht, ob er ein Sünder ist. Ich weiß, dass ich blind war und jetzt sehen kann." Sie fragten ihn: „Wie hat er das gemacht? Wie hat er deine Augen geheilt?" Er antwortete ihnen: „Ich habe es schon erzählt, aber ihr habt nicht aufgepasst. Warum soll ich es noch einmal sagen? Wollt ihr auch Jünger Jesu werden?"

Da beschimpften die Pharisäer den Geheilten: „Du bist ein Jünger dieses Jesus. Wir aber sind Jünger von Mose. Wir wissen, dass Gott zu Mose gesprochen hat. Wir wissen aber nicht, woher dieser Jesus kommt." Der Geheilte antwortete: „Wieso wisst ihr nicht, woher er kommt? Er hat mich sehend gemacht. Es ist unmöglich, dass er ein Sünder ist. Er ehrt Gott und tut seinen Willen. Noch nie hat jemand einen Blinden sehend gemacht. Ohne Gott kann man solche Wunder nicht tun." Die Pharisäer antworteten dem Geheilten mit Wut: „Du hast selber viele Sünden. Du kannst uns nicht belehren. Du kannst nicht bei uns bleiben." Sie warfen ihn aus der Synagoge.

Jesus hörte, dass sie ihn hinausgeworfen hatten. Er traf ihn und fragte ihn: „Glaubst du an den Menschensohn?"

Der Geheilte fragte: „Wer ist es, Herr? Sag es mir. Ich will glauben."

Jesus sagte ihm: „Du siehst ihn. Er spricht mit dir." Da kniete sich der Geheilte nieder und sagte: „Herr, ich glaube!" Jesus sagte zu ihm: „Ich bin in die Welt gekommen, um zu richten. Menschen, die nicht sehen, sollen sehen. Und Menschen, die sehen, sollen blind werden."

Einige Pharisäer fragten: „Sind wir auch blind?"

Jesus antwortete ihnen: „Ihr kennt meine Lehre. Ihr wollt nicht glauben, weil euer Denken blind ist. Deshalb wird eure Sünde bleiben."

Der gute Hirt
Joh 10,1-21

Jesus lehrte ein Beispiel vom Hirten und den Schafen.

Er sprach: „Ich sage euch: Der Hirt der Schafe geht durch die Tür. Wer nicht durch die Türe geht, ist kein Hirt, sondern ein Dieb und Räuber. Der Hirt kommt zur Türe. Der Türhüter macht ihm auf. Die Schafe hören die Stimme vom Hirten. Der Hirt ruft seine Schafe beim Namen. Er führt sie hinaus. Er führt alle seine Schafe auf die Weide, und seine Schafe folgen ihm. Sie kennen seine Stimme. Bei einem Fremden fliehen die Schafe, weil sie ihn nicht kennen."

Jesus erzählte dieses Gleichnis. Die Leute verstanden aber nicht, was er lehren wollte.

Jesus sprach wieder: „Ich bin die Tür zu den Schafen. Wer an mich glaubt, wird gerettet. Er wird zu mir kommen und Heil finden. Der Dieb kommt, stiehlt, tötet und verdirbt. Ich aber bin gekommen, damit alle das Leben haben.

Ich bin der gute Hirt. Der gute Hirt opfert sein Leben für die Schafe. Ein Knecht, dem die Schafe nicht gehören, flieht, wenn der Wolf kommt. Der Wolf tötet und überfällt viele Schafe. Der Knecht flieht, weil ihn die Schafe nicht interessieren. Ich aber bin der gute Hirt. Ich kenne die Meinen. Die Meinen kennen mich. So wie mich der Vater kennt und ich den Vater kenne. Ich opfere mein Leben für die Schafe. Ich habe noch andere Schafe. Sie sind nicht aus diesem Hof. Ich werde auch sie führen. Sie werden mir folgen. Dann wird nur eine Herde und ein Hirt sein.

Der Vater liebt mich, weil ich mein Leben opfere. Ich werde es wieder bekommen. Niemand kann es mir nehmen. Ich opfere es freiwillig. Ich habe die Macht, mein Leben zu opfern. Ich habe die Macht, es mir wieder zu geben. Das ist meine Aufgabe vom Vater."

Nach dieser Rede stritten die Juden wieder miteinander. Viele sagten: „Er hat einen bösen Geist und ist wahnsinnig." Andere aber meinten: „Er ist nicht besessen. Ein böser Geist kann Blinde nicht sehend machen."

Das Tempelweihfest
Joh 10,22-39

In Jerusalem war das Fest der Tempelweihe. Es war Winter. Jesus ging durch den Tempel. Da kamen viele Leute zu ihm und fragten: „Bist du der Messias?" Jesus antwortete ihnen: „Ich habe es schon gesagt. Ihr aber glaubt mir nicht. Ich tue Wunder im Namen meines Vaters, um es zu beweisen. Ihr aber glaubt mir nicht. Ihr gehört nicht zu meinen Schafen. Meine Schafe hören auf meine Stimme. Ich kenne sie und sie folgen mir. Ich gebe ihnen ewiges Leben. Sie werden niemals verloren sein. Niemand wird sie mir wegnehmen.

Mein Vater hat sie mir gegeben.

Mein Vater ist stärker als alle. Niemand kann ihm die Schafe wegnehmen.

Ich und der Vater sind eins."

Da hoben sie Steine auf, um ihn zu steinigen. Jesus aber sprach: „Ich habe viele gute Werke getan. Ihr habt es gesehen. Warum wollt ihr mich steinigen?" Da sprachen die Juden: „Wir wollen dich steinigen, weil du dich Gott nennst." Jesus antwortete: „Ich tue die Werke des Vaters. Ihr müsst deshalb glauben. Ich tue Wunder, um euch zu belehren. So sollt ihr verstehen, dass der Vater und der Sohn ein Gott ist."

Wiederum wollten sie ihn festnehmen. Jesus aber ging weg.

Beim Jordan
Joh 10,40-42

Jesus ging auf die andere Seite vom Jordan und blieb dort. Es war in der Gegend, wo Johannes getauft hatte. Viele Menschen kamen zu ihm. Sie sprachen untereinander: „Johannes hat keine Wunder getan. Aber alles ist wahr, was er von Jesus gesagt hat." Viele begannen damals, an Jesus zu glauben.

Jesus erweckt den Lazarus
Joh 11,1-53

Lazarus aus Betanien war krank. Lazarus war der Bruder von Maria und Marta. Sie wohnten alle in Betanien. Maria hatte Jesus mit Öl gesalbt und seine Füße mit ihren Haaren getrocknet.

Die Schwestern schickten einen Mann zu Jesus. Sie ließen ihm sagen: „Herr, dein Freund ist krank." Jesus sagte: „Diese Krankheit führt zur Verherrlichung von Gott."

Jesus liebte Marta, ihre Schwester Maria und Lazarus. Jesus hörte von der Krankheit des Lazarus. Er blieb aber noch zwei Tage am selben Ort.

Dann sagte Jesus zu den Jüngern: „Wir gehen wieder nach Judäa."

Die Jünger sagten: „Rabbi, die Juden wollten dich dort steinigen. Warum gehst du wieder hin?" Jesus sagte ihnen: „Unser Freund Lazarus schläft. Ich gehe hin, um ihn aufzuwecken." Die Jünger sagten: „Herr, wenn Lazarus schläft, wird er gesund werden."

Jesus aber hatte vom Tod des Lazarus gesprochen. Er sagte seinen Aposteln: „Lazarus ist gestorben. Es ist gut, dass ich nicht dort war. Ich will euren Glauben stärken. Wir wollen zu Lazarus gehen." Thomas sagte zu den anderen Jüngern: „Wir wollen mit Jesus gehen und mit ihm sterben."

Jesus kam nach Betanien. Lazarus war schon vier Tage im Grab.

Betanien ist nahe von Jerusalem, ungefähr fünfzehn Stadien (drei Kilometer) entfernt. Viele Juden waren zu Marta und Maria gekommen, um sie zu trösten. Marta hörte, dass Jesus kam. Sie ging ihm entgegen. Maria blieb im Haus. Marta sagte zu Jesus: „Herr, du warst nicht da. Deshalb ist mein Bruder gestorben. Ich weiß aber: Du kannst Gott um alles bitten. Er

Grab des Lazarus in Betanien.

wird es dir geben." Jesus sagte zu ihr: „Dein Bruder wird auferstehen." Marta antwortete: „Ich weiß. Er wird auferstehen bei der Auferstehung am Letzten Tag." Jesus sagte ihr: „Ich bin die Auferstehung und das Leben. Wer an mich glaubt, wird leben, auch wenn er stirbt. Wer lebt und an mich glaubt, wird in Ewigkeit leben. Glaubst du das?" Marta antwortete: „Ja, Herr, ich glaube. Du bist der Messias, der Sohn Gottes, der in die Welt kommen soll."

Dann ging sie fort. Sie rief ihre Schwester und sagte ihr: „Der Meister ist da. Er ruft dich." Maria stand schnell auf und ging zu Jesus. Jesus war noch nicht im Dorf. Er war noch dort, wo Marta ihn getroffen hatte. Die Juden sahen Maria hinausgehen. Sie gingen mit. Sie glaubten, Maria geht zum Grab, um zu weinen. Maria kam zu Jesus. Sie kniete nieder und sagte: „Herr, du warst nicht da. Deshalb ist mein Bruder gestorben." Jesus sah, dass sie weinte. Viele Juden weinten auch. Da fragte Jesus: „Wo habt ihr Lazarus begraben?" Sie sagten: „Herr, komm und schau!" Da weinte Jesus. Die Juden sagten: „Schaut, wie sehr Jesus den Lazarus geliebt hat." Andere aber sagten: „Er hat den Blinden geheilt. Warum hat er Lazarus nicht gesund gemacht?"

Jesus ging zum Grab. Es war eine Höhle. Sie war mit einem Stein verschlossen. Jesus befahl: „Nehmt den Stein weg." Marta sagte: „Herr, Lazarus riecht schon. Er ist schon vier Tage tot." Jesus antwortete: „Ich habe dir gesagt: Wenn du glaubst, wirst du die Herrlichkeit Gottes sehen." Da nahmen sie den Stein weg.

Jesus schaute zum Himmel und sprach: „Vater, ich danke dir. Du erhörst mich. Ich weiß das. Ich sage es für die Leute. Sie sollen glauben, dass du mich geschickt hast."

Dann rief Jesus laut: „Lazarus, komm heraus!" Da kam der Tote heraus. Seine Hände und Füße waren gebunden. Sein Gesicht war mit einem Tuch bedeckt. Jesus sagte ihnen: „Macht ihn frei und lasst ihn gehen."

Viele Juden hatten das Wunder gesehen. Sie glaubten an Jesus. Einige aber gingen zu den Pharisäern. Sie erzählten, was Jesus getan hatte. Die Hohenpriester und Pharisäer versammelten den Hohen Rat und sagten: „Was sollen wir tun? Dieser Mensch wirkt viele Zeichen (Wunder). Wir müssen das verbieten. Sonst werden alle Leute an ihn glauben. Dann kommen vielleicht die Römer und nehmen uns Land und Leute weg."

Kajaphas war Hoherpriester. Er sagte: „Ihr wisst nicht, was ihr tun sollt? Denkt! Es ist besser, wenn ein Mensch für das Volk stirbt, damit das Volk nicht zerstreut wird." So sprach Kajaphas als Hoherpriester. Der Hohe Rat beschloss an diesem Tag, Jesus zu töten.

Jesus in Efraim
Joh 11,54-57

Jesus ging nicht mehr öffentlich zu den Juden. Er ging in eine Gegend nahe der Wüste in den Ort Efraim. Er blieb dort mit seinen Jüngern.

Das Osterfest war nahe. Viele Leute kamen nach Jerusalem, um das Fest zu feiern. Alle fragten: „Wird Jesus zum Fest kommen?"

Die Hohenpriester und Pharisäer aber befahlen den Leuten, den Aufenthalt Jesu zu verraten. Sie wollten ihn verhaften.

Die Salbung Jesu in Betanien
Joh 12,1-11

Sechs Tage vor dem Osterfest kam Jesus nach Betanien.

Hier hatte er Lazarus vom Tod auferweckt.

Jesus war mit seinen Aposteln zum Essen eingeladen. Marta bediente. Lazarus war auch beiJ Tisch.

Maria nahm echtes, kostbares Salböl. Sie salbte Jesus die Füße und trocknete sie mit ihren Haaren. Das ganze Haus war voll Duft.

Judas wurde unwillig und sagte: „Das Öl kostet dreihundert Denare. Man kann es verkaufen und das Geld den Armen geben." Judas wollte aber den Armen nicht helfen. Er wollte das Geld selbst behalten.

Jesus sprach: „Lasst diese Frau. Sie tut es für den Tag von meinem Begräbnis. Arme sind immer bei euch. Ich aber bin nicht immer bei euch."

Viele Leute kamen nach Betanien. Sie wollten Jesus besuchen und Lazarus sehen. Jesus hatte Lazarus wieder lebendig gemacht. Alle sprachen von diesem Wunder Jesu. Viele Juden glaubten deshalb an Jesus. Da beschlossen die Hohenpriester, auch Lazarus zu töten.

Der Einzug in Jerusalem
Joh 12,12-19

Die Leute haben erfahren: Jesus kommt nach Jerusalem.
Sie nahmen Palmzweige und gingen Jesus entgegen, um ihn zu grüßen.
Sie riefen:
„Hosanna! Gesegnet sei er, er kommt im Namen des Herrn, der König Israels!"
Jesus fand einen jungen Esel und setzte sich darauf.
Das konnte man schon in den Heiligen Schriften lesen:
‚Fürchte dich nicht! Dein König kommt. Er sitzt auf einem jungen Esel.'
Viele Leute hatten die Taten Jesu gesehen. Sie glaubten an ihn.
Die Pharisäer aber sagten zueinander: „Wir können nichts mehr machen. Alle Leute laufen ihm nach."

Die letzte öffentliche Rede Jesu –
Die Stunde der Entscheidung
Joh 12,20-36

Einige Griechen kamen auch nach Jerusalem. Sie wollten beim Fest Gott ehren. Sie gingen zu Philippus, der aus Betsaida in Galiläa kam, und baten ihn: „Herr, wir möchten Jesus sehen." Philippus ging und sagte es Andreas. Andreas und Philippus gingen zu Jesus und sagten: „Griechen möchten dich sehen."

Jesus sprach: „Der Menschensohn wird verherrlicht werden. Ich sage euch ein Beispiel: Wenn das Weizenkorn nicht gesät wird, bleibt es allein. Wenn es aber gesät wird, bringt es viele Frucht.

Wer sein Leben auf der Erde liebt, wird das ewige Leben verlieren. Wer sein Leben auf Erden nicht wichtig nimmt, wird ewiges Leben bekommen. Wer mir dienen will, soll mir nachfolgen. Wo ich bin, dort wird auch mein Diener sein. Wer mir dient, den wird der Vater ehren."

„Jetzt bin ich traurig. Aber Vater, dein Wille geschehe." Da kam eine Stimme vom Himmel und rief: „Ich werde dich verherrlichen."

Manche glaubten, es hat gedonnert. Andere sagten: „Ein Engel hat mit Jesus gesprochen." Jesus aber sagte: „Die Stimme rief für euch. Das Gericht kommt für die Welt. Ich werde mein Leben opfern. Wenn ich erhöht bin, werde ich alle zu mir holen." So wollte Jesus sagen, wie er sterben wird.

Blick auf Jerusalem vom Ölberg.

Die Leute antworteten: „Das Gesetz sagt: Der Messias wird immer bleiben. Wieso sagst du, der Menschensohn muss erhöht werden (sterben)? Wer ist dieser Menschensohn?"

Jesus sagte ihnen: „Das Licht (Jesus) ist nur noch kurze Zeit bei euch. Geht euren Weg im Licht. So kann euch die Finsternis nicht überfallen. Wer im Finstern geht, kennt den Weg nicht. Ich bin das Licht. Glaubt an mich. So könnt ihr Kinder Gottes werden." Dann ging Jesus fort.

Abendmahlsaal.

Jesu Urteil über den Unglauben der Juden
Joh 12,37-43

Die Juden hatten viele Wunder Jesu gesehen. Viele Juden wollten aber nicht an Jesus glauben. Viele andere Juden glaubten an ihn. Sie fürchteten aber die Pharisäer. Sie wollten mehr geachtet werden von den Menschen und nicht von Gott.

Aufforderung zur Entscheidung
Joh 12,44.50

Jesus rief laut: „Wer an mich glaubt, glaubt an den Vater. Wer mich sieht, sieht auch den Vater. Ich bin gekommen, um die Welt zu retten. Wer mich verachtet und mir nicht glaubt, wird seine Strafe bekommen. Ich predige nicht, um mich zu ehren. Ich rede, was der Vater befiehlt. Das Gebot des Vaters gibt ewiges Leben."

Der Abschied Jesu von seinen Jüngern
Joh 13,1 – 17,26

Das Abschiedsmahl
Joh 13,1 – 14,31

Die Fußwaschung
Joh 13,1-20

Es war vor dem Paschafest. Jesus wusste, dass er sterben musste. Er liebte seine Jünger bis zum Ende. Er feierte mit ihnen ein Festmahl. Der Teufel hatte dem Judas Iskariot schon befohlen, Jesus zu verraten. Jesus wusste, dass er zum Vater heimkommen werde. Er stand auf, zog das Oberkleid aus. Er nahm ein Tuch und band es um. Er goss Wasser in eine Schüssel. Er begann, den Jüngern die Füße zu waschen. Er trocknete sie mit dem Tuch ab. Jesus kam zu Simon Petrus. Da sagte Petrus: „Herr, du willst mir die Füße waschen?" Jesus antwortete: „Was ich tue, verstehst du jetzt nicht. Du wirst das später verstehen." Petrus sagte: „Du sollst mir niemals die Füße waschen." Jesus antwortete: „Wenn ich dich nicht wasche, hast du keine Gemeinschaft mit mir." Da sagte Petrus: „Herr, wasch nicht nur meine Füße, sondern auch die Hände und den Kopf."

Jesus sagte: „Wer gebadet hat, braucht nur noch die Füße waschen. Dann ist er ganz rein. Ihr seid rein, aber nicht alle." Jesus wusste, wer ihn verraten würde. Deshalb sagte er: „Ihr seid nicht alle rein."

Jesus hatte allen die Füße gewaschen. Er zog sein Oberkleid wieder an und setzte sich wieder zum Tisch. Er sagte seinen Jüngern: „Versteht ihr, was ich euch getan habe? Ihr nennt mich Meister und Herr. Ihr habt recht. Ich bin es. Ich, euer Herr und Meister, habe euch die Füße gewaschen. Ihr sollt das auch tun. Ich habe euch ein Beispiel gegeben. Ihr sollt tun wie ich. Amen, ich sage euch: Der Diener ist nicht mehr wert als der Herr. Der Bote ist nicht mehr als der, der ihn sendet.

Glücklich seid ihr, wenn ihr mein Beispiel versteht und es befolgt."

Jesus spricht vom Verrat
Joh 13,21-30

Jesus war sehr traurig. Er sprach zu den Aposteln: „Einer von euch wird mich verraten." Die Jünger waren ratlos. Sie wussten nicht, wen Jesus meinte. Simon Petrus bat den Johannes, Jesus zu fragen. Johannes fragte: „Herr, wer ist der Verräter?" Jesus sagte: „Ich werde Brot eintauchen und einem geben. Der ist es." Jesus tauchte Brot ein und gab es dem Judas.

Judas nahm das Brot. Der Satan war in ihm. Jesus sagte ihm: „Was du tun willst, mach bald."

Die Apostel aber verstanden nicht, was Jesus meinte. Sie meinten, Judas hat die Kasse. Deshalb schickt ihn Jesus zum Einkaufen für das Fest. Oder Jesus gab ihm den Auftrag, den Armen etwas zu geben.

Judas hatte das Brot gegessen. Er ging sofort hinaus. Es war Nacht.

Das neue Gebot
Joh 13,31-35

Judas war hinausgegangen. Jesus sprach zu seinen Jüngern: „Der Menschensohn wird verherrlicht. Auch Gott wird so verherrlicht. Kinder, ich bin nur noch kurze Zeit bei euch. Ihr werdet mich suchen. Ich sage euch noch einmal, was ich den Juden gesagt habe: Wohin ich gehe, dorthin könnt ihr nicht kommen.

Ich gebe euch ein neues Gebot. Liebt einander, wie ich euch geliebt habe. An eurer Liebe soll man erkennen, dass ihr meine Jünger seid."

Jesus spricht von der Verleugnung des Petrus
Joh 13,36-38

Petrus fragte: „Herr, wohin gehst du?" Jesus antwortete: „Du kannst jetzt nicht mit mir gehen. Du wirst mir aber später nachfolgen." Petrus sagte: „Herr, warum kann ich dir jetzt nicht nachfolgen? Ich will mein Leben für dich opfern." Jesus sagte ihm: „Du willst dein Leben für mich opfern?

Amen, ich sage dir: Bevor der Hahn kräht, wirst du mich dreimal verleugnen."

Die Abschiedsrede beim Abendmahl
Joh 14,1 – 17,26

Der Weg zum Vater
Joh 14,1-14

Jesus sprach von seinem Heimgang zum Vater:

„Fürchtet euch nicht. Glaubt an Gott und glaubt an mich.

Im Haus meines Vaters sind viele Wohnungen. Ich gehe zum Vater, um einen Platz für euch vorzubereiten.

Dann werde ich wieder kommen und euch holen. Wo ich bin, sollt auch ihr sein.

Ihr kennt den Weg, wohin ich gehe."

Thomas sagte zu Jesus: „Herr, wir wissen nicht, wohin du gehst. Wir kennen auch den Weg nicht."

Jesus sagte: „Ich bin der Weg, die Wahrheit und das Leben.

Niemand kommt zum Vater, nur durch mich. Wer mich kennt, kennt auch den Vater."

Da sprach Philippus: „Herr, zeig uns den Vater." Jesus antwortete ihm: „Philippus, du hast den Vater gesehen, weil du mich gesehen hast. Glaube, dass Vater und Sohn eins sind. Ich rede, was der Vater will. Was ich sage, sagt auch der Vater. Was ich tue, tut auch der Vater. Glaubt mir, was ich euch sage. Ihr könnt mir glauben, weil ich Wunder getan habe. Wer meinen Worten nicht glaubt, muss den Wundern glauben.

Amen, ich sage euch: Wer an mich glaubt, wird Großes tun. Ich gehe zum Vater.

Alles, was ihr in meinem Namen bittet, werde ich tun. So wird der Vater verherrlicht."

Trostworte für die Jünger
Joh 14,15-31

Jesus sagte zu seinen Jüngern: „Wenn ihr mich liebt, werdet ihr meine Gebote befolgen. Ich werde den Vater bitten. Er wird euch den Heiligen Geist, den Helfer schicken. Er wird immer bei euch bleiben.

Ich werde euch nicht allein lassen. Ich komme wieder zu euch.

Die Welt wird mich bald nicht mehr sehen. Ihr aber werdet mich sehen, weil ihr an mich glaubt.

Ihr werdet erkennen: Ich bin bei meinem Vater, und ihr seid bei mir.

Wer meine Gebote befolgt, liebt mich. Wer mich liebt, wird auch von meinem Vater geliebt werden."

Da sprach Judas Thaddäus: „Herr, du hast uns vieles geoffenbart." Jesus antwortete ihm: „Wer mich liebt, bewahrt meine Lehre. Der Vater wird ihn lieben. Der Vater und ich werden in seinem Herzen wohnen. Wer mich nicht liebt, befolgt meine Lehre nicht. Man muss meine Lehre befolgen. Sie ist die Lehre vom Vater.

Der Heilige Geist wird euch alles lehren. Er wird euch an alles erinnern, was ich euch gesagt habe. Ich schenke euch meinen Frieden.

Ihr sollt keine Angst haben. Ich habe euch gesagt: Ich gehe fort und komme wieder zu euch. Ihr sollt euch freuen, dass ich zum Vater gehe. Ich habe es euch gesagt, bevor es geschieht."

Hl.Geist, Altarbild in Mauer bei Melk.

Reden Jesu an seine Jünger
Joh 15,1 – 16,33

Der wahre Weinstock
Joh 15,1-17

Jesus sprach zu seinen Jüngern:
„Ich bin der wahre Weinstock. Mein Vater ist der Winzer (der Arbeiter im Weingarten).
Er schneidet die schlechten Rebzweige ab.
Die guten Rebzweige pflegt er, damit sie mehr Frucht bringen.
Bleibt in mir. Ich werde in euch bleiben. Die Rebe kann ohne Weinstock keine Früchte haben. Auch ihr könnt keine Frucht bringen (nichts Gutes tun), wenn ihr nicht in mir bleibt.
Ich bin der Weinstock. Ihr seid die Reben. Bleibt mit mir verbunden. Dann werdet ihr Gutes tun. Wer die Verbindung mit mir trennt, verdorrt und wird weggeworfen, wie ein verdorrter Rebzweig. Man sammelt diese Zweige, wirft sie ins Feuer und verbrennt sie.
Bleibt in mir, befolgt meine Worte, dann könnt ihr um alles bitten. Ihr werdet es bekommen.
Ihr ehrt meinen Vater, wenn ihr Gutes tut und meine Jünger bleibt.“
Jesus sprach weiter:
„Der Vater liebt mich. Genauso liebe ich euch. Bleibt in meiner Liebe. Wer meine Gebote befolgt, liebt mich wirklich.
Ich habe die Gebote meines Vaters befolgt, weil ich ihn liebe.
Ich habe euch das gesagt, damit ihr euch freuen könnt.
Das ist mein Gebot: Liebt einander, wie ich euch geliebt habe.

Niemand hat eine größere Liebe als ich. Ich opfere mein Leben für meine Freunde.
Ihr seid meine Freunde, wenn ihr meine Gebote befolgt. Ich nenne euch nicht mehr Knechte. Der Knecht weiß nicht, was sein Herr tut.
Ich nenne euch Freunde. Ich habe euch alles geoffenbart. Es ist die Offenbarung von meinem Vater.
Ich habe euch ausgewählt. Ihr sollt immer Gutes tun. Wenn ihr in meinem Namen bittet, wird euch der Vater alles geben.
Das ist mein Gebot: Liebt einander.“

Der Hass der Welt gegen die Jünger
Joh 15,18-16,4a

„Die Welt wird euch hassen, so wie sie mich gehasst haben. Sie werden euch verfolgen, wie sie mich verfolgt haben. Sie haben meiner Lehre nicht geglaubt. Sie hassen auch meinen Vater.
Sie haben meine Werke, die Werke des Vaters gesehen, aber sie glauben nicht.
Ich sende euch einen Helfer, den Geist der Wahrheit. Er kommt vom Vater. Er wird Zeugnis für mich geben. Auch ihr sollt meine Zeugen sein, ihr seid von Anfang an bei mir gewesen.
Ich habe euch das alles gesagt. Denkt daran, wenn ihr verfolgt werdet.“

Sendung des Helfers, des Heiligen Geistes
Joh 16,4b-15

„Ich gehe jetzt zum Vater. Er hat mich geschickt. Ihr fragt mich nicht: Wohin gehst du? Ihr seid traurig, weil ich euch das gesagt habe. Ich sage euch die Wahrheit: Es ist gut für euch, wenn ich fortgehe. So kann ich euch den Helfer, den Heiligen Geist senden. Er wird die Welt lehren, was Sünde, Gerechtigkeit und Gericht ist. Sünde ist der Unglaube gegen mich. Gerechtigkeit ist mein Heimkommen zum Vater. Gericht ist der Sieg über den Teufel.

Ich möchte euch noch vieles sagen. Ihr könnt es aber jetzt nicht verstehen. Der Heilige Geist wird euch die Wahrheit lehren. Die Wahrheit vom Vater ist auch die Wahrheit vom Sohn, sie ist auch die Wahrheit vom Heiligen Geist. Er wird euch alles vom Vater und vom Sohn lehren."

Der Schmerz der Trennung – Die Freude des Wiedersehens
Joh 16,16-33

Dann sprach Jesus vom Wiedersehen: „In kurzer Zeit werdet ihr mich nicht mehr sehen. Später werdet ihr mich wiedersehen. Ihr werdet traurig sein, weil ihr mich nicht seht. Dann aber werdet ihr euch freuen, weil ihr mich wiederseht.

Dann werdet ihr alles verstehen.

Amen, ich sage euch: Was ihr von meinem Vater erbittet, wird er euch in meinem Namen geben.

Bittet, dann werdet ihr bekommen. Eure Freude wird groß sein.

Ich habe euch viele Gleichnisse gelehrt.

Ich werde euch später alles offen vom Vater lehren. Der Vater liebt euch, weil ihr mich liebt. Der Vater liebt euch, weil ihr an mich glaubt. Ich bin vom Vater gekommen. Ich bin in der Welt. Ich verlasse die Welt wieder und gehe zum Vater."

Nun verstanden die Jünger, was Jesus sprach.

Jesus sagte ihnen: „Die Stunde kommt, da werdet ihr mich allein lassen. Aber ich bin nicht allein. Mein Vater ist bei mir.

Ich habe euch alles gesagt. Ihr sollt Frieden in mir haben. Ihr werdet Not in der Welt erleben, aber habt Mut: Ich habe die Welt besiegt."

Das Abschiedsgebet Jesu
Joh 17,1-26

Jesus schaute zum Himmel und sprach: „Vater, die Stunde des Todes ist gekommen. Verherrliche deinen Sohn. Dein Sohn wird dich verherrlichen. Du hast deinem Sohn Macht über alle Menschen gegeben. Er kann allen das ewige Leben schenken.

Das ist das ewige Leben: Die Menschen sollen dich, den einzigen wahren Gott, kennen und an dich glauben. Sie sollen Jesus Christus kennen und ihm glauben. Du hast ihn gesandt.

Ich habe dich auf der Erde verherrlicht. Ich habe getan, was du mir gesagt hast. Vater, ich komme in deine Herrlichkeit, wie es vor dem Anfang der Welt war.

Ich habe den Menschen deinen Namen geoffenbart. Du hast mir die Menschen anvertraut. Ich habe sie belehrt. Du hast mir deine Lehre gegeben. Ich habe sie den Menschen verkündet. Viele glauben, dass ich von dir gekommen bin. Sie glauben auch, dass du mich gesandt hast.

Jesus mit seinen Aposteln im Abendmahlsaal (Bild: Kapelle in Bad Kreuzen/OÖ.).

Ich bitte besonders für meine Jünger. Ich bleibe nicht in dieser Welt. Denn ich gehe zu dir. Sie aber bleiben in dieser Welt.

Heiliger Vater, schütze sie, dass sie in deiner Gnade bleiben. Sie sollen eins sein wie wir.

Ich war bei ihnen. Ich habe sie bewahrt (beschützt), wie du wolltest. Ich habe alle beschützt, damit keiner verloren geht. Einer ging selbst ins Verderben. So wurde die Schrift wahr.

Ich gehe jetzt zu dir. Sie aber sollen meine Freude haben. Die Welt hasst sie. Ich bitte nicht, dass du sie aus der Welt nimmst. Aber schütze sie vor dem Bösen. Mache sie heilig durch Wahrheit. Dein Wort ist Wahrheit. Du hast mich zu den Menschen geschickt. So sende auch ich meine Jünger zu den Menschen.

Ich bitte aber nicht nur für meine Jünger. Ich bitte auch für alle, die durch ihre Predigt an mich glauben. Alle sollen eins sein, wie du, Vater, in mir und ich in dir. Sie sollen auch eins sein, damit die Welt glaubt, dass du mich geschickt hast. Du hast mir die Herrlichkeit gegeben. Ich habe sie ihnen gegeben,

Am Ölberg.

damit sie eins sind, wie du und ich. Sie sollen eins sein, damit die Welt erkennt, wie du sie liebst.

Vater, lass alle dort sein wo ich bin. Sie sollen meine Herrlichkeit schauen.

Guter Vater, die Welt hat dich nicht erkannt. Ich aber habe dich erkannt. Meine Freunde haben erkannt, dass du mich gesandt hast. Ich habe zu ihnen von dir gesprochen. Du liebst mich. Schenke allen deine Liebe, so wie du mich liebst. Dann werde ich in ihnen sein."

Leiden, Tod und Auferstehung Jesu
Joh 18,1 – 20,29

Das Leiden Jesu
Joh 18,1 – 19,42

Die Verhaftung
Joh 18,1-11

Jesus ging nach dem Gebet mit den Aposteln hinaus. Er ging über den Bach Kidron auf den Ölberg. Dort war ein Garten. Jesus ging mit seinen Aposteln hinein.

Auch Judas kannte diesen Garten.

Jesus war mit seinen Aposteln auf dem Ölberg im Garten Getsemani.

Judas kam mit Soldaten und Gerichtsdienern dorthin. Sie hatten Fackeln, Laternen und Waffen.

Jesus ging ihnen entgegen und fragte: „Wen sucht ihr?"

Sie antworteten: „Jesus von Nazaret."

Jesus sagte ihnen: „Ich bin es."

Alle waren erschrocken und fielen nieder.

Jesus fragte noch einmal: „Wen sucht ihr?"

Sie sagten: „Jesus von Nazaret."

Jesus sagte ihnen wieder: „Ich bin es. Lasst meine Freunde in Ruhe."

Petrus aber nahm ein Schwert. Er schlug einem Knecht vom Hohenpriester das rechte Ohr ab. Der Knecht hieß Malchus.

Jesus sagt dem Petrus: „Gib das Schwert weg. Ich will tun, was der Vater von mir will."

Verhaftung Jesu (Bild am Ölberg).

Das Verhör bei Hannas und die Verleugnung durch Petrus
Joh 18,12-27

Die Soldaten und die Gerichtsdiener fesselten Jesus. Sie führten ihn zu Hannas.

Er war der Schwiegervater des Hohenpriesters Kajaphas.

Kajaphas hatte den Juden den Rat gegeben: „Es ist besser, dass ein einziger Mensch für das Volk stirbt."

Petrus und Johannes folgten Jesus.

Johannes war mit dem Hohenpriester bekannt. Er ging in den Hof vom Haus des Hohenpriesters. Petrus blieb draußen. Johannes holte ihn in den Hof. Die Magd beim Tor sagte zu Petrus: „Du bist auch ein Jünger von diesem Menschen (Jesus)." Petrus antwortete: „Nein!"

Man hatte im Hof ein Feuer gemacht. Es war nämlich kalt. Auch Petrus ging zum Feuer und wärmte sich.

Der Hohepriester befragte Jesus über die Jünger und seine Lehre. Jesus antwortete: „Ich habe öffentlich gepredigt. Ich habe in den Synagogen und im Tempel gelehrt. Ich habe nichts im Geheimen geredet. Warum fragst du mich? Frage die Leute, die mich gehört haben. Sie wissen, was ich gesagt habe."

Ein Knecht schlug Jesus ins Gesicht und sagte: „So antwortet man nicht dem Hohenpriester." Jesus sagte ihm: „Wenn ich Unwahres sage, kannst du es beweisen. Wenn ich aber die Wahrheit sage, warum schlägst du mich?"

Hannas schickte Jesus gefesselt zum Hohenpriester Kajaphas.

Petrus stand beim Feuer und wärmte sich.

Die Knechte sagten zu ihm: „Du bist auch einer von seinen Jüngern!"

Petrus leugnete und log: „Nein."
Ein anderer Diener war ein Verwandter von Malchus.
Ihm hatte Petrus das Ohr abgeschlagen.
Der Diener sagte zu Petrus: „Ich habe dich im Garten gesehen."
Wieder leugnete Petrus. Gleich danach krähte der Hahn.

Das Verhör und die Verurteilung durch Pilatus
Joh 18,28 – 19,16a

Jesus wurde von Kajaphas zum Gerichtsgebäude von Pontius Pilatus gebracht.
Die Juden gingen nicht ins Gebäude. Sie wollten nicht unrein werden (nach dem Gesetz des Mose).
Sie wollten das Paschalamm essen können.
Pilatus kam zu ihnen heraus und fragte: „Was hat dieser Mensch getan?"
Sie antworteten ihm: „Wir haben ihn zu dir gebracht, weil er ein Verbrecher ist."
Pilatus entgegnete ihnen: „Ihr könnt ihn nach eurem Gesetz bestrafen."
Da sprachen die Juden: „Wir dürfen niemanden hinrichten."
Pilatus ging wieder ins Gerichtsgebäude. Er fragte Jesus: „Bist du der König der Juden?"
Jesus antwortete: „Sind das deine Gedanken oder haben es andere gesagt?"
Pilatus sagte: „Ich bin kein Jude. Dein Volk und die Hohenpriester haben dich an mich ausgeliefert. Was hast du getan?"
Jesus antwortet: „Mein Königtum ist nicht von dieser Welt."
Da fragte Pilatus: „Du bist also ein König?"
Jesus antwortete: „Ja, ich bin ein König. Ich bin in die Welt gekommen, um die Wahrheit zu lehren."
Pilatus meinte: „Was ist Wahrheit?"

Gefängnis im Haus des Hohenpriesters.

Pilatus ging wieder hinaus. Er sprach zu den Juden: „Ich finde keinen Grund, Jesus zu verurteilen.
Ihr wisst: Ich lasse zum Paschafest immer einen Gefangenen frei.
Wollt ihr, dass ich den König der Juden freilasse?"
Da schrien alle: „Nicht diesen. Lass Barabbas frei."
Barabbas aber war ein Straßenräuber.
Pilatus befahl, Jesus zu geißeln. Die Soldaten geißelten Jesus.

Sie flochten eine Krone aus Dornen. Sie setzten Jesus die Dornenkrone auf.

Sie gaben Jesus einen roten Mantel. Sie spotteten: „Wir grüßen dich, König der Juden." Sie schlugen Jesus ins Gesicht.

Dann brachten sie Jesus wieder zu Pilatus.

Pilatus führte Jesus hinaus zu den Leuten. Er sagte zu den Leuten: „Seht, welch ein Mensch."

Die Hohenpriester und ihre Diener sahen Jesus und schrien: „Ans Kreuz mit ihm!

Ans Kreuz!"

Pilatus sagte ihnen: „Kreuzigt ihn selbst. Ich finde keine Schuld."

Die Juden sagten ihm: „Er sagt, er ist Gottes Sohn. Deshalb befiehlt unser Gesetz seinen Tod."

Pilatus bekam Angst. Er sagte: „Nehmt ihr ihn und kreuzigt ihn." Er ging in das Gerichtsgebäude hinein und fragte Jesus: „Wer bist du?"

Auf dem Stein im Gerichtsgebäude: Das Königsspiel = ein Geschicklichkeitsspiel. Die Zeichnung auf dem Stein erinnert an die Dornenkrone.

Jesus antwortete nicht. Da sprach Pilatus: „Warum antwortest du nicht? Ich kann befehlen, dich kreuzigen zu lassen. Ich kann dich auch freigeben."

Jesus antwortete: „Du hast keine Macht ohne den Willen Gottes. Die Hohenpriester und der Hohe Rat haben eine größere Schuld als du."

Pilatus versuchte nun, Jesus freizugeben. Die Juden aber schrien: „Wenn du ihn freigibst, bist du kein Freund des Kaisers."

Pilatus ließ Jesus herausführen. Er setzte sich auf den Richterstuhl. Dann sprach er zu den Juden: „Da ist euer König." Sie aber schrien: „Weg mit ihm! Kreuzige ihn!" Pilatus fragte sie: „Ich soll euren König kreuzigen?" Die Hohenpriester antworteten: „Wir haben keinen König. Wir folgen nur dem Kaiser."

Da befahl Pilatus die Kreuzigung.

Es war der Tag vor dem Paschafest, ungefähr die sechste Stunde.

Die Kreuzigung Jesu
Joh 19,16b-30

Die Soldaten gaben Jesus das Kreuz. Er musste es auf den Berg Golgota tragen.

Dort kreuzigten sie Jesus zusammen mit zwei Verbrechern, Jesus in der Mitte.

Pilatus befahl, eine Tafel am Kreuz zu befestigen. Auf der Tafel war geschrieben:

Jesus von Nazaret, der König der Juden.

Die Schrift war hebräisch, lateinisch und griechisch geschrieben. Viele Leute lasen die Tafel.

Die Juden ärgerten sich, Pilatus aber änderte die Tafel nicht.

Jesus hing am Kreuz. Die Soldaten nahmen die Kleider von Jesus und verteilten sie. Sie würfelten um das Untergewand.

Beim Kreuz Jesu standen seine Mutter Maria und andere Frauen.
Jesus sah seine Mutter und seinen Jünger Johannes.
Jesus sagte zu seiner Mutter: „Frau, da ist dein Sohn."
Er sagte zu Johannes: „Da ist deine Mutter."
Johannes nahm Maria zu sich und sorgte für sie.
Jesus sagte: „Ich habe Durst."
Die Soldaten gaben Jesus einen Schwamm mit Essig zu trinken.
Dann sprach Jesus: „Es ist vollbracht."
Jesus neigte seinen Kopf und starb.

Das Begräbnis
Joh 19,31-42

Es war der Vorbereitungstag für das Paschafest. Die Toten durften am Sabbat nicht am Kreuz hängen bleiben. Man zerbrach deshalb den Verbrechern die Knochen und nahm sie dann vom Kreuz.

Die Soldaten kamen zu Jesus. Sie sahen: Er war schon tot.
Sie zerbrachen ihm die Knochen nicht.
Ein Soldat stieß eine Lanze in seine Seite. Da flossen Blut und Wasser heraus.
Johannes hat es gesehen. Er bezeugt es. Auch ihr sollt glauben.
Josef aus Arimathäa war auch ein Jünger Jesu. Aber nur heimlich, weil er die Juden fürchtete. Er bat Pilatus, den Leichnam Jesu vom Kreuz nehmen zu dürfen. Pilatus erlaubte das. Josef von Arimathäa kam und nahm den Leichnam vom Kreuz.
Auch Nikodemus kam. Er brachte Salben. Man wickelte Jesus mit den Salben in ein Leinentuch.
Dort, wo Jesus gekreuzigt wurde, war ein Garten mit einem neuen Grab. Noch niemand war in dieses Grab gelegt worden.
Dort wurde Jesus begraben.

Mosaikbild in der Grabeskirche.

Golgota – Felsen, auf dem das Kreuz gestanden ist.

Mosaikbild in der Grabeskirche.

Die Osterberichte
Joh 20,1-31

Das leere Grab
Joh 20,1-10

Es war sehr früh am ersten Wochentag. Es war noch dunkel. Maria von Magdala ging zum Grab. Sie sah, dass kein Stein beim Grab war. Da lief sie schnell zu Petrus und dem anderen Jünger, der Jesus liebte (Johannes). Sie sagte ihnen: „Man hat den Herrn aus dem Grab weggenommen. Wir wissen nicht, wo er jetzt liegt." Petrus und der andere Jünger liefen zum Grab. Beide liefen zusammen. Der andere Jünger aber lief schneller und kam zuerst zum Grab. Er beugte sich vor und sah die Leinenbinden liegen. Er ging aber nicht ins Grab. Da kam auch Petrus. Er ging ins Grab. Er sah die Leinenbinden liegen. Auch das Schweißtuch für den Kopf war da. Das Schweißtuch lag aber nicht bei den Leinenbinden. Es lag zusammengelegt auf einem anderen Platz. Da ging auch der andere Jünger ins Grab. Er sah und glaubte. Sie verstanden nämlich die Schrift noch nicht, dass Jesus von den Toten auferstehen musste. Dann gingen die Jünger nach Hause.

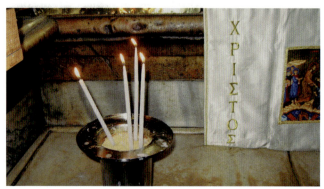

Das leere Grab.

Jesu erscheint Maria aus Magdala
Joh 20,11-18

Maria stand vor dem Grab und weinte. Sie beugte sich ins Grab. Da sah sie zwei Engel. Ein Engel saß dort, wo Jesu Kopf gelegen war, der andere bei seinen Füßen. Die Engel sagten zur Frau: „Frau, warum weinst du?" Sie antwortete: „Man hat meinen Herrn weggenommen. Ich weiß nicht, wohin man ihn gelegt hat."
Maria von Magdala drehte sich um. Sie sah Jesus im Garten stehen. Sie wusste aber nicht, dass es Jesus war. Jesus sagte zu ihr: „Frau, warum weinst du? Wen suchst du?" Maria aus Magdala dachte, den Gärtner zu sehen. Sie sagte zu ihm: „Herr, hast du Jesus weggetragen? Wohin hast du ihn gelegt? Ich will ihn holen." Da sagte Jesus zu ihr: „Maria!" Maria schaute zu Jesus und sagte: „Rabbuni (das heißt: Meister)!" Jesus sagte zu ihr: „Halte mich nicht fest. Ich bin noch nicht bei meinem Vater. Aber geh zu meinen Aposteln und sage ihnen: Ich gehe zu meinem Vater und eurem Vater, zu meinem Gott und eurem Gott." Maria von Magdala ging zu den Aposteln und sagte ihnen: „Ich habe den Herrn gesehen." Sie erzählte, was Jesus gesagt hatte.

Der Auftrag an die Jünger
Joh 20,19-23

Die Apostel waren am Sonntagabend versammelt. Sie hatten die Türen aus Angst vor den Juden versperrt. Plötzlich kam Jesus in ihre Mitte und sprach zu ihnen: „Friede sei mit euch." Dann zeigte er ihnen seine Hände und seine Seite. Die Jünger freuten sich sehr, weil sie den Herrn sahen. Jesus sprach noch einmal zu ihnen: „Friede sei mit euch. Der Vater hat mich gesandt. So sende ich euch." Dann hauchte

Jesus die Apostel an und sprach zu ihnen: „Empfangt den Heiligen Geist. Ich gebe euch die Macht, die Sünden zu verzeihen."

Jesus und Thomas
Joh 20,24-29

Der Apostel Thomas war nicht dabei. Die anderen Jünger sagten ihm: „Wir haben den Herrn gesehen." Thomas antwortete: „Ich will die Nagelwunden an seinen Händen sehen. Ich will meine Finger in seine Nagelwunden und meine Hand in seine Seitenwunde legen oder ich glaube nicht."
Acht Tage später waren die Apostel wieder in dem Raum versammelt. Thomas war da. Jesus kam bei verschlossenen Türen und stand in ihrer Mitte. Er sprach: „Friede sei mit euch!" Dann sagte Jesus zu Thomas: „Leg deine Finger in meine Wunden und schau meine Hände an. Nimm deine Hand und lege sie in meine Seitenwunde. Sei nicht ungläubig, sondern gläubig."
Thomas antwortete: „Mein Herr und mein Gott."
Jesus sagte zu ihm: „Du glaubst, weil du mich siehst. Selig sind die Menschen, die mich nicht sehen und doch glauben."

Nachwort
Joh 20,30-31

Jesus hat noch viele andere Wunder getan. Die Jünger haben sie gesehen. Sie sind nicht in diesem Buch aufgeschrieben.
Das alles aber ist aufgeschrieben, damit ihr an Jesus Christus glaubt. Er ist der Sohn Gottes. Ihr sollt an ihn glauben, um das ewige Leben zu haben.

Die Erscheinung des Auferstandenen am See Gennesaret
Joh 21,1-23

Die Jünger sahen Jesus beim See Gennesaret wieder. Petrus, Thomas, Natanael aus Kana, Jakobus, Johannes und zwei andere Jünger waren beisammen. Petrus sagte zu ihnen: „Ich gehe fischen." Sie sagten zu ihm: „Wir fahren mit dir." Sie stiegen in ein Boot. Sie fingen aber nichts in dieser Nacht. Es wurde Morgen. Jesus stand am Ufer. Die Jünger wussten aber nicht, dass Jesus da war.
Jesus fragte sie: „Habt ihr nichts zu essen?" Sie antworteten: „Nein." Da sagte Jesus zu ihnen: „Werft

Fischer am See.

das Netz auf der rechten Seite vom Boot aus. Ihr werdet Fische fangen."

Sie warfen das Netz aus und konnten es nicht mehr ins Boot ziehen. Es waren so viele Fische im Netz. Der Jünger, den Jesus liebte (Johannes), sagte zu Petrus: „Es ist der Herr." Da zog Petrus sein Gewand an und sprang in den See. Die anderen Jünger kamen mit dem Boot nach. Sie zogen das Netz mit den Fischen nach. Dann gingen sie ans Ufer. Da brannte ein Kohlenfeuer. Fisch und Brot waren dabei. Jesus sagte zu den Aposteln: „Bringt einige gefangene Fische her."

Petrus stieg ins Boot. Er zog das Netz ans Ufer. 153 große Fische waren im Boot. Das Netz aber zerriss nicht.

Jesus sagte zu ihnen: „Kommt und esst." Keiner fragte Jesus: „Wer bist du?" Sie wussten, dass es der Herr war. Jesus nahm das Brot und gab es den Aposteln. Er gab ihnen auch die Fische. So offenbarte (zeigte) sich Jesus seinen Jüngern. Das war die dritte Offenbarung (Erscheinung) nach der Auferstehung Jesu.

Alle hatten gegessen. Jesus sagte zu Petrus: „Liebst du mich?" Petrus antwortete: „Ja, Herr, du weißt, dass ich dich liebe." Jesus sagte zu ihm: „Weide meine Lämmer (sorge für die Menschen)."

In der Petruskirche.

Jesus fragte zum zweiten Mal: „Petrus, liebst du mich?" Petrus antwortete: „Ja, Herr, du weißt, dass ich dich liebe." Jesus sagte zu ihm: „Weide meine Schafe."
Dann fragte Jesus ein drittes Mal: „Petrus, liebst du mich?" Da wurde Petrus traurig, weil Jesus dreimal fragte: Liebst du mich?

*Auftrag Jesu an Petrus;
Weide meine Schafe.*

Er antwortete: „Herr, du weißt alles, du weißt, dass ich dich liebe." Jesus sprach zu ihm: „Weide meine Schafe!"

Dann sagte Jesus: „Du warst jung. Du konntest gehen, wohin du wolltest. Wenn du alt bist, wirst du deine Hände ausstrecken. Man wird dich binden und zum Tod führen."

Dann sagte Jesus zu Petrus: „ Folge mir!"

Petrus drehte sich um und sah Johannes. Er fragte Jesus: „Was wird mit Johannes geschehen?" Jesus antwortete ihm: „Sorge dich nicht, auch wenn er bis zu meinem Kommen bleibt. Du aber folge mir!"

Das Schlusswort von Johannes
Joh 21,24-25

Johannes hat alles aufgeschrieben. Er bezeugt die Wahrheit der Lebensgeschichte Jesu. Sein Zeugnis ist wahr. Noch vieles andere hat Jesus getan. Man kann nicht alles aufschreiben. Das wären viel zu viele Bücher.

Die Apostelgeschichte

Lukas hat ein Evangelium und die Apostelgeschichte geschrieben. Im Evangelium erzählte er die Lebensgeschichte Jesu. In der Apostelgeschichte erzählt er von Petrus, Paulus und von den anderen Aposteln, vom Entstehen und Wachsen der Kirche, vom Leben der ersten Christen.

Vorwort
Apg 1,1-3

Lieber Theophilus, ich habe im ersten Buch alles erzählt, was Jesus getan und gelehrt hat. Ich habe dir erzählt bis zu dem Tag seiner Himmelfahrt. Vorher hat er seinen Aposteln Aufgaben gegeben. Nach seinem Leiden hat er ihnen viele Beweise für seine Auferstehung gegeben. Vierzig Tage lang ist er ihnen erschienen. Er hat mit ihnen über das Reich Gottes gesprochen.

Blick zum Ölberg.

Die Kirche in Jerusalem
Apg 1,4 – 8,3

Jesu Testament, Auftrag und Himmelfahrt: Ihr sollt meine Zeugen sein
Apg 1,4-11

Jesus sagte seinen Aposteln beim gemeinsamen Mahl: „Geht nicht weg von Jerusalem. Wartet auf das Versprechen meines Vaters, den Heiligen Geist. Ich habe es euch gesagt: Johannes hat mit Wasser getauft. Ihr werdet in wenigen Tagen mit Heiligem Geist getauft werden. Der Heilige Geist wird auf euch herabkommen. Ihr werdet seine Kraft empfangen. Ihr werdet meine Zeugen sein in Jerusalem, in Judäa, Samaria, bis an die Grenzen der Erde."

Als Jesus das gesagt hatte, wurde er in den Himmel hinaufgenommen. Die Apostel schauten Jesus nach. Eine Wolke nahm Jesus auf. Plötzlich standen zwei Männer in weißen Kleidern bei den Aposteln. Sie sagten: „Ihr Männer von Galiläa, warum steht ihr da und schaut zum Himmel? Jesus ist in den Himmel aufgefahren. Er wird genauso wiederkommen."

Der Anfang der Kirche
Apg 1,12-14

Die Apostel gingen vom Ölberg in die Stadt Jerusalem zurück. Sie gingen in den Abendmahlsaal und blieben dort zusammen: Petrus und Johannes, Jakobus und Andreas, Philippus und Thomas, Bartholomäus und Matthäus, Jakobus, der Sohn des Alphäus, und Simon und Judas, der Sohn des Jakobus. Die Apostel, die Frauen, Maria, die Mutter Jesu, und andere Freunde waren dort im Gebet beisammen.

Die Wahl des Apostels Matthias – Die Kirche wird auf dem Fundament der zwölf Apostel aufgebaut
Apg 1,15-26

Hundertzwanzig Jünger waren mit den Aposteln versammelt. Petrus stand auf und sprach: „Brüder! Judas ist zum Verräter geworden. Er war ein Apostel und sollte dienen wie wir. Judas hat Jesus verraten. Er kaufte mit dem ungerechten Lohn ein Grundstück. Dann aber starb er durch Selbstmord. Das wissen alle Bewohner Jerusalems. Deshalb heißt das Grundstück

Himmelfahrtskapelle, Ölberg.

Hakeldamach, Blutacker. Jemand anderer muss sein Amt bekommen. Josef Barsabbas und Matthias waren immer bei uns. Sie haben Jesus gesehen, angefangen von der Taufe des Johannes bis zur Himmelfahrt. Sie können seine Auferstehung bezeugen."

Dann beteten sie: „Herr, du kennst die Herzen aller. Zeige uns, wen du gewählt hast. Wer soll Apostel werden?" Dann wählte man. Matthias wurde gewählt. Er gehörte jetzt zu den zwölf Aposteln.

Pfingsten: Alle wurden mit Heiligem Geist erfüllt
Apg 2,1-13

Am Pfingsttag waren alle beisammen. Plötzlich kam vom Himmel ein Brausen wie ein starker Sturm. Zungen wie von Feuer erschienen und verteilten sich.

Komm, Hl. Geist (Fenster im Petersdom, Rom).

Der Heilige Geist kam auf jeden von ihnen. Alle empfingen den Heiligen Geist. Sie begannen in fremden Sprachen zu reden. Der Heilige Geist half ihnen. Viele Juden wohnten in Jerusalem, sie waren aus vielen Ländern gekommen. Sie hörten das Brausen und liefen zusammen. Sie waren erschrocken. Jeder hörte die Apostel in seiner Sprache reden. Sie staunten und fragten: „Alle diese Männer sind Galiläer. Warum können wir alle unsere Muttersprache hören? Wir sind Parther, Meder, Elamiter. Wir kommen aus Mesopotamien, Judäa und Kappadozien, von Pontus und Asien, von Phrygien und Pamphylien, aus Libyen und Rom. Wir sind Juden, Kreter und Araber. Wir alle hören die Apostel in unserer Sprache von Gottes Wundern reden." Alle staunten und fragten: „Was bedeutet das?" Andere aber spotteten: „Sie sind betrunken."

Die Predigt des Petrus – Gottes Versprechen wird wahr
Apg 2,14-36

Petrus stand mit den elf Aposteln da. Er begann zu reden: „Ihr Juden und alle Bewohner Jerusalems! Ihr sollt wissen: Diese Männer sind nicht betrunken. Es ist erst neun Uhr vormittags. Jetzt ist geschehen, was der Prophet Joël gepredigt hat:

Gottes Geist wird kommen. Alle werden den Heiligen Geist empfangen. Er wird Wunder wirken im Himmel und auf der Erde. Jeder, der den Namen des Herrn anruft, wird gerettet werden."

Petrus sprach weiter:

„Israeliten, ich sage euch: Jesus aus Nazaret hat große Wunder bei euch gemacht. Gott hat ihn beglaubigt. Ihr aber habt Jesus ans Kreuz schlagen und töten lassen. Gott aber hat Jesus auferweckt. Der Tod konnte ihn nicht festhalten.

Schon König David hat von Jesus gesprochen: Herr, du lässt mich nicht in der Unterwelt, du zeigst mir den Weg zum Leben. Ich darf dich schauen. Du schenkst mir Freude.

Ihr wisst: David ist gestorben und wurde begraben. Sein Grab ist bei uns. Er war ein Prophet. Gott hat ihm Weisheit gegeben. Er hat vorausschauend über die Auferstehung Christi gesprochen: Er wird nicht im Totenreich bleiben. Sein Fleisch wird nicht verwesen.

Gott hat diesen Jesus auferweckt. Wir sind Zeugen. Er ist bei seinem Vater im Himmel. Er hat den Heiligen Geist geschickt. Das habt ihr jetzt gesehen und gehört.

Ihr alle sollt wissen: Jesus, den ihr gekreuzigt habt, ist unser Herr und Erlöser."

Das Werden der Kirche
Apg 2,37-47

Viele hörten die Predigt des Petrus. Sie waren erschrocken und fragten: „Was sollen wir tun?" Petrus antwortete ihnen: „Bekehrt euch. Lasst euch im Namen Jesu taufen. Ihr werdet Verzeihung der Sünden bekommen. Ihr werdet Gottes Heiligen Geist empfangen. Gottes Versprechen gilt für euch und eure Kinder: Gott wird alle Menschen rufen."

So bat und mahnte Petrus die Zuhörer: „Lasst euch retten!"

Viele glaubten dem Wort des Petrus. Dreitausend ließen sich taufen. Sie befolgten die Lehre der Apostel, sie beteten gemeinsam und feierten das ‚Brotbrechen' (= Eucharistiefeier = Messe).

Alle staunten über die Wunder der Apostel. Sie lebten gläubig in einer guten Gemeinschaft. Sie hatten alles gemeinsam. Sie verkauften ihr Eigentum und teilten mit allen, die Not hatten. Sie beteten täglich im Tempel. Sie feierten das Brotbrechen in den Häusern. Sie aßen gemeinsam. Sie lobten Gott. Sie waren bei den Menschen beliebt. Täglich kamen neue Menschen, die gerettet werden wollten (die gläubig wurden und getauft werden wollten).

Die Heilung eines Lahmen: Die Macht des Namens Jesu
Apg 3,1-10

Petrus und Johannes gingen zum Tempel, um zu beten. Man brachte einen Mann, der seit seiner Geburt lahm war. Er saß täglich bei der Schönen Pforte, einem Tempeltor. Er saß da, um zu betteln.

Petrus und Johannes gingen in den Tempel. Der Lahme bat auch sie um Geld. Petrus und Johannes schauten ihn an. Petrus sagte: „Schau uns an!" Der Lahme hoffte, Geld zu bekommen. Petrus aber sagte: „Silber und Gold habe ich nicht. Was ich aber habe, gebe ich dir: Im Namen Jesu Christi aus Nazaret steh auf und geh!" Petrus nahm die rechte Hand des Lahmen und half ihm aufzustehen. Da wurden seine Füße und Knöchel fest. Er sprang auf, stand und ging umher. Er ging mit Petrus und Johannes in den Tempel, lief und sprang und lobte Gott. Die Leute sahen ihn gehen. Sie lobten Gott. Alle wussten, dass der Bettler vom Schönen Tor geheilt war. Sie staunten sehr.

Petrus predigt auf dem Tempelplatz
Apg 3,11-26

Der Geheilte blieb bei Petrus und Johannes. Alle Leute liefen zusammen und staunten. Petrus sah die vielen Leute. Er sprach: „Warum staunt ihr? Wir haben den Mann nicht mit unserer Kraft und Frömmigkeit geheilt. Der Gott Abrahams, Isaaks und Jakobs hat Jesus verherrlicht. Ihr habt Jesus dem Pilatus

Tempelplatz.

Petrus und Johannes beim Hohen Rat
Die Rettung (Hilfe) kommt nur durch Jesus
Apg 4,1-22

Während der Predigt des Petrus kamen die Priester, der Tempelhauptmann und Sadduzäer zu den beiden Aposteln. Sie waren böse, weil die Apostel die Leute unterrichteten und von der Auferstehung Jesu predigten. Sie verhafteten die Apostel. Die Apostel mussten bis zum Morgen im Gefängnis bleiben. Es war nämlich schon Abend.

Viele Leute aber wurden gläubig, weil sie die Predigt des Petrus gehört hatten. Fünftausend Männer waren schon Christen.

Am nächsten Morgen versammelte sich der Hohe Rat mit den Hohenpriestern Hannas und Kajaphas und die Schriftgelehrten. Sie holten Petrus und Johannes und fragten sie: „Mit welcher Kraft und in welchem Namen habt ihr den Mann geheilt?" Petrus sagte (erfüllt vom Heiligen Geist): „Ihr Führer des Volkes! Ihr Ältesten! Ihr habt uns verhaftet, weil wir einem kranken Mann Gutes getan haben. Dieser Mann wurde geheilt. Ihr alle sollt wissen: Wir machten dieses Wunder im Namen Jesu Christi aus Nazaret. Ihr habt Jesus gekreuzigt. Gott hat ihn auferweckt. Durch die Macht Jesu ist dieser Mann gesund geworden. Ihr habt Jesus nicht geglaubt. Nur von Jesus aber kommt die Rettung."

Die Hohenpriester und Ältesten sahen den Mut der Apostel. Sie staunten, weil ungelehrte und einfache Leute so gescheit sprechen konnten. Sie erkannten Petrus und Johannes als Jünger Jesu. Sie sahen den Geheilten bei ihnen stehen. Sie konnten nichts dagegen machen. Sie befahlen ihnen, den Hohen Rat zu verlassen. Dann begannen sie zu beraten. Sie sagten: „Was sollen wir mit diesen Menschen machen?

übergeben. Ihr habt Jesus verleugnet und die Freilassung eines Mörders verlangt. Ihr habt Jesus getötet. Gott aber hat ihn auferweckt. Wir sind dafür Zeugen. Der Lahme wurde im Namen Jesu geheilt. Der Glaube an Jesus hat ihn gesund gemacht. Brüder, ihr habt das nicht gewusst. So aber wurde das Wort der Propheten wahr: ‚Jesus muss leiden'. Bekehrt euch und büßt, damit eure Sünden verziehen werden. Jesus Christus wird wiederkommen. Er ist jetzt im Himmel. Alles wird geschehen, was die Propheten gelehrt haben. Mose befahl, dem Messias zu folgen. Alle Propheten sprachen vom Kommen des Erlösers. Ihr seid Söhne dieser Propheten. Ihr habt den Alten Bund mit Gott. Ihr sollt den Segen des Messias bekommen wie alle Menschen. Gott hat Jesus für euch auferweckt und geschickt. Er soll euch segnen und eure Sünden verzeihen."

Alle Bewohner aus Jerusalem wissen von dem Wunder. Wir können es nicht abstreiten. Es soll aber nicht mehr weitererzählt werden. Wir werden Petrus und Johannes Strafe androhen und ihnen verbieten, von Jesus zu predigen."

Man rief die Apostel wieder herein und verbot ihnen die Predigt von Jesus. Petrus und Johannes aber antworteten: „Ihr müsst selbst entscheiden, was Recht ist: Gott oder euch zu folgen. Wir können nicht schweigen von dem, was wir gesehen und gehört haben."

Man drohte den Aposteln noch einmal und ließ sie frei. Der Hohe Rat konnte sie nicht bestrafen. Die Leute wussten nämlich von dem Wunder und lobten Gott. Der Mann, der durch das Wunder geheilt wurde, war über vierzig Jahre alt.

Das Gebet der Urkirche um Mut
Apg 4,23-31

Petrus und Johannes gingen zu den anderen Aposteln und Jüngern. Sie erzählten, was die Hohenpriester und Ältesten gesagt hatten. Da begannen alle zu Gott zu beten: „Herr, du hast Himmel und Erde, das Meer und alles erschaffen. Unser König David hat durch die Kraft des Heiligen Geistes gesagt: Die Heiden toben. Die Menschen wollen nicht gehorchen. Könige und Herrscher kämpfen gegen Gott. Herodes und Pilatus haben sich mit den Heiden und Israeliten verbündet. Sie haben gegen Christus gekämpft. Sie konnten aber nur tun, was du willst. Herr, du kennst ihre Drohung. Gib uns Kraft, dein Wort zu predigen. Lass Heilung und Zeichen und Wunder geschehen durch deinen Sohn Jesus."

Nach dem Gebet begann der Boden zu zittern. Gott Heiliger Geist kam. Alle empfingen seine Kraft. Sie predigten mit Mut und Kraft das Wort Gottes.

Das Leben der Urgemeinde:
Ein Herz und eine Seele
Apg 4,32-37

Die Gläubigen lebten wie ein Herz und eine Seele. Sie hatten alles gemeinsam. Die Apostel predigten von der Auferstehung Jesu. Gott schenkte allen viel Gnade. Niemand musste Not leiden. Die Reichen verkauften ihren Besitz und brachten das Geld den Aposteln. Man gab allen, was sie brauchten. Auch Josef Barnabas aus Zypern verkaufte seinen Acker und brachte das Geld den Aposteln.

Hananias und Saphira
Nicht nur Gutes geschieht, auch das Böse ist da
Apg 5,1-11

Ein Mann namens Hananias und seine Frau Saphira verkauften ein Grundstück. Sie behielten heimlich einen Teil vom Geld. Den anderen Teil brachte Hananias den Aposteln.

Petrus sagte: „Hananias, warum folgst du dem Teufel? Warum belügst du den Heiligen Geist? Warum hast du Geld versteckt? Niemand hat dich gezwungen, dein Eigentum zu verkaufen und das Geld herzugeben. Warum tust du Böses? Du hast nicht die Menschen belogen, sondern Gott."

Da fiel Hananias tot nieder. Alle erschraken sehr. Junge Männer standen auf, deckten ihn zu, trugen ihn hinaus, um ihn zu begraben.

Drei Stunden später kam seine Frau Saphira. Sie wusste nicht, was geschehen war.

Petrus fragte sie: „Habt ihr das Grundstück für dieses Geld verkauft?"

Sie antwortete: „Ja."

Da sagte Petrus: „Warum habt ihr euch ausgemacht, Gott zu belügen. Man hat deinen Mann begraben.

Man wird auch dich begraben." Auch die Frau starb. Die jungen Männer kamen herein, fanden sie tot, trugen sie hinaus und begruben sie neben ihrem Mann. Alle fürchteten sich sehr.

Die Urkirche wächst
Apg 5,12-16

Die Apostel taten viele Wunder. Sie versammelten sich oft in der Halle Salomos im Tempel. Das Volk fürchtete den Hohen Rat. Sie schätzten aber die Apostel sehr. Immer mehr Männer und Frauen wurden gläubig. Man brachte Kranke auf die Straße. Man legte sie auf Betten und Bahren. Petrus sollte sie heilen. Viele Leute kamen auch aus den Nachbarstädten. Man brachte Kranke und Besessene. Alle wurden geheilt.

Verhaftung und Befreiung der Apostel
Die Apostel predigen voll Freude
Die Kirche ist von Gott
Sie kann nicht vernichtet werden
Apg 5,17-42

Die Hohenpriester und die Sadduzäer waren eifersüchtig. Sie ließen die Apostel verhaften und ins Gefängnis sperren. Ein Engel des Herrn aber öffnete in der Nacht die Gefängnistore. Er führte die Apostel aus dem Gefängnis und sagte: „Geht und predigt im Tempel den Leuten Gottes Wort." Die Apostel gingen in der Früh in den Tempel und lehrten.
Der Hohepriester, der Hohe Rat und die Ältesten kamen zusammen. Man befahl, die Apostel aus dem Gefängnis zu holen. Die Diener gingen, aber das Gefängnis war leer. Da gingen die Diener wieder zum Hohen Rat und sagten: „Das Gefängnis war zuge-

Tempel-Hallen.

sperrt. Die Wachen stehen vor den Türen. Wir haben aufgemacht, aber das Gefängnis war leer."
Der Tempelhauptmann und die Hohenpriester verstanden das nicht. Da kam ein Mann und sagte: „Ihr habt die Apostel gestern eingesperrt. Sie stehen jetzt im Tempel und lehren die Leute." Der Tempelhauptmann ging mit seinen Soldaten, die Apostel zu holen. Sie waren zu den Aposteln freundlich. Sie fürchteten nämlich, von den Leuten gesteinigt zu werden. Man brachte die Apostel zum Hohen Rat. Der Hohepriester fragte sie: „Wir haben euch verboten, im Namen Jesu zu lehren. Ihr predigt aber trotzdem in ganz Jerusalem. Ihr wollt, dass wir wegen Jesus Strafe bekommen."
Petrus und die Apostel antworteten: „Man muss Gott mehr folgen als den Menschen. Ihr habt Jesus gekreuzigt und ermordet. Gott aber hat ihn auferweckt. Er ist im Himmel als unser Heiland und Erlöser. Er schenkt Israel die Bekehrung und die Verzeihung der Sünden.

Wir sind Zeugen für diese Wahrheit. Gott Heiliger Geist bezeugt es. Alle, die Gott gehorchen, bekommen die Gnade vom Heiligen Geist."

Da wurde der Hohe Rat zornig. Man wollte die Apostel töten.

Gamaliel war ein Pharisäer und berühmter Gesetzeslehrer. Er stand auf. Er ließ die Apostel hinausführen. Dann sagte er zum Hohen Rat: „Männer aus Israel, überlegt gut, was ihr mit diesen Leuten tun wollt. Denkt an Theudas. Er behauptete, etwas Besonderes zu sein. Er sammelte vierhundert Männer. Er wurde aber getötet. Seine Leute wurden verjagt. Dann kam Judas, der Galiläer. Er sammelte viele Leute und führte sie zum Aufstand. Auch er starb. Seine Leute wurden verjagt. Ich sage euch: Lasst diese Männer frei. Wenn ihre Arbeit Menschenwerk ist, wird sie zerstört. Wenn ihre Arbeit aber von Gott kommt, könnt ihr sie nicht zerstören. Ihr könnt gegen Gott nichts tun."

Alle waren einverstanden. Man rief die Apostel herein und ließ sie geißeln. Man verbot ihnen wieder, von Jesus zu reden. Dann ließ man die Apostel frei. Die Apostel gingen vom Hohen Rat fort. Sie freuten sich, weil sie leiden durften wie Jesus. Sie lehrten täglich im Tempel und in den Häusern. Sie predigten das Evangelium Jesu Christi.

Die Wahl der Sieben (Diakone) – Ihr Dienst in der Urkirche
Apg 6,1-7

Immer mehr Menschen wurden gläubig. Viele Gläubige waren mit der täglichen Versorgung nicht zufrieden. Sie meinten, die Spenden werden ungerecht verteilt.

Da riefen die zwölf Apostel alle Jünger zusammen und sagten: „Wir müssen das Wort Gottes predigen.

Wir können nicht auch für die tägliche Spendenverteilung sorgen. Wir wollen sieben anständige, weise Männer wählen. Sie sollen diese Aufgabe übernehmen. Wir aber wollen beten und Gottes Wort lehren."

Alle waren einverstanden. Sie wählten Stephanus, Philippus, Prochorus, Nikanor, Timon, Parmenas und Nikolaus. Man führte die sieben Männer zu den Aposteln. Die Apostel beteten und legten ihnen die Hände auf (Handauflegung bedeutet, den Heiligen Geist auf die Menschen herabrufen).

Die Apostel lehrten das Wort Gottes. Viele Menschen wurden gläubig. Auch viele (jüdische) Priester wollten gläubig werden.

Stephanus wird angeklagt und getötet – Herr, verzeih ihnen diese Schuld.
Apg 6,8-15; 7,1-58

Stephanus war voll Gnade und Kraft. Er tat viele Wunder. Einige Leute begannen mit ihm zu streiten.

Kidrontal, Stephanuskirche.

Stephanus aber sprach sehr weise. Da holten sie falsche Zeugen. Sie sollten gegen Stephanus sprechen. Man schleppte Stephanus zum Hohen Rat. Die falschen Zeugen sagten: „Dieser Mensch beleidigt den Tempel und das Gesetz des Mose." Alle logen durcheinander.

Der Hohepriester fragte Stephanus: „Ist das wahr?" Stephanus antwortete:

„Unser Vater Abraham kam aus Chaldäa nach Haran. Abrahams Vater starb. Da kam Abraham in unser Land. Gott belehrte ihn über die Zukunft des israelitischen Volkes. Gott versprach, das Volk zu schützen und befahl ihm, den Geboten treu zu bleiben. Das war der Alte Bund. Isaak, Jakob und die zwölf Stammväter befolgten den Alten Bund.

Die Söhne Jakobs waren eifersüchtig und verkauften Josef nach Ägypten. Gott aber schützte ihn. Er rettete ihn und machte ihn weise. Pharao staunte und befahl ihm, Ägypten zu regieren.

Eine Hungersnot war in ganz Ägypten und Kanaan. Das Elend war groß. Unsere Väter fanden keine Nahrung. Jakob schickte seine Söhne zweimal nach Ägypten, um Getreide zu holen. Josef stellte sich den Brüdern vor. Er holte dann den Vater Jakob und die ganze Verwandtschaft nach Ägypten. Jakob und seine Söhne starben in Ägypten. Man brachte sie nach Sichem und begrub sie dort.

Das Volk vermehrte sich in Ägypten. Ein neuer Pharao wusste von Josef nichts mehr. Er unterdrückte unser Volk und befahl, die Kinder unseres Volkes zu töten. Mose wurde geboren. Er lebte drei Monate im Haus seines Vaters. Dann brachte man ihn in das Schilf des Nils. Die Tochter des Pharao fand ihn und nahm ihn nach Hause. Mose wurde weise erzogen. Nach vielen Jahren kam Mose zu den Israeliten. Er sah die Unterdrückung. Er wurde wütend und erschlug einen Ägypter. Er wollte die Israeliten retten. Sie aber wollten ihm nicht folgen. Da floh Mose in das Land Midian.

Viele Jahre später war Mose in der Wüste Sinai. Ein Engel erschien ihm in der Flamme eines brennenden Dornbusches. Mose staunte. Er ging zum Dornbusch und hörte die Stimme des Herrn: ‚Ich bin der Gott deiner Väter, der Gott Abrahams, Isaaks und Jakobs. Ich befehle dir, die Schuhe auszuziehen. Du stehst auf heiligem Boden. Ich habe die Unterdrückung meines Volkes in Ägypten gesehen. Ich will es befreien. Du sollst deshalb nach Ägypten gehen.'

Gott schickte Mose als Befreier nach Ägypten. Mose tat mit Gottes Hilfe viele Wunder im Land Ägypten, im Roten Meer und in der Wüste. Mose sprach zu den Israeliten: ‚Gott wird einen Propheten schicken.' Man glaubte aber dem Mose nicht. Aaron machte ihnen ein goldenes Kalb. Sie beteten es an und dienten auch den Gestirnen (= Himmelskörpern). So steht es auch beim Propheten Amos geschrieben.

Unsere Väter hatten in der Wüste das Bundeszelt. So hatte es Gott befohlen.

Unsere Väter brachten dieses Zelt in unser Land. Das blieb so bis zu König David. König David wollte einen Tempel bauen. Salomo baute dann das Haus Gottes. Gott aber wohnt nicht in Menschenhäusern. So predigte schon der Prophet Jesaja: ‚Gott spricht: Der Himmel ist mein Thron. Die Erde ist bei meinen Füßen. Ihr könnt mir kein Haus bauen. Denn alles, was ihr habt, habe ich erschaffen.'

Ihr Ungläubigen! Ihr wollt dem Heiligen Geist nicht folgen. Auch eure Väter haben nicht gefolgt. Eure Väter haben die Propheten verfolgt. Alle, die vom Messias predigten, haben sie getötet. Ihr habt Jesus verraten und ermordet. Engel haben euch das Gesetz Gottes gegeben. Ihr aber habt es nicht befolgt."

Da wurden alle sehr zornig. Stephanus aber – erfüllt vom Heiligen Geist – schaute zum Himmel. Er sah Gottes Herrlichkeit und Jesus beim Vater im Himmel. Er rief: „Ich sehe den Himmel offen. Jesus ist zur Rechten Gottes."

Da schrien alle sehr. Sie hielten sich die Ohren zu. Sie trieben Stephanus aus der Stadt und steinigten ihn. Ein junger Mann namens Saulus musste ihre Kleider bewachen. Sie aber steinigten Stephanus. Stephanus betete: „Herr Jesus, nimm meinen Geist auf." Dann fiel er auf die Knie und schrie laut: „Herr, verzeih ihnen diese Sünde."

Dann starb er.

Saulus war mit dem Mord einverstanden.

Stadtmauer von Jerusalem, Stephanustor.

Verfolgung der jungen Kirche in Jerusalem – Viele Christen flüchten
Apg 8,1b-3

An diesem Tag begann eine schwere Verfolgung für die Kirche in Jerusalem. Die Gläubigen flohen in die Gegend von Judäa und Samaria. Die Apostel aber blieben in Jerusalem.

Stephanus wurde begraben. Viele weinten über seinen Tod.

Saulus aber wollte die Kirche zerstören. Er ging in die Häuser, schleppte Männer und Frauen fort und ließ sie ins Gefängnis sperren.

Die Kirche in Judäa und Samarien
Apg 8,4 – 12,23

Philippus als Missionar in Samaria
Apg 8,4-13

Die Gläubigen sind zerstreut worden. Sie wanderten umher und lehrten Gottes Wort.

Der Diakon Philippus ging in die Stadt Samaria und predigte dort von Christus. Alle Leute hörten die Lehre und staunten über die Wunder, die Philippus tat. Philippus jagte böse Geister davon und heilte Gelähmte und Kranke. Alle Leute freuten sich sehr.

In der Stadt lebte ein Mann namens Simon. Er betrog die Leute mit Zauberei. Er machte mit seinen Zauberkünsten das Volk dumm. Viele Leute folgten ihm. Jetzt aber kamen sie zu Philippus, glaubten der Predigt vom Reich Gottes und ließen sich taufen. Sie staunten über die Wunder. So wurde Samaria gläubig.

Auch Simon wurde gläubig und ließ sich taufen. Er staunte über die Wunder des Philippus.

Petrus und Johannes in Samarien
Die Gläubigen empfangen den Heiligen Geist durch Gebet und Handauflegung
Apg 8,14-17

Die Apostel in Jerusalem erfuhren, dass Leute in Samarien gläubig geworden waren. Petrus und Johannes gingen deshalb nach Samarien. Sie beteten für die Gläubigen um den Heiligen Geist. Noch niemand hatte ihn empfangen. Sie waren alle schon im Namen Jesu getauft. Die Apostel legten den Gläubigen die Hände auf. Sie empfingen den Heiligen Geist.
Petrus und Johannes predigten in vielen Orten Samariens. Dann gingen sie nach Jerusalem zurück.

Die Taufe des Äthiopiers
Der Glaube an Jesus ist wichtig für die Taufe
Apg 8,26-40

Ein Engel des Herrn sagte zu Philippus: „Geh nach Süden auf die Straße von Jerusalem nach Gaza." Philippus folgte. Er traf einen Mann aus Äthiopien. Er war Hofbeamter bei der äthiopischen Königin. Er hatte eine Wallfahrt nach Jerusalem gemacht. Jetzt fuhr er heim. Er saß auf einem Wagen. Er las im Buch vom Propheten Jesaja. Philippus lief hin und hörte ihn lesen. Da sagte er: „Verstehst du, was du liest?" Der Äthiopier sagte: „Niemand hilft mir verstehen." Er bat Philippus, ihm alles zu erklären.
Er las: ‚Wie ein Schaf wird er zum Schlachten geführt. Er klagt nicht. Er opfert sein Leben.'
Der Äthiopier fragte Philippus: „Wen meint der Prophet? Spricht er von sich oder von jemand anderem?" Philippus erklärte ihm die Heilige Schrift und lehrte ihn das Evangelium Jesu. Bald kamen sie zu einem Wasser. Der Äthiopier sagte: „Da ist Wasser. Kann ich getauft werden?" Der Wagen blieb stehen. Philippus und der Äthiopier stiegen ins Wasser. Philippus taufte ihn. Der Äthiopier war sehr froh.
Philippus aber predigte in Aschdod weiter. Er wanderte durch viele Städte bis Cäsarea. Überall predigte er das Evangelium.

Die Bekehrung des Saulus
Apg 9,1-22

Saulus verfolgte die Gläubigen mit Drohung und Mord. Er wollte auch die Gläubigen in Damaskus fesseln und nach Jerusalem bringen. Er bat deshalb den Hohenpriester um Erlaubnis.
In der Nähe von Damaskus strahlte plötzlich ein Licht vom Himmel. Saulus stürzte auf den Boden. Er hörte eine Stimme sprechen: „Saul, Saul, warum verfolgst du mich?" Saulus antwortete: „Herr, wer bist du?" Die Stimme antworte: „Ich bin Jesus. Du verfolgst mich. Steh auf und geh in die Stadt. Dort wird man dir sagen, was du tun sollst." Die Begleiter waren sprachlos. Sie hörten die Stimme. Sie sahen aber niemanden.
Saulus stand auf. Er konnte aber nichts sehen. Seine Begleiter führten ihn deshalb nach Damaskus. Saulus war drei Tage blind. Er aß nichts und trank nichts.
In Damaskus lebte ein Jünger namens Hananias. Gott befahl ihm: „Geh in die Gerade Straße. Frag im Haus des Judas nach einem Mann Saulus. Er betet jetzt." Hananias antwortete: „Herr, dieser Mann hat deinen Gläubigen in Jerusalem viel Böses getan. Er darf auch hier alle verhaften, die an dich glauben." Gott aber sprach zu Hananias: „Geh! Dieser Mann wird für mich arbeiten. Er wird meinen Namen vielen Menschen und Königen und Israeliten lehren. Er wird auch viel leiden müssen."

Kapelle des Hananias.

Da ging Hananias in das Haus. Er legte Saulus die Hände auf und sagte: „Bruder Saul, der Herr hat mich geschickt. Du hast Jesus auf dem Weg nach Damaskus gesehen. Du sollst wieder sehen. Du wirst den Heiligen Geist empfangen." Sofort konnte Saulus wieder sehen. Er bat um die Taufe.

Saulus blieb einige Tage bei den Jüngern in Damaskus. Er predigte in der Synagoge von Jesus und sagte: „Jesus ist Gottes Sohn." Alle staunten und sagten: „Dieser Mann hat in Jerusalem die Gläubigen verfolgt. Er wollte sie auch hier in Damaskus verfolgen." Saulus aber predigte tapfer. Die Juden in Damaskus verstanden das nicht. Saulus aber bewies ihnen, dass Jesus der Erlöser ist.

Die Flucht des Saulus aus Damaskus
Apg 9,23-31

Saulus war einige Zeit in Damaskus und lehrte. Die Juden beschlossen, Saulus zu töten.

Man bewachte Tag und Nacht alle Tore. Die Jünger aber setzten Saulus bei Nacht in einen Korb. Sie ließen ihn über die Stadtmauer hinunter.

Saulus kam nach Jerusalem. Er ging zu den Jüngern. Alle fürchteten ihn sehr. Sie glaubten nicht an seine Bekehrung. Barnabas aber führte ihn zu den Aposteln. Er erzählte den Aposteln die Bekehrung des Saulus. Er erzählte ihnen auch von der tapferen Predigt des Saulus in Damaskus. Nun konnte Saulus bei den Jüngern bleiben. Er predigte auch in Jerusalem von Christus. Die Pharisäer aber begannen mit ihm zu streiten. Sie planten, ihn zu ermorden. Da führten ihn die Jünger nach Cäsarea und schickten ihn nach Tarsus.

Petrus in Lydda und Joppe
Apg 9,32-43

Die Kirche hatte in Judäa, Samaria und Galiläa Ruhe. Die Christen lebten gläubig. Viele Juden ließen sich taufen. Petrus ging überall hin. Er predigte in allen Städten und Dörfern. So kam er nach Lydda. Dort

Paulus, Flucht über die Stadtmauer.

war ein Mann namens Äneas. Er war schon acht Jahre gelähmt. Petrus sprach zu ihm: „Äneas, der Herr Jesus Christus macht dich gesund. Steh auf." Äneas stand sofort auf. Die Bewohner von Lydda und Scharon sahen den Geheilten. Viele bekehrten sich. In Joppe lebte eine Jüngerin namens Tabita. Sie tat viel Gutes und gab den Armen viel. Sie wurde krank und starb. Die Jünger schickten zwei Männer nach Lydda zu Petrus. Sie baten ihn zu kommen. Petrus kam nach Joppe. Man führte ihn zur Toten. Viele standen da und trauerten. Petrus schickte alle hinaus, kniete sich nieder und betete. Dann befahl er der Toten: „Tabita, steh auf!" Sie stand auf und lebte. Petrus rief die Leute herein.

Alle Leute in Joppe erfuhren davon. Viele kamen und glaubten an Jesus. Petrus blieb längere Zeit in Joppe. Er wohnte bei einem Gerber namens Simon.

Kirche des Petrus in Jaffa (Joppe).

Hauptmann Kornelius in Cäsarea
Apg 10,1-8

In Cäsarea lebte ein Mann namens Kornelius. Er war Hauptmann der italischen Soldaten. Seine Familie war fromm, sie ehrte Gott. Er spendete dem Volk sehr viel. Er betete mit seiner Familie zu Gott.

Ein Engel Gottes erschien ihm und sprach: „Deine Gebete und Spenden für die Armen gefallen Gott sehr. Schicke Männer nach Joppe und lass Simon Petrus kommen. Er wohnt im Haus am Meer beim Gerber Simon."

Kornelius schickte zwei Diener und einen Soldaten nach Joppe zu Petrus.

Die Belehrung des Petrus
Apg 10,9-23a

Petrus stieg auf das Dach, um zu beten. Es war Mittag. Er war hungrig und wollte essen. Da sah er plötz-

lich ein Tuch voll mit verschiedenen Tieren. Gott befahl ihm: „Petrus, schlachte und iss."

Petrus antwortete: „Nein, Herr! Ich habe noch nie Unheiliges und Unreines gegessen."

Gott sprach wieder zu Petrus: „Was Gott rein macht, darfst du nicht unrein nennen."

Petrus sah dieses Gleichnis dreimal.

(Mit diesem Beispiel wollte Gott den Petrus belehren: Es gibt nicht reine Menschen [Juden] und unreine Menschen [Heiden]. Alle Menschen sind Kinder Gottes.)

Petrus dachte über das gesehene Gleichnis nach. Da kamen die Männer des Kornelius zum Tor. Sie fragten nach Simon Petrus. Der Heilige Geist befahl Petrus, mit den Männern zu gehen. Petrus ging zur Türe und sagte: „Ich bin Petrus. Was wollt ihr?"

Die Männer des Kornelius antworteten: „Ein Engel hat dem Hauptmann Kornelius befohlen, dich in sein Haus zu holen. Er ist ein gerechter und frommer Mann. Die Juden achten und ehren ihn. Du sollst ihn belehren."

Petrus ließ die Männer ins Haus. Sie durften bei Simon im Haus essen und schlafen.

Die Taufe des Kornelius
Apg 10,23b-48

Petrus reiste mit den Männern zu Kornelius. Einige Gläubige aus Joppe begleiteten ihn. Sie kamen nach Cäsarea. Kornelius wartete auf Petrus. Er hatte seine Verwandten und Freunde zusammengerufen. Petrus kam. Kornelius ging ihm entgegen, kniete nieder und ehrte ihn. Petrus befahl ihm aufzustehen und sagte: „Steh auf. Ich bin ein Mensch wie du." Sie sprachen miteinander und gingen ins Haus. Da waren viele Menschen versammelt.

Petrus sagte zu ihnen: „Ihr wisst, ein Jude darf das Haus eines Nichtjuden nicht betreten. Gott aber hat mir gezeigt: Man darf keinen Menschen unrein oder unheilig nennen. Deshalb bin ich zu euch gekom-

Cäsarea am Meer.

men. Ich frage euch: Warum habt ihr mich holen lassen?" Kornelius antwortete: „Ich habe vor vier Tagen in meinem Haus gebetet. Ich sah einen Mann mit leuchtendem Gewand. Er sagte zu mir: ‚Kornelius, Gott hat dein Gebet erhört. Er sieht deine guten Werke. Lass Petrus aus Joppe holen. Petrus wohnt beim Gerber Simon am Meer.' Ich bat dich, zu kommen. Ich bin froh, dass du da bist. Wir haben uns alle im Namen Gottes versammelt. Wir wollen deine Lehre hören."

Petrus begann zu predigen: „Jetzt verstehe ich: Gott liebt alle Menschen, die ihn ehren und die gerecht sind. Jesus hat den Israeliten gepredigt. Er sprach vom Frieden mit Gott. Gott ist der Herr aller.

Ihr wisst, was im Judenland geschehen ist: Johannes predigte die Taufe. Jesus von Nazaret ließ sich taufen. Der Heilige Geist kam auf ihn herab. Er wanderte durch das Judenland. Er tat Gutes und heilte die Besessenen. Wir sind seine Zeugen. Man hat Jesus gekreuzigt. Gott aber hat ihn am dritten Tag auferweckt. Wir haben ihn gesehen. Wir haben nach der Auferstehung mit ihm gegessen und getrunken. Jesus hat uns befohlen, von ihm zu predigen und alle Menschen zu unterrichten: Jesus ist der Richter der Lebenden und Toten. Alle Propheten bezeugen seine Wahrheit: Wer an ihn glaubt, wird die Verzeihung der Sünden bekommen."

Während der Rede des Petrus kam der Heilige Geist auf alle herab. Die gläubig gewordenen Juden konnten nicht begreifen, dass auch die Heiden den Heiligen Geist empfangen haben. Petrus aber sprach zu Kornelius und seinen Leuten: „Ihr habt den Heiligen Geist wie wir empfangen. Deshalb sollt ihr auch die Taufe empfangen." Petrus befahl, den Kornelius und seine Leute zu taufen im Namen Jesu Christi.

Man bat Petrus, noch ein paar Tage zu bleiben.

Petrus belehrt die Judenchristen
Apg 11,1-8

Die Apostel und Jünger in Jerusalem haben erfahren, dass auch Heiden das Wort Gottes angenommen haben.

Petrus kam nach Jerusalem. Die Judenchristen fragten ihn über die Taufe der Heiden. Sie hatten von der Taufe des Kornelius gehört. Da erzählte ihnen Petrus das Beispiel, das Jesus ihn sehen ließ: das Beispiel von den reinen und unreinen Tieren und Gottes Befehl.

Petrus erzählte den Judenchristen über den Glauben des Kornelius, von seinem Glauben an Jesus Christus. Er erzählte vom Kommen des Heiligen Geistes auf Kornelius und seine Verwandten. Er belehrte sie über Gottes Auftrag, alle Menschen zu taufen.

Da freuten sich die Judenchristen über die Bekehrung der Heiden. Sie ehrten Gott und sagten: „Gott hat auch den Heiden die Umkehr zum Leben geschenkt."

Die Christengemeinde in Antiochia
Die Jünger Jesu werden Christen genannt
Apg 11,19-30

Nach der Steinigung des Stephanus kamen in der Verfolgungszeit Gläubige nach Phönizien, Zypern und Antiochia. Sie predigten das Wort Gottes den Juden. Andere aber predigten in Antiochia auch den Griechen das Evangelium Jesu. Viele wurden gläubig und bekehrten sich.

Die Gemeinde in Jerusalem erfuhr von den Bekehrungen. Die Apostel schickten Barnabas aus Jerusalem nach Antiochia. Barnabas kam nach Antiochia. Er dankte Gott für die Gnaden der Bekehrung der Heiden. Er mahnte sie, Gott treu zu bleiben. So wurden viele Heiden gläubig. Barnabas wanderte weiter nach Tarsus. Er wollte Saulus besuchen und ihn nach Antiochia holen. Beide gingen zurück nach Antiochia. Ein Jahr lang unterrichteten sie hier die Leute. In Antiochia nannte man die Jünger Jesu das erste Mal Christen.

Die Christen in Antiochia erfuhren von der Not der Christen in Jerusalem. Sie sammelten Spenden, um den Hungernden in Judäa zu helfen. Barnabas und Saulus brachten die Spenden nach Jerusalem.

Die Verfolgung der Urgemeinde

Die Hinrichtung des Jakobus
und Verhaftung des Petrus
Apg 12,1-5

König Herodes Agrippa, der Enkel von Herodes dem Großen, ließ viele Christen einsperren und quälen. Jakobus, der Bruder des Johannes, wurde mit dem Schwert getötet. Ungläubige Juden freuten sich. Herodes ließ deshalb auch den Petrus einsperren. Das war zum Paschafest (Ostern). Sechzehn Soldaten mussten Petrus im Gefängnis bewachen. Petrus sollte

Antiochien in Syrien.

nach dem Paschafest verurteilt werden. Die Christen aber beteten Tag und Nacht für ihn.

Die wunderbare Befreiung des Petrus
Apg 12,6-19a

Petrus schlief zwischen zwei Soldaten. Er war mit zwei Ketten gefesselt. Vor der Tür bewachten Soldaten das Gefängnis. Plötzlich kam ein Engel des Herrn ins Gefängnis. Ein helles Licht war da. Der Engel weckte den Petrus und sagte: „Schnell, steh auf." Die Ketten fielen von den Händen des Petrus herunter. Der Engel sagte zu Petrus: „Nimm deinen Gürtel. Binde deine Sandalen." Petrus machte es. Dann befahl der Engel: „Zieh deinen Mantel an und komm mit mir." Der Engel ging hinaus und Petrus folgte ihm. Petrus glaubte zu träumen. Der Engel und Petrus gingen bei den Soldaten vorbei. Sie kamen zu einem eisernen Stadttor. Es ging auf. Sie gingen in die Stadt. Plötzlich war der Engel verschwunden.

Da sagte Petrus: „Ich weiß jetzt, Gott hat mir einen Engel geschickt. Er hat mich gerettet und befreit." Er ging zum Haus der Maria, der Mutter des Markus.

Rom, Kapitol; Petrus war in Rom.

Viele Christen waren hier versammelt und beteten. Petrus klopfte. Eine Magd namens Rhode ging zur Tür. Sie hörte die Stimme des Petrus, vergaß aber vor Freude, die Tür aufzumachen. Sie lief ins Haus und sagte: „Petrus steht vor der Tür." Alle meinten zu träumen. Petrus aber

*Ketten des Petrus,
(San Pietro in Vincoli, Rom).*

klopfte weiter. Da machten sie die Tür auf und staunten. Petrus erzählte ihnen, wie der Herr ihn aus dem Gefängnis geführt hatte. Er bat: „Erzählt das dem Jakobus und den anderen Aposteln." Petrus aber ging an einen anderen Ort.

In der Früh waren die Soldaten sehr aufgeregt, weil Petrus verschwunden war. Herodes ließ ihn suchen. Aber man fand Petrus nicht. Herodes war wütend. Er ließ die Soldaten verhaften.

Tod des Herodes Agrippa
Apg 12,19b-23

Herodes ging von Judäa nach Cäsarea. Er zürnte den Bewohnern von Tyrus und Sidon. Da schickten die Leute aus Tyrus und Sidon einige Männer zu Herodes. Sie wollten ihn um Frieden bitten. Herodes nahm den Königsmantel, setzte sich auf den Thron und begann zu prahlen. Er spielte Gott. Gott aber strafte ihn sehr. Er wurde krank und von Würmern zerfressen und starb.

Die Rückkehr des Barnabas und Saulus nach Antiochia
Apg 12,24-25

Gottes Wort breitete sich immer mehr aus. Saulus und Barnabas hatten ihren Auftrag in Jerusalem beendet. Sie gingen zurück nach Antiochia. Sie nahmen Johannes mit dem Beinamen Markus mit.

Das Evangelium wird allen Menschen gepredigt
Apg 13,1 – 28,31

Die erste Missionsreise des Paulus
Apg 13,4 – 14,28

Die feierliche Sendung von Saulus und Barnabas
Apg 13,1-3

In Antiochia waren viele Propheten und Lehrer: Barnabas, Luzius, Simeon, Manaën und Saulus. Die Christen feierten Gottesdienst und fasteten. Gott Heiliger Geist befahl ihnen: „Wählt Barnabas und Saulus. Ich habe sie berufen. Sie sollen meine Helfer sein." Man fastete und betete, segnete Saulus und Barnabas. Dann ließ man die beiden fortgehen.

Von Antiochia nach Zypern bis Perge in Kleinasien
Apg 13,4-13

Saulus und Barnabas segelten nach Zypern. Sie kamen nach Salamis. Sie predigten Gottes Wort in den jüdischen Synagogen. Johannes war als Helfer dabei. Sie wanderten auf der Insel Zypern bis Paphos. In Paphos war ein Zauberer und Lügenprophet. Er diente dem Statthalter Sergius. Sergius wollte von Barnabas und Saulus Gottes Wort hören. Der Zauberer aber wollte die Bekehrung des Statthalters

nicht. Saulus (er heißt auch Paulus) schaute den Zauberer scharf an und sagte: „Du bist ein Gauner und Freund des Teufels. Du hasst die Gerechtigkeit. Hör auf, Gottes Willen zu verspotten. Gott wird dich strafen. Du wirst blind sein". Da wurde der Zauberer blind. Er suchte einen Helfer zum Führen. Der Statthalter sah alles. Er war sehr erstaunt über die Lehre Jesu. Er wurde gläubig.

Paulus fuhr mit seinen Begleitern von Paphos nach Perge in Pamphylien. Johannes ging nach Jerusalem zurück.

Paulus predigt in Antiochia und in Pisidien: Die Juden wollen nicht glauben
Paulus predigt Gottes Wort den Heiden
Apg 13,14-16; 32-33; 38-52

Paulus und seine Begleiter wanderten von Perge nach Antiochia in Pisidien. Sie gingen am Sabbat in die Synagoge und setzten sich nieder. Man las aus dem Gesetz des Mose und von den Propheten. Der Syna-

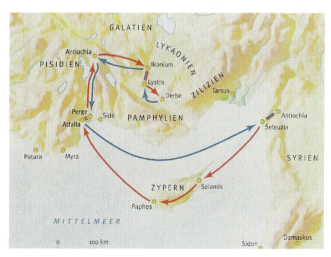

Erste Missionsreise vom Apostel Paulus.

gogenvorsteher bat Paulus und Barnabas, zu den Leuten zu sprechen. Paulus stand auf und sagte: „Israeliten und alle Gottesfürchtigen! Ich predige euch das Evangelium: Der Gott unseres Volkes Israel hat unsere Väter in Ägypten beschützt. Er hat unser Volk groß gemacht und durch die Wüste geführt. Er gab uns das Heilige Land. Dann gab er uns Richter und Könige. Gott hat unseren Vätern das Kommen des Erlösers versprochen. Dieses Versprechen ist in unserer Zeit wahr geworden.

Die Leute in Jerusalem haben Jesus nicht gefolgt. Sie fanden keine Todesschuld, verlangten aber von Pilatus seinen Tod. Er wurde vom Kreuz genommen und begraben. Gott aber hat ihn auferweckt. Er ist auferstanden und erschien seinen Aposteln. Diese sind jetzt seine Zeugen. Diese Wahrheit predigen wir euch. Gott hat Jesus von den Toten auferweckt. Er ließ seinen Leichnam nicht verwesen.

Gott hat Jesus vom Tod auferweckt. Das ist schon in den Psalmen aufgeschrieben. Ihr sollt wissen: Jesus schenkt uns die Verzeihung unserer Sünden. Das Gesetz des Mose konnte uns nicht für die Ewigkeit ret-

ten. Jesus aber wird alle retten, die an ihn glauben. Ihr sollt euch deshalb um Glauben bemühen."

Man bat Paulus, am nächsten Sabbat wieder zu predigen. Viele Juden und Heiden begleiteten Paulus und Barnabas. Sie belehrten sie und mahnten sie, Gottes Gnade treu zu bleiben.

Am nächsten Sabbat war fast die ganze Stadt versammelt. Alle wollten Gottes Wort hören. Da wurden die Juden eifersüchtig. Sie beschimpften Paulus und spotteten.

Paulus und Barnabas aber sagten: „Wir müssen zuerst euch Gottes Wort lehren. Ihr aber lehnt Gottes Wort ab. Ihr seid nicht würdig für das ewige Leben. Wir predigen deshalb den Heiden. So hat Gott befohlen: Ihr sollt Licht sein für die Heiden. Das Heil soll bis an die Grenzen der Erde kommen."

Die Heiden freuten sich. Sie lobten Gott. Alle wurden gläubig. Gottes Wort wurde in der ganzen Umgebung bekannt. Die Juden aber verfolgten Paulus und Barnabas und jagten sie aus der Stadt.

Paulus und Barnabas wanderten weiter nach Ikonium. Sie waren voll Freude und Heiligem Geist.

In Ikonium, Lystra und Derbe, Rückkehr nach Syrien.
Der Weg ins Reich Gottes ist oft mühsam
Apg 14,1-27

Paulus und Barnabas predigten in Ikonium in der Synagoge. Viele Juden und Griechen wurden gläubig. Ungläubige Juden und Heiden aber schimpften über die Apostel.

Die Apostel merkten, dass Juden und Heiden sie steinigen wollten. Sie flohen deshalb in die Städte Lykaonien, Lystra und Derbe. Dort predigten sie das Evangelium.

Pauluskirche in Antiochia, Pisidien.

Kirche in Ikonium.

In Lystra war ein gelähmter Mann. Er konnte seit seiner Geburt nicht gehen. Er hörte die Predigt des Paulus. Paulus sah seinen Glauben und befahl ihm aufzustehen. Da sprang der Mann auf und ging umher. Die Leute sahen das Wunder und riefen: „Götter sind in Menschengestalt zu uns gekommen." Sie nannten Barnabas Zeus und Paulus Hermes. Die heidnischen Priester brachten Stiere und Blumen. Sie wollten Paulus und Barnabas mit Opfern ehren. Die Apostel erschraken und sprachen: „Ihr dürft für uns kein Opfer machen. Wir sind Menschen wie ihr. Wir predigen euch das Evangelium. Ihr sollt nicht an die Götzen glauben. Ihr sollt euch zum wahren Gott bekehren. Gott hat Himmel und Erde, das Meer und alles erschaffen. Gott sorgt zu allen Zeiten für alle Menschen. Er will euch Freude schenken." Die Leute aber verstanden die Apostel nicht.

Juden aus Antiochia und Ikonium kamen. Sie beschimpften die Apostel. Sie steinigten den Paulus und warfen ihn aus der Stadt. Sie glaubten, dass er tot sei. Seine Freunde kamen zu ihm. Da stand Paulus auf und ging in die Stadt. Am nächsten Tag wanderten Barnabas und Paulus weiter nach Derbe.

Sie predigten in Derbe das Evangelium. Viele Menschen wurden Christen. Dann wanderten die Apostel wieder zurück nach Antiochia. Sie ermahnten die Christen, im Glauben treu zu bleiben. Sie sagten: „Wir werden leiden müssen. So aber werden wir ins Reich Gottes kommen". In jeder Christengemeinde legten sie Ältesten die Hände auf. Sie fasteten und beteten und baten Gott um Schutz für sie.

Die Apostel wanderten nach Pisidien. Sie kamen nach Pamphylien, Perge und Attalia. Sie predigten überall. Von Attalia fuhren sie mit dem Schiff nach Antiochia. Sie versammelten die Gläubigen und erzählten von ihrer Arbeit. Sie erzählten, dass Gott auch die Heiden zum Glauben berufen hat.

Die Versammlung der Apostel (das Apostelkonzil)
Die wichtigste Entscheidung für die Zukunft
Apg 15,1-35

Einige Leute kamen von Judäa nach Antiochia und lehrten: „Ihr müsst auch das Gesetz des Mose befolgen. Ihr könnt sonst nicht gerettet werden". Alle waren aufgeregt. Paulus und Barnabas waren mit dieser Lehre nicht einverstanden. Man wollte deshalb Paulus, Barnabas und einige andere mit dieser Streitfrage zu den Aposteln schicken. Man verabschiedete sie feierlich. Sie wanderten durch Phönizien und Samarien. Sie erzählten überall von der Bekehrung der Heiden. Die Freude war groß.

Die Apostel und die Christen in Jerusalem staunten über die Bekehrung der Heiden.

Einige Judenchristen aber sagten: „Man muss nicht nur die neue Lehre Jesu, sondern auch das alte Gesetz des Mose befolgen."

Die Apostel und Ältesten (Bischof, Leiter der Gemeinde) versammelten sich. Manche sprachen gegen das alte Gesetz, manche sprachen für das alte Gesetz. Man diskutierte sehr lange. Da stand Petrus auf und sprach: „Gott hat mir befohlen, nicht nur den Juden, sondern auch den Heiden die Lehre Jesu zu predigen. Auch die Heiden sollen zum wahren Glauben kommen. Gott hat diesen Befehl bestätigt. Er hat auch ihnen die Gnaden des Heiligen Geistes geschenkt. Judenchristen sind Christen und Heidenchristen sind Christen. Alle Christen sind gleich. Man darf also niemanden zum alten Gesetz des Mose zwingen."

Alle schwiegen. Paulus und Barnabas erzählten von der Bekehrung der Heiden.

Dann begann Jakobus zu sprechen: „Gott will auch die Bekehrung der Heiden. Das hat schon der Prophet Amos (9,11.12) geschrieben. Man soll die Heiden also nicht zum alten Mose-Gesetz zwingen. Sie sollen aber einige Gesetze des Mose befolgen, um die Judenchristen nicht zu kränken. Man soll Götzenopfer und Unzucht meiden, man soll auch Ersticktes und Blut nicht essen. Das ist meine Meinung."

Die Apostel, die Gemeindeleiter und die anderen Christen beschlossen, Paulus und Barnabas wieder nach Antiochia zu schicken. Judas Barsabbas und Silas sollten sie begleiten. Man gab ihnen ein Schreiben mit: ‚Die Apostel und Ältesten grüßen die Heidenchristen in Antiochia, Syrien und Zilizien. Judenchristen sind zu euch gekommen. Sie haben euch mit ihrem Gerede unruhig gemacht und aufgeregt. Wir haben das nicht befohlen.

Wir schicken Paulus und Barnabas, Barsabbas und Silas zu euch. Sie sollen euch unseren Versammlungsentschluss sagen. Der Heilige Geist und wir lehren euch: Götzenopfer, Blut, Ersticktes und Unzucht sind verboten. Wenn ihr das meidet, ist es richtig. Lebt wohl.'

Man verabschiedete die vier. Sie gingen nach Antiochia. Da versammelten sie alle Christen. Man gab ihnen den Brief. Die Christen lasen den Brief und freuten sich. Judas und Silas machten ihnen mit ihrer Predigt Mut. Später gingen Judas Barsabbas und Silas wieder nach Jerusalem. Paulus und Barnabas aber blieben in Antiochia. Sie lehrten und predigten Gottes Wort.

Die zweite Missionsreise
Apg 15,36 – 18,22

Trennung des Paulus von Barnabas
Apg 15,36-41

Paulus sprach zu Barnabas: „Wir wollen wieder die Christen besuchen, die wir bekehrt haben." Barnabas wollte auch Johannes Markus mitnehmen. Paulus wollte ihn aber nicht, weil er sie vorher verlassen

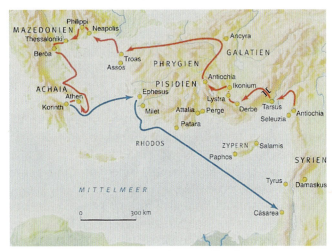

Zweite Missionsreise vom Apostel Paulus.

hatte. Barnabas fuhr deshalb mit Johannes Markus nach Zypern. Paulus aber nahm den Silas mit. Die Brüder (Mitchristen) beteten für sie um die Gnade und den Schutz des Herrn. Sie gingen nach Syrien und Zilizien und predigten dort den Christen.

Paulus in Lykaonien
Apg 16,1-5

Paulus kam nach Derbe und Lystra. Da war ein Jünger namens Timotheus. Die Christen lobten ihn sehr. Paulus nahm ihn deshalb als Begleiter mit. Sie gingen in alle Städte und brachten den Heidenchristen die Beschlüsse der Ältesten aus Jerusalem. Alle sollten diese Beschlüsse befolgen. Die Gemeinden wurden im Glauben gestärkt und wurden immer größer.

Der Weg des Evangeliums nach Europa
Apg 16,6-10

Paulus und seine Begleiter wanderten durch Kleinasien.

Gottes Geist führte sie nach Troas. In der Nacht träumte Paulus. Ein Mann aus Mazedonien bat Paulus: Komm herüber nach Mazedonien und hilf uns. Da wollten sie sofort nach Mazedonien fahren. Sie wussten, Gott hat sie gerufen, das Evangelium in Mazedonien zu predigen.

Paulus in Philippi
Apg 16,11-40

Lukas schreibt:
Wir fuhren von Troas nach Philippi. Philippi ist eine Stadt in Mazedonien. Römische Soldaten und Beamte lebten hier. Wir blieben einige Tage da. Wir gingen am Sabbat durch das Stadttor zum Fluss. Wir hofften, ein Bethaus zu finden. Wir setzten uns nieder und belehrten die Frauen, die gekommen waren. Eine Frau Lydia war Purpurhändlerin aus Thyatira. Sie hörte uns zu. Sie war fromm. Sie bekehrte sich. Sie ließ sich und ihre Familie taufen. Sie bat die Apostel, in ihr Haus zu kommen.

Tarsus, Paulusbrunnen.

Perge, Paulusbogen.

Troas.

Wir waren auf dem Weg zum Bethaus. Wir trafen eine Magd. Sie war vom bösen Geist besessen und schrie umher. Sie lief zu Paulus und schrie: „Diese Menschen sind Diener Gottes. Sie predigen euch den Weg des Heiles, eure Rettung." So schrie sie viele Tage. Paulus ärgerte sich und befahl: „Böser Geist, verlass diese Frau." Der böse Geist verließ die Frau. Da wurden ihre Herren sehr böse. Sie hatten nämlich mit dem bösen Geist der Frau viel Geld verdient. Sie verhafteten Paulus und Silas und schleppten sie zu den Stadtbeamten. Man verklagte sie bei den Richtern: „Diese Männer bringen Unruhe in die Stadt. Sie sind Juden. Wir Römer dürfen ihre Lehre nicht befolgen."

Die Leute beschimpften die Apostel. Der Richter ließ ihnen die Kleider wegnehmen und befahl, sie mit Ruten zu schlagen. Paulus und Silas bekamen viele Schläge. Dann wurden sie ins Gefängnis geworfen. Der Gefängniswärter musste gut auf sie aufpassen. Er warf sie ins innerste Gefängnis und band ihre Füße. Paulus und Silas beteten um Mitternacht. Sie lobten

Gott. Die anderen Gefangengen hörten zu. Plötzlich war ein starkes Erdbeben. Die Mauern des Gefängnisses zitterten. Die Türen sprangen auf. Alle waren frei. Der Gefängniswärter sah das Gefängnis offen. Da wollte er sich mit dem Schwert töten. Er glaubte, alle Gefangenen sind fortgelaufen. Paulus rief laut: „Töte dich nicht. Wir sind alle da." Da kniete der Gefängniswärter zitternd bei Paulus und Silas nieder. Er führte sie aus dem Gefängnis und sagte: „Was muss ich tun, um gerettet zu werden?" Sie antworteten: „Glaube an den Herrn Jesus Christus. Dann wirst du und deine Familie gerettet." Der Gefängniswärter nahm Paulus und Silas in sein Haus. Er behandelte ihre Wunden. Er ließ sich und seine Familie taufen. Er führte Paulus und Silas in seine Wohnung und gab ihnen zu essen. Alle freuten sich, weil sie jetzt gläubig waren.

Am nächsten Tag schickten Richter die Gerichtsdiener und befahlen: „Diese Männer sollen frei sein." Der Gefängniswärter sagte dem Paulus: „Ihr seid frei. Geht in Frieden." Paulus aber antwortete: „Wir sind römische Bürger. Wir wurden ohne Urteil öffentlich geschlagen und eingesperrt. Jetzt will man uns heimlich fortschicken. Nein! Die Richter sollen kommen und uns herausführen." Die Gerichtsdiener erzählten das den Richtern. Die Richter erschraken, weil Paulus und Silas römische Bürger waren. Sie kamen, baten um Verzeihung und baten sie, aus der Stadt fortzugehen. Da gingen die beiden zu Lydia. Sie predigten dort den Christen und machten ihnen Mut.

Paulus in Thessalonich und Beröa
Apg 17,1-15

Paulus und seine Begleiter kamen nach Thessalonich. Da war eine Synagoge. Paulus ging zu den Juden in die Synagoge. Er lehrte sie an drei Sabbaten. Er er-

Gefängnis in Philippi.

Alte Synagoge in Beröa (heute Veria).

klärte ihnen die Heilige Schrift. Er lehrte sie: „Der Messias musste leiden und von den Toten auferstehen."

Er predigte, dass Jesus Christus der Erlöser ist. Viele Juden und Heiden wurden Christen. Einige Juden aber zürnten. Sie holten Straßengesindel und brachten die ganze Stadt durcheinander. Man wollte die Apostel aus dem Haus des Jason holen. Sie waren aber nicht da. Da schleppte man Jason und andere Christen zu den Stadtbeamten. Das Gesindel schrie: „Diese Menschen bringen die ganze Welt durcheinander. Sie sind hierhergekommen, und Jason hat sie aufgenommen. Sie sind gegen den Kaiser, weil sie Christus einen König nennen." Die Stadtbeamten aber ließen Jason frei.

Paulus und Silas gingen noch in der Nacht nach Beröa. Dort gingen sie in die Synagoge der Juden. Die Juden nahmen sie höflich auf. Sie studierten gemeinsam die Heilige Schrift. Viele wurden gläubig. Auch viele Heiden glaubten.

Die Juden in Thessalonich erfuhren, dass Paulus auch in Beröa predigte. Da kamen sie und brachten auch hier die Stadt durcheinander.

Die Christen führten den Paulus zum Meer. Silas und Timotheus blieben noch in Beröa . Die Begleiter brachten Paulus nach Athen. Paulus schickte sie zurück und gab ihnen den Auftrag, Silas und Timotheus bald nachkommen zu lassen.

Paulus in Athen
Apg 17,16-34

Paulus wartete in Athen auf seine Begleiter. Er fand in der Stadt viele Götzenbilder. Er predigte in der Synagoge und auf dem Markt. Viele Heiden glaubten ihm nicht. Man führte Paulus vor den Areopag (= oberste Behörde Athens). Dort fragte man ihn: „Welche Lehre predigst du?" Paulus trat in die Mitte des Areopags und sprach: „Athener! Ihr seid gottesfürchtig. Ich bin umhergegangen, um eure Heiligtümer anzuschauen. Ich fand einen Altar mit der Inschrift: ‚Dieser Altar gehört einem unbekannten Gott.' Ich predige von diesem unbekannten Gott. Er hat die Welt erschaffen. Er ist der Herr des Himmels und der

Athen, Akropolis.

Erde. Er braucht keine Tempel. Er braucht auch keine Nahrung und Stärkung. Er selbst gibt alles Leben. Er hat die Menschen erschaffen. Er hat ihnen die Erde als Wohnung gegeben. Sie sollen Gott dienen. Gott ist uns nie fremd. Gott ist nicht aus Gold, Silber oder Stein. Früher waren wir unwissend. Jetzt aber sollen sich alle bekehren. Gott ist gerecht und wird die Menschen richten. Er hat einen Mann geschickt. Er hat ihn durch die Auferstehung beglaubigt."

Da spotteten einige über die Auferstehung der Toten. Sie sagten: „Du kannst später wieder sprechen."

Paulus ging weg. Ein Mitglied des Areopags namens Dionysius, eine Frau namens Damaris und einige andere wurden gläubig.

Paulus in Korinth
Apg 18,1-17

Paulus ging von Athen nach Korinth. Dort traf er den Juden Aquila. Er war aus Italien gekommen. Seine

Korinth.

Ephesus.

Frau Priszilla war auch da. Kaiser Klaudius hatte nämlich befohlen, dass alle Juden Rom verlassen müssen. Paulus blieb bei Aquila und Priszilla. Sie arbeiteten zusammen als Zeltmacher. Am Sabbat lehrte Paulus in der Synagoge. Er predigte Juden und Griechen. Später kamen Silas und Timotheus aus Mazedonien. Paulus predigte viel. Er bezeugte den Juden, dass Jesus der Erlöser ist. Sie schimpften und spotteten aber und wollten nicht glauben. Da sagte Paulus: „Ich werde euch nicht mehr lehren. Ich gehe zu den Heiden."

Gallio war Statthalter von Achaia. Die Juden schleppten Paulus vor seinen Richterstuhl und sagten: „Dieser Paulus verführt die Menschen gegen das Gesetz des Mose." Paulus wollte antworten. Gallio aber sagte zu den Juden: „Das ist kein Verbrechen. Ihr streitet um eure Gesetze. Das müsst ihr selber ausmachen. Ich will nicht richten." Er schickte alle fort. Da prügelten sie den Synagogenvorsteher Sosthenes. Gallio aber tat nichts. Paulus blieb längere Zeit da. Dann verabschiedete er sich von den Christen.

Die Rückkehr des Paulus über Ephesus nach Antiochia
Apg 18,18-22

Paulus segelte mit Priszilla und Aquila nach Syrien. Sie kamen nach Ephesus.
Hier trennte er sich von seinen beiden Begleitern. Paulus ging in die Synagoge von Ephesus und lehrte die Juden. Sie baten ihn, länger zu bleiben. Paulus aber verabschiedete sich und sagte ihnen: „Ich werde wieder kommen, wenn Gott will."
Dann reiste er nach Cäsarea und Jerusalem. Dort grüßte er die Gemeinde und reiste weiter nach Antiochia.

Die dritte Missionsreise des Paulus
Apg 18,23 – 21,17

Paulus wanderte durch Galatien und Phrygien. Er stärkte und ermutigte alle Christen.

Die Missionsarbeit des Apollos in Ephesus
Apg 18,24-28

Ein Jude namens Apollos predigte in Ephesus. Er war sehr gescheit und kannte die Heiligen Schriften gut. Er kannte die Lehre Jesu, den Weg des Herrn. Er lehrte von Jesus.
Er kannte aber nur die Taufe des Johannes. Er predigte in der Synagoge. Priszilla und Aquila unterrichteten ihn genau und lehrten ihn den Willen Gottes. Er reiste nach Achaja. Er wurde den Christen ein guter Helfer. Er lehrte überall vom Erlöser Jesus Christus.

Die Begegnung des Paulus mit Johannesjüngern
Apg 19,1-7

Apollos war in Korinth. Paulus wanderte durch das Hochland und kam nach Ephesus.

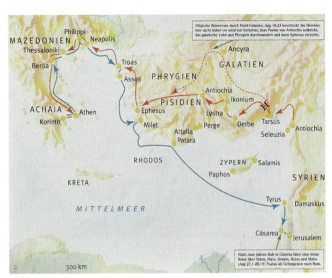

Dritte Missionsreise vom Apostel Paulus.

Dort traf er einige Jünger und fragte sie: „Habt ihr den Heiligen Geist empfangen, als ihr gläubig geworden seid?"
Sie sagten: „Wir wissen nichts vom Heiligen Geist. Wir sind mit der Taufe des Johannes getauft." Paulus sagte: „Johannes hat mit der Taufe der Umkehr getauft. Er hat gelehrt: Alle sollen an den glauben, der nach ihm kommt: an Jesus."
Die Jünger ließen sich auf den Namen Jesu taufen. Paulus legte ihnen die Hände auf und sie empfingen den Heiligen Geist.

Das Wirken des Paulus in Ephesus
Apg 19,8-10

Paulus ging in die Synagoge. Er lehrte drei Monate. Er predigte vom Reich Gottes. Einige aber wollten nicht glauben und spotteten. Paulus ging deshalb mit den anderen Jüngern fort. Er lehrte zwei Jahre im Lehrsaal des Tyrannus. So konnte er allen Bewohnern von

Landschaft in Ephesus.

Asien das Wort Jesu predigen – den Juden und Griechen.

Die Wundertaten des Paulus in Ephesus
Apg 19,11-22

Gott half dem Paulus auch, viele Wunder tun. Er heilte Kranke und vertrieb böse Geister.
Jüdische Teufelsbeschwörer wollten Paulus nachahmen. Die bösen Geister folgten ihnen aber nicht. Ein Besessener verprügelte sieben Söhne des Hohenpriesters. Sie konnten den bösen Geist nicht vertreiben. Da staunten die Heiden und Juden in Ephesus. Viele bekehrten sich. Auch viele Zauberer verbrannten ihre Bücher.
Paulus predigte fleißig. Immer mehr Menschen befolgten das Wort Gottes.
Paulus wollte später wieder nach Mazedonien, Achaja, Jerusalem und dann nach Rom gehen. Er schickte zwei seiner Helfer nach Mazedonien voraus. Er selbst blieb noch in der Provinz Asien.

Der Aufstand der Silberschmiede
Apg 19, 23-40

Der neue Weg (die Lehre von Jesus) war Ursache für eine große Unruhe in Ephesus:
Der Silberschmied Demetrius lebte in Ephesus. Er begann, einen Aufstand zu planen. Demetrius machte silberne Artemistempel (Artemis war die heidnische Stadtgöttin von Ephesus). Er und seine Arbeiter verdienten mit dem Verkauf der Artemistempel sehr viel. Demetrius rief seine Arbeiter zusammen und sagte: „Wir verdienen viel, weil wir Artemistempel machen. Paulus aber stört unser Geschäft. Er predigt in Ephesus und Asien. Er verführt viele Leute. So wird unser Geschäft gestört. Auch der Tempel der Artemis wird zerstört werden. Man wird Artemis nicht mehr als Göttin verehren." Da wurden alle wütend und schrien: „Es lebe die Artemis von Ephesus!" Die ganze Stadt kam durcheinander. Viele Leute stürmten ins Theater. Sie schleppten auch die Mazedonier

Ephesus, Theater.

Gaius und Aristarch, Begleiter des Paulus, mit ins Theater.

Paulus wollte zur Volksversammlung gehen. Die Jünger hielten ihn aber zurück. Auch andere Freunde baten ihn, nicht ins Theater zu gehen.

Im Theater war ein großer Wirbel. Alle schrien durcheinander. Viele wussten nicht, warum sie gekommen waren. Die Juden baten Alexander, zu sprechen. Alexander wollte eine Rede halten. Aber alle schrien zwei Stunden lang: „Es lebe die Artemis von Ephesus." Der Stadtschreiber befahl den Leuten Ruhe und sagte: „Männer von Ephesus! Alle wissen, dass der Tempel der Artemis in Ephesus ist. Hier ist auch das Bild der Artemis. Niemand streitet darüber. Ihr müsst ruhig bleiben. Ihr dürft nichts Unüberlegtes tun. Ihr habt Männer hergeschleppt. Diese Männer sind keine Tempelräuber. Demetrius soll zum Statthalter und zum Gericht gehen. Dort kann er seine Beschwerde sagen. So aber ist die Volksversammlung sinnlos." Dann schickte er alle nach Hause.

Paulus in Mazedonien und Griechenland
Apg 20,1-6

Nach dem Wirbel in Ephesus rief Paulus die Jünger zusammen. Er machte ihnen Mut und ermahnte sie, der Lehre Jesu treu zu bleiben. Er verabschiedete sich und wollte nach Mazedonien fahren.

Er predigte überall und kam nach Griechenland. Er blieb drei Monate dort, dann wollte er mit dem Schiff nach Syrien fahren. Einige Juden aber planten ein Attentat auf Paulus. Er reiste deshalb wieder über Mazedonien. Einige Jünger reisten voraus. Paulus blieb mit anderen Jüngern in Philippi. Nach dem Paschafest segelten sie fort. Sie kamen fünf Tage später nach Troas. Hier trafen alle zusammen und blieben sieben Tage in Troas.

Troas, Ruinen.

Der Abschiedsbesuch des Paulus in Troas
Apg 20,7-12

Wir versammelten uns am ersten Wochentag (am Sonntag) zum Brotbrechen. Paulus sprach lang mit den Gläubigen. Er wollte am nächsten Tag fortreisen. Er predigte bis Mitternacht. Viele Lampen brannten im Zimmer. Ein junger Mann namens Eutychus saß am offenen Fenster. Paulus redete lange. Da schlief der junge Mann ein. Er fiel vom dritten Stock auf die Straße und war tot. Paulus lief hinunter, hob den jungen Mann auf und sagte: „Seid ruhig. Er lebt." Alle gingen wieder hinauf, feierten das Brotbrechen und aßen miteinander. Sie redeten weiter bis in die Früh. Dann verabschiedete sich Paulus. Man führte den jungen Mann lebend fort. Alle waren voll Hoffnung.

Von Troas nach Milet
Apg 20,13-16

Die Begleiter des Paulus fuhren mit einem Schiff nach Assos. Paulus ging aber zu Fuß und traf sie dort wieder. Alle reisten gemeinsam nach Mitylene. Sie reisten dann nach Samos und kamen nach Milet. Paulus hatte es eilig. Er wollte zu Pfingsten in Jerusalem sein.

Die Abschiedsrede des Paulus in Milet
Apg 20,17-38

Paulus ließ die Ältesten der Kirche von Ephesus nach Milet holen. Er sprach zu ihnen: „Ich war lange Zeit bei euch. Ich diente Gott bescheiden. Ich litt viele Verfolgungen durch die Juden. Ich habe gepredigt und gelehrt, öffentlich und in den Häusern. Ich habe Juden und Griechen ermahnt, sich zu Gott zu bekehren und an Jesus Christus zu glauben. Ich gehe jetzt nach Jerusalem. Ich weiß nicht, was dort geschehen wird. Der Heilige Geist lehrt mich, dass Not und Verfolgung auf mich warten. Mein Leben aber ist mir nicht wichtig. Wichtig ist, dass ich Gott treu diene: das Evangelium von der Gnade Gottes zu predigen. Ich habe euch allen vom Reich Gottes gepredigt. Wir werden uns nicht mehr sehen. Ich sage euch deshalb heute: Ich habe meine Pflicht gemacht und Gottes Willen gepredigt. Sorgt für euch und eure Gläubigen. Der Heilige Geist hat euch zu Vorstehern

Milet.

berufen. Führt die Kirche Gottes gut. Ich weiß: Wenn ich fort bin, werden viele Gefahren für eure Gläubigen kommen. Irrlehrer werden kommen. Gebt acht und merkt euch: Ich habe drei Jahre lang Tag und Nacht jeden einzelnen von euch ermahnt. Gott soll euch schützen. Seine Gnade soll euch Kraft geben, dem Glauben treu zu bleiben.
Ich habe von euch kein Silber, kein Gold und keine Kleider verlangt. Ich habe für mich und meine Begleiter durch Arbeit gesorgt. Ich habe euch ein Beispiel gegeben. Man soll sich plagen und den Schwachen helfen. Denkt dabei an das Wort Jesu. Er hat gesagt: ‚Geben ist besser als Nehmen.'"
Paulus kniete nieder und betete mit allen. Alle weinten, umarmten Paulus und küssten ihn. Sie waren traurig, weil sie ihn nicht mehr sehen sollten. Alle begleiteten ihn zum Schiff.

Von Milet über Cäsarea nach Jerusalem
Apg 21,1-17

Paulus fuhr mit seinen Begleitern von Milet ab. Sie kamen nach Tyrus in Syrien. Sie besuchten viele Jünger und blieben sieben Tage dort. Die Jünger warnten Paulus – in der Kraft des Heiligen Geistes –,nach Jerusalem zu gehen. Nach sieben Tagen gingen alle mit zum Schiff. Sie knieten sich nieder und beteten. Alle verabschiedeten sich.
Paulus fuhr mit seinen Begleitern von Tyrus nach Ptolemais. Dort besuchten sie die Christen und blieben einen Tag bei ihnen. Dann reisten sie weiter nach Cäsarea. Sie besuchten den Diakon Philippus und blieben einen Tag bei ihm. Seine vier Töchter lebten gemeinsam und beteten viel.
Ein Prophet namens Agabus kam aus Judäa ins Haus des Philippus. Er nahm den Gürtel des Paulus und

Milet, Hafen.

band sich Hände und Füße und sagte: „So spricht der Heilige Geist: Die Juden in Jerusalem werden den Besitzer dieses Gürtels binden und ihn den Heiden ausliefern."

Alle erschraken und baten Paulus, nicht nach Jerusalem zu gehen. Paulus aber antwortete: „Warum weint ihr? Ich will mich gern für unsern Herrn Jesus in Jerusalem opfern."

Da sprachen alle: „Der Wille des Herrn soll geschehen."

Paulus und seine Begleiter gingen nach Jerusalem. Einige Jünger aus Cäsarea gingen mit.

Alle wurden in Jerusalem von den Brüdern (den Christen) mit Freude begrüßt.

Verhaftung und Gefangenschaft des Paulus
Apg 21,18 – 28,31

Paulus bei Jakobus
21,18-26

Paulus ging zu Jakobus, dem Bischof von Jerusalem. Alle Leiter der christlichen Gemeinden versammel-

ten sich bei ihm. Paulus begrüßte alle und erzählte, was er in den Heidenländern getan hatte. Alle lobten Gott. Dann sprach man zu Paulus: „Tausende Juden sind gläubig geworden. Sie befolgen auch das Gesetz des Mose. Man hat uns erzählt, dass du das Gesetz des Mose nicht achtest. Geh deshalb in den Tempel und tu, was das Gesetz befiehlt. So wirst du beweisen, dass du das Gesetz des Mose achtest. Auf dem Apostelkonzil haben die Judenchristen ihr Gesetz für die Heidenchristen geopfert. Nun sollst du ihnen mit einem Opfer beweisen, dass du ihr Gesetz nicht verachtest. Alle werden dir dann glauben. Die Gläubigen aus der Heidenwelt aber sind zur Befolgung des Gesetzes nicht verpflichtet. Das haben wir ihnen schriftlich mitgeteilt." Da ging Paulus mit anderen in den Tempel, um zu opfern.

Die Verhaftung des Paulus
Apg 21,27-40

Juden aus Asien sahen Paulus im Tempel. Sie brachten alle Leute durcheinander und schrien: „Israeliten! Kommt und helft! Dieser Mensch ehrt das Gesetz nicht. Er hat Griechen in den Tempel geführt. Er ehrt auch den Tempel nicht." Das aber war ein Irrtum.

Die ganze Stadt war aufgeregt, alle Leute liefen zusammen. Sie verhafteten Paulus und schleppten ihn aus dem Tempel. Man schloss die Tempeltore.

Man wollte Paulus umbringen. Der Hauptmann aber hatte vom Aufstand erfahren. Er lief mit seinen Soldaten zu den Leuten. Die Leute sahen den Hauptmann und die Soldaten. Sie hörten auf, Paulus zu schlagen. Der Hauptmann verhaftete Paulus und ließ ihn mit Ketten fesseln. Er fragte, wer Paulus ist und was er gemacht hat. Die Leute aber schrien alle durcheinander. Der Hauptmann konnte bei dem Lärm nichts verstehen. Er führte deshalb Paulus in die

Kaserne. Die Soldaten mussten Paulus schnell über die Stiegen tragen. Das Volk drängte nämlich furchtbar und schrie: „Weg mit ihm!"

Paulus bat den Oberst, mit ihm reden zu dürfen. Der Oberst staunte, weil Paulus griechisch sprach. Er fragte: „Wer bist du?" Paulus antwortete: „Ich bin ein Jude aus Tarsus in Zilizien. Erlaube mir bitte, zum Volk zu sprechen." Der Oberst erlaubte es.

Paulus stellte sich bei den Stiegen auf. Er machte dem Volk ein Zeichen mit der Hand. Alle wurden still. Paulus redete zu ihnen in hebräischer Sprache.

Die Rede des Paulus im Tempelvorhof
Apg 22,1-21

„Ihr Männer, Brüder und Väter! Ich bin ein Jude und wurde in Tarsus in Zilizien geboren. Man hat mich in Jerusalem erzogen. Gamaliel hat mich hier das väterliche Gesetz gelehrt. Ich war Gott treu wie ihr alle. Ich verfolgte die Lehre Christi. Ich warf Männer und Frauen ins Gefängnis. Der Hohepriester und der Hohe Rat wissen das. Sie gaben mir auch die Erlaubnis, die Christen aus Damaskus gefesselt nach Jerusalem zu holen. In der Nähe von Damaskus umstrahlte mich helles Licht vom Himmel und ich stürzte zu Boden. Eine Stimme sprach zu mir: ‚Saul, Saul, warum verfolgst du mich?' Ich antwortete: ‚Wer bist du, Herr?' Er sagte zu mir: ‚Ich bin Jesus von Nazaret, du verfolgst mich.' Meine Begleiter sahen das Licht, die Stimme aber hörten sie nicht.

Ich fragte: ‚Herr, was soll ich tun?' Er antwortete: ‚Geh nach Damaskus. Dort wird man dir sagen, wie du Gottes Willen befolgen sollst.' Durch das helle Licht konnte ich nicht mehr sehen. Meine Begleiter führten mich nach Damaskus.

In Damaskus war ein frommer und gesetzestreuer Mann. Er kam zu mir, legte mir die Hände auf und

Blick auf Felsendom und früheren Tempelplatz.

sagte: ‚Bruder Saul, du sollst wieder sehen. Gott hat dich auserwählt. Du sollst allen Menschen erzählen, was du gesehen und erlebt hast. Steh auf, lass dich taufen, bitte um Verzeihung deiner Sünden und bekenne deinen Glauben an Jesus.' Dann befahl er mir, allen Menschen die Lehre Jesu zu predigen. So kam ich nach Jerusalem. Der Herr befahl mir: ‚Geh weg aus Jerusalem. Die Leute in Jerusalem werden dein Zeugnis über mich nicht annehmen.'

Ich antwortete: ‚Herr, hier habe ich die Gläubigen verhaftet und in den Synagogen geißeln lassen. Ich war einverstanden mit der Ermordung des Stephanus und bewachte die Kleider der Mörder.'

Der Herr aber sprach zu mir: ‚Geh! Ich schicke dich in die Ferne zu den Heiden.'"

Paulus und der römische Oberst
Apg 22,22-29

Die Leute haben zugehört. Jetzt aber begannen alle zu schreien: „Weg mit diesem Menschen. Er darf nicht leben." Sie lärmten, zerrissen ihre Kleider und warfen Staub in die Luft.

Der Oberst befahl, Paulus in die Kaserne zu führen und ihn zu geißeln.

Er wollte wissen, warum die Leute tobten.

Man wollte Paulus binden und geißeln. Paulus fragte den Hauptmann: „Dürft ihr einen Menschen, der das römische Bürgerrecht hat, ohne Verurteilung geißeln?"

Der Hauptmann erzählte das dem Oberst und sagte: „Der Mann ist ein Römer." Der Oberst fragte Paulus: „Bist du ein Römer?" Paulus antwortete: „Ja." Da antwortete der Oberst: „Ich habe sehr viel bezahlt, um römischer Bürger zu werden." Paulus sagte: „Ich bin als Römer geboren." Der Oberst erschrak sehr, weil er Paulus, einen römischen Bürger, hatte fesseln lassen.

Paulus vor dem Hohen Rat
Apg 22,30-23,11

Der römische Oberst wollte die Klagen der Juden gegen Paulus erfahren. Er rief deshalb die Hohenpriester und den ganzen Hohen Rat zusammen. Er ließ Paulus aus dem Gefängnis holen.

Auf dem Weg zur früheren Burg Antonia, hierher kamen die römischen Verwalter und Richter.

Paulus sprach zum Hohen Rat: „Ihr Männer und Brüder! Gott weiß, dass ich ein gutes Gewissen habe." Der Hohepriester Hananias befahl, Paulus auf den Mund zu schlagen. Paulus aber sprach: „Gott wird dich strafen, du falscher Mensch. Du sitzt da und willst mir die Übertretung des Gesetzes beweisen. Du selbst aber befiehlst, mich zu schlagen. Das ist eine Übertretung des Gesetzes." Da begannen alle zu brüllen: „Du beschimpfst den Hohenpriester!" Paulus antwortete: „Ich wusste nicht, dass Hananias Hoherpriester ist."

Paulus wusste, dass Pharisäer und Sadduzäer da waren. Beide Parteien aber stritten über die Auferstehung der Toten.

Er begann deshalb sehr klug zu sprechen: „Ich bin aus einer Pharisäerfamilie. Ich stehe hier vor Gericht, weil ich an die Auferstehung der Toten glaube."

Pharisäer und Sadduzäer begannen sofort zu streiten. Die Sadduzäer glaubten weder an die Auferstehung der Toten noch an die Engel. Die Pharisäer aber glaubten daran. Da begann ein großer Lärm. Einige Schriftgelehrte aus der Pharisäerpartei wollten Paulus deshalb beschützen.

Dem Oberst wurde der Wirbel zu dumm. Er fürchtete, dass Paulus von den Streitenden zerrissen wird. Er befahl den Soldaten, ihn herauszuholen und wieder in die Burg zu bringen.

Der Herr erschien dem Paulus in der Nacht und sprach: „Hab Mut! Du warst in Jerusalem mein Zeuge, du sollst auch in Rom mein Zeuge sein."

Die Verschwörung der Juden gegen Paulus
Apg 23,12-22

In der Früh versammelten sich vierzig Juden und machten eine Verschwörung. Sie wollten weder essen noch trinken, bis Paulus getötet ist. Sie erzählten es auch den Hohenpriestern und den Führern im Hohen Rat. Diese sollten den römischen Oberst bitten, Paulus wieder zu bringen und noch einmal zu verhören. Die Verschwörer wollten auf das Kommen des Paulus warten und ihn ermorden.

Der Neffe des Paulus hörte davon. Er ging in die Kaserne und erzählte es dem Paulus. Paulus schickte ihn zum Oberst. Der Neffe erzählte dem Oberst von der Verschwörung.

Der Oberst befahl ihm, anderen Leuten davon nichts zu sagen.

Paulus wird an den Gerichtshof des römischen Statthalters in Cäsarea gebracht
Apg 23,23-35

Der Oberst rief zwei Hauptleute und befahl ihnen, zweihundert Soldaten für den Marsch nach Cäsarea vorzubereiten. Siebzig Reiter und zweihundert Leichtbewaffnete sollten dabei sein. Auch Tragtiere sollten vorbereitet werden. Der Oberst wollte Paulus zum Statthalter Felix schicken. Er schrieb einen Brief: „Klaudius Lysias grüßt den Statthalter Felix! Dieser Mann wurde von den Juden gefangen. Sie wollten ihn umbringen. Ich habe ihn mit meinen Soldaten befreit. Ich habe erfahren, dass er Römer ist. Die Juden beschuldigten ihn, ihre Gesetze nicht zu befolgen. Das ist aber kein Grund für Tod oder Haft. Ich weiß aber, dass man ihn heimlich töten will. Ich schicke ihn deshalb zu dir. Die Juden können sich auch bei dir beschweren und ihn verklagen."

Die Soldaten brachten Paulus in der Nacht bis Antipatris. Am anderen Tag brachten ihn die Reiter nach Cäsarea. Die Reiter gaben dem Statthalter den Brief. Der Statthalter las den Brief und sagte zu Paulus: „Ich will dich verhören, bis deine Ankläger da sind." Dann befahl er, Paulus ins Gefängnis zu führen.

Paulus vor dem römischen Stadthalter Felix
Apg 24,1-27

Fünf Tage später kam der Hohepriester Hananias mit einigen Ältesten zum Statthalter. Sie verklagten Paulus bei ihm. Sie sagten: „Dieser Mann bringt alle Juden durcheinander. Er wollte auch den Tempel entweihen. Wir haben ihn verhaftet, um ihn zu bestrafen. Oberst Lysias aber befahl, ihn hierherzubringen."

Der Statthalter befahl Paulus, zu sprechen. Paulus begann zu reden: „Ich bin vor zwölf Tagen nach Jerusalem gekommen, um Gott anzubeten. Ich habe weder im Tempel, noch in den Synagogen, noch in der Stadt gestritten oder einen Aufruhr gemacht. Meine Ankläger können nichts beweisen. Ich diene dem Gott meiner Väter, wie es mir der neue Weg (die Lehre Jesu) zeigt. Ich glaube alles, was im Gesetz und in den Propheten geschrieben ist. Ich hoffe auf eine Auferstehung der Menschen. Ich bemühe mich, immer ein reines Gewissen zu haben. Nach Jahren bin ich zu

Paulus in Cäsarea.

meinem Volk gekommen, um ihnen Spenden zu bringen und zu opfern. Ich opferte im Tempel. Einige Juden aus der Provinz Asien trafen mich im Tempel und begannen zu schreien. Sie sind aber nicht zu dir gekommen, um mich zu verklagen. Nun sollen meine Ankläger mir ein Verbrechen beweisen."

Der Statthalter Felix kannte den „neuen Weg" und sprach: „Oberst Lysias wird kommen. Dann werde ich die Sache genauer untersuchen und entscheiden." Paulus blieb verhaftet. Es war eine leichte Haft, Freunde des Paulus durften für ihn sorgen.

Einige Tage später kam Felix mit seiner Frau Drusilla. Sie war Jüdin. Felix ließ Paulus rufen. Paulus sprach über die Lehre Jesu Christi. Er sprach von Gerechtigkeit, Opfer und dem Weltgericht. Felix fürchtete sich und sagte: „Geh und erzähl mir ein anderes Mal wieder." Felix wollte auch Geld von Paulus bekommen. Er rief ihn deshalb öfter und sprach mit ihm.

Zwei Jahre später wurde Porzius Festus neuer Statthalter. Felix wollte den Juden Freude machen. Er ließ Paulus in der Haft zurück.

Paulus will zum Gericht des Kaisers nach Rom
Apg 25,1-12

Der Statthalter Festus reiste von Cäsarea nach Jerusalem. Die Hohenpriester baten ihn, Paulus nach Jerusalem zu schicken. Sie wollten ihn nämlich heimlich ermorden. Festus aber antwortete: „Paulus bleibt in Cäsarea. Ihr könnt hinkommen und ihn dort verklagen."

Nach acht oder zehn Tagen reiste Festus wieder nach Cäsarea. Er ließ Paulus holen. Viele Juden aus Jerusalem verklagten Paulus. Niemand aber konnte ihm eine Schuld beweisen. Paulus sagte: „Ich habe nichts gegen das Gesetz der Juden gemacht. Ich habe den Tempel nicht entehrt. Ich habe auch nichts gegen den

Kaiser gemacht." Festus aber wollte zu den Juden höflich sein und fragte den Paulus: „Soll ich dich in Jerusalem richten?" Paulus sagte: „Ich stehe vor dem Richterstuhl des Kaisers. Da muss ich gerichtet werden. Du weißt, dass ich den Juden nichts Böses getan habe. Wenn ich Unrecht getan habe, nehme ich die Todesstrafe an. Die Anklage aber ist falsch. Niemand darf mich den Juden übergeben. Ich will zum Kaiser in Rom." Festus antwortete: „Du willst zum Kaiser. Du sollst zum Kaiser gehen."

Paulus vor dem Statthalter Festus und König Agrippa
Apg 25,13 – 26,32

Einige Tage später kam König Agrippa nach Cäsarea, um Festus zu begrüßen. Festus erzählte ihm von Paulus. Da sagte Agrippa zu Festus: „Ich möchte diesen Mann sehen."

Am nächsten Tag versammelten sich alle im Gerichtssaal. Man ließ Paulus holen. Festus sprach: „Die Juden schreien herum, dass dieser Mann sterben muss. Er hat aber kein Verbrechen begangen. Er hat an den Kaiser berufen und muss hingehen. Ich kann dem Kaiser aber nichts bekanntgeben. Wir wollen deshalb hören, was Paulus sagt."

Agrippa sprach zu Paulus: „Du kannst jetzt sprechen." Da begann Paulus zu reden: „Ich freue mich, vor König Agrippa zu sprechen. Er kennt alle jüdischen Gebräuche und Streitfragen. Ich bitte, mir geduldig zuzuhören.

Mein Leben ist allen Leuten bekannt. Alle wissen, dass ich Pharisäer bin. Unsere Väter hofften auf den Erlöser. Deshalb stehe ich jetzt hier vor Gericht. Gott kann nämlich Tote auferwecken. Ich habe Jesus von Nazaret verfolgt. Ich ließ viele Christen in den Kerker werfen. Viele wurden getötet. Ich verfolgte sie in allen

Synagogen und in fremden Städten. Ich ging auch nach Damaskus. Auf dem Weg nach Damaskus sahen meine Begleiter und ich ein helles Licht. Wir fielen zu Boden. Jesus, der Herr, sprach aus dem Licht zu mir. Er schenkte mir die Gnade der Bekehrung. Er wollte: Ich soll Zeuge für ihn sein, seine Lehre zu den Menschen bringen. Das habe ich getan. Ich predige in Damaskus und in Jerusalem, im Land Judäa und in den Heidenländern. Die Juden verhafteten mich deshalb im Tempel und versuchten, mich zu töten. Ich lebe aber noch, weil Gott mich schützte. Ich verkünde, was Mose und die Propheten gelehrt haben: Der Messias wird leiden, vom Tod auferstehen und Juden und Heiden die Wahrheit lehren."

Nach dieser Verteidigungsrede des Paulus rief Festus: „Du bist verrückt, Paulus."

Paulus aber antwortete: „Ich bin nicht verrückt. König Agrippa weiß, was ich sage. Nichts davon ist ihm unbekannt. König Agrippa, glaubst du den Propheten? Ich weiß, du glaubst." Agrippa sagte zu Paulus: „Du willst aus mir einen Christen machen."

Paulus antwortete ihm: „Ich wünsche mir von Gott, dass du und alle, die mich heute hören, Christen werden."

Der König, der Statthalter und alle anderen standen auf und gingen weg. Sie besprachen sich miteinander und sagten: „Paulus ist unschuldig ." Agrippa sagte zu Festus: „Man könnte den Mann freilassen. Er hat aber an den Kaiser berufen."

Die Abfahrt des gefangenen Apostels nach Rom
Apg 27,1-13

Die Abfahrt nach Italien war bestimmt. Paulus und andere Gefangene wurden dem Hauptmann Julius übergeben. Alle bestiegen das Schiff. Das Schiff fuhr ab. Es fuhr die Küste Kleinasiens entlang. Das Schiff landete zuerst in Sidon. Julius war gut zu Paulus und erlaubte ihm, zu seinen Freunde zu gehen, damit sie für ihn sorgten. Dann fuhr das Schiff bei Zypern vorbei nach Myra in Lyzien. Hier traf der Hauptmann ein alexandrinisches Schiff. Es wollte nach Italien fahren. Alle bestiegen es und fuhren ab. Die Fahrt war mühsam, weil starker Wind wehte. Das Schiff fuhr in eine Bucht auf der Insel Kreta.

In der späteren Jahreszeit wurde die Schifffahrt gefährlich. Paulus warnte und sagte: „Die Fahrt ist gefährlich. Sie wird dem Schiff, der Ladung und allen Menschen Schaden bringen. Unser Leben ist in Gefahr."

Der Hauptmann aber glaubte dem Kapitän und dem Steuermann mehr als dem Paulus. Der kleine Hafen war zum Überwintern nicht geeignet. Man beschloss deshalb weiterzufahren. Man wollte in einen größeren Hafen von Kreta kommen. Dort wollte man im Winter bleiben.

Der Seesturm
Apg 27,14-26

Man fuhr die Küste von Kreta entlang. Da kam ein starker Sturm. Das Schiff wurde mitgerissen. Man konnte es nicht mehr lenken. Der Kapitän ließ es treiben. Alle Schiffsladung wurde ins Meer geworfen. Aber das half nichts. Man sah keine Sonne und keine Sterne. Der Sturm dauerte lang. Niemand hoffte mehr auf Rettung.

Niemand wollte essen. Paulus sagte: „Man hat mir nicht gefolgt und ist von Kreta abgefahren. So kamen Unglück und Schaden. Jetzt aber ermahne ich euch: Habt Mut. Das Schiff wird untergehen. Aber alle werden gerettet. Das hat mir ein Engel des Herrn gesagt.

Sturm.

Ich vertraue auf Gott. Sein Wort ist wahr. Wir werden auf einer Insel stranden."

Der Schiffbruch vor Malta
Apg 27,27-44

Das Schiff trieb schon vierzehn Tage auf der Adria. Um Mitternacht sahen die Matrosen Land.
Einige Schiffsleute wollten fliehen. Paulus sprach zum Hauptmann: „Alle müssen hierbleiben, sonst werdet ihr nicht gerettet." Da befahl der Hauptmann allen hierzubleiben. In der Früh ermahnte Paulus die Leute zum Essen. Sie hatten vierzehn Tage fast nichts gegessen. Paulus sagte ihnen: „Esst etwas. Das ist gut für eure Rettung. Es wird euch nichts passieren."
Paulus nahm Brot, dankte Gott, brach es und begann zu essen. Da bekamen alle Mut und aßen auch.
Auf dem Schiff waren 276 Personen. Nach dem Essen warfen sie auch noch das Getreide ins Meer, um das Schiff zu erleichtern. Dann steuerten sie das Schiff zur Insel. Es blieb auf festem Grund stecken und brach auseinander. Die Soldaten wollten nun die Ge-

fangenen töten. Keiner sollte fliehen. Der Hauptmann aber verbot es, weil er Paulus retten wollte. Er befahl allen, zum Land zu schwimmen. So wurden alle gerettet.

Im Winter auf der Insel Malta
Apg 28,1-10

Alle waren gerettet. Wir erfuhren, dass die Insel Malta hieß. Die Leute waren alle sehr freundlich zu uns. Sie holten uns zu sich. Sie entzündeten ein Feuer, weil es zu regnen begann und kalt war.
Paulus warf Reisig ins Feuer. Da sprang eine Viper heraus und biss sich an seiner Hand fest. Alle erschraken und sagten: „Dieser Mensch ist ein Mörder. Er wurde aus dem Meer gerettet, nun aber wird er bestraft."
Paulus aber warf das Tier ins Feuer. Es hatte ihm nicht geschadet.
Die Leute warteten auf den Tod von Paulus. Sie warteten einige Zeit und sahen, dass dem Paulus nichts

Schiffbruch.

Malta, Kathedrale.

geschehen war. Da änderten sie ihre Meinung und sagten: „Er ist ein Gott."
Auf der Insel lebte ein Mann namens Publius. Ihm gehörten die Landgüter der Insel. Er nahm alle für drei Tage auf und bewirtete alle freundlich. Sein Vater war schwer krank. Paulus ging zu ihm, betete und machte ihn gesund. Da kamen auch die anderen Kranken zusammen. Gott half dem Paulus, sie zu heilen.
Alle achteten uns und gaben uns bei der Abfahrt, was wir brauchten.

Von Malta nach Rom
Apg 28,11-15

Ein Schiff aus Alexandrien hatte auf der Insel überwintert. Wir fuhren drei Monate später mit diesem Schiff fort. Wir kamen nach Syrakus und blieben drei Tage dort. Wir fuhren dann die Küste entlang und kamen nach Puteoli. Wir trafen viele Christen. Sie baten Paulus, sieben Tage bei ihnen zu bleiben. So kamen wir nach Rom. Christen kamen uns bis zum Forum Appii und Tres Tabernae entgegen. Paulus freute sich deshalb und dankte Gott.

Paulus in Rom
Apg 28,16-31

Wir kamen nach Rom. Paulus bekam die Erlaubnis, mit dem Soldaten zusammen eine eigene Wohnung zu haben. Drei Tage später bat Paulus die Vorsteher der Juden zu sich. Er stellte sich bei ihnen vor. Er sprach vom Geschehen in Jerusalem und von seiner Verhaftung.
„Ich habe gebetet, euch zu sehen und zu sprechen. Ich trage diese Fesseln, weil ich auf die Rettung Israels hoffe."

Via Appia, Straße vom Hafen nach Rom.

Rom Kapitol.

Die Vorsteher der Juden sagten: „Wir haben über dich nichts Belastendes erfahren. Wir wollen aber von dir wissen, was du von dieser neuen Lehre weißt."

Sie wollten später mit anderen Juden wieder kommen.

Viele kamen in die Wohnung von Paulus. Von früh bis abends lehrte Paulus vom Reich Gottes. Er sprach vom Gesetz des Mose und der Lehre der Propheten. Durch diese Predigt wollte er sie zum Glauben an Jesus führen.

Manche glaubten, manche aber blieben ungläubig. Paulus sprach zu ihnen: „Der Prophet Jesaja hat schon gesagt: ,Ihr werdet hören und nicht verstehen. Ihr werdet schauen und nicht sehen. Euer Herz ist hart.'

Die Lehre Gottes wird deshalb den Heiden gepredigt. Sie werden glauben."

Paulus blieb zwei Jahre in dieser Wohnung. Viele Leute kamen zu ihm. Er predigte vom Reich Gottes und lehrte von Jesus Christus, unserem Herrn.

Die Apostelbriefe *)

Landkarten vom Wachsen des römisches Weltreichs.

Der Apostel Paulus

Paulus wurde in Tarsus (Türkei) geboren.
Er war Jude und römischer Staatsbürger. Sein jüdischer Name war Saulus, sein römischer Name war Paulus.
Nach der Gnade seiner Bekehrung war Paulus Missionar, zuerst bei den Juden, dann bei vielen Heiden in Kleinasien, Griechenland und Rom.
Er hat drei Missionsreisen gemacht. Das war in der damaligen Zeit sehr mühsam.
Paulus wurde oft verfolgt, misshandelt. Aber er blieb seinem Glauben treu.
Davon schreibt er auch in seinen Briefen.
Zur Zeit der Christenverfolgung wurde Paulus in Rom enthauptet.
Er ist in der Pauluskirche in Rom begraben.

*) alle Briefe nach der Ordnung der Lesejahre A, B, C.

Tarsus, Paulus-Tor.

Briefe des Apostels Paulus

Im Winter der Jahre 57/58 war Paulus in Korinth. Er hatte bis jetzt im Osten des Römerreiches gelehrt

Rom, Tre fontane (drei Quellen), hier wurde Paulus enthauptet.

(Röm 15,19). Paulus wollte auch im Westen des römischen Reiches predigen. Er wollte deshalb Rom und Spanien besuchen (Röm 15,24). Der Apostel schrieb deshalb einen Brief an die Christen in Rom.
Er wollte sich vorstellen. Er zeigt, wie er die Botschaft von Jesus versteht und lehrt.

DER BRIEF AN DIE RÖMER

Anschrift und Gruß
Röm 1,1-7

Ich, Paulus, bin Diener Jesu Christi. Jesus hat mich zum Apostel berufen.
Ich soll sein Evangelium predigen. Gott hat die Propheten belehrt. Sie haben vieles von Jesus vorausgesagt. Es ist in den Heiligen Schriften aufgeschrieben: Das ist das Evangelium vom Sohn Gottes.
Er wurde Mensch. Er ist geboren als Nachkomme Davids. Er ist zugleich Gott, Gottes Sohn in Macht und Herrlichkeit. Die Auferstehung Jesu ist der beste Beweis für seine Gottheit. Das ist das Evangelium von Jesus, unserem Herrn.
Jesus schenkt mir Gnade. Er hat mich zum Apostel berufen. Ich soll in seinem Namen die Heiden zum Glauben führen. Auch ihr gehört zu Jesus. Jesus hat euch gerufen.
Ich schreibe an alle Gläubigen in Rom: Gott liebt euch. Gott hat euch zum Glauben berufen.
Gnade sei mit euch und Friede von Gott, unserem Vater, und dem Herrn Jesus Christus.

Die Rettung der Menschen – Gerechtigkeit und neues Leben
Das Kreuz Christi als Zeichen der Erlösung
Röm 3,21-25a.28

Gott lehrt uns: Alle, die glauben, werden Gottes Hilfe bekommen.
Alle haben gesündigt und Gottes Gnade verloren.
Gott aber schenkt uns wieder Gnade und die Erlösung durch Jesus Christus.
Jesus hat sein Leben geopfert für uns.
Jesus bittet Gott um Verzeihung für uns.
Gott rettet alle, die an Jesus Christus glauben.

Der Glaube – am Beispiel Abrahams
Röm 4,13.16-18.22

Gott versprach Abraham und seinen Nachkommen das Reich Gottes. Alle sollen an Gott glauben, damit alle Gnade bekommen und gerettet werden.
Das Reich Gottes ist für alle da, die glauben wie Abraham. Abraham wurde der Vater vieler Völker, weil er Gott geglaubt hat und auf Gottes Wort vertraut hat.

Röm 4,18-25

Abraham hat auf Gott gehofft. Er hat Gottes Wort geglaubt.
Abraham hat geglaubt: Gott wird sein Versprechen wahr machen. Gott wird ihm einen Nachkommen schenken.
Der Glaube von Abraham war stark. Er lobte Gott. Gott hat Abraham gerettet.
So sollen auch wir an Gott glauben, um gerettet zu werden.

Tempelmauer, dahinter der Tempelplatz, hier war der Berg Moria, hier sollte Abraham seinen Sohn Isaak opfern.

Wir glauben an Jesus, unseren Herrn. Gott hat ihn vom Tod auferweckt. Jesus ist für uns am Kreuz gestorben und auferstanden.

Hoffnung für die Glaubenden
Röm 5,1-2.5-8

Der Glaube an Gott rettet uns. Er schenkt uns Frieden mit Gott und Jesus Christus. Christus schenkt uns Gnade und Hoffnung auf die ewige Herrlichkeit. Wir hoffen auf Gott. Er schenkt uns Liebe durch den Heiligen Geist.
Christus ist für uns gestorben, um uns zu erlösen. So hat Gott seine Liebe zu uns bewiesen.

Röm 5,9-11

Wir sind durch den Kreuzestod Christi gerettet. Er wird uns auch vor dem Gericht Gottes retten.
Der Tod Jesu hat uns mit Gott versöhnt. Weil wir mit Gott versöhnt sind, werden wir durch Jesus ewiges Leben bekommen.
Wir danken Gott durch unseren Herrn Jesus Christus. Er hat uns die Versöhnung geschenkt.

Kreuz der Gehörlosenseelsorge Wien.

Röm 5,12-15

Durch einen einzigen Menschen kam die Sünde in die Welt. Durch die Sünde kam der Tod in die Welt. Der Tod kam zu allen Menschen, weil alle sündigten.
Christus aber brachte Gnade und ewiges Leben in die Welt. Er schenkt allen seine Gnade und Erlösung.

Röm 5,16-19

Durch Christus können alle das ewige Leben bekommen.
Durch die Sünde des einen Menschen kam für alle die Verurteilung. Durch die Erlösungstat Jesu kommt für alle Rettung und ewiges Leben.
Durch den Ungehorsam des einen Menschen wurden alle zu Sündern.
Durch den Gehorsam Jesu wurden alle zu Gerechten und Geretteten.

Gemeinschaft der Getauften mit Christus
Röm 6,3-4.8-11

Wir sind im Namen Jesu getauft. Gott hat uns in der Taufe alle Sünden verziehen. Er will, dass wir in seiner Gemeinschaft leben.
Jesus ist für uns gestorben. Er hat uns erlöst.
Jesus ist auferstanden. Er schenkt uns neues, ewiges Leben.
Ich bitte euch: Meidet die Sünde. Tut Gutes. Lebt in Gottes Gemeinschaft.

Leben als Christ
Röm 8,8-11

Lasst euch vom Geist Gottes führen. Er wohnt in euch.
Gott hat Jesus von den Toten auferweckt. Gottes Geist ist auch in euch. So wird Gottes Geist auch euren sterblichen Leib lebendig machen.

Röm 8,14-17

Lasst euch vom Geist Gottes führen. Ihr habt Gottes Geist empfangen und seid Kinder Gottes. Als Kinder Gottes dürfen wir zu Gott Vater sagen. Wir sind Kinder Gottes. Wir werden mit Jesus leiden, wir werden auch mit Jesus auferstehen und ewig leben.

Röm 8,18-23

Wir müssen jetzt leiden. Wir werden später die wunderbare Herrlichkeit bei Gott erleben.
Gott wird auch die Schöpfung zur Vollendung führen. Wir sind erlöst. Gott wird uns die ewige Herrlichkeit schenken.

Röm 8,24-30

Wir sind erlöst, wir warten mit Geduld auf die Verherrlichung bei Gott.
Oft aber sind wir schwach im Guten. Gottes Gnade hilft uns. Wir wissen oft nicht, wie wir gut beten und wofür wir beten sollen. Gottes Geist hilft uns. Gott kennt uns. Er weiß, was wir denken. Gott führt alles zum Guten, wenn wir ihn lieben. Gott will uns Gemeinschaft mit Jesus Christus schenken. Gott hat uns berufen und gerettet. Er wird uns auch verherrlichen.

Röm 8,31b-34

Gott liebt uns. Gott hat uns seinen Sohn geschenkt. Er hat ihn für uns alle geopfert durch seinen Tod am Kreuz. Jesus Christus ist für uns gestorben. Sein Opfer, sein Tod am Kreuz, führt uns zu Gott.
Ihr seid getauft. Ihr seid Kinder Gottes.
Lebt wie Gott will.
Jesus ist gestorben und auferstanden.
Er ist beim Vater. Er bittet für uns.
Not, Verfolgung und Gefahr können uns nicht trennen von der Liebe Christi. Wir sind stark, weil Gott uns liebt. Tod und Leben, Engel und Böses – nichts kann uns von der Liebe Gottes trennen. Gott ist bei uns in Jesus Christus, unserm Herrn.

Die Rettung Israels

Röm 9,1-5

Ich sage die Wahrheit. Ich lüge nicht. Ich bin sehr traurig und leide. Ich will alle Israeliten retten, die

Bibel, Gottes Wort ist wahr.

von Christus getrennt sind. Sie haben die Gesetze und kennen die Propheten. Christus kommt aus dem Volk Israel. Viele Israeliten glauben aber nicht. Ich will für sie leiden, um sie zu retten. Gott sei gepriesen in Ewigkeit. Amen.

Röm 10,8-13

Gottes Wort sei euch nahe!
Es ist das Wort des Glaubens.
Wer bekennt: „Jesus ist der Herr", und wer im Herzen glaubt: „Jesus ist auferstanden von den Toten", der wird gerettet werden.
Wer mit dem Herzen glaubt und mit dem Mund bekennt, wird Gerechtigkeit und Heil bekommen.
Die Heilige Schrift lehrt:
Wer glaubt, wird gerettet werden.
Es gibt keinen Unterschied zwischen Juden und Griechen.
Alle haben denselben Herrn. Er schenkt allen seine Gnade, die ihn bitten und an ihn glauben.
Jeder, der den Namen des Herrn anruft, wird gerettet.

Röm 11,13-15.29-32

Ich, Paulus, heiße Apostel der Heiden, weil ich euch die Botschaft Jesu gepredigt habe. Viele von euch wurden gläubig. Ich hoffe, dass die Israeliten euer gutes Beispiel sehen und auch gläubig werden. Gott ruft auch sie. Er schenkt allen seine Gnade. Ihr wart früher auch ungläubig. Gott hat euch sein Erbarmen geschenkt. Gott will auch den Israeliten sein Erbarmen schenken.

Röm 11,33-36

Gottes Weisheit ist unendlich. Niemand kennt seine Wege. Niemand kennt die Gedanken des Herrn. Gott schenkt uns alles. Er hat alles erschaffen. Sein Wille schenkt uns das Leben. Gott sei Ehre in Ewigkeit. Amen.

Röm 12,1-2

Gott hat Erbarmen mit euch. Lebt heilig! Euer Leben soll ein heiliges Opfer sein. Das gefällt Gott. Tut nicht, was die Welt will. Versucht, Gottes Willen zu befolgen. Tut, was Gott will. Tut, was gut ist und Gott gefällt.

Das Leben der Glaubenden
Röm 13,8-10

Gegenseitige Liebe ist immer eure Pflicht. Wer den anderen liebt, befolgt Gottes Willen und seine Gebote. Gottes Gebote kann man in dem einen Satz sagen: Du sollst deinen Nächsten lieben wie dich selbst. Wer den Nächsten liebt, tut ihm nichts Böses. Wer liebt, befolgt die Gebote Gottes.

Röm 13,11-14a

Bedenkt: Die Zeit ist gekommen, vom Schlaf aufzustehen.

Das Heil, unsere Erlösung, ist nahe. Meidet das Böse und tut Gutes. Lebt ehrenhaft. Seid bescheiden beim Essen und Trinken, meidet Unkeusches, Streit und Eifersucht. Lebt wie Christus will.

Röm 14,7-9

Niemand lebt für sich allein. Unser Leben und unser Sterben gehören dem Herrn. Jesus Christus ist gestorben und auferstanden. Er ist der Herr über Tote und Lebende.

Röm 15.4-9

Die Heilige Schrift ist für unsere Belehrung geschrieben. Sie gibt uns Geduld und Trost. Sie schenkt uns auch Hoffnung. Gott schenke euch Einheit und Frieden, wie Jesus es will. Dann könnt ihr alle gemeinsam Gott, den Vater unseres Herrn Jesus Christus, loben und ehren. Helft allen. Auch Jesus hat allen geholfen. Er hat Gott, seinen Vater, immer geehrt. Jesus hat alle belehrt. Alle sollen Gottes Namen ehren.

Röm 16,25-27

Gott kann euren Glauben stärken. Er hilft euch, die Lehre Jesu Christi verstehen und befolgen. Gott ist weise. Er hat uns seine Lehre verkündet. Alle können davon wissen und zum Glauben kommen. Gott sei Ehre durch Jesus Christus in alle Ewigkeit. Amen.

DER ERSTE BRIEF AN DIE KORINTHER

Paulus war eineinhalb Jahre in Korinth. Er predigte das Evangelium. Viele Leute wurden Christen. Später gab es vier christliche Parteien in Korinth. Paulus musste auch viele Fragen der Korinther beantworten. Er schrieb deshalb aus Ephesus einen Brief an die Christen in Korinth.

Gruß
1 Kor 1,1-3

Paulus wurde durch Gottes Willen zum Apostel Jesu berufen. Er grüßt die Christengemeinde in Korinth. Alle sind durch Jesus zum Glauben gerufen. Paulus wünscht allen Gnade und Frieden von Gott, unserem Vater, und dem Herrn Jesus Christus.

Dank an Gott
1 Kor 1,4-9

Gnade sei mit euch und Friede von Gott, unserem Vater, und dem Herrn Jesus Christus.
Ich danke Gott allezeit für euch.
Gott hat euch durch Jesus Christus Gnade geschenkt. Die Gnade Gottes macht euch weise. Sie macht euren Glauben stark.
Ihr hofft auf das Kommen Jesu.
Jesus wird euch stark machen bis zu seinem Wiederkommen. So könnt ihr ohne Schuld den Gerichtstag erleben.
Gott ist treu. Er hat euch gerufen zur Gemeinschaft mit seinem Sohn Jesus Christus, unserm Herrn.

Mahnung zur Einheit
1 Kor 1,10-13.17

Ich ermahne euch im Namen unseres Herrn Jesus Christus: Haltet gute Gemeinschaft. Meidet jede Trennung. Mir wurde erzählt, dass bei euch Streit ist. Jeder von euch sagt etwas anderes: Ich folge dem Paulus. Ich folge dem Apollos. Ich folge dem Petrus. Ich folge Christus.
Wir haben nur einen Christus. Er wurde für euch gekreuzigt. Ihr seid in seinem Namen getauft.
Christus hat mir befohlen, das Evangelium zu verkünden. Alle sollen lernen, dass das Kreuz Jesu allen Kraft schenken will.

Die Botschaft vom Kreuz
1 Kor 1,22-25

Die Juden wollen ein Zeichen. Die Griechen wollen Weisheit.
Wir aber predigen von Jesus, dem Gekreuzigten. Die Juden ärgern sich darüber. Die Heiden spotten. Wir Gläubige aber wissen: Christus ist für uns die Kraft und Weisheit Gottes. Gott ist weise und stark, auch wenn die Menschen das nicht glauben.

1 Kor 1,26-31

Denkt an eure Berufung. Gott hat nicht viele Weise, Mächtige und Vornehme auserwählt.

Korinth, Apollotempel.

Paulus, Verkünder der Weisheit Gottes
1 Kor 2,1-5

Brüder, ich bin zu euch gekommen. Ich habe bei euch nicht mit schönen Worten gepredigt. Ich habe auch nicht weise gesprochen. Ich habe euch die Lehre Gottes verkündigt. Ich habe euch die Botschaft von Jesus, dem Gekreuzigten, gebracht. Ich habe nicht mit menschlicher Weisheit zu euch gesprochen. Ich habe euch den Glauben mit der Kraft Gottes gelehrt. So soll euer Glaube stark sein in der Kraft Gottes.

1 Kor 2,6-10

Wir predigen euch auch Weisheit. Wir lehren aber nicht die Weisheit der Welt und der Machthaber. Wir predigen die Weisheit Gottes. Christus hat sie uns geoffenbart, um uns zum Heil und zur himmlischen Herrlichkeit zu führen. Diese Weisheit ist den Machthabern der Welt unbekannt geblieben. Sie haben deshalb auch Jesus, den Herrn der Herrlichkeit, gekreuzigt.
Wir verkündigen euch Gottes Weisheit, wie in der Schrift steht: Kein Auge kann sehen, kein Ohr kann hören, kein Mensch kann verstehen, was Gott Großes bereitet hat für alle, die ihn lieben. Wir verkündigen euch das, weil Gott es uns durch seinen Geist geoffenbart hat.

Verantwortung des Apostels und seiner Mitarbeiter
1Kor 3,16-23

Paulus lehrt: Ihr seid ein Tempel Gottes. Gottes Geist ist in euch. Wer den Tempel Gottes zerstört, wird Gottes Gericht erfahren. Gottes Tempel ist heilig. Ihr müsst deshalb heilig leben. Prahlt nicht mit eurer

Grabeskirche, Jerusalem – Hoffnung auf Auferstehung.

Gott hat arme und einfache Leute erwählt.
Niemand kann vor Gott prahlen.
Nur Gott ist weise. Er hat uns Jesus Christus geschickt.
Durch Jesus haben wir Gerechtigkeit, Heil und Erlösung bekommen.
Niemand soll prahlen.
Man soll danken für die Erlösung durch Jesus Christus.

Weisheit. Seid bescheiden! Gott kennt euch. Ihr sollt Christus, Gottes Sohn, gehören.

1 Kor 4,1-5

Wir – die Apostel – sind Diener Christi. Wir müssen die Geheimnisse Gottes verwalten. Ein Verwalter aber muss treu sein. Nicht ihr sollt richten, sondern der Herr wird uns richten.
Der Herr wird kommen. Er wird alles Geheime bekanntmachen. Er wird die Gedanken der Herzen aufdecken. Dann wird jeder sein Lob von Gott bekommen.

Missstände in der Gemeinde
1 Kor 5,6b-8

Ihr wisst: Ein wenig Sauerteig macht den ganzen Teig sauer. Schafft deshalb das Böse fort. Jesus Christus hat sich als Osterlamm für uns geopfert. Ihr sollt deshalb Bosheit und Schlechtigkeit fortschaffen. Ihr sollt mit Jesus in Ehrlichkeit und Wahrheit feiern.

1 Kor 6,13c-15a

Ihr sollt nichts Böses machen, sondern dem Herrn dienen. Gott hat Jesus auferweckt. Er wird durch seine Macht auch uns auferwecken. Ihr sollt wissen: Euer Leib ist Glied am Leib Christi. Tut nichts Böses. Euer Leib ist Tempel des Heiligen Geistes. Gott hat euch seinen Heiligen Geist geschenkt. Er hat euch durch Jesus erlöst. Deshalb lebt heilig und ehrt Gott.

Ordnung in der Gemeinde
1 Kor 7,29-31

Ich sage euch: Die Zeit ist kurz.
Lebt so, wie Gott will. Seid immer bereit für Gott. Diese Welt bleibt nicht immer. Sie wird vergehen.

1 Kor 7,32-35

Ich wünsche, dass ihr ohne Sorgen leben könnt. Der Unverheiratete sorgt für die Dinge Gottes. Er will dem Herrn gefallen. Der Verheiratete sorgt für die Dinge der Welt. Er will seiner Frau gefallen.
Die Unverheiratete sorgt für die Sache des Herrn. Sie will heilig sein. Die Verheiratete sorgt für weltliche Dinge. Sie will ihrem Mann gefallen.
Ich sage das, um euch zu helfen. Ich will euch nicht zwingen. Ihr sollt aber dem Herrn immer dienen, ihr sollt ihm richtig dienen.

Ephesus, Fresko in der Paulusgrotte.

Christliche Sakramente, christlicher Gottesdienst
1 Kor 9,16-19 22-23

Es ist Gottes Wille, dass ich das Evangelium verkünde.
Gott schenkt mir Freude, wenn ich seinen Willen tue.
Ich will vielen helfen und viele zu Gott führen.
Ich will für alle Menschen da sein, um sie zu retten.
Ich tue alles für das Evangelium Jesu Christi.

1 Kor 10,1-6.10-12

Ich möchte euch erinnern: Unsere Väter haben von Gott viele Hilfen bekommen. Gott führte sie durchs Rote Meer. Gott gab ihnen Speise und Trank. Viele aber waren Gott nicht treu.
Sie starben deshalb in der Wüste.
Ihr Beispiel ist eine Warnung für uns. Wir sollen nicht das Böse tun. Niemand soll murren wie sie. Sie haben gemurrt und mussten sterben. Die Erlebnisse der Israeliten sollen eine Warnung für uns sein.
Wer Gott liebt, soll im Glauben fest bleiben. Gott wird euch helfen.

1 Kor 10,16-17

Wir sprechen den Segen über den Kelch des Heiles. Er schenkt uns Gemeinschaft am Blut Christi. Wir sprechen den Segen über das Brot. Es schenkt uns Gemeinschaft am Leib Christi. Wir empfangen e i n Brot, den Leib Jesu. Deshalb sind wir viele e i n Leib, weil wir Gemeinschaft in Jesus haben.

1 Kor 10,31 – 11,1

Ihr sollt alles tun, um Gott zu ehren. Wenn ihr esst oder trinkt oder etwas anderes tut, macht es gut. So könnt ihr Gott ehren. Seid für niemanden schlechtes Beispiel. Auch ich bemühe mich, allen zu helfen. Ich will helfen, um sie zu retten. Ich folge dem Beispiel Jesu Christi. Ihr sollt deshalb meinem Beispiel folgen.

Die Feier des Herrenmahls
1 Kor 11,23-26

Ich habe vom Herrn empfangen, was ich euch gelehrt und weitergegeben habe:
Jesus, der Herr, nahm in der Nacht, in der er ausgeliefert wurde, Brot.
Er sprach das Dankgebet,
brach das Brot.
Er sagte: Das ist mein Leib für euch.
Tut dies zu meinem Gedächtnis.
Ebenso nahm er nach dem Mahl den Kelch.
Er sprach: Dieser Kelch ist der Neue Bund in meinem Blut.
Tut dies, sooft ihr daraus trinkt,
zu meinem Gedächtnis.
Sooft ihr von diesem Brot esst und aus dem Kelch trinkt, verkündet ihr den Tod des Herrn, bis er kommt.

Abendmahl.

Die Gaben des Heiligen Geistes, das Leben der Christen
1 Kor 12,4-14.27

Es gibt verschiedene Gnadengaben, aber nur einen Geist.
Es gibt verschiedene Aufgaben, aber nur einen Herrn.
Es gibt verschiedene Kräfte, aber nur einen Gott.
Er hat alles erschaffen, er sorgt für alles.
Gott gibt jedem seine Aufgabe.
Jeder soll dem anderen helfen. Das ist der Wille Gottes.
Der Leib hat viele Glieder. Alle Glieder gehören zu einem Leib. Das ist ein Beispiel für Christus. Wir gehören seit der Taufe zum Leib Christi. Wir sind seine Glieder. Wir alle haben den Heiligen Geist empfangen.
Juden und Griechen, Sklaven und Freie, alle haben den einen Geist empfangen.
Ihr alle seid der Leib Christi. Jeder einzelne ist ein Glied am Leib Christi.

1 Kor 12,31 – 13.13

Bemüht euch um Gottes Gnadengaben. Ich will euch den Weg zu Gott zeigen.
Wenn ich wie ein Engel rede, aber keine Liebe habe, ist meine Sprache wertlos.
Wenn ich weise bin, alles verstehe und weiß; wenn ich den stärksten Glauben habe, aber ohne Liebe bin, dann bin ich nichts.
Wenn ich alles den Armen schenke und meinen Leib opfere, aber keine Liebe habe, dann hilft es mir nicht.
Die Liebe ist geduldig und gütig.
Sie ist nicht eifersüchtig, prahlt nicht und ist nicht eitel.

Ein Mensch mit Liebe tut nichts Unrechtes. Er denkt nicht an sich. Er verzeiht das Böse.
Er freut sich nicht über das Unrecht. Er freut sich über die Wahrheit.
Die Liebe hilft alles ertragen, alles glauben und alles hoffen.
Die Liebe hat kein Ende.
Die Weisheit wird ein Ende haben.
Die Sprachen werden aufhören.
Wir können jetzt noch nicht alles verstehen.
Als ich ein Kind war, redete und dachte ich wie ein Kind.
Jetzt bin ich ein Mann. Ich denke und rede wie ein Mann.
Jetzt erfahren wir Gottes Weisheit wie in einem Spiegel.
Wir können nicht alles verstehen.
Später aber werden wir alles erkennen und Gott sehen.
Jetzt bleiben Glaube, Hoffnung und Liebe.
Am größten aber ist die Liebe.

Die Auferweckung Jesu und der Christen
1 Kor 15,1-11

Ich erinnere euch an das Evangelium. Ich habe es euch gepredigt. Ihr habt es angenommen. Ihr seid im Glauben treu.
Das Evangelium wird euch retten, wenn euer Glaube stark bleibt.
Ich habe euch gelehrt: Christus ist für unsere Sünden gestorben. Er wurde begraben. Er ist am dritten Tag auferstanden. Er ist dem Petrus und den anderen Aposteln erschienen. Dann erschien er mehr als fünfhundert Jüngern auf einmal. Die meisten leben noch.
Er erschien dem Jakobus und allen Aposteln. Zuletzt

Auferstehung, am größten ist die Liebe.
(Bild aus der Kapelle von Bad Kreuzen/OÖ.)

1 Kor 15,12.16-20

Wir haben euch die Auferstehung Jesu gepredigt. Niemand darf deshalb sagen: Eine Auferstehung der Toten gibt es nicht. Wenn Tote nicht auferstehen, ist auch Christus nicht auferstanden. Ohne Auferstehung Jesu aber ist euer Glaube sinnlos. Ohne Auferstehung Jesu werden die Gläubigen auch nicht gerettet.
Wir predigen euch aber die Wahrheit:
Jesus ist auferstanden. Seine Auferstehung ist wahr.

1 Kor 15,20-26.28

Jesus Christus ist von den Toten auferstanden. Durch Christus werden alle Toten auferstehen.
Christus wird wiederkommen.
Jesus wird jede Macht und Gewalt besiegen. Er wird seine Herrschaft dem Vater geben. Zuletzt wird Jesus den Tod besiegen. Dann wird Gott immer und überall herrschen.

Jerusalem, das leere Grab.

erschien er auch mir. Ich bin aber nicht wert, Apostel zu heißen, weil ich die Kirche Gottes verfolgt habe.
Die Gnade Gottes hat mich zum Apostel gemacht. Gott hat mir seine Gnade geschenkt. Sie hat mich geändert. Sie hat mir geholfen, viel zu arbeiten. Wir lehren euch die frohe Botschaft. Sie ist euer Glaube.

1 Kor, 15,45-49

Christus ist vom Tod auferstanden. Er hat den Anfang der Auferstehung gemacht.
Adam hat den Tod gebracht. Christus hat die Auferstehung gebracht.
Als Nachkommen Adams müssen alle sterben. Als erlöste Christen werden wir das ewige Leben haben.

1 Kor, 15,54-58

Jesus Christus hat den Tod besiegt. Wir danken Gott, weil er uns den Sieg durch Jesus Christus geschenkt hat.
Liebe Schwestern und Brüder! Seid fest und treu im Glauben. Tut Gutes. Gott wird eure Mühe lohnen.

DER ZWEITE BRIEF AN DIE KORINTHER

Paulus schrieb noch einen zweiten Brief an die Korinther. Paulus schreibt in diesem Brief über drei Themen:
Seine Aufgabe und seine Arbeit als Apostel,
Bitte um Spenden für die Armen in Jerusalem,
Schwierigkeiten und Mühen in seinem Apostelamt.

Von Leiden und Trost des Apostels
2 Kor 1,1-13

Paulus und Timotheus grüßen die Gemeinde Gottes in Korinth und alle Christen in Achaia.
Gnade euch und Friede von Gott unserem Vater und dem Herrn Jesus Christus.
Gott sei gepriesen. Er ist der Vater unseres Herrn Jesus Christus. Er erbarmt sich unser und tröstet uns. Wir können deshalb auch andere trösten. Wie Christus gelitten hat, leiden auch wir. Christus ist unser Trost. Wir waren in Asien in Lebensgefahr. Wir haben auf Gott vertraut. Er hat uns gerettet und wird uns immer

Kanal (= Straße) von Korinth.

retten. Ihr aber müsst für uns beten. So danken wir Gott für alle seine Gnaden.

Gott ist treu
2 Kor 1,18-22

Gott sorgt, dass unsere Predigt wahr ist. Wir haben euch von Gottes Sohn, Jesus Christus, gepredigt. Jesus ist die Wahrheit. Gottes Versprechen sind in ihm wahr geworden. Darum loben wir Gott durch Jesus Christus.
Gott hat uns und euch berufen. Er macht uns fest im Glauben durch Jesus Christus. Er schenkt uns seinen Heiligen Geist.

Der Apostel und sein Dienst an der Gemeinde
2 Kor 3,1b-6

Ihr kennt uns und wir kennen euch. Ihr habt Gemeinschaft mit Jesus Christus, wie wir euch gelehrt haben. Unser Vertrauen auf Gott ist groß. Wir können allein nichts tun. Gott gibt uns die Kraft zum Tun. Gott hilft uns, Diener des Neuen Bundes zu sein.

Die Leidensgemeinschaft des Apostels mit Christus
2 Kor 4,6-11

Gott macht unsere Herzen hell, damit wir die Lehre Jesu gut verstehen können. Gottes Kraft ist ein großer Wert für uns. Wir werden verfolgt und gequält. Man kann aber unseren Glauben nicht zerstören. Wir müssen oft leiden wie Jesus. So kann das Leben Jesu durch uns offenbar werden.

Die Hoffnung des Apostels
2 Kor 4,13 – 5,1

Der Glaube lehrt uns: Gott hat Jesus auferweckt. Er wird auch uns auferwecken. Wir predigen und leiden für euch, damit immer mehr Menschen die Gnade Gottes erkennen, Gott loben, ihm danken.
Wir dürfen in unserem Bemühen um euch nicht müde werden, auch wenn unser Körper schwach wird. Unser Gnadenleben muss täglich neu werden. Jetzt leiden wir Not. Wir werden aber in Ewigkeit große Freude und Herrlichkeit erleben.
Das Sichtbare bleibt nicht immer. Das Unsichtbare aber ist ewig.
Wir wissen: Gott schenkt uns nach diesem Leben eine ewige Wohnung im Himmel.

2 Kor 5,6-10

Wir gehen unseren Weg zu Gott.
Wir glauben und vertrauen: Gott geht diesen Weg mit uns.
Wir hoffen, Gott schenkt uns ewige Heimat in seinem Reich.
Wir wollen uns bemühen zu leben, wie Gott will.

Der Dienst der Versöhnung
2 Kor 5,11-21

Wir ehren Gott und bemühen uns, Menschen zu Gott zu führen.
Gott kennt uns. Ich hoffe, dass auch ihr mir vertraut. Deshalb bitten und sagen wir euch in der Liebe Christi: Christus ist für uns alle gestorben. Wir alle sollen leben zur Ehre Christi. Er ist für uns gestorben und auferstanden. Er schenkt uns neues, göttliches Leben. Jesus Christus hat uns neu gemacht, weil er uns Gnadenleben schenkt.
Wer Gemeinschaft mit Christus hat, bekommt neues Leben.
Jesus schenkt uns das Gnadenleben. Gott schenkt uns alles Gute. Wir haben Versöhnung mit Gott bekommen durch Jesus Christus, Gottes Sohn.
Gott wollte unsere Versöhnung, unsere Erlösung.
Wir (die Apostel) sind Stellvertreter Christi. Wir mahnen euch im Namen Gottes. Wir bitten euch mit Jesus: Lasst euch mit Gott versöhnen. Jesus hat sich für unsere Sünden geopfert, damit wir gerettet werden.

Standhaft im Leiden
2 Kor 6,1-7

Als Mitarbeiter Gottes ermahnen wir euch: Bemüht euch, Gottes Gnade nicht umsonst bekommen zu haben. Gott verspricht: Am Tag der Rettung helfe ich dir.
Die Zeit der Gnade und der Rettung ist gekommen durch Jesus Christus.
Wir sind Gottes Diener. Wir bleiben standhaft in der Not, in der Angst, Verfolgung, wir bleiben geduldig und hilfsbereit in der Kraft des Heiligen Geistes. Wir

bemühen uns um Wahrheit und Gerechtigkeit. Wir sind stark durch Gottes Gnade.

Aufruf zur Sammlung für Jerusalem
2 Kor 8,7-9.13-15

Ihr seid reich an Glauben, Weisheit und Liebe. Ihr sollt dafür dankbar sein und gute Werke tun.
Ihr kennt die Liebestat unseres Herrn Jesus. Er war reich. Er wurde arm, damit wir reich an Gnade werden. Ihr sollt helfen, wenn andere in Not sind. Andere werden euch helfen, wenn ihr Not leidet. So soll man sich gegenseitig immer helfen.

Gnade und Schwachheit des Apostels
2 Kor 12,7-10

Ich habe Gottes Offenbarung erfahren. Ich muss aber auch leiden, damit ich über die Offenbarung nicht stolz werde. Das Leiden ist sehr schmerzhaft. Dreimal habe ich den Herrn gebeten, es wegzunehmen. Der Herr aber antwortete mir: Meine Gnade genügt dir.
Sie gibt den Schwachen Kraft. Ich will also das Leiden geduldig tragen, damit Christi Kraft bei mir ist. Ich erleide Misshandlungen, Not, Verfolgung und Angst für Jesus. So bin ich scheinbar schwach, in Wirklichkeit aber bin ich stark.

Damaskus.
Jesus ist dem Paulus vor Damaskus erschienen.

Segenswunsch
2 Kor 13,11-13

Freut euch!
Bemüht euch um das Gute.
Lebt in Einheit und Frieden. Dann wird der Gott der Liebe und des Friedens bei euch sein.
Grüßt einander mit dem Friedensgruß.
Alle Gläubigen grüßen euch.
Die Gnade unseres Herrn Jesus Christus, die Liebe Gottes und die Gemeinschaft des Heiligen Geistes sei mit euch allen!

DER BRIEF AN DIE GALATER

Galatien war eine Landschaft in Kleinasien. Paulus war zweimal dort. Er gründete heidenchristliche Gemeinden. Einige Jahre später sind in die Gemeinden in Galatien Irrlehrer gekommen und haben die Christen schlecht beeinflusst.

Paulus war in Ephesus und schrieb diesen Brief an die Galater, um sie im wahren Glauben zu stärken.

Grund für diesen Brief
Gal 1,1-2.6-10

Paulus ist von Jesus Christus und Gott Vater zum Apostel berufen worden. Er grüßt alle Gemeinden in Galatien und schreibt:

Ich staune, weil ihr die wahre Lehre nicht befolgen wollt. Ich habe euch das Evangelium gepredigt. Dieses Evangelium ist wahr. Es gibt kein anderes Evangelium.

Manche Leute wollen euch verwirren und die Lehre Christi ändern.

Landschaft in Kleinasien.

Niemand – auch kein Engel – kann ein anderes Evangelium predigen.

Ich predige Gottes Lehre, weil ich ein Diener Jesu bin.

Die Berufung zum Apostel
Gal 1,11-19

Ich habe euch das Evangelium gepredigt. Das Evangelium ist keine menschliche Erfindung. Ich habe das Evangelium von keinem Menschen gelernt. Christus hat es mir geoffenbart.

Ihr wisst: Ich habe früher die Kirche Gottes verfolgt. Ich wollte sie vernichten. Gottes Gnade aber schenkte mir den wahren Glauben an Jesus Christus. Diesen Glauben sollte ich den Völkern verkünden.

Ich fragte keinen Menschen. Ich ging auch nicht nach Jerusalem zu den Aposteln. Ich lehrte nach meiner Bekehrung in Damaskus.

Drei Jahre später ging ich nach Jerusalem, um Petrus zu sehen. Ich blieb 14 Tage bei ihm. Von den anderen Aposteln habe ich damals nur Jakobus gesehen.

Das Apostelkonzil in Jerusalem
Gal 2,1-10.19-21

Vierzehn Jahre später ging ich mit Barnabas und Titus wieder nach Jerusalem.

Ich sagte den Aposteln das Evangelium, das ich bei den Heiden lehrte. Sie sollten die Wahrheit meiner Lehre bestätigen. Niemand sollte die Heidenchristen zum alten Gesetz des Mose zwingen. Jesus Christus hat uns vom alten Gesetz befreit.

Die Apostel haben das verstanden und bestätigt. Gott hat mir die Gnade gegeben, den Heiden das Evangelium zu bringen. Petrus hatte den Auftrag, das

Evangelium den Juden zu verkünden. So haben wir es immer getan.

Der Glaube an Jesus Christus rettet uns. Die alten Gesetzesvorschriften können uns nicht retten. Wir glauben deshalb an Jesus Christus. Es ist keine Sünde, die Gesetzesvorschriften nicht mehr zu befolgen. Die Getauften haben die Erlösungsgnaden empfangen. Die Erlösungsgnaden retten uns.

Jesus ist gestorben und auferstanden, damit wir das göttliche Leben haben.

Ich lebe für Gott.

Ich glaube an den Sohn Gottes. Er liebt mich. Er hat sein Leben für mich geopfert.

Der Glaube an Christus rettet uns.

Gerechtigkeit aus dem Glauben
Gal 3,26-29

Der Glaube an Jesus Christus hat uns alle zu Kindern Gottes gemacht.

Ihr seid alle getauft. Ihr gehört zu Jesus Christus.

Ihr seid eine Gemeinschaft, seid Einheit in Jesus Christus

Gottes Sohn und Kinder Gottes
Gal 4,4-7

Als die Zeit erfüllt war, sandte Gott seinen Sohn, geboren von einer Frau. Er befolgte das Gesetz des Mose – wie alle Juden. Er ist gekommen, um uns vom Gesetz zu befreien, um uns zu erlösen, um uns zu Kindern Gottes zu machen. Weil wir Kinder Gottes sind, schenkte Gott den Heiligen Geist. Mit ihm können wir zu Gott beten: Abba, Vater.

Wir sind deshalb frei, sind Kinder Gottes.

Das Gebot der Liebe
Gal 5,1.13-18

Jesus hat uns erlöst. Dankt Jesus und bleibt ihm treu.

Bleibt fest im Glauben.

Meidet die Sünde.

Liebt einander.

Ihr kennt das wichtigste Gebot: Gott und die Menschen lieben.

Gott hilft uns, gut zu leben.

Gal 5, 19-25

Tut nichts Böses, meidet die Sünde: Streit, Eifersucht, Zorn, Egoismus, Neid, Unmäßigkeit.

Wer in Sünde lebt, wird nicht in Gottes Reich kommen.

Gott Heiliger Geist hilft euch wissen, wie euer Leben sein soll: Liebe, Freude, Friede, Geduld, Freundlichkeit, Treue, Bescheidenheit und Selbstbeherrschung. Streitet nicht. Verzeiht einander.

Das Gesetz Jesu Christi
Gal 6,14-18

Ich will nicht berühmt sein. Mein Ruhm ist das Kreuz Christi.

Die Erlösungsgnaden Jesu Christi haben uns neu geschaffen.

Friede und Erbarmen Gottes soll bei allen sein, die Gottes Willen befolgen.

Ich habe Narben und Wunden an meinem Körper. Ich habe sie für meinen Glauben an Jesus empfangen. Die Gnade unseres Herrn Jesus Christus sei mit euch.

DER BRIEF AN DIE EPHESER

Der Epheserbrief wurde zwischen 80 und 100 n. Chr. geschrieben. Er ist wie ein Rundbrief an die Christen in Ephesus und andere Gemeinden in Kleinasien gerichtet. Im Epheserbrief sind die wichtigsten Aussagen über die Kirche enthalten:
Christus ist das Haupt der Kirche. Durch die Taufe gehören die Gläubigen zu Christus.
Der Apostel Paulus hat Gottes Plan erfüllt beim Aufbau der Völkerkirche.
Der zweite Teil sind Mahnungen, vor allem Mahnung zur Einheit.

Gottes Heilsplan
Eph 1,3-6.11-12

Wir ehren Gott, den Vater unseres Herrn Jesus Christus.
Er schenkt uns Gemeinschaft mit Christus im Himmel.

Ephesus.

Gott hat uns erwählt. Wir sollen heilig und gut leben.
Gott liebt uns. Er will, dass wir seine Kinder sind.
Gott schenkt uns seine Gnade durch unseren Herrn Jesus Christus.
Wir haben auf Christus gehofft. Wir dürfen Gott loben in Ewigkeit.

Eph 1,15-23

Ich danke Gott immer im Gebet für euch. Ich weiß, dass ihr an Jesus, unseren Herrn, glaubt. Ihr zeigt auch eure Liebe zu den Mitmenschen.
Gott, der Vater unseres Herrn Jesus Christus, schenke euch den Geist der Weisheit. So könnt ihr Hoffnung haben und erkennen, dass Gott euch die Herrlichkeit des Himmels schenkt. Gott zeige euch seine große Macht. Mit dieser göttlichen Kraft hat er Christus vom Tod auferweckt und in den Himmel erhoben. Christus ist das Haupt der Kirche. Er hat ihr seine Gnadengeschenke gegeben.

Eph 2,4-10

Wir waren durch die Sünde von der Gemeinschaft mit Gott getrennt.
Gott aber hat Erbarmen. Er liebt uns sehr. Er hat uns Erlösung und neues Leben geschenkt durch Jesus Christus. Wir können uns nicht selbst erlösen. Gott schenkt uns die Erlösung. Er schenkt uns immer wieder seine Gnade.
Wir gehören Gott. Wir sollen Gutes tun, wie Gott will.

Einheit von Juden und Heiden in Christus
Eph 2,13-18

Ihr seid als Heiden von Christus getrennt gewesen. Ihr habt ohne Gott in der Welt gelebt.

Jesus Christus hat alle erlöst. Er ist unser Friede. Er schenkt Gemeinschaft für alle (er eint Heiden und Juden). Durch seinen Tod hat er die Trennung überwunden. Er schenkt Frieden. Er versöhnt durch seinen Tod am Kreuz alle mit Gott. Er schenkt uns seinen Geist.

Der Apostel und die Gemeinde
Eph 3,2-3a. 5-6

Ihr wisst, welche Aufgabe Gott mir gegeben hat. Ich soll alle Menschen zu Gott führen.
Der Heilige Geist hat die Apostel gelehrt:
Alle Menschen dürfen zur Kirche gehören.
Die Erlösung Jesu ist für alle da, wenn sie glauben.

Paulus, Apostel für die Heiden
Eph 3,8-12.14-19

Gott hat mir die Gnade geschenkt, den Heiden das Evangelium zu verkünden. Es war Gottes ewiger Plan, Jesus, den Retter in die Welt zu schicken, um alle Menschen zu erlösen. Alle sollen Gottes Weisheit kennenlernen durch Jesus. Er zeigt uns den Weg zum Vater, schenkt uns Vertrauen durch den Glauben an Gott.
Ich knie vor dem Vater und bitte ihn um Glaubenskraft für euch. Christus soll in euch wohnen. Ihr sollt in der Kraft des Heiligen Geistes die unendliche Größe Gottes erfahren. Die Fülle Gottes sei in euch.

Verschiedene Mahnungen
Aufruf zur Einheit,
Gnadengaben zum Aufbau der Kirche
Eph 4,1-13

Ich bin im Gefängnis, weil ich an Christus glaube. Ich ermahne und bitte euch:
Lebt, wie Christus will. Seid demütig und geduldig,

Ausgrabungen in Kleinasien.

liebt einander und bemüht euch um Einheit in der Kraft des Heiligen Geistes.
Ihr seid in Christus ein Leib und ein Geist. Ihr seid zu einer Hoffnung gerufen. Es ist ein Herr, ein Glaube, eine Taufe, ein Gott und Vater aller.
Jesus Christus ist vom Vater zu uns gekommen, er ist wieder beim Vater im Himmel.
Er schenkt der Kirche und den Christen verschiedene Gnadengaben. So macht er manche zu Aposteln, andere zu Propheten, andere zu Predigern, zu Hirten oder Lehrern. Alle sollen christlich leben, alles tun für die Einheit im Glauben, damit alle Getauften als gute Christen leben.

Treue im Glauben
Eph 4,17.20-24

Ich ermahne euch im Herrn: Lebt nicht ungläubig wie die Heiden. Ihr habt von Christus anderes gelernt. Er ist die Wahrheit. Das frühere Sündenleben ist vorbei. Ihr müsst in der Gnade Gottes leben. So seid ihr Gott ähnlich. Lebt wahrhaft, gerecht und heilig.

Pflichten zum Nächsten
Eph 4,30 – 5,2

Beleidigt Gottes Heiligen Geist nicht. Er schenkt euch die Gnade für eure Erlösung. Meidet Bosheit, Wut, Zorn, Streit und alles Böse. Seid gut und barmherzig. Verzeiht einander. Gott hat euch durch Christus Verzeihung geschenkt. Lebt, wie Gott will. Ihr seid seine geliebten Kinder. Habt Liebe zueinander. Christus hat uns geliebt. Er hat sich für uns geopfert.

Leben im Willen Gottes
Eph 5,8-14

Früher habt ihr in der Sünde gelebt. Jesus hat euch erlöst. Er schenkt euch neue Gemeinschaft mit Gott. Lebt als Kinder Gottes.
Seid gut und gerecht, lebt wahr.
Tut Gutes.
Jesus wird euch helfen.

Eph 5,15-20

Bemüht euch, gut zu leben.
Nutzt die Zeit. Meidet das Böse. Lernt, Gottes Willen zu begreifen.
Meidet Unmäßigkeit und Rausch. Gottes Geist soll euch führen.
Betet miteinander. Lobt Gott aus ganzem Herzen. Dankt Gott dem Vater. Dankt ihm immer. Dankt ihm im Namen Jesu Christi, unseres Herrn!

Eph 5,21-32

Folgt einander und dient Christus ehrfürchtig.
Die Frauen sollen ihren Männern folgen, gleich wie sie Christus folgen.

Der Mann ist das Haupt der Frau. Christus ist das Haupt der Kirche. Er hat alle gerettet. Die Kirche folgt Christus. Genauso sollen die Frauen ihren Männern folgen.
Die Männer sollen ihre Frauen lieben, wie Christus die Kirche liebt.
Christus hat sich geopfert, um die Kirche heilig zu

Die Gebotstafeln.
Leben im Willen Gottes und in der Liebe.

machen. Christus will eine herrliche Kirche, heilig und ohne Fehler.

Die Männer müssen deshalb ihre Frauen lieben wie sich selbst. Wer seine Frau liebt, liebt sich selbst. Niemand hasst sich selbst.

Jeder sorgt für Nahrung und Pflege. So sorgt auch Christus für seine Kirche.

Der Mann wird Vater und Mutter verlassen. Er wird sich mit seiner Frau verbinden.

Die beiden werden eins werden.

Das ist ein großes Geheimnis. Das ist auch ein Beispiel für Christus und die Kirche.

Eph 6,1-24

Die Kinder sollen ihren Eltern folgen. Die Väter sollen ihre Kinder im Glauben erziehen.

Jeder Christ muss sich um das Gute bemühen, das braucht oft viel Kraft. Meidet das Böse.

Das Evangelium, der Glaube an das Wort Gottes, wird euch helfen. Bittet und betet immer. Betet für alle Christen, auch für mich.

Segenswunsch

Ich wünsche euch Liebe und Glauben von Gott dem Vater und dem Herrn Jesus Christus. Die Gnade komme zu allen, die unseren Herrn Jesus Christus lieben. Amen.

DER BRIEF AN DIE PHILIPPER

Philippi war eine Stadt in Mazedonien. Paulus war auf der zweiten Missionsreise dort. Er hat hier die erste christliche Gemeinde in Europa gegründet. Er hatte die dortige Christengemeinde sehr gern und schrieb ihr einen Brief aus dem Gefängnis (wahrscheinlich in Ephesus).

Der Apostel und sein Evangelium
Phil 1,4-6.8-11

Ich denke oft an euch und bete für euch. Ich danke Gott, weil ihr ihm treu seid. Bitte, bleibt treu!

Ich will euch gerne wieder sehen.

Ich liebe euch, wie Jesus euch liebt.

Eure Liebe soll stark sein. Ihr sollt Gottes Lehre immer besser verstehen. Dann werdet ihr rein und ohne Schuld sein, wenn der Herr Jesus wiederkommt.

Philippi, Reste einer Basilika.

Paulus, Lehrer der Frohen Botschaft
Phil 1,20-24.27

Der Apostel Paulus spricht: Ich will Christus durch mein Leben und Sterben ehren.
Wenn ich sterbe, werde ich Jesus wiedersehen. Das ist für mich eine große Freude.
Wenn ich aber weiterlebe, will ich für Christus arbeiten.
Ich bitte euch: Lebt wie Gott will. Befolgt das Evangelium Jesu.

Aufruf zur Einheit
Phil 2,1-4

Denkt an die Ermahnungen Jesu. Denkt an seine Liebe zu euch und sein Erbarmen.
Ich bitte euch: Habt gute Gemeinschaft und seid in Liebe miteinander verbunden. Lebt in Einheit!
Streitet und prahlt nicht. Jeder soll den anderen achten und ihm Gutes tun. Denkt und tut, wie Jesus will. Lebt als gläubige Christen.

Frühchristliche Kirche in Kleinasien.

Das Beispiel Christi
Phil 2,5-11

Jesus ist Gott. Er ist vom Himmel gekommen, um den Menschen gleich zu sein. Er lebte wie ein Mensch. Er war gehorsam bis zum Tod am Kreuz.
Gott hat ihn geehrt und ihm die Herrlichkeit im Himmel geschenkt.
Alle Mächte im Himmel und auf der Erde ehren ihn. Sie knien und beten: Jesus Christus ist der Herr.

Das Leben des Christen – Vorbild des Apostels
Phil 3,1-6

Freut euch im Herrn! Folgt nicht den falschen Predigern. Ich war ein Pharisäer und habe die Kirche verfolgt. Ich habe erkannt: Das war ein Irrtum. Am wichtigsten ist der Glaube an Christus und die Gemeinschaft mit ihm.

Phil 3,8-14

Ich habe alles für Jesus geopfert. Die Gemeinschaft mit Jesus ist am wertvollsten. Ich will bei Jesus bleiben. Ich will die Erlösung durch Jesus bekommen. Ich will an Jesus und seine Auferstehung glauben.
Ich will leiden mit Jesus. So hoffe ich, dass auch ich von den Toten auferstehen werde.
Ich bemühe mich, Jesus ähnlich zu werden. Ich denke nicht, was war. Ich schaue zum Ziel. Ich will den Siegespreis bekommen. Das ist das ewige Leben im Himmel. Gott schenkt uns das ewige Leben durch Jesus Christus.

Phil 3,17 – 4,1

Ihr sollt mein Beispiel und das gute Beispiel der anderen Gläubigen nachmachen.
Ihr sollt wissen: Unsere Heimat ist im Himmel. Von

dort wird Jesus, unser Retter kommen. Er will uns in die Herrlichkeit seines Reiches führen.
Ich bitte euch: Bleibt fest im Glauben! Lebt in der Gemeinschaft des Herrn. Bleibt dem Herrn treu!

Leben als Christ
Phil 4,1-9

Bleibt fest in der Gemeinschaft mit dem Herrn.
Freut euch immer! Ich sage euch noch einmal: Freut euch!
Der Herr kommt bald. Habt keine Angst. Betet zu Gott. Dankt ihm für alles. Der Friede Gottes wird euch Gemeinschaft mit Jesus Christus schenken.

Sorgt euch um nichts. Bringt eure Bitten vor Gott; immer wieder und dankt ihm.
Gott wird euch seinen Frieden und die Gemeinschaft mit Jesus Christus schenken.
Bemüht euch um Wahrheit, Recht, Liebe und alle anderen Tugenden. Ihr habt viel von mir gelernt. Ihr habt mein Beispiel gesehen.
Bemüht euch, es nachzumachen. Dann wird Gott euch Frieden geben.

Dank des Apostels
Phil 4,12-14.19-20a

Ich danke euch für eure Sorge um mich. Ich habe gelernt, immer zufrieden zu sein.
Ich kann arm oder reich leben. Ich habe Sattsein und Hunger erlebt. Ich kann alles, weil Gott mich stark macht.
Ihr habt mir in meiner Not geholfen. Das war gut. Gott wird euer Opfer lohnen. Er wird euch von seinem unendlichen Reichtum schenken.
Wir ehren Gott, unseren Vater, in Ewigkeit.

DER BRIEF AN DIE KOLOSSER

Kolossä war eine Stadt im westlichen Teil von Kleinasien. Paulus hat seinen Schüler Epaphras beauftragt, in diesem Gebiet zu missionieren.
Epaphras predigte in Kolossä und machte die Stadt christlich. Paulus freute sich und schrieb den Christen in Kolossä einen Brief aus dem Gefängnis (in Cäsarea oder in Rom).

Dank und Fürbitte für die Gemeinde
Kol 1,3-11

Wir danken Gott, dem Vater Jesu Christi immer, wenn wir für euch beten. Wir haben von eurem Glauben an Christus Jesus gehört und von der Liebe zu allen Mitchristen. Epaphras hat euch das Evangelium gebracht und ihr habt es im Glauben angenommen.
Ich bitte und bete für euch, dass ihr in der Kraft des Geistes den Willen Gottes erkennt. Gott schenke euch viel Kraft, damit ihr geduldig und treu bleibt.

Rom, Kirche St. Paul vor den Mauern (Pauluskirche).

Loblied auf Christus
Kol 1,12-20

Dankt dem Vater mit Freude!
Er macht euch heilig. Er ruft euch zum ewigen Leben. Er rettet uns vor der Macht des Bösen. Er schenkt uns Gemeinschaft mit Christus, seinem Sohn. Durch Christus sind wir erlöst. Durch Christus haben wir die Verzeihung der Sünden bekommen. Christus ist Gott wie der Vater. Durch ihn wurde alles erschaffen. Himmel und Erde, das Sichtbare und Unsichtbare. Christus war vor aller Schöpfung. Er ist seit Ewigkeit. Er ist das Haupt der Kirche.
Er ist als erster von den Toten auferstanden.
Gott schenkt uns durch ihn Gnade. Jesus Christus versöhnt uns alle mit Gott. Alle auf der Erde und im Himmel sollen zu Christus geführt werden. Christus schenkt Frieden durch seinen Tod am Kreuz.

Der Apostel und die Gemeinde
Kol 1,24-28

Ich freue mich, dass ich für euch leiden darf. Ich gebe meine Leiden zum Leiden Christi dazu. Ich opfere es für die Kirche. Ich diene der Kirche, weil ich Gottes Aufgabe erfülle und seine Lehre predige. Gottes Wille war früher unbekannt. Nun aber ist er den Christen bekannt. Christus ist bei euch. Er ist unsere Hoffnung auf die Herrlichkeit. Wir predigen und ermahnen die Menschen. Wir lehren Gottes Weisheit. Alle sollen in der Gemeinschaft mit Christus gerettet werden.

Kol 2,12-14

Ihr seid getauft und deshalb mit Christus auferstanden. Ihr wart wie tot durch eure Sünde. Gott aber hat euch durch Jesus lebendig gemacht. Er hat euch die Sünden verziehen. Er hat eure Schuld verziehen durch das Kreuzesopfer Jesu Christi.

Mahnung an die Getauften
Kol 3,1-5.9-11

Christus ist auferstanden. Auch ihr werdet auferstehen. Bemüht euch deshalb, in den Himmel zu kommen. Dort ist Christus. Er ist in der Herrlichkeit beim Vater.
Bemüht euch um gute Werke.
Ihr seid für die Sünde gestorben. Christus schenkt euch in Gott neues Leben. Wenn Christus wiederkommt, wird er auch uns in die Herrlichkeit des Himmels holen.
Meidet deshalb die Sünde. Meidet alles Böse. Belügt einander nicht, sondern lebt in der Gnade Gottes.

Kol 3,12-21

Gott liebt euch sehr. Habt deshalb Erbarmen, Güte, Demut und Geduld. Verzeiht einander. Gott verzeiht euch. So sollt auch ihr verzeihen.

Weihwasserbecken, Erinnerung an die Taufe.

Liebt einander. Die Liebe macht alles gut. Der Friede Christi sei in euren Herzen. Seid dankbar!

Die Lehre Jesu sei bei euch. Belehrt und ermahnt einander weise. Lobt Gott mit Gebeten in euren Herzen. Dankt ihm für seine Gnade. Macht alles im Namen Jesu. Dankt Gott dem Vater durch Jesus, unseren Herrn.

Ihr Frauen, folgt euren Männern. Das will Gott. Ihr Männer, liebt eure Frauen. Ihr Kinder, folgt euren Eltern. Das will Gott. Ihr Väter, erzieht eure Kinder gut. Macht sie nicht mutlos.

Persönliche Mitteilungen und Grüße
Kol 4,7-18

Ich schicke Tychikus zu euch. Er wird euch erzählen, wie es mir geht.

Epaphras und andere Mitarbeiter grüßen euch. Sie beten für euch. Grüßt die Gemeinden. Wenn ihr den Brief bekommt und vorgelesen habt, dann gebt ihn auch den anderen Gemeinden.

Den Gruß schreibe ich – Paulus – eigenhändig. Denkt an meine Fesseln.

Die Gnade sei mit euch.

Hafen in Thessalonich.

DIE ZWEI BRIEFE AN DIE THESSALONICHER

ERSTER BRIEF AN DIE THESSALONICHER

Der erste Brief an die Gemeinde in Thessalonich ist der älteste erhaltene Paulusbrief.
Paulus hat die Gemeinde in Thessalonich auf seiner zweiten Missionsreise mit Timotheus gegründet.
Aus Korinth schreibt er diesen Brief an die Christen in Thessalonich:
Dank für die Gründung, Missionspredigt bei den Heiden, Glaube an das Wort Gottes, Heiligung des Lebens, Hoffnung auf das Wiederkommen Jesu.

Die Christen in Thessalonich sind ein Vorbild für die Heidenchristen
1 Thess 1,1-5b

Paulus und seine Mitarbeiter (Silvanus und Timotheus) grüßen die Christengemeinde in Thessalonich.

Ihr lebt im Namen Gottes. Gnade und Friede sei mit euch!
Wir danken Gott allezeit im Gebet für euch alle.
Wir denken an euren Glauben und eure guten Werke, an eure opferbereite Liebe und an eure treue Hoffnung auf Jesus Christus.
Gott liebt euch.
Wir haben euch das Evangelium gepredigt.
Gottes Macht und der Heilige Geist haben uns dabei geholfen.

1 Thess 1,5c-10

Ihr wisst, wie wir bei euch gelehrt haben, um euch zu Gott zu führen.
Ihr habt unser Beispiel befolgt. Ihr habt das Wort Gottes angenommen. Ihr habt es befolgt – trotz großer Not und Gefahr. Ihr habt es angenommen mit Freude. Diese Freude schenkt euch der Heilige Geist.
Ihr seid ein Vorbild für alle Gläubigen geworden.
Überall wissen die Leute von eurem Glauben.
Man erzählt überall, wie ihr mich aufgenommen habt.
Man erzählt von eurer Bekehrung zum lebendigen, wahren Gott und zu seinem Sohn, unserm Herrn. Jesus ist vom Tod auferstanden und wird auch uns retten.

Das gläubige Leben
1 Thess 2,7b-9.13

Wir haben euch geliebt, wie eine Mutter ihre Kinder liebt. Wir haben euch das Evangelium gepredigt. Ihr habt auch mit uns gute Gemeinschaft gehabt. Wir haben Tag und Nacht gearbeitet, um euch keine Mühe zu machen.

Wir danken Gott, weil ihr das Wort Gottes angenommen habt. Gottes Wort ist wahr. Es ist in euch lebendig, weil ihr glaubt.

Die Freude des Apostels
1 Thess 3,12 – 4,2

Gott, der Herr, soll euch Liebe schenken zueinander und zu allen Menschen – wie auch wir euch lieben. Gott will, ihr sollt heilig leben. Ihr sollt ohne Schuld sein, wenn der Herr Jesus wiederkommt.
Schwestern und Brüder! Wir haben euch belehrt, wie ihr leben und Gott gefallen sollt. Befolgt das. Wir bitten und mahnen euch im Namen Jesu.
Bemüht euch noch mehr, heilig zu leben.

Die Hoffnung der Christen
1 Thess 4,13-18

Wir wollen euch über die Verstorbenen belehren. Ihr sollt nicht trauern wie Menschen ohne Hoffnung. Wir glauben, dass Jesus gestorben und auferstanden ist.

Rom, Sixtinische Kapelle.

Gott wird durch Jesus auch die Verstorbenen zusammen mit ihm zur Herrlichkeit führen.

Lebende und Verstorbene werden die Ankunft des Herrn erleben. Gott wird seine Engel schicken. Die Verstorbenen werden auferstehen. Lebende und Auferstandene werden zum Herrn kommen. Dann werden wir immer beim Herrn sein.

So sollt ihr einander trösten.

Das Wiederkommen Jesu
1 Thess 5,1-6

Ich will euch vom Wiederkommen Jesu schreiben. Ihr wisst genau: Der Tag der Wiederkunft Jesu kommt plötzlich und überraschend.

Bemüht euch, Gottes Willen zu tun und ordentlich zu leben.

Ihr lebt in der Gnade Gottes. Das Wiederkommen Jesu wird euch deshalb nicht überraschen.

Ihr alle seid Kinder Gottes.

Tut Gutes und nichts Böses.

Denkt: Wir wollen wach und vorbereitet sein auf das Kommen Jesu.

Leben in der christlichen Gemeinschaft mit Freude
1 Thess 5,16-24

Freut euch zu jeder Zeit!

Betet immer.

Dankt Gott für alles. Das will Gott. Ihr gehört zu Jesus Christus.

Bleibt klug. Prüft alles und behaltet das Gute. Meidet das Böse.

Der Gott des Friedens mache euch heilig. Er schütze euch. Ihr sollt ohne Schuld sein bei der Wiederkunft Jesu.

Gott ruft euch. Er ist treu. Er hilft euch immer.

Demetriuskirche in Thessalonich.

ZWEITER BRIEF AN DIE THESSALONICHER

Paulus dankt für die Treue der Gemeinde. Er warnt vor Irrlehrern. Sie bringen Verwirrung, weil sie behaupten, der Tag der Wiederkunft Jesu ist schon da. Paulus mahnt die Christen zur Treue.

2 Thess 1,1-2

Paulus, Silvanus und Timotheus grüßen die Christen in Thessalonich. Gnade mit allen und Friede von Gott, dem Vater und dem Herrn Jesus Christus.

2 Thess 1,11 – 2.3a

Wir beten für euch. Gott soll euch Gnade schenken, damit ihr eurer Berufung treu bleibt. Gott soll euch helfen, Gutes zu tun und euren Glauben zu bewahren. So wird der Name Jesu Christi verherrlicht werden.

Brüder, wir wollen euch über die Wiederkunft Jesu Christi schreiben. Sie ist noch nicht nahe. Lasst euch nicht täuschen und erschrecken. Manche werden kommen und Irrlehren unterrichten. Lasst euch nicht täuschen.

Mut zum Glauben

2 Thess 2,16 – 3,5

Unser Herr Jesus Christus und Gott, unser Vater, liebt uns. Er schenkt uns mit seiner Gnade ewigen Trost und sichere Hoffnung. Er soll uns trösten und für jedes gute Wort und Werk stärken.

Betet für uns, damit das Wort Gottes überall bekannt wird. Betet auch um die Befreiung von gottlosen und bösen Menschen. Nicht alle wollen den Glauben annehmen. Der Herr aber ist treu. Er wird euch stärken und vor dem Bösen bewahren. Wir vertrauen, dass ihr jetzt und in Zukunft unsere Lehre befolgt. Bleibt in der Liebe Gottes und wartet geduldig auf Christus.

2 Thess 3,7-12

Ihr sollt uns nachahmen. Wir haben bei euch ordentlich gelebt. Niemand musste uns das Brot schenken. Wir haben Tag und Nacht schwer gearbeitet, um euch ein Beispiel zu geben. Ihr sollt dieses Beispiel nachahmen.

Wir waren bei euch und haben euch befohlen: Wer nicht arbeiten will, soll auch nicht essen.

Wir haben erfahren, dass einige von euch unordentlich leben und nicht arbeiten.

Wir befehlen ihnen im Namen des Herrn Jesus Christus: Ihr sollt mit ehrlicher Arbeit euer Brot verdienen.

Rom, Kirche St. Paul, Paulus schreibt seinem Schüler Timotheus.

DIE ZWEI BRIEFE AN TIMOTHEUS

DER ERSTE BRIEF AN TIMOTHEUS

Paulus bekehrte den Timotheus bei der ersten Missionsreise. Er nahm ihn auf der zweiten Missionsreise mit. Timotheus war sehr oft Begleiter des Apostels. Paulus gab ihm viele verantwortungsvolle Aufgaben. Timotheus wurde Bischof von Ephesus. Er besuchte den gefangenen Paulus in Rom.

1 Tim 1,12-17

Ich danke unserem Herrn Jesus Christus, weil ich ihm dienen darf.

Ich habe ihn früher verspottet und verfolgt.

Ich war ungläubig und unwissend. Aber ich habe Gottes Barmherzigkeit bekommen.

Die Gnade unseres Herrn ist übergroß.

Jesus Christus hat mir Gnade und Liebe geschenkt.

Das Wort ist wahr, alle sollen es gläubig annehmen: Jesus Christus ist in die Welt gekommen, um die Sünder zu retten.

Auch ich bin ein Sünder. Ich habe die Barmherzigkeit Jesu Christi und seine große Güte bekommen. Das ist ein Vorbild für die Gläubigen. Sie sollen das ewige Leben haben. Ich lobe und preise den König der Ewigkeit, den ewigen, allmächtigen, unsichtbaren Gott. Amen.

1 Tim 2,1-8

Ich ermahne euch: Bittet, betet und dankt für alle Menschen.

Betet für die Herrscher und alle, die Macht haben. Das Gebet soll uns Frömmigkeit und christliches Leben schenken. Das gefällt Gott.

Er will, dass alle Menschen gerettet werden. Alle sollen die Wahrheit erfahren. Es gibt nur einen Gott. Es

Ephesus, Timotheus war Bischof von Ephesus.

gibt nur einen Mittler zwischen Gott und den Menschen. Das ist Jesus Christus, unser Helfer und Erlöser. Er hat sich für alle geopfert.
Ich bin Apostel Jesu. Ich lehre von Jesus.
Das ist die Wahrheit. Gott hat mir den Auftrag gegeben, die Menschen von Jesus zu lehren.
Ich bitte euch: Betet immer wieder. Betet mit reinem Herzen, seid ohne Zorn und Streit.

1 Tim 6,11-16

Der Apostel Paulus schreibt seinem Schüler und Freund, dem Bischof Timotheus:
Du bist ein Mann Gottes.
Ich bitte dich: Bemühe dich um Gerechtigkeit, Frömmigkeit, Glauben, Liebe, Tapferkeit und Geduld.
Kämpfe für den Glauben. Bemühe dich um das ewige Leben.
Viele Christen sind Zeugen für deinen Glauben. Ich bitte dich im Namen Gottes und Jesu Christi: Bleib fest im Glauben.

Bleib deiner Aufgabe treu, bis Jesus Christus wiederkommt. Er ist der alleinige Herrscher, der König der Könige, der Herr der Herren.
Er allein ist unsterblich. Er wohnt im unzugänglichen Licht. Kein Mensch hat ihn gesehen. Kein Mensch kann ihn sehen. Ihm gehört Ehre und ewige Macht. Amen.

DER ZWEITE BRIEF AN TIMOTHEUS

Dank für Timotheus.
Ermutigung, das Evangelium zu lehren.
Wichtigkeit eines guten Lebens.
2 Tim 1,6-8.13-14

Timotheus, ich habe dir das Weihesakrament gespendet. Ich bitte dich: Stärke diese Gnadengabe in dir. Gott hat uns den Geist der Kraft, der Liebe und Weisheit geschenkt. Sei nicht mutlos. Schäme dich nicht, an unseren Herrn zu glauben. Schäme dich auch nicht, weil ich im Gefängnis bin. Leide mit mir für das Evangelium. Gott gibt dazu die Kraft. Glaube an Jesus Christus. Bleib fest in der Liebe zu ihm. Die wahre Lehre soll dir Vorbild sein. Ich habe sie dich gelehrt. Bewahre deinen Glauben und die Liebe Christi durch die Kraft des Heiligen Geistes. Er wohnt in uns.

2 Tim 1.8b-10

Gott hat uns gerettet.
Er schenkt uns durch Jesus seine Gnade.
Jesus hat den Tod besiegt. Er hat uns gerettet. Durch ihn können wir zum ewigen Leben kommen.

2 Tim 2,8-13

Timotheus, denk daran: Jesus Christus ist vom Tod auferstanden. Das glaube ich. Das lehre ich allen.

Gottes Wort.

Ich leide dafür. Ich bin deshalb gefesselt wie ein Verbrecher. Gottes Wort aber lässt sich nicht fesseln.
Ich leide alles für die Gläubigen, damit sie von Jesus Christus gerettet und in die ewige Herrlichkeit geführt werden.
Wir sind manchmal untreu. Jesus aber bleibt immer treu.

2 Tim 3,14 – 4,2

Timotheus, du sollst befolgen, was du gelernt hast. Du weißt, von wem du es gelernt hast. Du kennst die heiligen Schriften. Sie lehren den Glauben an Jesus Christus. Die Schrift ist Gottes Wort. Man braucht sie zur Belehrung, zum Antworten, zur Ermahnung und Erziehung. Sie hilft gute Werke tun.
Ich bitte dich vor Gott und Jesus Christus:
Predige das Wort Gottes. Bekenne es immer.
Belehre, überzeuge, ermahne geduldig und klug.

2 Tim 4,6-8.16-18

Ich werde bald geopfert werden. Mein Ende kommt. Ich habe einen guten Kampf gekämpft, mein Leben beendet und den Glauben bewahrt. Jetzt ist das ewige Leben für mich vorbereitet. Unser Herr, der gerechte Richter, wird es mir geben. Er wird allen das ewige Leben geben, wenn sie an seine Wiederkunft glauben.
Niemand hat mir bei meiner Verteidigung geholfen. Alle haben mich allein gelassen. Der Herr aber hat mir geholfen. Er hat mir Kraft gegeben. So habe ich die heilige Lehre verkündet. Die Heiden haben sie gehört. Der Herr wird mich retten und in sein himmlisches Reich führen. Ihm sei Ehre in Ewigkeit. Amen.

DER BRIEF AN TITUS

Titus war mit Paulus und Barnabas auf dem Apostelkonzil. Er war ein tüchtiger Mitarbeiter des heiligen Paulus. Er war Bischof von Kreta. Paulus hat Titus dort zum Bischof geweiht.

Tit 2,11-14

Jesus wurde geboren, um alle Menschen zu erlösen. Gottes Gnade hilft uns, als neue Menschen zu leben. Jesus ist der Retter, der Erlöser der Welt. Er schenkt

Kreta.

sein Leben für uns. Wir dürfen glauben und vertrauen. Wir sind Kinder Gottes.

Tit 3.4-7

Jesus lehrt uns, Gott zu lieben.
Wir sollen gut und fromm leben.
Gott schenkt uns durch die Taufe und in der Kraft des Heiligen Geistes Verzeihung. Er schenkt uns seine Gnade.
Wir dürfen in seiner Gemeinschaft leben. Er schenkt uns Hoffnung auf das ewige Leben.

DER BRIEF AN PHILEMON

Paulus war zum ersten Mal in Rom gefangen. Dort taufte er einen Sklaven namens Onesimus. Onesimus war seinem Herrn Philemon in Kolossä (Phrygien) davongelaufen. Paulus schickte ihn mit einem Brief wieder nach Hause.

Phlm 9b-10.12-17

Ich, Paulus, bin ein alter Mann. Ich bin im Kerker für meinen Glauben an Christus. Ich bitte dich für Onesimus.
Ich habe ihn im Gefängnis getauft. Ich liebe ihn wie ein Vater sein Kind. Ich schicke ihn zu dir. Ich hätte ihn gerne hier behalten, damit er mir hilft, so lange ich im Gefängnis bin. Aber er gehört dir. Ich will nichts tun gegen deinen Willen.
Ich will dich zu nichts zwingen.
Onesimus war kurze Zeit nicht bei dir. Jetzt soll er ewig bei dir bleiben. Er ist nicht mehr dein Sklave, sondern dein Bruder. Er ist auch mein Bruder, weil er jetzt Christ ist. Du bist mein Freund. Nimm deshalb Onesimus auf wie mich selbst.

Marmertinum, Gefängnis in Rom, vermutlich waren Paulus und Petrus hier gefangen.

DER BRIEF AN DIE HEBRÄER

Der Brief an die Hebräer wurde für die Judenchristen geschrieben. Der Brief sollte ihnen helfen, dem Glauben an Jesus Christus treu zu bleiben.

Gottes Sohn
Hebr 1,1-6

Gott hat durch die Propheten zu den Menschen gesprochen. Zuletzt aber hat er durch seinen Sohn zu den Menschen gesprochen. Jesus Christus offenbarte alle Wahrheiten. Er ist Gott wie der Vater und Schöpfer und Herr aller Dinge. Er hat uns von den Sünden erlöst.
Er ist wieder beim Vater im Himmel.
Alle im Himmel und auf der Erde ehren Jesus, den Sohn Gottes.

Kirche in Heraklion, Kreta:
Jesus, Gottes Sohn, ewiger Hoher Priester.

Gottes Sohn – Sein Kommen in die Welt, sein Sterben und Auferstehen
Hebr 2,9-11b.12.13c-18

Jesus Christus, Gottes Sohn, hat den Tod erlitten. Gott hat ihn verherrlicht. Es war der Wille Gottes: Jesus hat für uns alle gelitten. Er will uns alle zur Herrlichkeit führen. Wir sind seine Brüder und Schwestern, weil wir Kinder Gottes sind.
Jesus ist Mensch geworden wie wir. Er ist uns gleich geworden – ausser der Sünde. Deshalb hatte Jesus Macht über den Tod und den Teufel. Er hat das Böse besiegt durch seinen Tod am Kreuz. Er hat gelitten, um uns allen zu helfen.

Jesus, der Hohepriester
Hebr 4,14-16

Jesus Christus ist unser ewiger Hoherpriester im Himmel. Wir wollen an ihn glauben. Christus kennt unsere Leiden und Versuchungen. Christus war uns allen gleich, ausgenommen die Sünde. Wir dürfen deshalb voll Hoffnung zu Gott kommen und um Gnade, Erbarmen und Hilfe bitten. Gott wird uns alles geben.

Hebr 5,1-6

Jeder Hohepriester wird aus den Menschen ausgewählt. Er muss Gott dienen. Er muss für die Sünder opfern.
Er hat Mitleid mit den Sündern, weil er auch Fehler hat.
Er opfert deshalb für die eigenen Sünden und für die Sünden der Menschen.
Niemand darf sich selbst zum Hohenpriester wählen. Gott ruft ihn. So hat Gott das Hohepriesteramt auch seinem Sohn Jesus gegeben. Jesus ist Priester in Ewigkeit.

Hebr 5,7-9

Jesus Christus hat auf Erden gelebt. Er hat gebetet und mit Tränen gerufen, Gott soll ihn aus dem Tod retten. Gott hat sein Gebet erhört. Jesus, Gott Sohn, war im Leiden gehorsam. Er ist gestorben, auferstanden und in Herrlichkeit. Alle, die ihm folgen, werden durch ihn ewiges Heil bekommen.

Hebr 7,23-28

Christus ist Priester in Ewigkeit. Er bittet Gott immer für alle, die Hilfe brauchen.
Er will uns retten. Er ist heilig und ohne Schuld. Er ist im Himmel. Er hat sich für die Sünden der Welt am Kreuz geopfert. Er ist Priester in Ewigkeit.

Jesus Christus und die Opfer des Alten Bundes
Hebr 9,11-15

Christus ist ewiger Hoherpriester. Er hat sein Blut für uns geopfert. Er ist in der Herrlichkeit des Himmels. Er hat uns die ewige Erlösung geschenkt.

Die Opfer des Alten Bundes konnten die Menschen nicht rein machen von ihren Sünden. Das Opfer Jesu Christi macht uns frei von Sünden. Wir können deshalb dem lebendigen Gott dienen.

Jesus schenkt uns den Neuen Bund. Er hat durch seinen Tod unsere Sünden verziehen. Wir sind gerufen zum ewigen Erbe im Himmel.

Das Opfer Jesu
Hebr 9,24-28

Jesus Christus ist jetzt im Himmel. Er bittet Gott, den Vater, für uns. Er ist auf die Welt gekommen, um uns durch sein Kreuzesopfer von unseren Sünden zu erlösen.

Der Mensch kann nur einmal sterben. So hat auch Christus nur einmal den Opfertod erlitten. Er hat alle unsere Sünden weggenommen.

Jesus Christus wird in Herrlichkeit wiederkommen. Er wird dann alle retten, die an ihn glauben.

Hebr 10,5-10

Jesus spricht bei seinem Kommen in die Welt: Siehe, ich komme, deinen Willen, Gott, zu befolgen.

Die Opfer des Alten Bundes konnten uns nicht erlösen.

Der Opfertod Christi aber schenkt uns wahre Erlösung und Heilung.

Versöhnung mit Gott
Hebr 10,11-14.18

Jesus Christus hat sich einmal am Kreuz geopfert für die Verzeihung der Sünden. Er ist jetzt zur Rechten Gottes im Himmel. Er wartet, bis alle Feinde Gottes besiegt sind. Sein Opfer hat die Kraft, allen Menschen die Sünden zu verzeihen und sie heilig zu machen.

Der Weg des Glaubens
Hebr 10,19-23

Wir dürfen hoffen und vertrauen: Jesus hat uns die Erlösung versprochen. Jesus ist treu. Er hat uns erlöst durch sein Opfer am Kreuz. Wir wollen treu bleiben. Jesu Versprechen ist wahr und gilt für immer.

Hebr 11,1-2.8-19

Der Glaube ist das feste Vertrauen auf alles, was man erhofft. Er ist die Überzeugung von dem, was man nicht sieht. Der Glaube hat unseren Vorfahren geholfen. Der Glaube half Abraham, in ein fremdes Land zu gehen. Der Glaube half ihm, im fremden Land zu leben und mit Isaak und Jakob in Zelten zu wohnen. Er wartete auf die fest gebaute Stadt (die Glaubensgemeinschaft Gottes). Ihr Baumeister und Gründer ist Gott.

Sara wurde im Alter noch Mutter, weil sie glaubte. Nachkommen wurden geboren. Sie sind zahlreich wie die Sterne am Himmel und unzählbar wie der Sand am Meer.

Sie alle sind gläubig gestorben. Sie haben die versprochenen Güter (Verzeihung der Sünden und ewige Freude im Himmel) nicht sofort bekommen. Sie wussten davon. Sie verstanden, das himmlische Vaterland zu suchen. Sie dachten dabei an kein irdisches Land, sonst wären sie dorthin gegangen. Sie suchten ein besseres, ein himmlisches Land. Gott hat ihnen dort eine Wohnung vorbereitet.

Abraham wollte gläubig den Isaak opfern. Das war Gottes Prüfung. Abraham sollte den einzigen Sohn opfern. Er zweifelte nicht, dass später Nachkommen leben werden. Er glaubte, dass Gott die Macht hat, Tote zu erwecken.

Hebr 12,1-4

Wir wollen die Sünde meiden und uns um das Gute bemühen.
Jesus soll Beispiel sein für uns. Er duldete Kreuzestod und Schande. Jetzt ist er bei Gott Vater im Himmel. Sein Beispiel macht uns Mut. Bleibt geduldig in Not und im Leiden und im Kampf gegen die Sünde.

Hebr 12,5-7.11-13

Vergesst nicht die Mahnung:
Mein Sohn, sei nicht traurig und verzweifelt, wenn der Herr dich ermahnt und straft.
Wen der Herr liebt, den straft er.
Seid geduldig, wenn der Herr euch straft.
Jeder Vater, der seinen Sohn liebt, ermahnt und straft ihn.
Jede Strafe bringt momentan nicht Freude, sondern Schmerz.
Später schenkt sie allen Frieden und Gerechtigkeit.
Seid stark und tapfer, Gott will euch sein Heil schenken.

Hebr 12,18-19.22-24a

Das Volk Israel war beim Berg Sinai. Es empfing den Alten Bund mit Schrecken und Drohungen. Ihr aber seid gerufen zum Reich Gottes, zu Gott, dem Richter, und zu Jesus, dem Mittler des Neuen Bundes.

Der Brief des Jakobus

Jakobus der Jüngere war der Sohn des Alphäus (Kleopas). Seine Mutter hieß Maria und war mit der Mutter Jesu verwandt. Jakobus war Bischof von Jerusalem. Alle Christen ehrten ihn sehr. Er betete viel und lehrte alle Judenchristen.
Jakobus nennt sich Knecht Gottes und begrüßt alle Judenchristen aus den zwölf Stämmen in allen Ländern der Welt.
Jakobus blieb seinem Glauben treu. Er wurde deshalb von der Zinne des Tempels in Jerusalem gestürzt.

Zinne des Tempels.

Jak 1,17-18,21b-22.37

Jede gute Gabe kommt von Gott. Er ist der Vater der Schöpfung.
Er schenkt uns göttliches Leben. Nehmt Gottes Wort an. Es wird euch retten. Befolgt Gottes Wort und tut Gutes. Helft allen, die in Not sind.

Jak 2,1-5

Euer Glaube soll wahr sein. Der christliche Glaube erlaubt keinen Unterschied zwischen Reichen und Armen. Ihr dürft dem Reichen in eurer Gemeinschaft nicht den Ehrenplatz geben und zugleich den Armen wegschicken. Das ist nicht recht.

Gott hat die Armen auserwählt. Sie sind reich durch den Glauben. Sie sind Erben des Himmels. Das hat Gott allen versprochen, die ihn lieben.

Jak 2,14-18

Der Glaube allein ist sinnlos, wenn die guten Taten fehlen. Notleidenden Mitmenschen kann man nicht mit schönen und frommen Worten helfen. Man muss ihnen auch etwas geben. Ein Glaube ohne gute Werke hat keinen Wert. Man muss glauben und gute Werke tun.

Jak 3,16 – 4,3

Eifersucht und Streit bringen Unruhe und Böses.
Gott aber schenkt uns sein Wort. Gottes Wort ist Weisheit.
Gottes Weisheit ist heilig, friedlich, freundlich, gehorsam, barmherzig und gut. Sie ist gerecht und ehrlich. Sie sorgt für Frieden. Gott wird euch helfen, gerecht zu leben.
Ihr aber habt Krieg und Streit. Warum?
Ihr denkt nur an euch. Ihr wollt alles haben, aber ihr bekommt nichts.

Jakobus war Bischof von Jerusalem.

Ihr tötet und seid eifersüchtig. So könnt ihr nichts bekommen. Ihr bekommt nichts, weil ihr nicht bittet. Ihr bekommt auch nichts, wenn ihr schlecht bittet und nur an euch denkt.

Jak 5,1-6

Die Reichen werden viel Unglück erleben. Der Reichtum wird verfaulen. Ihr denkt nur an eure Schätze. Ihr habt den Arbeitern keinen Lohn bezahlt. Die Arbeiter haben geklagt. Gott hat es gehört. Ihr aber habt alles verschwendet. Ihr habt nicht an das Gericht Gottes gedacht.

Jak 5,7-10

Bleibt geduldig bis zur Ankunft des Herrn.
Auch der Bauer wartet geduldig auf den Regen im Frühling und im Herbst.
Er wartet geduldig auf die wertvolle Ernte.
Ihr sollt auch geduldig sein.
Bleibt tapfer, bis der Herr kommt.

Jak 5,13-18

Klagt nicht übereinander, damit ihr nicht gerichtet werdet. Seid geduldig im Leiden. Die Propheten sollen euch Beispiel im Leiden und in der Geduld.
Wer traurig ist, soll beten.
Wer froh ist, soll Gott loben.
Ist jemand krank? Ruft die Priester. Sie sollen für den Kranken beten und ihn mit Öl salben. Das gläubige Gebet wird den Kranken retten. Gott wird ihm Kraft geben. Auch seine Sünden werden verziehen.
Beichtet eure Sünden.
Betet füreinander.

Der Apostel Petrus

Petrus war Fischer am See Gennesaret; Jesus beruft ihn zum Apostel.
Wir lesen von Petrus in der Bibel:
Er bleibt bei Jesus, lernt von Jesus. Erkennt und bekennt:
Jesus, du bist der Messias, der Sohn des lebendigen Gottes.
Petrus hat Jesus verleugnet (hat gesagt: „Ich kenne Jesus nicht.“). Petrus hat die Verleugnung bereut. Seine Liebe zu Jesus war stärker. Jesus hat Petrus nach der Auferstehung beauftragt: „Führe meine Kirche. Sei Hirte für meine Kirche.“
Petrus kommt später nach Rom und führt als erster Papst die Kirche Jesu.
In der Zeit der Christenverfolgung wird Petrus getötet. Er stirbt am Kreuz (mit dem Kopf nach unten).

ZWEI BRIEFE DES PETRUS

Petrus war in Rom. Er bat den Silvanus, an die Christen in Kleinasien (heute Türkei) zu schreiben. Er ermahnte sie, christlich zu leben und dem Glauben treu zu bleiben. Zwei Briefe haben den Namen des Petrus.

Petrus in Rom.

DER ERSTE BRIEF DES PETRUS

Ziel des Glaubens
1 Petr 1,3-12

Wir ehren Gott. Er ist der Vater unseres Herrn Jesus Christus.
Er schenkt uns neues Leben. Er schenkt uns Hoffnung durch die Auferstehung Jesu.
Ihr glaubt an Jesus. Ihr glaubt, dass Jesus auferstanden ist. Euer Glaube soll stark bleiben.
Dann werdet ihr ewige Freude erleben, wenn Jesus wiederkommt.
Freut euch!
Gott wird euch zur ewigen Freude führen.

1 Petr 1,8-12

Ihr habt Jesus nicht gesehen, trotzdem liebt ihr ihn. Ihr seht Jesus auch jetzt nicht, trotzdem glaubt ihr an ihn. Ihr erlebt Jubel und große Freude, weil ihr das Ziel eures Glaubens erreichen werdet, das ist das ewige Heil.
Die Propheten haben Gnade und Heil vorausgesagt. Wir – die Apostel – haben euch von diesem Heil erzählt in der Kraft des Heiligen Geistes. In dieser Kraft haben wir euch das Evangelium gelehrt.

Weg des Glaubens
1 Petr 1,17-21

Ihr betet zu Gott Vater. Er schaut auf euer Tun. Lebt deshalb gottgefällig. Ihr seid durch den Opfertod Jesu Christi erlöst.
Jesus hat bei euch gelebt. Jesus schenkt euch den Glauben an Gott. Gott hat Jesus auferweckt und ihm die Herrlichkeit im Himmel geschenkt. Deshalb sollt auch ihr glauben und auf Gott hoffen.

Petruskirche am See Gennesaret.

Zu Jesus kommen
1 Petr 2,4-9

Kommt zu Jesus! Die Menschen haben ihn getötet.
Gott aber hat ihn auferweckt.
Lebt in der Gemeinschaft mit Jesus.
Opfert und betet.
Glaubt.
Gott hat euch auserwählt. Ihr seid ein heiliges Volk.
Ihr gehört Gott.
Gott hat euch in seine Gemeinschaft gerufen.
Erzählt von Gottes wunderbaren Taten.

Mit Jesus gehen und leben
1 Petr 2,20b-25

Tut Gutes. Bleibt tapfer, auch wenn ihr leiden müsst.
Dann bekommt ihr Gottes Gnade. Auch Jesus hat für
euch gelitten und euch ein Beispiel gegeben. Ihr sollt
Jesus nachfolgen. Jesus war ohne Sünde. Er wurde
verspottet und blieb geduldig. Er musste leiden und
blieb tapfer. Er ist für unsere Sünden am Kreuz gestorben. Er hat uns erlöst.
Ihr wart wie verirrte Schafe. Jesus ist euer Hirt. Folgt
ihm!

Freunde Jesu
1 Petr 3,15-22

Bleibt Freunde Jesu.
Jesus schenkt euch Hoffnung. Erzählt allen davon.
Manche verspotten euch, weil ihr Freunde Jesu seid.
Bleibt geduldig, auch im Leiden. Tut Gottes Willen.
Jesus war gerecht, er ist für uns ungerechte Menschen
gestorben. Er ist gestorben für unsere Sünden.
Er wurde getötet. Jetzt aber lebt er.
Jesus Christus ist für uns gestorben. Er war unschul-
dig. Er hat sich geopfert. Sein Opfer führt uns zu Gott.
Ihr seid getauft.
Ihr seid Kinder Gottes.
Lebt, wie Gott will.

*Das Grab des Petrus ist im Petersdom, Rom, genau
unter dem Papstaltar.*

Geduldig bleiben
1 Petr 4,13-16

Freut euch, wenn ihr mit Jesus leiden dürft.
Ihr werdet später große Freude erfahren.
Seid geduldig, wenn ihr beschimpft werdet.
Gottes Geist macht euch stark.

DER ZWEITE BRIEF DES PETRUS

Zeugnis für Jesus
2 Petr 1,16-19

Wir haben euch von der Ankunft Jesu gelehrt. Wir sind Augenzeugen der Macht und Größe Jesu. Jesus hat von Gott, dem Vater, Ehre und Herrlichkeit empfangen.
Eine Stimme aus dem Himmel hat zu Jesus gesprochen: Das ist mein geliebter Sohn. Ich habe Freude mit ihm. Wir haben diese Stimme vom Himmel gehört, als wir mit Jesus auf dem heiligen Berg (Berg Tabor) gewesen sind.

Das Wiederkommen Jesu
2 Petr 3,8-14

Gott ist geduldig. Er will, dass sich alle bekehren. Der Tag der Wiederkunft des Herrn kommt für alle überraschend.

Petrus erlebte (mit Johannes und Jakobus) die Verklärung Jesu am Berg Tabor.

Dann wird der Himmel vergehen. Die Erde und alles, was die Menschen gemacht haben, wird nicht mehr sein.
Ihr müsst heilig und fromm leben. Ihr sollt auf den Tag des Herrn warten.
Himmel und Erde werden nicht mehr sein.
Wir warten auf einen neuen Himmel und eine neue Erde. Dort wird alles gerecht sein.
Bemüht euch, ohne Schuld und Fehler zu leben. Dann kann Gott euch Frieden schenken.

Der Apostel Johannes

Die Bibel schreibt vom Apostel Johannes: Er war der Jünger, den Jesus liebte.
Johannes war Fischer am See Gennesaret.
Jesus ruft ihn zum Apostel.
Johannes ist beim Kreuzestod Jesu dabei.
Jesus vertraut ihm seine Mutter Maria an: Sieh deine Mutter.
Johannes nahm Maria zu sich.
In Ephesus ist eine Kirche und das Haus Mariens.

DREI BRIEFE DES JOHANNES

Der Apostel Johannes war Bischof von Ephesus in Kleinasien (heute Türkei). Er schrieb das Johannes-Evangelium und drei Briefe. Zwei Briefe schrieb er für alle Christen, einen Brief für einen Mann namens Gajus.
Der erste Brief ist ein wichtiges Zeugnis für den wahren Glauben an Jesus Christus, Gottes Sohn. Wir lesen von wichtigen Grundlagen für das christliche Leben.

DER ERSTE BRIEF DES JOHANNES

Leben in der Gemeinschaft mit Gott
1 Joh 1,1-10

Wir verkündigen euch Jesus Christus. Wir haben ihn gesehen und mit unseren Händen betastet. Er ist das Wort des Lebens. Er ist auf Erden erschienen. Wir haben ihn gesehen. Wir bezeugen es und verkünden es euch. Ihr sollt Gemeinschaft haben mit uns. Wir alle haben Gemeinschaft mit dem Vater und seinem Sohn Jesus Christus. Wir schreiben euch, um euch Freude zu schenken.

Das ist die Botschaft Gottes, wir lehren sie euch: Gott ist Licht. In ihm ist keine Finsternis (nichts Böses, keine Sünde). Niemand kann mit Gott Gemeinschaft haben und der Finsternis (= Sünde) dienen. Wir sollen ohne Sünde leben, wie Gott ohne Sünde ist: wahr und heilig (= im Licht). So haben wir Gemeinschaft mit Gott und miteinander. Das Blut Jesu reinigt uns von allen unseren Sünden. Wenn wir sagen, wir haben keine Sünde, betrügen wir uns selbst. Wenn wir unsere Sünden bekennen, verzeiht uns Gott die Sünden. Er ist treu und gerecht.

Jesus, unser Helfer beim Vater
1 Joh 2,1-5a

Meine Kinder, ich schreibe euch, damit ihr nicht sündigt.
Wenn aber einer sündigt, haben wir einen Helfer beim Vater:
Jesus Christus. Er ist gestorben, um unsere Sünden und die Sünden der ganzen Welt zu verzeihen.

Ephesus, Haus Mariens.

Wer Gottes Gebote hält, ist Gott treu.
Wer Gottes Wort befolgt, wird in Gottes Liebe leben.

Wir sind Kinder Gottes
1 Joh 3,1-2

Der Vater hat uns seine große Liebe geschenkt. Wir heißen deshalb Kinder Gottes. Wir sind auch Kinder Gottes. Die Welt liebt uns nicht, weil sie Gott nicht liebt.
Wir sind jetzt Kinder Gottes. Was wir sein werden, ist noch nicht bekannt. Wir werden Christus ähnlich sein, wenn er wiederkommt. Wir werden ihn sehen, wie er ist.

1 Joh 3,18-24

Meine Kinder,
wir wollen lieben in Tat und Wahrheit.
Gottes Gegenwart schenkt uns Verzeihung und Sicherheit.

Johanneskirche in Ephesus.

Gott kennt unser Herz. Er weiß alles.
Wir dürfen hoffen. Gott verzeiht.
Alles, was wir bitten, bekommen wir von Gott.
Wir wollen seine Gebote halten. Wir wollen tun, was Gott gefällt.
Das ist sein Gebot:
Wir sollen an den Namen seines Sohnes Jesus Christus glauben.
Wir sollen einander lieben.
Wer Gottes Gebote hält, bleibt in Gott. Gott bleibt in ihm.
Gott lässt uns diese Gemeinschaft erkennen durch den Heiligen Geist. Er hat ihn uns geschenkt.

Glaube und Liebe
1 Joh 4,7-10

Wir wollen einander lieben. Die Liebe ist aus Gott. Wer Gott liebt, ist sein Eigentum. Wer nicht liebt, kennt Gott nicht. Gott ist die Liebe.
Gott zeigt uns seine Liebe. Er schickte seinen Sohn in die Welt, um uns zu erlösen.
Das ist die Liebe Gottes.
Er liebt uns.

1 Joh 4,11-16

Gott liebt uns. Wir müssen deshalb einander lieben. Niemand hat Gott gesehen. Wer aber Liebe hat, hat Gemeinschaft mit Gott. Gott hat uns seinen Heiligen Geist geschenkt. Wir haben gesehen und predigen: Gott Vater hat seinen Sohn geschickt. Er ist der Retter der Welt.
Wir glauben an Jesus Christus, Gottes Sohn.
Wir haben deshalb Gemeinschaft mit Gott.
Wir wissen von der Liebe Gottes zu uns. Wir glauben an die Liebe Gottes zu uns. Gott ist Liebe.
Wer Gott liebt, wird immer bei ihm bleiben.

1 Joh 5,1-6

Wer an Jesus Christus glaubt, ist Kind Gottes. Wer Gott den Vater liebt, liebt auch Jesus, Gottes Sohn. Gott will, wir sollen alle lieben, weil alle Kinder Gottes sind.
Wir lieben die Kinder Gottes, wenn wir Gott lieben und seine Gebote befolgen.
Wir beweisen unsere Liebe zu Gott, wenn wir Gottes Gebote befolgen.
Jesus hat uns durch seinen Tod und seine Auferstehung die Erlösung, Gottes Gnade, geschenkt.
Er schenkt uns in der Taufe Gottes Heiligen Geist, damit wir stark sind für das Gute.
Jesus, Gottes Sohn, hilft uns, Gott zu erkennen. Gott ist wahr. Er ist ewig und schenkt das ewige Leben. Bleibt treu!

DER ZWEITE BRIEF DES JOHANNES

Gruß
2 Joh 1-3

Der Älteste (Apostel Johannes) grüßt die Gläubigen. Er grüßt alle, die die Wahrheit lieben. Die Wahrheit ist ewig.
Gnade, Erbarmen und Friede, Wahrheit und Liebe kommen von Gott, dem Vater, und von Jesus Christus, dem Sohn des Vaters.

Leben in der Wahrheit
2 Joh 4 – 6

Ich freue mich, dass viele Gläubige in der Wahrheit leben. Gott hat uns das Gebot der Liebe gegeben. Ich schreibe es noch einmal. Es ist nicht neu: Wir sollen einander lieben.

Ephesus.

Das ist die Liebe, wenn wir Gottes Gebote befolgen. Ihr kennt das Gebot seit Anfang: Lebt in der Liebe!

Abweisung der Irrlehrer
2 Joh 7-11

Viele Irrlehrer predigen auf der Welt. Sie leugnen die Menschwerdung Jesu Christi. Sie lügen. Habt keine Gemeinschaft mit ihnen.
Bleibt eurem Glauben treu. Dann habt ihr Gemeinschaft mit dem Vater und dem Sohn.

DER DRITTE BRIEF DES JOHANNES

3 Joh 1-15

Der Älteste (Apostel Johannes) an seinen Freund Gaius.
Ich wünsche, dass es dir gut geht und du gesund bist. Ich habe mich sehr gefreut, von deiner Treue zur Wahrheit zu erfahren. Gläubige kamen zu mir. Sie

Ephesus.

erzählten mir von deinem christlichen Leben. Meine größte Freude ist, wenn ihr alle im wahren Glauben lebt.

Du bist treu. Du tust für die Brüder (Prediger, Priester, Missionare) sehr viel. Sie bezeugen deine Liebe. Hilf ihnen weiter. So gefällt es Gott. Sie arbeiten für ihn. Wir haben die Pflicht, diese Männer aufzunehmen. So werden wir ihre Mitarbeiter für die Wahrheit.

Ich habe an die Gemeinde geschrieben (zweiter Brief des Johannes). Diotrephes aber lehnt uns ab. Ich werde kommen, um ihm sein Tun vorzuwerfen. Er verdächtigt uns mit bösem Reden. Er nimmt die Brüder nicht auf und verbietet, sie aufzunehmen.

Du darfst das Böse nicht nachahmen. Tu Gutes. Ein Kind Gottes tut Gutes. Wer das Gute nicht tut, ist kein Kind Gottes.

Ich möchte dir noch vieles schreiben. Ich hoffe, dich bald zu sehen. Wir wollen dann miteinander reden. Friede sei mit dir. Alle Freunde grüßen dich. Grüße an alle Freunde.

Der Brief des Judas

Judas Thaddäus war ein Apostel. Er war der Bruder Jakobus des Jüngeren. Sein Vater hieß Alphäus. Seine Mutter war Maria, eine Verwandte der Mutter Jesu.

Gruß, Warnung vor Irrlehrern
Jud 1-6

Judas, Diener Jesu Christi, Bruder des Jakobus, wünscht allen Christen das Erbarmen, den Frieden und die Liebe von Gott Vater und Jesus Christus.
Ich ermahne euch, für den wahren Glauben zu sorgen.
Gottlose leben sittenlos. Gott hat das Urteil über die sittenlosen Irrlehrer schon gesprochen.

Totes Meer.
(Hier waren die Städte Sodom und Gomorra.)

Ich erinnere euch an das Alte Testament. Dort sind warnende Beispiele geschrieben. Die Irrlehrer kennen diese Beispiele. Sie haben aber dieselben Laster. Sie werden auch dieselbe Strafe erhalten.

Gott hat das Volk aus Ägypten geführt. Er hat die Ungläubigen in der Wüste gestraft. Sie starben dort, ohne das Heilige Land zu sehen.

Die Engel haben ihre Strafe erhalten. Die stolzen, ungehorsamen Engel erleiden ihre Strafe in der Hölle.

Sodom und Gomorra wurden für ihre Unzucht gestraft. Sie sind warnende Beispiele.

Die Irrlehrer lehnen Christus ab, weil sie ihm nicht folgen wollen.

Die Irrlehrer lästern über alles, was sie nicht verstehen. Sie werden Schande und Unglück erfahren.

Wir lesen von Gottes Strafe in der Bibel:

Der Herr wird kommen, um alle zu richten. Er wird die Gottlosen strafen, weil sie gottlose Werke getan haben.

Ermahnung zur Treue
Jud 17-23

Ihr Christen sollt an die Worte der Apostel Jesu Christi denken.

Ihr sollt euren Glauben leben und in der Kraft des Heiligen Geistes beten. Bleibt in der Liebe Gottes. Wartet auf die Barmherzigkeit Jesu Christi. Er wird euch zum ewigen Leben führen. Ermahnt die Schwachen und Zweifelnden. Habt Erbarmen mit allen, die untreu waren. Habt Mitleid mit ihnen. So könnt ihr viele retten.

Gott ist mächtig. Er kann euch retten. Er will euch schuldlos finden, um euch ewig glücklich zu machen.

Gott sei Ehre und Herrlichkeit – wie es war vor aller Zeit, so auch jetzt und in alle Ewigkeit. Amen.

Das Buch der Offenbarung – Die Offenbarung des Johannes

Das letzte Buch der Bibel heißt „Die Offenbarung". Der Verfasser dieses Buches war ein Prophet – er nennt sich Diener Johannes. Zur Zeit der Christenverfolgung (zur Zeit Kaiser Diokletians) wurde er auf die Insel Patmos verbannt.

Johannes fürchtet, dass der Kaiser göttliche Verehrung von den Menschen in seinem Reich verlangen wird. Deshalb wird es zu schweren Christenverfolgungen kommen.

Er schreibt deshalb ein Trost- und Mahnbuch für die bedrohten Christen.

Er hat von Christus in einer Vision (Erscheinung, Zukunftsbild) den Auftrag bekommen, das Buch zu schreiben.

Insel Patmos.

Das Buch „Die Offenbarung des Johannes" ist sehr schwer zu verstehen, weil es ein prophetisches Buch ist. Viele Weissagungen und Visionen (Erscheinung, Traumbilder über die Zukunft) sind in diesem Buch aufgeschrieben. Es wird in vielen Traumbildern geschrieben. Diese Traumbilder sollen helfen, die endgültige Herrschaft Gottes zu verstehen.

Das Buch beginnt mit einem Sendschreiben an sieben christliche Gemeinden in Kleinasien.

Der Hauptteil erzählt von der endgültigen Herrschaft Gottes. Sie hat schon begonnen mit der Auferstehung Jesu.

Bis zum endgültigen Sieg wird es viele Auseinandersetzungen, Verfolgung und Leid geben.

Der Verfasser zeigt in vielen – oft schwer verständlichen – Bildern die Wahrheit über das Schicksal der Kirche, das Schicksal der ungläubigen Menschen. Er macht Mut zum festen Glauben an Christus, zur Treue auch in der Verfolgung. Er schenkt Hoffnung auf den Sieg Jesu und aller, die ihm treu sind.

Die sieben Gemeinden aus der Offenbarung.

Anfang
Offb 1,1-8

Jesus Christus hat von Gott die Offenbarung der Zukunft empfangen. Die Gläubigen sollen die Zukunft des Gottesreiches von ihm erfahren. Er hat es seinem Diener Johannes durch einen Engel gezeigt.

Johannes schreibt an die sieben Gemeinden in Asien: Gnade mit euch und Friede von Gott, der ist, der war und der kommt, und von Jesus Christus. Er liebt uns und hat uns von unseren Sünden erlöst durch sein Blut. Er wird kommen auf den Wolken des Himmels und alle werden ihn sehen. Alle Völker der Erde werden klagen.
Gott spricht: „Ich bin der Erste und der Letzte, der Herr, der ist und der war und der kommt, der Herrscher über die ganze Schöpfung."
Das bezeugt der ewige, allmächtige Gott.

Auftrag an Johannes
Offb 1,9-11a.12-13.17-19

Ich, euer Bruder Johannes, werde verfolgt wie ihr. Ich bin erlöst wie ihr. Ich will Jesus treu sein wie ihr. Ich war verbannt auf der Insel Patmos.
Ich hatte eine Vision. Ich hörte eine Stimme. Sie sprach: „Schreib auf, was du siehst. Schreib es in ein Buch. Schick es an die sieben Gemeinden, nach Ephesus, Smyrna, Pergamon, Thyatira, Sardes, Philadelphia und Laodizea."
Ich schaute. Ich sah sieben goldene Leuchter. Und ich sah den Menschensohn mit großer Macht und Herrlichkeit.
Er sagte zu mir: „Fürchte dich nicht. Ich bin der Erste und der Letzte. Ich bin der Lebendige. Ich war tot. Aber jetzt lebe ich in alle Ewigkeit. Schreib auf, was du gesehen hast."

Der Thron Gottes
Offb 4,1-11

Johannes sah Gottes Majestät. Der Glanz Gottes war kostbaren Edelsteinen gleich. Er selbst war unsichtbar. Bei Gott waren Vertreter des wahren Gottesvolkes. Sie hatten priesterliche Gewänder und kostbaren Schmuck. Sieben Lampen brannten vor Gottes Thron. Das sind die sieben Gaben des Heiligen Geistes. Über dem Thron sah man einen herrlichen Bogen. Der Thron stand auf einer hellen Fläche. Vor dem Thron Gottes waren vier geflügelte Lebewesen. *(Wir kennen sie als Evangelistensymbole. Das Evangelium verkündet allen Menschen die Offenbarung Gottes).* Diese Lebewesen waren voll Augen. Sie lobten und ehrten Gott ohne Ende. Die Vertreter des Volkes Gottes lobten und ehrten Gott. Sie legten ihre Kronen ab. Gott allein gehört Ehre. Die vier Lebewesen sangen: „Heilig, heilig, heilig ist Gott. Er war, er ist und kommt." Das Volk Gottes sprach: „Herr und Gott, du bist würdig, Ehre und Macht zu empfangen. Du hast das All geschaffen. Dein Wille hat alles gemacht."

Das Buch mit sieben Siegeln
Offb 5,1-14

Ein siebenmal versiegeltes Buch war in Gottes Hand. Es bedeutet Gottes Ratschlüsse über die Zukunft des Gottesreiches. Es war auf beiden Seiten beschrieben. Es hatte nämlich sehr viel Inhalt. Nur Gott kennt die

Das Buch mit sieben Siegeln.

Zukunft. Deshalb war es siebenmal versiegelt. Sieben ist eine heilige Zahl. Nur der menschgewordene Sohn Gottes kann den Menschen die Zukunft offenbaren. Er hat durch seinen unschuldigen Opfertod die Sünde, den Tod und die Hölle besiegt. Er ist das Lamm Gottes. Das Lamm Gottes hat sich als Sühne- und Lösegeld für die Welt geopfert. Die Hörner des Lammes bedeuten die Macht, die Augen seine Allwissenheit und den Heiligen Geist mit seinen sieben Gaben.

Das Lamm (Jesus, der sich für uns geopfert hat)
Offb 5,11-14

Ich sah und hörte die Stimme von vielen Engeln. Sie waren beim Thron Gottes.
Sie riefen laut: „Würdig ist das Lamm, das geopfert wurde. Es ist würdig, Macht zu empfangen, Reichtum und Weisheit, Kraft und Ehre, Herrlichkeit und Lob."
Alle Geschöpfe im Himmel und auf der Erde, unter der Erde und auf dem Meer sprachen:

Jesus, das Lamm Gottes.

„Ihm, der auf dem Thron sitzt (Gott), und dem Lamm gehören Lob und Ehre und Herrlichkeit und Kraft in alle Ewigkeit."

Die Öffnung der Siegel
Offb 6,1 ff

Das Lamm auf dem Thron (Jesus) öffnete ein Siegel nach dem anderen. Viermal kam ein Reiter auf die Welt. Der erste kam auf einem weißen Ross. Er bedeutet die siegreiche Gerechtigkeit des kommenden Gottesgerichtes. Der Reiter auf feuerrotem Ross bedeutet Krieg mit Blut und Brand. Der schwarze Reiter bedeutet Hungersnot. Der Reiter auf dem fahlen (= blassen) Ross bedeutet Tod.
Das fünfte Siegel sprach vom Märtyrertod. Viele Christen müssen für ihren Glauben sterben. Das sechste Siegel zeigte erschütternde Naturereignisse. Die Erdenbewohner haben deshalb große Angst.

Das siebente Siegel erzählt in vielen Bildern von den Letzten Dingen, Strafen und Ereignissen vor dem Weltgericht.

Die Bezeichnung der Gläubigen
Offb 7,2-4.9-17

Ich sah vier Engel an den vier Ecken der Erde. Ein anderer Engel kam mit dem Siegel des lebendigen Gottes.
Er rief zu den vier Engeln: „Schadet nicht dem Land und dem Meer bis alle Knechte Gottes (die Gläubigen, die Erlösten) das Siegel Gottes auf ihrer Stirn tragen werden." Es waren hundertvierundvierzigtausend aus allen Stämmen Israels und eine große Schar aus allen Völkern. Niemand konnte sie zählen. Sie standen vor dem Thron und dem Lamm. Sie hatten weiße Gewänder und Palmen in den Händen. Sie riefen mit lauter Stimme:

„Die Rettung kommt von unserem Gott und von dem Lamm."

Alle Engel standen um den Thron. Sie fielen nieder und beteten Gott an und sprachen:

„Amen, Lob und Herrlichkeit, Weisheit und Dank, Ehre und Macht und Stärke unserem Gott in alle Ewigkeit. Amen."

Alle Erlösten standen vor Gott. Sie hatten ihre Kleider im Blut des Lammes weiß gewaschen. (Jesus hat sie durch seinen Kreuzestod erlöst). Sie waren in Not und Bedrängnis ihrem Glauben treu geblieben. Sie werden ewig bei Gott bleiben. Gott schenkt ihnen seine Liebe. Sie werden nie mehr Hunger oder Durst leiden. Sie werden nie mehr Leid und Not erleben. Gott wird alle Tränen von ihren Augen abwischen.

Das große Zeichen
Offb 11,19a; 12,1-6a.10ab

Der Tempel Gottes im Himmel wurde geöffnet.
In seinem Tempel wurde die Bundeslade sichtbar.
Dann erschien ein großes Zeichen am Himmel:

Eine Frau –
bekleidet mit der Sonne.
Der Mond unter ihren Füßen.
Ein Kranz von zwölf Sternen auf ihrem Kopf.
Sie war schwanger. Sie schrie vor Schmerzen in ihren Geburtswehen.
Ein anderes Zeichen erschien am Himmel:
Ein Drache, groß und feuerrot,
mit sieben Köpfen und zehn Hörnern.

Maria auf der Schlange.

Sieben kleine Kronen auf seinen Köpfen.
Sein Schwanz wischte ein Drittel der Sterne vom Himmel und warf sie auf die Erde.
Der Drache stand vor der Frau, die gebären sollte.
Er wollte ihr Kind nach der Geburt verschlingen.
Die Frau gebar das Kind, einen Sohn. Er wird über alle Völker herrschen.
Ihr Kind wurde zu Gott und zu Gottes Thron erhoben.
Ich hörte eine laute Stimme vom Himmel rufen:
„Jetzt ist der rettende Sieg da!
Jetzt ist da die Macht und die Herrschaft unseres Gottes und die Vollmacht seines Gesandten."

Der Sieg des Lammes
Offb 14

Der Seher beschreibt nun das Bild des Lammes (das Bild Christi) und seiner Auserwählten. Er sah die Heiligen des Himmels in großer Zahl. Sie waren auf dem Berg Sion im heiligen Jerusalem. Ihre Erscheinung strahlte wunderschön und rein.

Jesus, das Lamm Gottes, Rom, Tabernakel (Philippinische Schwestern).

Die drei Gerichtsengel
Offb 14,6

Ein Engel erschien am Himmel. Er sprach vom ewigen Heil. Er warnte und mahnte noch. Ein zweiter Engel sprach bereits vom Gericht und verkündete das

Strafgericht. Ein dritter Engel bedrohte die Verehrer des Antichristen mit der Strafe Gottes.

Eine Stimme aber sprach vom Himmel: „Schreib auf: Selig sind die Toten, die im Herrn sterben. Sie sollen von ihren Mühen ausruhen. Ihre Werke gehen mit ihnen."

Der Richter
Offb 14,14

Eine weiße Wolke erschien. Auf dieser Wolke kam der Menschensohn. Er hatte eine goldene Krone auf dem Kopf. In der Hand hielt er eine scharfe Sichel. Nun wurde die Erde abgeerntet. Das Weltgericht war gekommen.

Die sieben Zornschalen
Offb 16,1

Am Himmel war ein anderes Zeichen. Es war groß und wunderbar: Sieben Engel mit den sieben letzten Plagen.

Die Geretteten ehrten das Lamm (Christus).

Sie sangen dieses Lied: „Groß und wunderbar sind deine Werke, Herr, allmächtiger Gott. Deine Wege sind gerecht und wahr, du König der Völker. Alle müssen dich fürchten, Herr. Alle müssen deinen Namen preisen (= ehren). Du allein bist heilig. Alle Völker werden kommen, um dich anzubeten. Dein Gericht ist offenbar (bekannt) geworden."

Die sieben Zornschalen erzählen von den Plagen für die Menschen und die Welt, vom Gericht für die Ungläubigen.

Als Letztes wird Satan für immer besiegt.

Offb 20,11-15

Dann erschien ein glänzender Thron. Auf dem Thron war der Richter. Alle mussten vor ihm erscheinen.

Ihre Werke wurden offenbar. Die Toten kamen von überall her. Viele waren im Buch des Lebens aufgeschrieben. Sie wurden gerettet. Die anderen wurden verdammt.

Jubel im Himmel
Offb 19,1-10

Ich hörte einen lauten Ruf von allen im Himmel:

„Halleluja!

Das Heil und die Herrlichkeit ist bei unserem Gott.

Seine Urteile sind wahr und recht.

Er hat das Böse vernichtet. Er hat die Getreuen errettet."

Eine Stimme kam vom Thron Gottes:

„Ihr alle ehrt Gott."

Ich hörte ein gewaltiges Lob:

„Halleluja!

Der Herr, unser Gott, ist König geworden. Er ist Herrscher über die ganze Schöpfung.

Jesus, der Weltenrichter
(Wandmalerei in einer alten christlichen Kirche).

Wir wollen uns freuen und jubeln. Wir wollen ihn ehren.
Gekommen ist die Zeit des Heiles durch das Lamm (durch das Heil von Jesus)."
Jemand sagte zu mir: „Schreib auf: Selig, wer zum Hochzeitsmahl des Lammes eingeladen ist."
Dann sagte er: „Diese Worte sind wahr. Sie sind Worte Gottes."

Die neue Welt Gottes
Gott bei den Menschen
Offb 21,1-5a

Ich sah einen neuen Himmel und eine neue Erde. Der erste Himmel und die erste Erde waren vergangen. Auch das Meer war nicht mehr da.
Ich sah die heilige Stadt, das neue Jerusalem. Es kam von Gott vom Himmel. Die Stadt war herrlich geschmückt.
Ich hörte eine laute Stimme vom Himmel: „Seht, die Wohnung Gottes bei den Menschen. Er wird in ihrer Mitte wohnen. Sie werden sein Volk sein. Gott wird bei ihnen sein. Er wird alle Tränen abwischen. Der Tod wird nicht mehr sein, keine Trauer, keine Klage, keine Mühe."
Gott sprach: „Seht, ich mache alles neu."
Er sagte zu mir: „Schreib alles auf. Diese Worte sind wahr."

Das neue Jerusalem
Offb 21,10-14.22-23

Ein Engel Gottes führte mich auf einen großen, hohen Berg. Er zeigte mir die heilige Stadt Jerusalem.
Sie war voll der Herrlichkeit Gottes. Sie glänzte wie ein wertvoller Edelstein.
Die Stadt hat eine große und hohe Mauer mit zwölf Toren. Zwölf Engel bewachen sie.

Auf den Toren waren Namen geschrieben: die Namen der zwölf Stämme der Kinder Israels.
Drei Tore waren im Osten, drei im Norden, drei im Süden und drei im Westen.
Die Mauer hatte zwölf Grundsteine. Auf den Grundsteinen stehen die Namen der zwölf Apostel Jesu.
Die Stadt war aus Gold und klarem Glas.
Ich sah keinen Tempel in der Stadt. Gott selbst, der Herr über die ganze Schöpfung, und Jesus, das Lamm, sind der Tempel.
Die Stadt braucht keine Sonne und keinen Mond. Gott selbst ist Leuchte für sie, er und das Lamm.
Die Völker werden in diesem Licht leben.
Nichts Böses kommt in diese Stadt, keiner, der lügt.
In der Stadt leben alle, die im Lebensbuch des Lammes aufgeschrieben sind (alle, die im Glauben treu waren, in der Verfolgung stark geblieben sind).

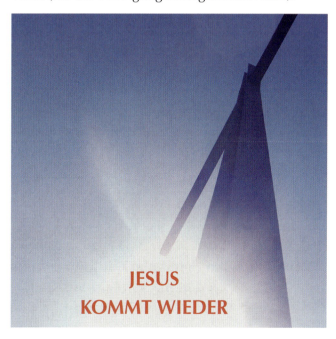

JESUS KOMMT WIEDER

Offb 22,1-5

Der Engel zeigte mir einen Strom, das Wasser des Lebens. Das Wasser war klar wie Kristall. Es kam vom Thron Gottes und vom Lamm.
An beiden Seiten des Stromes stehen Bäume. Sie tragen Früchte zwölfmal im Jahr. Ihre Blätter verwendet man zur Heilung der Völker.
Die Menschen werden Gott schauen. Es wird keine Nacht geben. Sie brauchen keine Lampe. Gott ist ihr Licht. Sie werden leben in alle Ewigkeit.

Zeugnis und abschließende Mahnung vom Seher Johannes
Offb 22,12-14.16-17.20

Gott sagte dem Propheten durch seine Engel:
„Siehe, ich komme bald. Selig, wer die prophetischen Worte in diesem Buch befolgt.
Ich werde allen den Lohn bringen, den sie verdienen.
Wer treu ist, wird durch die Tore der Stadt eintreten. Alle Bösen müssen draußen bleiben.
Ich, Jesus, habe meinen Engel gesandt als Zeugen für alles, was geschehen wird, für das Gericht an Guten und Bösen."
Ich, Johannes, bezeuge das alles, was ich gesehen und gehört habe.
Der Herr spricht: „Ja, ich komme bald."
Ich, Johannes, sage: „Amen! Komm, Herr Jesus!
Die Gnade des Herrn Jesus sei mit allen!"

**Die Säulen am Petersplatz in Rom umfassen alle Menschen, die sich dort versammeln.
So will die Kirche Gottes allen Menschen Gottes Wort bringen.
Wir bitten: Ja, Herr Jesus, komm!
Führe alle heim in Gottes Reich.**

Für alle, die es genau wissen wollen….

BIBLISCHES WÖRTERBUCH

Genaue Erklärungen für die schräg geschriebenen Wörter (*) kann man weiter unten lesen:

Abba: „Papa, mein Vater" – zeigt die Gemeinschaft mit Jesus zu Gott, seinem Vater

Älteste (bei den Juden): Führer im Hohen Rat

Älteste (in der Urkirche, bei den ersten Christen): Bischöfe, Leiter christlicher Gemeinden

Amen: Hebräisches Wort: So ist es

Apostel: Gesandter oder Bote. Die Apostel sind die Boten Jesu, die seine Frohbotschaft, das Evangelium, verkünden.

Arche: Großes Schiff, das Noach gebaut hat

Aussatz, Aussätziger: Ansteckende Hautkrankheit, an Aussatz erkrankt

Besessener: Mensch, der von einem bösen Geist ganz beherrscht wird

Baal: heidnischer Gott (Götze)

Bund: Gott hat mit den Menschen einen Bund geschlossen, den Alten Bund durch Mose, den Neuen Bund durch Jesus Christus.

Brüder und Schwestern Jesu: so werden seine Verwandten (Cousins) genannt. Bei den Juden nennt man nahe Verwandte auch „Brüder und Schwestern"

Dämon: böser Geist, der den Menschen durch Krankheit und andere Übel schadet

Cherubim: Engel, Bote Gottes, Wächter am Thron Gottes

David ist einer der Könige der Israeliten. Er regiert um 1000 v. Chr. Jesus wird Sohn Davids genannt, weil David ein Vorfahre von Josef und Maria war.

Denar: Eine Münze; ein Silberdenar war der Tageslohn für einen Arbeiter; ein Golddenar = 25 Silberdenare

Engel: griechisches Wort, es bedeutet: Bote. Gott hat durch Engel zu den Menschen gesprochen

Evangelium: gute Nachricht, Frohbotschaft
Die Apostel und Apostelschüler haben diese gute Nachricht aufgeschrieben = Evangelien.
Evangelist: Schreiber eines Evangeliums

Exil: Verbannung

Gleichnis: Beispiel, Jesus spricht oft in Gleichnissen (Bildern, Beispielen aus dem täglichen Leben)

Goschen: Landesteil in Ägypten, hier wohnten die Israeliten zur Zeit des ägyptischen Josefs.

Gottesreich = Himmelreich, Gottesherrschaft

Hebräer: Name für die Israeliten in Ägypten

Herrlichkeit: Gottes Macht und Größe

Israel (Land und Bewohner) (*)

Jahwe: „Der Ich-bin-da" = Name Gottes.
Gott nennt diesen Namen beim brennenden Dornbusch.

Jesus: Jahwe rettet, Jahwe ist Heil
Die Bibel nennt Jesus mit verschiedenen Namen:
Menschensohn: Jesus, der Mensch geworden ist, um den Menschen das Heil zu bringen
Gottes Sohn: Jesus ist der Sohn Gottes, Jesus ist Gott wie der Vater.
Sohn Davids: Maria und Josef kommen aus der Königsfamilie Davids.

Christus: der Gesalbte: Im Alten Testament wurden Könige und Priester gesalbt als Zeichen ihres Amtes. – Jesus ist höchster König und höchster Priester, darum wird er Christus, Gesalbter, genannt.

Messias = Christus = der Gesalbte.

Nazarener oder Nazoräer: Name für Jesus aus Nazaret

Joch: Tragholz für Tiere, wenn sie vor den Wagen gespannt sind

Kaiser (*)

Könige (*)

Levit: ein Tempeldiener; er gehört zum israelitischen Stamm Levi

Manna: hebräisches Wort „man-hu" = was ist das? So nannten die Israeliten die Speise, die Gott ihnen auf dem Weg durch die Wüste gegeben hat.

Moloch: heidnischer Gott, Götze

Mose: Führer des israelitischen Volkes, Retter aus der ägyptischen Gefangenschaft und Gesetzgeber für die Israeliten (Gottes Gebote auf dem Berg Sinai)

Nachtwache: Die Nacht wurde zur Zeit Jesu in Palästina in vier Nachtwachen von je drei Stunden eingeteilt: 18 – 21, 21 – 24, 0 – 3, 3 – 6 Uhr.

Paradies: Gott gab den ersten Menschen das Paradies (wunderschöner Garten), Ort der Seligkeit, der Gemeinschaft mit Gott.

Patriarch: Stammvater der Israeliten: z. B. Abraham, Isaak, Jakob

Petrus = Fels. Jesus gibt dem Simon, dem Sohn des Jona, den Namen Petrus.

Petrus wurde der Führer der 12 Apostel, der Leiter der Kirche (erster Papst).

Die Bibel nennt Petrus oft auch mit dem Doppelnamen: Simon Petrus.

Pfingsten: Wort aus der griechischen Sprache: „pentekoste" (50. Tag nach Ostern)

Das jüdische Pfingstfest wird zum Dank für die Gerstenernte und zur Erinnerung an die Gesetzgebung auf dem Berg Sinai gefeiert.

Die Christen feiern Pfingsten als Erinnerung an das Kommen des Heiligen Geistes auf die Apostel und als Geburtstag der Kirche.

Pharao (sprich Farao) = König in Ägypten

Rabbi: „mein Meister", ist Titel für angesehene Lehrer der Heiligen Schrift oder Schriftgelehrte. Auch Jesus wurde mit diesem Titel angesprochen.

Religion der Juden (*)

Religiöse Parteien (*)

Sabbat: der siebente Tag der Woche, gottgeweihter Tag. An ihm darf nicht gearbeitet werden.

Die Christen feiern nicht den Sabbat, sondern den Sonntag, den ersten Tag der Woche.

An ihm ist Jesus auferstanden. Sonntag heißt deshalb auch „Tag des Herrn".

Sabbatweg: Wegstrecke, ca 1 bis 1,2 km. Am Sabbat durfte der Jude nicht weiter gehen.

Samaritaner = Samariter: Bewohner von Samaria, ein Mischvolk aus dem Alten Testament, von den Juden verachtet, weil sie nicht alle Bücher aus dem AT befolgten.

Sodom und Gomorra: Städte im Süden des Toten Meeres

Stadion: Längenmaß, ungefähr 200 m

Synagoge: Bethaus, Versammlungsort. Hier kam die jüdische Gemeinde am Sabbat zum Wortgottesdienst zusammen.

Zum Wortgottesdienst gehörten: Gebet, Lesung der Heiligen Schrift, Erklärung der Heiligen Schrift und Segen.

Talent: Gewicht von ca. 41 kg oder eine Münze = 6000 Denare.

Tempel: der jüdische Tempel: erster Tempel gebaut von König Salomo, der 2. Tempel: gebaut nach der Rückkehr aus der Gefangenschaft in Babylon, erweitert und geschmückt von König Herodes dem Großen.

Haus Gottes für Opfer, Gebet, Tempelschule

Vision: Erscheinung, Traumbild, Gott hilft die Zukunft wissen.

Wunder: besondere Tat und Hilfe Jesu, die er in der Kraft Gottes getan hat.

Zöllner: Zollbeamte, angestellt von den Römern, haben oft mehr verlangt, als erlaubt war.

Die Pharisäer verachten die Zöllner als sündige Menschen.

Israel im AT und NT

Israel – Kanaan – Palästina: Namen des Landes der Juden und Israeliten zur Zeit des AT und NT: Palästina = Das Land Jesu und der ersten Christen.

Im AT heißt das Land auch Kanaan = das Gelobte Land (das von Gott versprochene Land)
Israel war im AT der Name für das Nordreich.
Juda war im AT der Name für das Südreich.
Zur Zeit Jesu hat das Land Israel (Palästina) drei Teile: Judäa, Samaria, Galiläa.

Jordan: der wichtigste Fluss in Palästina. Er entspringt am Fuß des Hermongebirges, fließt durch den See Gennesaret, mündet ins Tote Meer.

Totes Meer: stark salzhaltiges Wasser, im Wasser ist kein Leben.

Juden, Israeliten:

Israeliten – genannt nach dem Stammvater Jakob. Er hieß auch Israel.

Juda – genannt nach dem Stamm Juda.

Juda war in Gefangenschaft, nach der Rückkehr verwendete man für alle Bewohner von Israel den Namen: Juden.

Regierende zur Zeit Jesu

Israel war ein Teil des römischen Reiches.
Römische Statthalter (Verwalter) sorgten für Ordnung.

Das jüdische Volk durfte aber auch eigene Herrscher haben (die waren aber von den Römern abhängig).

Römische Regierung zur Zeit Jesu:

Kaiser Augustus (30 v. bis 14 n. Chr.), Tiberius (14 bis 37 n. Chr.), Klaudius (41 bis 54 n. Chr.), Nero (54 bis 68 n. Chr.).

Statthalter (Verwalter, Richter) Pontius Pilatus zur Zeit Jesu. Festus, Felix Statthalter zur Zeit der Apostelgeschichte.

Jüdische Regenten:

Agrippa 1. war 41 bis 44 n. Chr. König von Palästina.

Antipas = Herodes Antipas, war 4 v. bis 36 n. Chr. Herrscher, „Vier-Fürst" oder „Viertel-Fürst" von Galiläa.

Archelaus, ein Sohn Herodes d. Gr., war 4 v. bis 6 n. Chr. Herrscher („Vierfürst" oder „Viertelfürst") von Judäa; er wurde auf Verlangen der Juden vom römischen Kaiser abgesetzt.

Herodes der Große ist König von Palästina 37 bis 4 v. Chr.

Religion der Juden
Religiöse Gruppen und Führer zur Zeit Jesu

Hoherpriester: war der oberste Priester in Israel. Er leitete den Gottesdienst im Tempel und hatte zur Zeit Jesu den Vorsitz im Hohen Rat.

Hoher Rat: war die höchste jüdische Gerichts-und Verwaltungsbehörde zur Zeit Jesu. Er hatte 71 Mitglieder. Seine Macht war durch den römischen Statthalter eingeschränkt.

Älteste: Führer im Hohen Rat

Pharisäer (sprich Fa-ri-sä-er) heißt „Abgesonderter": Jüdische religiöse Partei, die alle Gesetzesvorschriften und die Überlieferung (der früheren Gesetzeslehrer seit Mose) genau befolgten. Sie haben viele Gebote und Verbote daraus gemacht. Sie verlangten, dass alle Leute diese Gesetze befolgen.

Sadduzäer eine Gruppe von Juden zur Zeit Jesu. Sie befolgten nur die fünf Bücher des Mose, glaubten nicht an die Auferstehung der Toten. Sie waren bei den Strafgesetzen sehr streng.

Schriftgelehrte: Gesetzeslehrer, meist Tempelpriester

Zelot = Eiferer: Anhänger der jüdischen Freiheitskämpfer. Sie wollten mit Gewalt die römische Herrschaft in Palästina beenden.

Religiöse Feste und Bräuche in der Bibel

Beschneidung: Am 8. Tag nach der Geburt wurde bei den Israeliten der Knabe am männlichen Glied beschnitten und bekam dabei seinen Namen. Die Beschneidung ist ein Zeichen, dass der Israelit zum Volk Gottes gehört.

Pascha, Paschafeier, Paschalamm: Diese Wörter erinnern an den Auszug Israels aus Ägypten. (Pascha [pas-cha] = Vorübergang des Herrn).
Jedes Jahr wurde im Frühling ein Fest zur Erinnerung an diese Befreiung gefeiert. Auf dem Tempelplatz in Jerusalem wurden Lämmer geschlachtet. Am Abend feierte die Familie das Paschamahl.
Jesus schenkte bei seinem letzten Paschamahl sich selbst in Brot und Wein, seinen Leib und sein Blut. (Jesus, das Paschalamm, das Osterlamm, das Lamm Gottes).

Ungesäuertes Brot: Vor dem Fortgang aus Ägypten aßen die Israeliten ungesäuertes Brot. Zur Erinnerung daran wird beim Paschafest acht Tage ungesäuertes Brot gegessen. Das Paschafest der Juden ist für uns Christen das **Osterfest** (Jesus hat sich geopfert für uns).

Laubhüttenfest: Erinnerung an die 40 Jahre lange Wüstenwanderung. Auch ein Erntedankfest, Dank für Oliven und Trauben.

Tempelweihfest: Fest zur Weihe des ersten Tempels und zur Wieder-Einweihung nach der Zerstörung und dem Neubau des Tempels. Fest, das acht Tage dauert.

Aussprache von Namen:
äu wird wie e-u gesprochen, z. B.
Matthäus: Ma-te-us
Alphäus: Al-fe-us
Thaddäus: Ta-de-us
Pascha: Pas-cha

PALÄSTINA ZUR ZEIT JESU

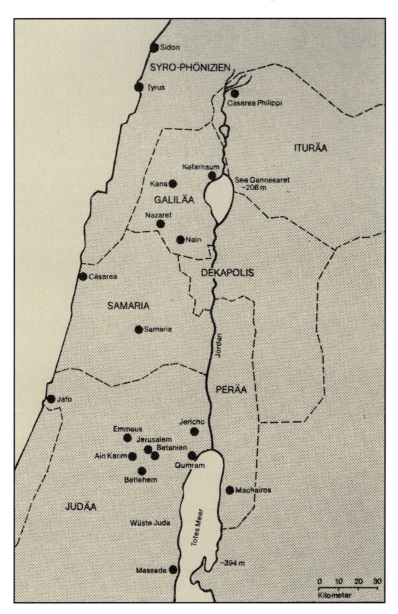

BILDNACHWEIS MIT SEITENZAHLEN

Bauer Katrin: 170

Breitschopf Hans: 7 oben, 13 Mitte, 44, 67 links, 68, 82, 142 rechts, 167, 207, 215, 233, 243, 266

Feldbacher Rainer: 19 (2), 24 (2), 25, 27, 31 (2), 54, 55 oben, 58, 89, 96, 119, 123, 139, 150, 301, 340

Fotolia: 9 35383538, 11 46982746, 22 37057653, 53 62617657, 60 54580541, 61 63564795, 64 rechts 41943983, 70 52797924, 84 4053703, 100 60034941, 101 60332532, 103 60760448, 105 41906898, 331 63196819, 67166138, 358 3734565, 362 47164956, 364 69870635, 372 42009852

Gehörlosenseelsorge: 3 (2), 4, 7, 8, 19, 26 (2), 33, 36, 37, 38, 39, 40 (3), 42, 43, 44, 47, 48, 49, 52, 54, 55 unten, 59 (2), 65, 67, 77 links, 79, 81, 87, 91, 94, 97, 102 (2), 107, 108 (2), 111, 112, 113, 114, 116, 117, 118, 120, 121, 122, 127, 132, 135, 136, 137 (2), 138, 140 (2), 141, 142 links, 144, 147, 148 (2), 152, 154, 155, 156, 158, 160, 161, 162, 163, 164, 168, 169, 173, 176, 177, 179 (2), 180, 181, 182, 183, 184, 186, 187, 188, 192, 195, 196, 197, 199, 203, 206, 209, 210, 211, 212, 213, 214, 216, 217 (2), 218 (2), 220, 221, 222, 223, 224, 229, 230, 235, 236, 237 (2), 245, 246, 250 (2), 251, 253, 255, 256, 258, 259, 260, 261, 262, 263, 265 (2), 267 (2), 268, 272, 273, 274, 276, 277, 278, 283, 286, 288, 289, 290, 291, 293 (3), 294, 296 (2), 297, 298, 299, 303, 306, 309, 310, 312 (2), 326, 327, 328, 335, 336, 337, 340, 344 (2), 356, 360, 367, 368, 369, 370, 374 rechts, 377, 378, 379 rechts, 380

Hess Silvia und Edgar: 30, 76, 110, 129, 130, 219, 227, 281, 292

Iby Paul, Bischof: 2, 315, 317 links, 320 rechts, 322 links, 333, 334, 348, 350, 351, 354, 355, 361, 371, 373, 374 links

Image: 352 T. Tillmann, 277 28282

Korpitsch Martin, Generalvikar: 380 unten

Media-Datenbank: 126 Robert Mitscha-Eib

Pixelio: 13 links Makrodepecher, 634552; 21 Detlef Menzel, 681257124; 124 Dieter Schütz, 591357; 134 Heike, 486731; 191 Gregor B., 209 Tokamuwi, 352143; 342 Christoph S., 328048; 362 Heinrich Hildebrandt, 478156; 382 Mr. Duck, 497360

Schäfer Joachim: 318

Senfter Alfons, Pfr.: 18, 46, 201, 264, 270, 279, 295, 304, 366

Stropek Ingrid: 319 links, 376 rechts

Troyer Franz, Pfr.: 308 rechts, 311, 313, 314, 316, 317 Mitte und rechts, 319 rechts, 320 links, 321, 322 rechts, 323, 324, 325, 332 (2), 334 (2), 339, 341, 345, 353, 357, 359, 363, 372

Wiche Kurt: 14, 15, 35, 64 links, 66, 115, 240

Wikipedia: 12 Hardnfast, 13 rechts Copper Kettle, 16 Moschem, 27 Schule Judentum.de, 29 John Martin, 284 Victor Rivera Melendez, 347 Bab. Kisan, 369 Holger Weinandt, 379 links Marian Gladis, 382 David Life

Wikipedia common free: 62, 72 cc SA3, 74, 77 rechts, 308 links

Bilder, bei denen der Fotograf nicht namentlich erwähnt ist, sind ausnahmslos Eigentum der Gehörlosenseelsorge. Es sind Bilder von Gehörlosen und ihren Begleitern, die bei den Israelfahrten und den Fahrten nach Rom, div. Wallfahrten und bei div. Treffen dabei gewesen sind: u. a.: Herbert Bren, Wolfgang Chmiel, Gerlinde Gillich, Christa und Klaus Ille, Manuela Lunzer, Anni Mayer, Doris Mittermeier, Gerold und Riki Murai, Thomas Schwingenschlögl, Günther und Sylvia Tesar, Hans Wittmann.

ANMERKUNG UND DANK

Das Buch ist eine umgearbeitete und erweiterte Auflage des Buches „Gotteswort" mit Integrierung der Markus-Schulbibel in einfacher Sprache.
Änderungen betreffen sprachliche Formulierungen, Schreibweise der Namen aus der Einheitsbibel, vor allem Anpassung an die Lesejahre ABC bei der Auswahl der Prophetentexte und der Apostelbriefe.

Wir danken

dem Vorsitzenden der „ARGE Gehörlosenseelsorger Österreichs", Bischof Dr. Paul Iby für die Anregung zur Neuauflage; Dr. Maria Schwendenwein für die Zusammenstellung der Texte, Auswahl der Bilder und die redaktionellen Arbeiten; Manfred Pittracher für Überlegungen betreffend Bilder und Fingeralphabet; P. Alfred Zainzinger für Beratung bei verschiedenen Bibelstellen und Korrekturlesen.

Ebenso danken wir

Ing. Manuela Lunzer für Überprüfung sprachlicher Verständlichkeit;
Diakon Josef Rothkopf für die aktive Unterstützung;
Ing. Josef Ursprunger für fachliche Beratung und großen Einsatz beim Zustandekommen dieses Buches.

Weiters danken wir

Katharina Eichinger für viele Schreibarbeiten;
Rainer Feldbacher für die Anpassung der Namen an die Einheitsbibel;
Franz Stocker fürs Korrekturlesen;
und allen, die uns Bilder kostenlos zur Verfügung gestellt haben:
Hans Breitschopf, Rainer Feldbacher, Silvia und Edgar Hess, Bischof Paul Iby, Gerhard Lang, Joachim Schäfer (ökumenisches Bibellexikon), Pfr. Alfons Senfter, Ingrid Stropek, Günther und Sylvia Tesar, Pfr. Franz Troyer, Kurt Wiche und allen Gehörlosen und ihren Begleitern.

Ein DANKE an alle, die die Bibel lesen werden und damit leben wollen.

Ostern 2015

INHALT

Das Neue Testament

Mit Druckerlaubnis des Erzbischöflichen Ordinariates Wien
vom 15. Jänner 2013, Zl. K 75/13.

Generalvikar Dr. Nikolaus Krasa

IMPRESSUM

Erscheinungsjahr 2015

ISBN 978-3-9502613-3-2

Herausgeber und Verleger: Arbeitsgemeinschaft der Gehörlosenseelsorger Österreichs, Stephansplatz 6, A-1010 Wien
mail: gehoerlosenseelsorge@edw.or.at

Bibliographische Information der Deutschen Bibliothek:
Die Deutsche Bibliothek verzeichnet diese Publikation in der Deutschen Nationalbibliographie;
detaillierte bibliographische Daten sind im Internet über http:dnb.ddb.de abrufbar.

Umschlaggestaltung: KtS Wien, Stabstelle für Öffentlichkeitsarbeit
Gesamtherstellung: Ing. Josef Ursprunger, Bienerstraße 21, A-6020 Innsbruck – mail: j.ursprunger@aon.at